稻香古镇望亭

《稻香古镇望亭》编委会　编著

苏州大学出版社
Soochow University Press

图书在版编目(CIP)数据

稻香古镇望亭 / 周云飞主编;《稻香古镇望亭》编委会编著. —苏州:苏州大学出版社,2018.4
ISBN 978-7-5672-2388-2

Ⅰ. ①稻… Ⅱ. ①周… ②稻… Ⅲ. ①乡镇—地方史—史料—苏州 Ⅳ. ①K295.35

中国版本图书馆 CIP 数据核字(2018)第 054841 号

书　　名:稻香古镇望亭

编　　著:《稻香古镇望亭》编委会
责任编辑:倪浩文
装帧设计:刘　俊

出版发行:苏州大学出版社(Soochow University Press)
社　　址:苏州市十梓街 1 号　邮编:215006
印　　刷:苏州市墨利印刷有限公司
网　　址:www.sudapress.com
邮购热线:0512-67480030
销售热线:0512-65225020

开　　本:787 mm×1 092 mm　1/16
印　　张:24.5
字　　数:499 千
版　　次:2018 年 4 月第 1 版
印　　次:2018 年 4 月第 1 次印刷
书　　号:ISBN 978-7-5672-2388-2
定　　价:120.00 元

凡购本社图书发现印装错误,请与本社联系调换。服务热线:0512-65225020

望亭鸟瞰

望亭生态农业

现代管理

机械加工

有机饲喂

望亭胜迹

月城遗址

螺蛳墩遗址

沙墩港遗址

伍象桥

马路庄桥

沈耀德故居

沈景华故居

望亭发电厂旧礼堂

望亭桥

望亭旧火车站

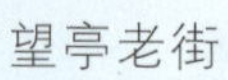
望亭老街

望亭粮仓

迎湖寺

华阳庙

望亭考古出土文物

炭化稻谷

石犁(新石器时代)

石斧(新石器时代)

网坠(良渚时期)

箭镞(良渚时期)

玉璧(良渚时期)

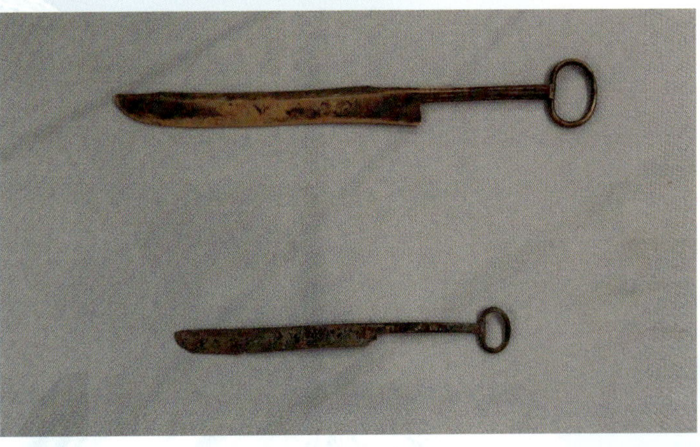

青铜削刀(战国)

瓦当(汉)

井圈(西汉)

青花罐(明)

通关印信(清)

铁剑(明清)

望亭碑刻与文物展示

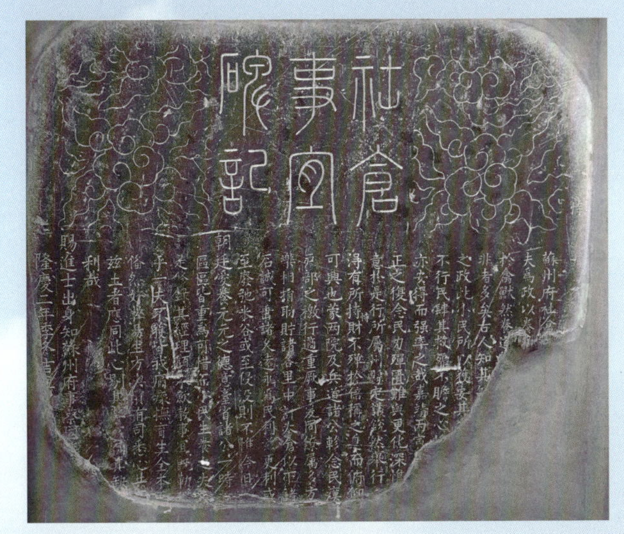

苏州府社仓事宜碑(明隆庆)

皇亭碑(清乾隆)

望亭地志馆

望亭风光

太湖

运河

新农村

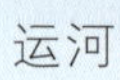

迎湖公园

秧歌舞

民间曲艺

广场舞大赛

堂名表演

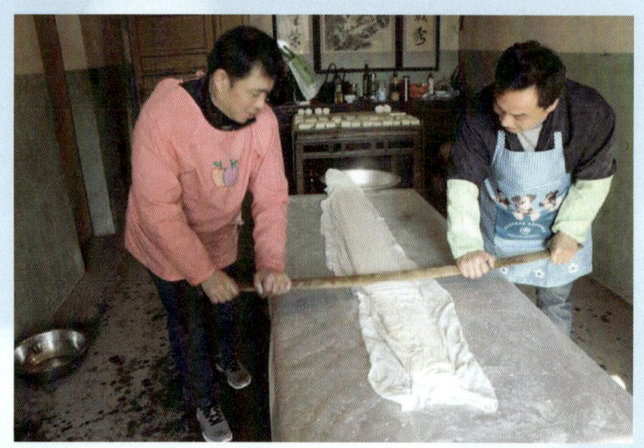

年糕制作

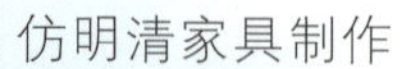

仿明清家具制作

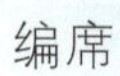

编席

农家菜烹饪

序 言

一部反映地方文化风情之书——《稻香古镇望亭》出版面世了,可喜可贺。

望亭,古名御亭,曾名鹤溪。

望亭之所以叫御亭,这要追溯到汉末,吴先主孙坚在乌角溪(今沙墩港)和鹤溪(今大运河望亭段)交汇处筑起御亭,以后形成集镇,故名。望亭所以叫鹤溪,是因在清雍正年间,镇之形状似一只展翅飞翔的仙鹤,即古问渡桥(今南望亭桥)为鹤背,江南运河为两翼,桥两边街道为头颈和尾巴,故而得名。据史书记载:枫桥诸水北流,共虎丘山塘水合曰射渎……亦名石渎。石渎之水横出运河为浒墅,其北曰乌角溪,为柿木泾(今仕莫泾),为白鹤溪,并与运河合流。"即从浒墅关至柿木泾的河道为白鹤溪,后成为运河中的一段,此即鹤溪出处。"

所以叫"望亭",这得从隋开皇九年(589 年)建御亭驿说起。大业十年(614 年)置堰闸,并派兵驻守。唐贞观元年(627 年),常州刺史李袭誉以梁庾肩吾有"御亭一回望,风尘千里昏。青袍异春草,白马即吴门"之句,改御亭为"望亭",一直沿用至今。

望亭的历史,从境内挖掘的文物和发现的遗迹遗址来看,可以追溯至约五千年前的新石器时代,那时就有先人在这里繁衍生息。从良渚文化时期起,望亭留下了大量文物、遗迹。例如出土文物,石器时代有石斧、石锛、石凿、石刀等,春秋战国时期有青铜剑、青铜箭、陶弹丸、石弹丸、独木棺等,汉代有釉陶器、筒瓦、板瓦、空心砖、陶井圈、铁剑等,六朝、隋唐时期有青瓷器、莲花纹瓦等,宋代有砖井、筑器,明代有铁剑等,清代有铁炮、石弹丸等。境内遗址有肖家浜、鲇鱼口、寺前村、旺家前、前溪港、长洲苑、越干王城等,遗迹有望亭堰、望亭驿、吴驿道、夏禹奠、月城城门、杨柳墩、螺蛳墩、猪石缸、朝夕池、马岗等。境内历史上的古亭古桥有御亭、纪恩亭、通吴桥、昌桥、响水桥、南津桥、马的桥、浪浒桥、两瑞桥、麇城桥、牡丹桥、问渡桥、古市桥、巷路桥、马路桥、伍象桥、四通桥、大通桥、兴隆桥、尼姑桥、周福桥等。境内古代寺庙庵堂有诸葛庙、马谡庙、通明寺、岳王庙、城隍庙、华阳庙、都城庙、猛将堂、礼教堂等。

望亭南邻太湖,京杭大运河穿镇而过,与无锡相邻的有望虞河……境内大大小小的河流如网,方方圆圆的池塘如星,属太湖冲积平原。地处亚热带北缘,四季分明,雨水充沛,日照充足,气候宜人,田土肥沃,田宜稻麦,水宜养殖,所以物产富饶,是典型的江南鱼米之乡,享有"稻香古镇"之誉。

稻香古镇望亭自古以来耕作制度基本上是一年两熟制，以水稻生产为主，夏熟以种植三麦为主，间种菜。历史上水稻品种繁多，据民国《吴县志》记载，清代相沿种植的有籼、粳、糯三类共79个品种，1933年推广粳稻有软秆青、半夏稻、麻子乌、乌须稻，糯稻有铁杆旱黄糯等。中华人民共和国成立后，水稻品种多次更新换代，产量逐年上升。20世纪70年代推广双季稻、三熟制，1980年以后恢复为单季稻。20世纪90年代，水稻品种以优质稻为主，引进武更粳、武香粳、武育粳、武育粳2号；糯稻以太湖糯为主，以后又推广苏香粳、优辐粳、杂交粳稻申优1号等米质上等品种。境内种植的三麦，为小麦、大麦和元麦，以小麦为主，种植的主要品种为扬麦6号、扬麦10号等；大麦以早熟3号为当家品种；元麦大部分种植二棱元麦、浙1－14。境内油菜，在近现代，以白菜型当地种为主，品种有黄种、黑种、鸡蛋白、藏菜、大叶黄、矮箕黄等。中华人民共和国成立后品种多次更新换代，至20世纪80年代，主要种植吴县良种场选育的早熟高产品种吴油早1号及江苏省农科院选育的宁油7号。1980年引进82－1、双低荣山选2。20世纪90年代以后，从上海引进沪油等新品种。

境内的蔬菜一年四季都有种植。近现代，有苏州青、芥菜、尖叶莴苣、雪里蕻、韭菜、长梗菜、尖叶菠菜、大蒜、黄瓜、豇豆、辣椒、茭白、菱、藕等六十多个品种，中华人民共和国成立之后，境内品种不断更新，并引进境外优质品种。如今境内除了种植蔬菜，传统的养猪、养羊、养家禽以外，还种植西瓜、草莓、食用菌、青玉米、各类果树，并发展了养殖鳗、蟹、虾、鳖、牛蛙等，各类蔬菜品种达两百余种。2005年以后，成为苏州蔬菜种植基地。

望亭在汉代便处于繁荣期，到了宋代，由于地处京杭大运河畔，水上交通发达，成为农副产品、手工业品、草席和刺绣、蚕茧等物资的集散之地，古南桥两侧、沿运河两岸形成闹市区，镇上商铺云集，闻名遐迩。

望亭景色旖旎，文化底蕴丰厚，客居和途经的名人不胜枚举，如春秋战国时期有吴王阖闾、夫差，伍子胥、孙武、范蠡等，汉代有班固、孙坚等，三国有陈寿等，唐代有白居易、陆龟蒙等，宋代有米芾、岳飞等，明代有张士诚、高启、况钟、唐寅、王宠、俞大猷、沈万三等，清代有乾隆、徐大椿等，近现代有王有仁、叶籁士、陈永康等。他们有的为望亭的繁华添砖加瓦，有的为望亭的景致增光添彩……他们留下的履行之迹和娓娓动听的故事传说，是一笔弥足珍贵的文化遗产。

《稻香古镇望亭》钩沉史料，广收遗闻轶事，反映望亭往事、风土人情，为我们进一步了解望亭，认识望亭，开发和利用望亭这块热土，提供了人文资料、地情依据，是开展爱我家乡、爱我中华教育的乡土教材，裨益当代，遗泽后世。这将会对我们进一步弘扬优秀的传统民族文化，搞好两个文明建设起到推动的作用，并激励人们奋发图强，砥砺奋进，把稻香古镇建设得更加美丽富饶。

望亭史话

望亭镇面积37.6平方千米，隶属苏州，西临太湖，北邻无锡，东接黄埭，南连通安；京杭大运河、312国道和京沪铁路呈“川”字形横贯全镇；宽阔的望虞河连接太湖、长江，而且邻近有吴中光福和无锡硕放两个航空港，所以望亭拥水、陆、空交通优势，是苏州、无锡和天然湖泊太湖的交通要冲。

据《苏州史志笔记》记载，望亭，古集镇名。秦设郡、县、乡、亭制，望亭传称“龙亭”。

东汉末年，吴先主孙坚置亭于此，名“御亭”（亦称吴亭、龙亭、吴御亭）。隋开皇九年（589年），置驿。望亭驿在府北五十里。隋炀帝大业十年（614年），置堰闸，派兵驻守。

唐贞观元年（627年），常州刺史李袭誉以梁庾肩吾《乱后行经吴御亭》诗有“御亭一回望”之句改御亭为“望亭”，一直沿用至今。

唐光启年间（885年—888年），望亭置屯，初为望亭市，属无锡县。北宋大中祥符年间（1008年—1016年），望亭为无锡县唯一建置镇。南宋时为常州府九市之一，在县南新安乡。明属常州府无锡县七镇（其余为洛社、甘露、竹塘、陆墟、江市、郭市）之一，时设望亭巡检司守。

清雍正二年（1724年），析无锡县置金匮县，望亭镇由金匮县划归长洲县。乾隆年间（1736年—1795年），望亭为长洲县三市（大市、黄埭、湘城）六镇（其余为唐浦、陆墓、金墅、蠡口、浒墅关）之一。清乾隆十五年（1750年），苏州府绅士、军民为感皇恩而立“纪恩亭”（习称皇亭）碑，故望亭又传称为“皇亭”，称碑为“皇亭碑”。

清雍正年间，因镇之形状似一只展翅飞翔的仙鹤，古问渡桥（南望亭桥）为鹤背，江南运河为两翼，桥两边街道为鹤颈和鹤尾，故又名鹤溪。

望亭自古以来处于会稽郡与晋陵郡、苏州府与常州府、吴县（长洲县）与无锡县（金匮县）之交界处，以乌角溪（今沙墩港）和蠡河（今望虞河）为郡、府、县之界，即以河为界；隶属晋陵郡、常州府无锡县、金匮县管辖，直到清雍正二年才划归苏州府长洲县。

望亭位于响水桥北、通河桥（古为通吴桥，一名通波桥，故望亭有吴门之称）南，经历多次战争，数次被毁，先往北迁移至龙洄（汇）桥西堍，然后再逐渐沿运河往南迁移重建。直至现望亭地址，名南望亭，而被毁之古望亭被称为北望亭。因迁移范围自北往南2千米左右，故有“长望亭”之称。清同治八年(1869 年)重建望亭桥(古名北新桥)，桥南刻“南望亭桥”，桥北刻“古问渡桥”。同治九年(1870 年)重建丰乐桥(古称龙汇桥)，改名为“北望亭桥”。

北望亭上下塘(运河东西)均属无锡县。清雍正二年，析无锡县置金匮县。1912 年锡、金两县合并为无锡县。北望亭上塘属无锡县新安乡沙墩港村，下塘清雍正二年后属金匮县。古望亭一直为无锡县建置镇，此时的望亭实为现北望亭。现今虽有北望亭之地名和北望亭桥，但无北望亭集镇。“先有北望亭，后有南望亭”之说盖出于此。

望亭早在新石器时代就有人群在此繁衍生息。春秋时期，吴王阖闾曾建长洲苑(又名吴王苑、茂苑)于境内。公元前 22 世纪末、前 21 世纪初至公元前 17 世纪的夏代，望亭属防风氏所在地。商代(约公元前 17 世纪到前 11 世纪)，望亭地区属干王国，为古干人活动地区。商代末年，陕西古公亶父长子泰伯、次子仲雍奔江南开辟吴地，建立勾吴国。望亭属勾吴。

周元王三年(前473 年)，越灭吴，望亭属越国。周显王三十五年(前334 年)，楚灭越，望亭属楚国。秦始皇二十六年(前 221 年)，始设吴县，望亭属会稽郡吴县余杭乡。新莽始建国元年(9 年)，改吴县为泰德县，望亭属泰德县。东汉永建四年(129 年)，析会稽郡钱塘江以西部分置吴郡，并恢复吴县，望亭属吴郡吴县。

三国时期吴(222 年—280 年)，望亭属吴国(亦称东吴)。西晋太康元年(280 年)，西晋灭吴，望亭随吴县属西晋。隋(581 年—618 年)，望亭属吴州(吴郡)吴县。唐万岁通天元年(696 年)，析吴县东、北境置长洲县，与吴县合成而治。望亭属苏州府长洲县。

北宋大中祥符年间(1008 年—1016 年)，望亭上塘属彭华乡，下塘属武邱乡。明正德年间(1506 年—1521 年)，上塘四都、五都属长洲县彭华乡(功成里)，下塘六都属武邱乡(采云里)，延续至清朝末年。

民国元年(1912 年)，并长洲、元和两县和太湖、靖湖两厅入吴县，直隶于省，望亭复属吴县。望亭上塘仁巷港以南属浒关市金墅乡，上塘仁巷港以北及下塘属浒关市东桥乡。民国 18 年(1929 年)，望亭属吴县第四区(亦称望亭区)，辖六镇三十三乡。望亭区区公所驻望亭镇上塘街。民国 23 年(1934 年)，望亭属浒关区(第一区并入第四区，区公所驻浒关镇)。境内一镇四乡：望亭镇，镇公所驻望亭镇下塘街瞭望台；包殷乡，乡公所驻包兴镇；三民乡，乡公所驻诸葛庙；顾王乡，乡公所驻迎湖寺；华阳乡，乡公所驻猛将堂。民国 30 年(1941 年)，原第四区调整为第五区，区公所驻通安镇，望亭境内一镇(望亭镇)四乡(包殷乡、三民乡、顾王乡、华阳乡)属第五区。民国 36 年(1947 年)，并编区乡镇，望亭属浒关区，境内一镇一乡：望亭镇，镇公所驻望亭镇下塘街瞭望台；迎湖乡，乡公所驻迎湖寺。

民国 37 年(1948 年)2 月，并编乡镇，迎湖乡并入望亭镇，望亭镇为甲等镇，属浒关区。

镇政府驻下塘问渡桥堍北侧。民国 26 年—38 年(1937 年—1949 年),中国共产党曾建立苏州县和锡东县民主政权,望亭大部分地区属苏州县亭太区,望亭为亭太区委所在地。望亭铁路以东属锡东县。

1949 年 4 月 24 日,望亭解放。望亭镇属吴县浒关区。1950 年,重新划分区乡,望亭属浒关区。境内一镇三乡:望亭镇,镇政府驻望亭镇下塘模范街;望东乡(下塘原包殷乡),乡政府驻许家桥;望西乡(上塘原三民乡、顾王乡),乡政府驻迎湖寺;华巨乡(上塘原华阳乡),乡政府驻华阳庙。1957 年 3 月,吴县撤区并乡,望亭镇、望东乡、新华乡(原华阳乡)合并为望亭乡,乡政府驻望亭镇人民街。1958 年,成立望亭人民公社,望亭人民公社属吴县。

1983 年 7 月,政社分设,成立望亭乡人民政府。1985 年 7 月 13 日,撤乡建镇,恢复望亭镇建置,改乡管村为镇管村。公社、乡、镇政府驻地均在望亭镇人民街。1995 年 2 月 8 日,吴县撤县建市,望亭隶属吴县市。

2000 年 12 月 31 日,经国务院批准撤销吴县市,分设苏州市吴中区和相城区,望亭镇隶属相城区管辖(2001 年 2 月 28 日宣布,3 月 1 日两区分设办公)。

望亭地处北太湖滨,古运河畔,风光秀丽,景色旖旎。因历史悠久,文化底蕴深厚,旧有望湖湾、朝夕池、长洲苑狩猎场等著名景点,华山遗址出土的釜、鼎、豆等生活陶器,镰、刀、砺等石制生产工具,为马家浜、崧泽、良渚时期的珍稀文物,距今 6000 年—7000 年,为新石器母系氏族繁衍生息时留下之物。至今境内尚有诸葛庙、马谡庙、迎湖寺、岳王庙、城隍庙、华阳庙、都城庙、猛将堂、礼教堂等寺庙教堂十余处,望亭堰、望亭驿、吴驿道、夏禹奠、月城城门、杨柳墩、螺蛳墩、猪石缸、马岗等古迹十余处,肖家浜、鲇鱼口、寺前村、旺家墩、前溪港、长洲苑、越干王城等遗址七个,响水桥、南津桥、浪浒桥、两瑞桥、麋城桥、望亭桥、马路桥、牡丹桥、兴隆桥、伍象桥等桥梁五十余座,以及古井、古石器、古陶器、古瓷器、古兵器、古钱币等文物数千余件。

望亭为太湖平原水网地带,地势平坦,河流如网,境内盛产优质大米、小麦、油菜和各类水产、蔬菜、瓜果等。除了传统的养猪、养羊、养鸡、养鸭、养鹅、养兔等,水域养鳗、养蟹、养虾、牛蛙外,还种植西瓜、草莓、食用菌、青玉米,以及各类果树。

望亭镇由于水陆交通便捷,商贸繁荣,宋代就有南往北来的客商云集,为苏州西部地区农副产品、手工业品等物资的集散之地。

望亭镇工业发达,早在唐代就有刺绣、织席、铜铁器铸造、竹木器加工,以及酿酒等手工业作坊。清末民初,望亭镇上店铺、米行、席行如雨后春笋般涌现。中华人民共和国成立后,特别是改革开放以来,境内不但有农机、建材、副食品等加工型企业,而且有关电子、电器、电解、电容等大中型公司也比比皆是。民营企业数百家,形成了迎湖、宅基、项路、巨庄、华阳、何家角等工业区,制造各种生活、生产用品达数千余种,销往全国各地,有的远销海外。

“猛志逸四海，骞翮思远翥。”望亭的昨天，在望亭人民的努力下，发生的变化有目共睹。“百舸争流，奋楫者先”，如今，望亭人民将用勤劳和智慧，励精图治，翻开新的一页，书写新的篇章。

（张瑞照）

目 录

盘歌

劳动山歌

仪式歌

情歌

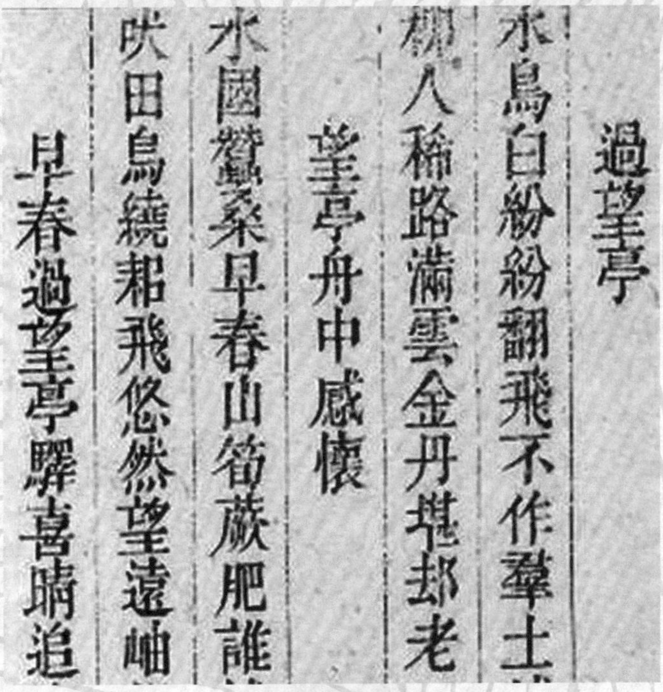
過望亭
水鳥白紛紛翻飛不作羣土
稠人稀路滿雲金丹堪却老
望亭舟中感懷
水國蠶桑早春山筍蕨肥誰
吠田烏繞郭飛悠然望遠岫
早春過望亭驛喜晴追

第一章　历代题咏

诗歌是反映现实生活的最好形式之一。千百年来，名人志士、骚人墨客至望亭建功立业、游览观光，而后执笔挥毫，书写了无数传世之作。

本章入选的历代诗篇，艺术风格上，有的雄浑、秾丽，有的典雅、飘逸……字里行间，可以窥见望亭的风土人情、名胜景致，不仅会激发望亭人对家乡的热爱，也给外地游人提供了颇有文化价值的人文、名胜指南。

枚乘[1] 谏吴王

〔汉〕班固[2]

修治上林[3]，杂以离宫，积聚玩好，圈守禽兽，不如长洲之苑[4]；游曲台，临上路，不如朝夕之池[5]。

《汉书》

① 枚乘：字叔，淮阴人，为吴王刘濞郎中。

② 班固(32 年—92 年)：汉扶风安陵人，字孟坚，典校秘书，修有《汉书》。

③ 上林：苑名，秦旧苑，汉武帝扩建，周围至三百里，有离宫七十所，苑中养禽兽，供皇帝春秋打猎。

④ 长洲苑：春秋吴王阖闾建，在今望亭境内。

⑤ 朝夕池：即今望亭沙墩港，在古乌角溪，因受太湖水风向影响而有"朝涨夕虚"现象，今为望虞河口。

阖闾[1] 之霸时

〔东汉〕袁康、吴平[2]

秋冬治城中，春夏治姑胥之台[3]，旦食于纽山，昼游于胥母。射于鸥陂，驰于游台，兴乐石城，走犬长洲[4]。

《越绝书》

① 阖闾：即春秋吴王。

② 袁康、吴平：东汉会稽人。

③ 姑胥台：即姑苏台。

④ 长洲：即吴县，其中心在太湖北岸贡湖东岸，即今望亭、通安、东渚、镇湖、光福、胥口等地。

魏太祖[1] 谓徐祥曰

〔三国〕陈寿[2]

孤比老，愿济横江之津，与孙将军[3]游姑苏之上，猎长洲之苑[4]，吾志足矣！

《太平御览》

① 魏太祖：即魏武帝曹操。

② 陈寿(233年—297年)：安汉人，字承祚，撰有《三国志》。

③ 孙将军：即吴王孙权。

④ 长洲之苑：即望亭长洲苑。《太平寰宇记》云："吴王长洲苑因江洲得名，至吴大帝，封长沙王果于此。"孟康云："以江水洲为苑。"

吴都赋(节选)

〔西晋〕左思[1]

造姑苏之高台，临四远而特建。带朝夕之浚池[2]，佩长洲之茂苑[3]。

《文选》

① 左思：西晋临淄人，字太冲，作《三都赋》，十年始成，豪贵之家竞相传写，洛阳为之纸贵。

② 浚池：今望亭望虞河口，古为古城旁之太湖梢。

③ 茂苑：长洲县，以苑为名，地名茂苑，即长洲苑。

乱后行经吴御亭[1]

〔南朝梁〕庾肩吾[2]

御亭一回望，风尘千里昏。春袍异春草，白马即吴门[3]。
獯戎鲠伊洛，杂种乱轘辕。辇道同关塞，王城似太原。
休明鼎尚重，秉礼国犹存。殷牖爻虽赜，尧城吏转尊。
泣血辈东走，横戈念北奔。方凭七庙略，誓雪五陵冤。
人事今如此，天道共谁论？

《古诗源·梁诗》

① 吴御亭：即望亭，孙坚所造，名御亭，在古吴门口，又名吴御亭。

② 庾肩吾(487年—553年)：南朝梁代新野人，字子慎。庾信父，任度支尚书。

③ 吴门：即今望亭，唐建望亭驿，清乾隆时在此建纪恩亭二碑，在此接驾入苏州。历史上官员东归和离别经望亭皆作为吴地之门。

哀江南赋

〔南北朝〕庾信[①]

桂林颠覆，长洲麋鹿[②]。溃溃沸腾，茫茫磅礴。天地离阻，人神惨酷。

《庾子山集》

① 庾信(513—581 年)：南北朝时南阳新野人，字子山，善宫体诗，文章绮丽。官至骠骑大将军，代表作有《哀江南赋》《咏怀二十七首》等。

② 麋鹿：鹿的一种，为春秋长洲苑豢养之兽。

和晋陵[①]陆承早春游望[②]

〔唐〕杜审言[③]

独有宦游人，偏惊物候新。云霞出海曙，梅柳渡江春。

淑气催黄鸟，晴光转绿萍。忽闻歌古调，归思欲沾巾。

《全唐诗》

① 晋陵：即今常州市，唐望亭属晋陵郡。

② 望：即今望亭。

③ 杜审言(646 年—708 年)：湖北襄阳县人，是杜甫的祖父，咸亨间进士，历任丞、尉等官，为国子监主簿、修文馆直学士。

春日江津[①]游望

〔唐〕杜审言

旅客摇边思，春江弄晚晴。烟销垂柳弱，雾卷落花轻。

飞棹乘空下，回流向日平。鸟啼移几处，蝶舞乱相迎。

忽叹人皆浊，堤防[②]水至清。谷王常不让，深可戒中盈。

《全唐诗》

① 江津：江即贡湖，津即溪河，指出了望亭的太湖即贡湖、鹤溪即运河、望虞河口即古乌角溪之旁。

② 堤防：望亭古堰，土名洪水闸，今为望虞河水利枢纽立交工程。

吴中好风景

〔唐〕崔融①

洛渚问吴潮②，吴门想洛桥。夕烟杨柳岸，春水木兰桡。
城邑高楼近，星辰北斗遥。无因生羽翼，轻举托还飙。

《全唐诗》

① 崔融(653年—706年)：字安成，齐州全节人。擢入宫门丞，兼直崇文馆学士。
② 吴潮：朝夕池之潮汐。

在江南赠宋五之问(节选)

〔唐〕骆宾王①

漳滨已辽远，江潭未旋返。为听短歌行，当想长洲苑。
露金熏菡岸，风佩摇兰坂。蝉鸣稻叶秋，雁起芦花晚。
晚秋云日明，亭皋风雾清。独负平生气，重牵摇落情。
占星非聚德，梦月讵悬名？寂寥伤楚奏，凄断泣秦声。
秦声怀旧里，楚奏悲无已。

《全唐诗》

① 骆宾王(约638年—684年)：义乌人，七岁能属文，妙于五言诗。初为道王府属，历任武功主簿、长安主簿，武后时左迁临海丞。

长洲苑

〔唐〕孙逖①

吴王初鼎峙，羽猎骋雄才。辇道阊门出，军容茂苑来。
山从列嶂转，江自绕林回。剑骑缘汀入，旌门隔屿开。
合离纷若电，驰逐溢成雷。胜地虞人守，归舟汉女陪。
可怜夷漫处，犹在洞庭隈。山静吟猿父，城空应雉媒。

戎行委乔木，马迹尽黄埃。揽涕问遗老，繁华安在哉？

《全唐诗》

① 孙逖(696 年—761 年)：河北涉县人，少时寓居巩县，故又称“河南巩人”。开元中三擅甲科。

登吴古城歌

〔唐〕刘长卿①

登古城兮思古人，感贤达兮同埃尘。
望平原兮寄远目，叹姑苏兮聚麋鹿②。
黄池高会事未终，沧海横流人荡覆。
伍员杀身谁不冤，竟看墓树如所言。
越王尝胆安可敌，远取石田何所益？
一朝空谢会稽人，万古犹伤甬东客。
黍离离兮城坡坨，牛羊践兮牧竖歌。
野无人兮秋草绿，园为墟兮古木多。
白杨萧萧悲故柯，黄雀啾啾争晚禾。
荒阡断兮谁重过，孤舟逝兮愁若何。
天寒日暮江枫落，叶去辞风水自波。

《全唐诗》

① 刘长卿(约 726 年—约 786 年)：字文房，河间人，开元间进士，至德中为海盐令。

② 麋鹿：即长洲苑之麋鹿。望亭有麋城桥，跨郡界。

苏台览古

〔唐〕李白①

旧苑②荒台③杨柳新，菱歌清唱不胜春。
只今惟有西江月，曾照吴王宫里人。

《全唐诗》

① 李白(701 年—762 年)：字太白，号青莲居士。陇西成纪人。天宝初入长安，任翰林院供奉，与杜甫齐名。

② 旧苑：即长洲苑。

③ 荒台：即苏台，全名姑苏台。

奉送从兄宰晋陵

〔唐〕韦应物[1]

东郊暮草歇，千里夏云生。立马愁将夕，看山独送行。

依微吴苑[2]树，迢递晋陵城。[3]慰此断行别，邑人多颂声。

《全唐诗》

① 韦应物（737 年—792 年）：京兆长安人，为滁州刺史，复出苏州刺史。

② 吴苑：即长洲故苑。

③ 晋陵城：即今常州。古长洲苑在望亭，望亭属晋陵所辖。

阊门怀古

〔唐〕韦应物

独鸟下高树，遥知吴苑园[1]。凄凉千古事，日暮倚阊门。

《全唐诗》

① 吴苑园：即长洲苑，在阊门外望亭。

自苏台至望亭驿[1] 人家尽空，春物增思，怅然有作，因寄从弟纾

〔唐〕李嘉祐[2]

南浦菰蒋覆白苹，东吴黎庶逐黄巾。

野棠自发空流水，江燕初归不见人。

远岫依依如送客，平田渺渺独伤春。

那堪回首长洲苑，烽火年年报虏尘。

《全唐诗》

① 望亭驿：原名御亭驿，唐初更名望亭驿，在长州苑古运河旁吴门口，驿站乃隋（583 年）建，至 1912 年废。

② 李嘉祐：字从一，赵州人，天宝七载（748 年）擢第授秘书省正字，坐事谪鄱阳令，调

江阴入为中台郎，上元中为台州刺史，大历中复为袁州刺史。

壮游（节选）

〔唐〕杜甫①

东下姑苏台，已具浮海航。到今有遗恨，不得穷扶桑。
王谢风流远，阖卢丘墓荒。剑池石壁仄，长洲荷芰香②。
嵯峨阊门北，清庙映回塘。每趋吴太伯，抚事泪浪浪。
枕戈忆勾践，渡浙想秦皇。蒸鱼闻匕首，除道哂要章。
越女天下白，鉴湖五月凉。剡溪蕴秀异，欲罢不能忘。

《全唐诗》

① 杜甫（712 年—770 年）：字子美，杜审言孙，原湖北襄阳人，生于河南巩县，因居杜曲，自称杜陵布衣、少陵野老。至德间任左拾遗，与李白同为唐代第一流诗人。

② 长洲荷芰香：古长洲为波谷平原，故低洼处多种荷菱，在长洲苑乌角溪太湖口有一片低田，古地名莲陂，今有莲花桥，有太湖四角菱。

赋得长洲苑送李惠

〔唐〕郎士元①

草深那可访②，地久阻相传。散漫三秋雨，疏芜万里烟。
都迷采兰处，强记馆娃年。客有游吴者，临风思眇然。

《全唐诗》

① 郎士元：字君胄，中山人，天宝间擢进士第，德宗建中初为郢州刺史。

② 草深那可访：意为寻找荒废的长洲故苑。

登　楼

〔唐〕顾况①

高阁成长望，江流雁叫哀。凄凉古吴事②，麋鹿走荒台。

《全唐诗》

① 顾况：字逋翁，海盐人，唐至德间进士。

② 古吴事：指吴越战争。

送袁稠游江南

〔唐〕李瑞[1]

江南衰草遍，十里见长亭[2]。客去逢摇落，鸿飞入杳冥。
空城[3]寒雨细，深院晓灯青。欲去行人起，徘徊恨酒醒。

《全唐诗》

① 李瑞：字正己，赵郡人，唐大历间进士。
② 长亭：一指休息之亭，一指长洲古亭。
③ 空城：指古长洲的越干王城、都城、夏城等处。

送丘二十二归苏州

〔唐〕崔峒[1]

积水与寒烟，嘉禾路几千。孤猿啼海岛，群雁起湖田。
曾见长洲苑，尝闻大雅篇。却将封事去，知尔爱闲眠。

《全唐诗》

① 崔峒：博陵人，登进士第，官终州刺史。

姑苏怀古送李秀才下第归江南（节选）

〔唐〕刘商[1]

会稽勾践拥长矛，万马鸣啼扫空垒。
瓦解冰销真可耻，凝艳妖芳安足恃。
可怜荒苑雨冥濛，麋鹿呦呦[2]绕遗址。

《全唐诗》

① 刘商：字子夏，彭城人，大历间进士，汴州观察推官。
② 呦呦：麋鹿之叫声。

和牛相公题姑苏所寄太湖石兼寄李苏州(节选)

〔唐〕刘禹锡[①]

睹物洛阳陌,怀人吴御亭[②]。寄言垂天翼,早晚起沧溟。

《全唐诗》

① 刘禹锡(772 年—842 年):字梦得,洛阳人,唐贞元间进士,官苏州刺史、监察御史。

② 吴御亭:即今望亭。宋《吴郡图经续记》:"望亭,怀人吴御亭谓此也。"

寄苏州白二十二使君

〔唐〕张籍[①]

三朝出入紫微臣,头白金章未在身。
登第蚤年同座主,题诗今日是州人。
阊门柳色烟中远,茂苑莺声雨后新。
此处吟诗向山寺,知君忘却曲江春。

《全唐诗》

① 张籍:字文昌,吴人,后移居和州,贞元间进士。

长 洲 苑

〔唐〕白居易[①]

春入长洲草又生,鹧鸪起处少人行。
年深不辨娃宫处,夜夜苏台空月明。

《全唐诗》

① 白居易(772 年—846 年):字乐天,下邽(陕西渭南附近)人。中进士后官翰林学士。

别苏州

〔唐〕白居易

浩浩姑苏民，郁郁长洲城。来惭荷宠命，去愧无能名。

青紫行将吏，班白列黎氓。一时临水拜，十里随舟行。

饯筵犹未收，征棹不可停。稍隔烟树色，尚闻丝竹声。

怅望武邱路[①]，沉吟水浒亭[②]。还乡信有兴，去郡能无情？

《全唐诗》

① 武邱路：即苏州虎丘至望亭水陆道路，望亭以运河东属武丘乡，运河西属彭华乡（古余杭乡）。

② 水浒亭：即望亭长洲苑亭的古御亭，亭在古郡界。

登阊门闲望

〔唐〕白居易

阊门四望郁苍苍，始觉州雄土俗强。

十万夫家供课税，五千子弟守封疆。

阖闾城碧铺秋草，乌鹊桥红带夕阳。

处处楼前飘管吹，家家门外泊舟航。

云埋虎寺山藏色，月耀娃宫水放光。

曾赏钱塘兼茂苑，今来未敢苦夸张。

《全唐诗》

望亭驿[①] 酬别周判官

〔唐〕白居易

何事出长洲，连宵饮不休。醒应难作别，欢渐少于愁。

灯火穿村市，笙歌上驿楼[②]。何言五十里，已不属苏州。

《全唐诗》

① 望亭驿：隋建御亭驿，唐改名望亭驿。明洪武《苏州府志》云：“有望亭驿于运河西岸南面。”自古是水陆驿，建在吴门口，自此进入江南东道。

②“灯火”二句：指唐时望亭驿的繁华。

长洲曲新词[①]

〔唐〕白居易

茂苑绮罗佳丽地，女湖桃李艳阳时。
心奴已死胡容老，后辈风流是阿谁？

《全唐诗》

① 曲以长洲苑为中心。

过蠡湖[①]

〔唐〕牟融[②]

东湖烟水浩漫漫，湘浦秋声入夜寒。
风外暗香飘落粉，月中清影舞离鸾。
多情袁尹频移席，有道乔仙独倚阑。
几度篝帘相对处，无边诗思到吟坛。

《全唐诗》

① 蠡湖：又名盂湖、漕湖、界泾河，即今望虞河。
② 牟融：贞元、元和间人。

长洲览古

〔唐〕徐凝[①]

吴王上国长洲奢，翠黛寒江一道斜。
伤见摧残旧宫树，美人曾插九枝花。

《全唐诗》

① 徐凝：睦州人，官至侍郎。

过吴门[1]二十四韵(节选)

〔唐〕李绅[2]

烟水吴都郭，阊门架碧流。绿杨深浅巷，青翰往来舟。

朱户千家室，丹楹百处楼。水光摇极浦，草色辨长洲。

《全唐诗》

① 吴门：在今望亭大运河旁，古郡界，后代称苏州。

② 李绅(772 年—846 年)：字公垂，无锡人。官尚书右仆射。

怀吴中冯秀才

〔唐〕杜牧[1]

长洲苑外草萧萧，却算游城岁月遥。

唯有别时今不忘，暮烟疏雨过枫桥。

《全唐诗》

① 一说张祜。杜牧(803 年—852 年)：京兆万年人，字牧之，杜佑孙。大和间进士，官监察御史。

忆长洲

〔唐〕许浑[1]

香径小船通，菱歌绕故宫。鱼沉秋水静，鸟宿暮山空。

荷叶桥边雨，芦花海上风。归心无处托，高枕画屏中。

《全唐诗》

① 许浑：字用晦，润州丹阳人，大和进士，任睦州、郢州刺史。

姑苏怀古

〔唐〕许浑

宫馆馀基辍棹过，黎苗无限独悲歌。
荒台麋鹿争新草，空苑[1]凫鹥占浅莎。
吴岫雨来虚槛冷，楚江风急远帆多。
可怜国破忠臣死，日日东流生白波。

《全唐诗》

① 空苑：即吴王长洲苑。

宿望亭驿寄苏州一二同志

〔唐〕许浑

候馆[1]人稀夜自长，姑苏台远树苍苍。
江湖潮落高楼迥，河汉秋归广簟凉。
月转碧梧移鹊影，露低红叶湿萤光。
西园诗侣应多思，莫醉笙歌掩画堂。

《唐诗镜》

① 候馆：即望亭驿站。

长洲道中

〔唐〕赵嘏[1]

扁舟殊不系，浩荡路才分[2]。范蠡湖[3]中树，吴王苑外云。
悲心人望月，独夜雁离群。明发还驱马，关城见日曛。

《全唐诗》

① 赵嘏：字承祐，山阳(今江苏淮安)人，会昌间进士，官渭南县尉，世称赵渭南。
② 浩荡路才分：指望亭驿旁古长洲苑江水洲交汇水冲情况。
③ 范蠡湖：即望虞河，古名蠡湖。

重游通波亭[1]

〔唐〕薛能[2]

十年抛掷故园花，最忆红桃竹外斜。
此日郊亭心乍喜，败榆芳草似还家。

《全唐诗》

① 通波亭：即望亭。通波桥在吴门口，旁有古御亭。
② 薛能：字太拙，汾州人，会昌间进士，历御史、都官、刑部员外郎。

长洲怀古·宿望亭馆[1]

〔唐〕刘沧[2]

野烧原空尽荻灰，吴王此地有楼台。
千年往事人何在，半夜月明潮自来。
白鸟影从江树没，清猿声入楚云哀。
停车日晚荐萍藻，风静寒塘花正开。

《全唐诗》

① 望亭馆：即望亭驿站。
② 刘沧：字蕴灵，汶阳人，大中年间进士。官华原尉、龙门令。

题吴宫苑[1]

〔唐〕刘沧

吴苑荒凉故国名，吴山月上照江明。
残春碧树自留影，半夜子规何处声？
芦叶长侵洲渚暗，苹花开尽水烟平。
经过此地千年恨，荏苒东风露色清。

《全唐诗》

① 吴宫苑：即吴宫、长洲苑，均在古长洲。

润州[1] 送人往长洲

〔唐〕陆龟蒙[2]

秋来频上向吴亭[3]，每上思归意剩生。
废苑池台烟里色，夜村蓑笠雨中声。
汀洲月下菱船疾，杨柳风高酒旆轻。
君往松江多少日，为赏鲈鲙与莼羹。

《全唐诗》

① 润州：今镇江市。
② 陆龟蒙（？—881年）：唐长洲人，字鲁望，自号江湖散人。
③ 吴亭：即今望亭，古名御亭，吴御亭之简称。

吴宫怀古

〔唐〕陆龟蒙

香径长洲尽棘丛，奢云艳雨只悲风。
吴王事事须亡国，未必西施胜六宫。

《全唐诗》

赋得古莲塘

〔唐〕陈陶[1]

阖闾宫娃能采莲，明珠作佩龙为船。
三千巧笑不复见，江头废苑花年年。

《全唐诗》

① 陈陶：字嵩伯，大中间隐居于洪州西山。

吴苑思

〔唐〕陈陶

今人地藏古人骨，古人花为今人发。
江南何处葬西施，谢豹空闻采香月。

《全唐诗》

阖闾城怀古

〔唐〕刘瑶[1]

五湖[2]春水接遥天，国破君忘不记年。
唯有妖娥曾舞处，古台寂寞起愁烟。

《全唐诗》

① 一作裴瑶，误。刘瑶，女诗人。

② 五湖，即太湖。

姑苏行

〔唐〕皎然[1]

古台不见秋草衰，却忆吴王全盛时。
千年月照秋草上，吴王在时几回望。
至今月出君不还，世人空对姑苏山。
山中精灵安可睹，辙迹人踪麋鹿聚。
婵娟西子倾国容，化作寒陵一堆土。

《全唐诗》

① 皎然(730 年—799 年)：僧人，俗姓谢氏，湖州人。

经废宫[1]

〔唐〕栖白[2]

终日河声咽暮空，烟愁此地昼濛濛。
锦帆东去沙侵苑，玉辇西来树满宫。
鲁客望津天欲雪，朔鸿离岸苇生风。
那堪独立思前事，回首残阳雉堞红。

《全唐诗》

① 废宫：文叙古长洲苑沦为废宫。
② 栖白：越中僧。

经吴宫

〔唐〕贯休[1]

夫差昏暗霸图倾，千古凄凉地不灵。
妖艳恩余宫露浊，忠臣心苦海山青。
萧条陵陇侵寒水，仿佛楼台出杳冥。
此是前车况非远，六朝何更不惺惺？

《全唐诗》

① 贯休(832 年—912 年)：画僧。字德隐，俗姓姜氏，兰溪人。日读千书，过目不忘。

读吴越春秋

〔唐〕贯休

犹来吴越尽须惭，背德违盟又信谗。
宰嚭一言终杀伍，大夫七事只须三。
功成献寿歌飘雪，谁爱扁舟水似蓝？
今日雄图又何在，野花香径鸟喃喃。

《全唐诗》

智显禅院[1]

〔唐〕孙规

面震泽之洪澜，背长洲之故苑。左控洞庭之峻，右挹灵岩之巅。刻蟠之阈，想望游麋之墟密迩，真三吴之佳地，一方之上游。

《吴郡志》

① 址在今天池山。

新安[1] 送陆澧[2] 归江阴

〔唐〕白怜长

新安路，人来去。
早潮复晚潮，明日知何处。
潮水无情亦解归，自怜长在新安住。

《全唐诗》

① 新安：为望亭界，在望亭北古望亭驿旁，大运河边。
② 陆澧：一作“陆沣”。

无题二首[1]

〔唐〕杨备

太湖东面即长洲，临水孤城远若浮。
雨过云收山泼黛，管弦歌动酒家楼。

花光带露柳凝烟，茂苑笙歌已沸天。
有客寻春拼一醉，青楼红粉洞中仙。

《吴都文粹》

① 文述长洲的位置和茂苑之繁华。

无题二首

〔宋〕梅挚[1]

长洲茂苑足珍材，剩买前山活翠栽。
客土不陈承帝力，几多臣节共安来。

长洲茂苑占幽奇，岩榭珍台入翠微。
园李露浓三色秀，径桃烟暖一香飞。
月临夕树鸟频绕，风揭珠帘燕未归。
弭盖暂欢成结恋，斜阳凭槛独依依。

《吴郡志》

① 梅挚(994 年—1059 年)：字公仪，新繁人。天圣间进士。历官大理评事、殿中侍御史、龙谏议大夫等。曾任苏州通判。

舟过望亭(二首)

〔宋〕杨万里[1]

常州尽处是望亭，已离常州第四程。
柳线绊船知不住，却教飞絮送侬行。

此去苏州半日期[2]，归心长是觉船迟。
一村树暗知何处，两岸草青无了时。

《诚斋集》

① 杨万里(1127 年—1206 年)：字廷秀，号诚斋，吉水人，绍兴间进士，他和陆游、范成大、尤袤被称为“南宋四大家”。

② 半日期：指望亭至苏州阊门为五十里水路，恰用时半日。

移任长洲诗之五

〔宋〕王禹偁[1]

移任长洲县，沿流渐入吴。见碑时下岸，逢店自微酤。
野庙连荒冢，江禽似画图。高堂从别后，应梦宿菰蒲。

《吴郡志》

① 王禹偁(954 年—1004 年)：钜野人，太平兴国进士，任右拾遗，曾修《太祖实录》。

古 长 洲

〔宋〕米芾[1]

吴王故苑古长洲，潮汐池边一伫留。
秀蕙芳兰无处所，乱莞丛苇满清流。

《吴都文粹续集》

① 米芾(1051 年—1107 年)：书画家，世居太原，迁襄阳，后定居润州。官礼部员外郎。

姑苏行送胡唐臣奉议入幕

〔宋〕郭祥正[1]

登姑苏，望五湖。
范蠡扁舟竟何在，吴王宫殿惟荒墟。
民贪吏狡郡多事，煮盐为盗无完肤。
使君谁何好平恕，宽则脂韦猛则虎。
只今卧治闻黄公，更得高才归幕府。
愿令里巷歌《召南》，风化流行成乐土。
昔年引对大明殿，国论轩轩动人主。
往持使节临朔方，威霁秋霜爱春雨。
玉上青蝇谁强指，鼻端白垩宁伤斧。
升沉偶尔非吾嗟，不用东方且为鼠。
岂闻绝代无佳人，何必西施妙歌舞？

盛倾绿酒鲙肥鲈，承诏还从大梁去。

《吴郡志》

① 郭祥正：宋人，字功父，安徽当涂人，有《青山集》及续集。

秋暮夜宿望亭[1]

〔元〕李元珪

茅屋沿堤密掩扉，官桥昏暗泊船稀。
守关戍火明村坞，隔岸渔灯照石矶。
寒木尽随溪水落，断鸿犹趁野云飞。
篷窗欹枕浑无寐，倦听人家夜捣衣。

《浒墅关志》

中秋望亭驿对月（代祀北还）

〔元〕张翥[1]

月色沧波共渺茫，驿亭杂坐看湖光。
仙家刻玉青蟾兔，帝子吹笙白凤凰。
芦叶好风生晚思，桂花清露湿空凉。
回槎使者秋怀阔，倒泻银河入酒觞。

《元诗选》

① 张翥（1287 年—1368 年）：字仲举，云南晋宁人，有《蜕庵集》《蜕庵词》。

长洲苑

〔明〕高启[1]

中国久无伯，阖闾思骋功。讲搜开别苑，训武出离宫。
宰嚭应参乘，巫臣实御戎。鼗鸣深谷应，置掩广场空。
远曳捎云旃，高弯射月弓。三驱仪已毕，七代步还同。
甲骑从舆后，蛾眉待幄中。煮胎须紫豹，胹掌得玄熊。
乐事万难极，英图忽易穷。域迷歌黍客，地属采荛童。

辇道崩秋雨，旗门失晚风。犬亡䝙肆狡，人去雉争雄。

草树迎萧索，湖山罢郁葱。犹疑见猎火，寒烧夜深红。

清乾隆《长洲县志》

① 高启(1336年—1374年)：字季迪，苏州人，与杨基、张羽、徐贲并称"吴中四杰"，明洪武初召修《元史》，为翰林院国史编修。

长洲苑

〔明〕唐寅[1]

长洲苑内饶春色，泼黛峦光翠如湿。

银鞍玉勒斗香尘，多少游人此中集。

薄暮山池风日和，燕儿学舞莺歌调。

当年胜事空陈迹，至今遗恨流沧波。

《唐伯虎全集》

① 唐寅(1470年—1524年)：字伯虎、子畏，号六如居士，吴县人，与沈周、文徵明、仇英合称"明四家"。

茂　苑

〔明〕唐寅

茂苑芳菲集丽人，牙盘饾饤簇厨珍。

轹弦护索仙音合，收手摇头酒令新。

白日不消头上雪，黄金难铸镜中身。

劝君随分须欢笑，是笑从来胜似颦。

《唐伯虎全集》

望亭饭僧作四首[1]

〔明〕洪思[2]

一

借得人家隙地，中藏几树梅花。旋构数间茅屋，欲谈一卷《楞伽》。

二

隔岸长松疏柳，双溪一片湖光。夜听渔舟共语，风吹菱芡时香。

三

屋后一湾流水，门前几点青山。云去月来桥上，鸟啼花落村间。

四

添得一条略彴，如从画里行来。即此草庵亦可，何须百尺楼台？

清康熙《长洲县志》

① 诗文在望亭吴陵庙或青龙庵所作。

② 洪思：明僧人。

还舟望亭与诸友夜集

〔明〕王宠[1]

叙游方历历，惜别更茫茫。湖海谁投分，云霄几断行。
不眠从秉烛，忍泪竟沾裳。易得穷途感，无嫌阮籍狂。

《浒墅关志》

① 王宠(1494年—1533年)：明书法家，号雅宜山人，吴县人。工书，精小楷，尤喜行草，与祝允明、文徵明齐名。

过望亭

〔明〕王穉登[1]

水鸟白纷纷，翻飞不作群。土城[2]三里尽，三县一桥[3]分。
莺近帆过柳，人稀路满云。金舟堪却老，一水问茅君。

《浒墅关志》

① 王穉登(1535年—1612年)：字伯谷，先世江阴人，移居苏州。少有文名，善书法，嘉靖末入大学，万历时曾纂修国史。

② 土城：即越干王城(月城)。

③ 三县一桥：即通波桥，为长洲县、无锡县、金匮县之界桥。

望亭舟中感怀

〔明〕吴兆[1]

水国蚕桑早，春山蕨笋肥。谁怜行路客，著尽离家衣。
村犬迎舟吠，田乌绕耜飞。悠然望远岫，却羡暮云归。

《明诗别裁集》

① 吴兆：字非熊，休宁人。

过姑苏有感[1]

〔明〕孙良器

东吴城外尽烽烟，百姓流移半在船。
为问秋风旧来雁，稻粱今有几家回？

《明诗别裁集》

① 文述吴城外受战争灾害事。

姑苏怀古

〔明〕梁有誉

看山几日到吴中，游客登临感慨同。
金虎迹荒灵气灭，水犀军散霸图空。
春归茂苑乌啼月，花落横塘蝶怨风。
谁识倦游心独苦，扁舟长忆五湖东。

《明诗别裁集》

蠡　湖

〔明〕孙一元

初日浮高树，晴鸥散浅沙。挂帆湖水上，闻笛野渔家。

岸折菰蒲合，云迷山郭斜。芳洲动幽兴，自起采苹花。

《吴都文粹续集》

早春过望亭驿喜晴，追次李嘉祐韵

〔明〕韩奕

远墅晴烟散绿苹，推篷喜坐整衣巾。
野花开处多临驿，水鸟飞来似送人。
愁里听穷三日雨，客边吟到一分春。
今朝已有寻芳客，来往东风陌上尘。

《浒墅关志》

东归抵望亭作（二首）

〔清〕汪琬①

鹎鵊声中雨似丝，昏昏乡思苦难支。
楝花风起归舟急，要趁黄鱼上筯时。

望见家山一抹清，淡烟初日漾江汀。
先生才了回乡梦，已报轻帆过御亭。

《浒墅关志》

① 汪琬（1624年—1691年）：字苕文，号纯庵，长洲人，顺治进士，曾任刑部郎中、户部主事等职，康熙时举博学鸿词科，授编修。

望亭书所见

〔清〕顾嗣立①

拨刺鱼上叉，咿哑橹相语。鸬鹚踏水飞，欲来又急去。

《浒墅关志》

① 顾嗣立（1665年—1722年）：字侠君，号闾丘，常熟人。康熙间进士，曾预修《佩文韵府》。

舟泊望亭与钱讷生、蒋震远联句

〔清〕韩是升[①]

舟泊望亭驿，联吟送夕阳。远山浮紫翠，平楚带苍茫。
时见帆收浦，空余笱在梁。笛声归犊背，火点散渔航。
星斗稀还朗，烟波绕更长。题襟乃雅会，拈韵待成章。
韩孟留坛坫，高张共激昂。推敲频翦烛，酬喝互倾囊。
酣酌螺蛳杓，闲烹雀舌香。吾衰嗟已老，旅兴讵能忘？
问字资师友，论诗溯汉唐。几年同射虱，若个擅穿杨？
驽足思驰骋，鹏程慕颉颃。青钱惭万选，丽藻乏千行。
敢衔连城壁，难为百炼钢。功名他日事，得失寸心量。
世德遥堪继，薪传近有方。终堂谐臭味，慎勿类参商。
柝报荒村月，龙嗥野店霜。夜阑分手去，伴鹭宿寒塘。

《浒墅关志》

① 韩是升（1735 年—1826 年）：字东生，号旭亭。长洲人。曾主当湖书院。

秋晚金墅[①] 望太湖

〔清〕凌寿祺[②]

弯环五百里，遥望水天宽。帆影中流驶，烟光别岛寒。
人家黄叶树，古庙白萍滩。日暮渔歌远，回风起急湍。

《浒墅关志》

① 金墅：古与望亭同属彭华乡，在太湖口，离望亭五公里，为清乾隆长洲县五大镇之一。
② 凌寿祺：长洲人，曾修《浒墅关志》。

乾隆甲辰迎銮耀歌之一[①]

〔清〕凌寿祺

望亭南望是姑苏，夹岸人家入画图。
闻说晋陵龙舸下，三吴一路效嵩呼。

《浒墅关志》

① 诗系苏州府官员在望亭吴门口纪恩亭迎接乾隆帝而歌。

织席词(节选)[1]

〔清〕凌寿祺

织席先拣草,慎若别薰莸。草拣青且长,取韧不取柔。
尺五至尺七,茎茎要齐头。经经麻要细,必使先熟沤。
然后上机扣,去垢油,一草打一下,如织布与绸。
女儿捵草急,阿娘打不休。铢积复寸累,午夜相绸缪。
方棱要对空,落落如田畴。花纹要闲色,印出明如髹。
村中夜更静,凭凭声相酬。待得东方明,配筒津桥售。
满床与触眠,枕儿殊短修。一筒值数百,贾客争来收。
双文不足贵,五花不足俦。缜密任舒卷,方知胜虎邱。

《浒墅关志》

① 诗写浒关一带织席事。望亭与浒关相近,织席工艺亦相似,古与浒关同属席业大镇,故录诗备考。

麋城[1]怀古

〔清〕叶士宽

伯吴亦数阖闾才,豢鹿何堪百雉开?
此日春风驯舞馆,后时秋雨走荒台。
虎邱西畔呼群散,鹤涧[2]东头挺险来。
回首夕阳明灭地,一行晴雁下城隈[3]。

清乾隆《长洲县志》

① 麋城:旧时望亭通吴波桥旁有麋城桥,一名白家桥,跨郡界。

② 鹤涧:指望亭段古运河,古称"鹤溪"。

③ 城隈:指望亭驿月城、土城。

漕　河[1]

〔清〕叶士宽

秋光一片接澄河，少伯曾经此伐吴。
组练眩睛明浦口，艅艎衔尾下姑苏。
乌啼茂苑多榛莽，水满长洲遍荻芦。
今日通津成大路，千帆转漕入皇都。

《黄埭志》

① 漕河：即蠡湖，今望虞河，因元明运漕粮而名。

第二章 人文掌故

从望亭出土的石斧、石锛、石凿、石钺、石刀、陶鼎等文物来看，早在石器时代，这里已有先人在繁衍生息。从春秋时期的青铜文化到灿烂的鱼稻蚕桑文化，从春秋吴国王室玉器到丰富多彩的优秀工艺……历经先辈们辛勤开发，使荆蛮之地发展为江南富饶之乡，这无疑与吴地优秀文化密不可分。

鳞次栉比的老街

古望亭街原址在会稽郡太湖之滨（西距太湖2 公里），江南河（京杭大运河）畔、朝夕池旁（古名乌角溪，今称沙墩港）、蠡河（今望虞河）北，无锡县与苏州交界处。清雍正二年（1724 年）前一直属毗陵郡、常州府无锡县、金匮县管辖。古镇地处郡、府（道）、县交界处。明代诗人王穉登在《过望亭》诗中有“土城三里尽，三县一桥分”之句，“一桥”即通波桥，为长洲县、无锡县、金匮县之界桥。吴古故陆道（由苏州胥门经望亭至当涂直达楚昭关）、古驿道、秦江南驰道、水道（江南河）在境内通过，曾经无限辉煌和繁荣。古干国被吴吞灭（前 659 年—655 年）后，吴王阖闾于周景王六至二十四年（前 539 年—521 年），在古干国所在地修建皇家园林长洲苑（又名吴王苑、茂苑。唐万岁通天元年所析“长洲县”即取名自“长洲苑”），堪称先秦时期中国第一胜景。越王勾践灭吴（前 473 年）后，封越干王城（今月城）于此。

古镇地处水陆交通要道，自古以来一直是兵家必争之地。东晋末年，战乱频发，古镇连同与秦汉时期长林苑齐名的长洲苑一起被毁灭殆尽。诗人庾肩吾在《乱后行经吴御亭》诗中感叹：“御亭一回望，风尘千里昏。”唐朝末年，天下大乱，连年战火，毁后重建的古镇五百来年后又一次在劫难逃。“车尸充军食，所至屠老弱。到处是烽煌，人皆尽死光”就是当时战乱的真实写照。唐李嘉祐曾在诗中哀叹：“那堪回首长洲苑，烽火年年报虏尘。”北宋末年，金兵南侵，元末明初，各方割据势力连年混战，古镇又经历一次次重建、被毁，一次次被毁、重建。尤其是清同治三年（1864 年），李鸿章所率清兵与太平军李秀成在大桥角惨烈拉锯战，使境内人丁大多被杀、逃亡，十室九空，古镇再次被夷为平地。据考，现望亭三万多户籍人口中，均为外地迁来的移民。镇上既无名门望族，更无官邸豪宅，其原因盖出于此。

在长达 1600 多年的历史长河中，古镇历经了无数次的天灾和难以计数的战争劫难，从原址北望亭（属无锡县，明建，始龙汇桥，后名丰乐桥，清同治八年重建后名北望亭桥，北望亭因桥而名）沿大运河一次次由北往南迁移至南望亭（属长洲县，明建，始北新桥，因建于古问渡口，又名古问渡桥，清同治八年重建后名南望亭桥）。在北望亭桥到南望亭桥约 3 公里的运河边，留下了层层残砖瓦砾和各历史时期众多的出土文物，它们是古镇一千多年来变迁的见证。《吴县志》：“望亭有南北之分，南望亭属长洲县境。北望亭属常州府无锡县境。”故望亭素有“先有北望亭，后有南望亭”之说。北望亭如今已无集镇，仅存中华人民共和国成立后重建的北望亭桥而已。

战后的古镇不见了“灯火穿村市，笙歌上驿楼”的盛景（唐白居易《望亭驿酬别周判官》），直到清末民初，古镇才在古问渡桥（南望亭桥）两侧沿运河渐渐兴起、繁荣。老街

"上塘街"(望亭运河西称上塘,运河东称下塘)位于集镇中部,古问渡桥堍两侧,依大运河而建。上塘街为古镇缩景。老街南北向,南起现望亭南桥北,北至仕莫泾桥,全长600余米。路面铺设金山石,沿河筑有石驳岸。街道以古问渡桥堍分为南北两部分。中华人民共和国成立后,桥北名劳动街,桥南名和平街。古问渡桥毁于清太平天国战火,同治八年重建。桥南刻"南望亭桥",北刻"古问渡桥"。桥两面刻有桥联,北面上联"是处入长洲离浒一十八里",下联"邑口产粮茂鱼肥通河达海",南面上联"方百里风俗敦厚信亲礼仪",下联佚。另刻有"同治八年己巳孟冬吉日立"。古问渡桥于1968年、1986年、1994年三次重建,现名望亭桥。老街两侧有客运和货运码头,有鱼行、竹行、木行、米行、席行、茧行、油坊、茶馆、酒楼、书场、医院、诊所、旅馆、农贸市场、南货店、药店、布店及手工作坊等。老街的繁荣,使古镇成为苏州阊门外重要的商业集镇和农副产品集散地。老街古问渡桥堍北侧,沿运河有建于民国19年(1930年)的吴县第四区望亭镇小菜场。往北临街面河有建于民国年间的民宅,现尚存(现劳动街13号、14号)清末民初的沈景(耀)华、沈耀德(系隔房弟兄,祖沈杏泉从事经商布业)老屋。老屋前后进相连,为前店后舍形制,有砖雕门楼,上刻"长发其祥"及"己巳年仲冬""蜇庐书"等字样。2009年12月被苏州相城区人民政府公布为相城区文物控制保护单位。

(阳　光)

绰约多姿的古桥

望亭古桥,唐代大多以木材建造,梁木及木栏涂上朱红色油漆,一为防腐,二则美观,故称红栏、画桥。宋代以后,木桥逐渐被石桥所代替,叠石甃甓,工奇致密。一般都用较易开采加工的石灰石、武康石,明代起以花岗石为主。为了方便水上航船,这些古桥多数为单孔或三孔石拱桥,主孔布置在主河床上,两端辅以石级步道,以便利来往行人。还有一部分是构造简单的石板平桥。如今,这类石板平桥只多见于乡间旷野。

古时望亭地区的能工巧匠,在造桥技术和艺术上颇有造诣,他们在桥址选择、桥基处理、桥孔布置、墩台构造、拱券砌筑工艺以及桥上栏杆等建筑装饰诸方面,融技术、经济、功能和艺术于一体,达到了很高的水平。归纳一下,主要有以下几点:

一是在桥梁选址与自然风貌融为一体。桥梁是三度空间的永久性建筑物,架设于某一固定地点,它在实现其交通功能的同时,力求达到较好的艺术效果。因此,在选择造桥位置时,力求使桥梁与桥址的自然景色相协调,使之和谐一体。例如望亭的响水桥、南津桥、浪浒桥。

响水桥,原名吊桥,又名一品桥。桥跨月城河,原为明朝抗倭军事用桥,在月城南,一头接月城，进出由吊桥行走，故名“吊桥”。据查，初建于南宋，明改建为五孔石桥，清同治九年（1870 年）改建为三孔石墩桥，中孔行舟，两侧小孔排水，形如品字，故名一品桥。水流湍急，落差高低发出响声，故又名响水桥。

南津桥，桥跨进出太湖的主水道仁巷港（张泗港）。此桥始建于南宋，明清多次改建，桥堍北边有兵路，为车马道。

浪浒桥，桥跨仁巷港（今迎湖村），是武康石质桥，建于宋代，明代多次修建，桥侧有石刻雕花、字。1959 年，水利工程在桥旁建大型电力灌溉站，桥改建为水槽渡桥。

二是桥基加固处理技术实用而奇特。因为望亭地处长江下游冲积平原，河流平缓，表土层厚，许多古桥都建在软弱地基上。为了使桥梁这一永久性建筑安全稳定，防止下沉，望亭筑桥工匠用打短木桩来挤密加固墩台的软土地基。此外，还有的采用空心桥台，以减轻桥台自重而防止桥基沉陷。例如两瑞桥、麋城桥等。

两瑞桥，建于北宋，据《吴郡志》载，彭华乡出双麦穗与并蒂莲，县建有双瑞堂，而在此建桥为两瑞桥，桥跨南河港，西为古积善桥，都是古主道桥。

麋城桥，据元《无锡县志》载：“麋城桥，跨长洲界。”据清《金匮县志》载：麋城桥在泰伯乡，当是吴王豢麋处，金长合治（金指金匮县，长指长洲县）。考之，桥在月城东白家里旁边，跨乌角溪。

三是采用柔性墩和联锁法工艺。旧时的望亭造桥工匠大胆摒弃了较为粗壮的重力式桥墩，改用上大下小轻巧的柔性墩。例如明嘉靖年间里人沈凝、守檬等巨富所建的七座三孔石桥。

清嘉庆《浒墅关志》记载，塔平、石下、巷路、马路、伍象、四通、大通在五都，明嘉靖年间里人沈凝、守檬等巨富用助修昆山县城的多余石料建此七桥，此俱在西岸乡村。经查考，均为三孔石桥，中行舟，两边泄水。

四是望亭的古桥不仅造型优美、工艺精湛，而且石桥两旁的石头栏柱、栏板也匠心独运，安全、实用又兼顾美观等多种功能。在这些古桥上安装的石栏望柱，其栏柱间或安装实心石栏，或配置雕花栏板。栏板正、背面雕饰有文字或图案，包括刻有桥名和记载有修建年代，更多辅以如意、定胜等标志，也有雕双钱、莲瓣等吉利图案的。石栏板的两端，通常配以狮头望柱，末端还镶砌有收头石，又名抱鼓石。例如望亭问渡桥，现名望亭桥。

望亭桥，始名北新桥，明代所建。清嘉庆《浒墅关志》载：望亭桥在南望亭跨运河上，由关帝庙耆民吴怡始建，太平天国战火毁桥。清同治八年（1869 年），有长洲县乡民捐款，由区董许老祥、地方李赤老负责重建，为拱形花岗石步登大桥，桥高五丈五，桥座宽两丈七，桥两面有桥联，北面上联为“是处入长洲离浒一十八里”，下联为“邑口产粮茂鱼肥通河达海”，南上联为“方百里风俗敦厚信亲礼仪”，南下联佚。同治八年孟冬吉日立。并把望亭桥改名为南望亭桥刻于桥南，北面刻“古问渡桥”（原建在古运河问渡口而名），同治九年竣工，清同治《苏州府志》记载："望亭古问渡桥同治九年重建，刘履芬记。"（有碑，已失）。

五是望亭古桥上的建筑小品装饰，除前述的雕饰栏板外，还立有桥碑，设碑亭等。这些艺术小品，亦为望亭古桥增色添辉。例如通吴桥，原名通波桥，又名风波桥、通河桥。此桥跨乌角溪，在古郡界。宋《毗陵志》云："风波桥在望亭，唐永淳二年（683年）建，与平江分境。"通河桥，地处大运河边苏州市相城区与无锡交界处。昌桥，一名沙溪桥，又名山湖桥，位于沙墩港口，在浪沙浜与舟浜之间，桥建于南宋，为三孔桥，中孔行舟，两边孔泄水。清雍正年间重建，毁于太平天国时期，历史上两岸均有驻防，为吴古陆道之桥。乌桥，跨田港，又名黄渎桥，建于宋代，旁为龙亭，因地处乌角里而得名，为武康石质桥。现有古桥石在宅基村梅家桥。

以上这些桥有的把桥名镶嵌在石梁正中，有的直接雕刻在仰天石的外侧面。文字除桥名外，还辅以建桥年代，两端配以花饰图案。

马路桥，跨南河港，桥之阳刻有沈石桥，阴刻有马路庄桥，并有明嘉靖二十年（1541年）字样，沈宁施所建，是石桥中唯一原建三孔花岗石桥，至今历四百七十多年，现地处迎湖村与项路村交界处。

伍象桥，跨南河港，清代几次重建，为三孔花岗石桥。现地处迎湖村与项路村交界处。这两座桥的桥名就镶嵌在石栏板上，两端不但配以花饰图案，而且刻以建桥年代。

除以上列举的古桥，望亭古桥有史记载的还有牡丹桥、马的桥、古市桥、四通桥、大通桥、巷路桥、兴隆桥、尼姑桥、周福桥等。

牡丹桥，跨牡丹港口，建于宋代，武康石质。中华人民共和国成立前，由于湖岸塌而桥毁。中华人民共和国成立后把黄渎桥建为牡丹桥。马的桥，跨马王潭浜，地处新杭村，为宋代所建，明代重修，至清代毁。古市桥，一名阿奶渡桥，跨蠡河，建于明代永乐年间，为三孔拱桥，跨距达30米，石桥上刻有群众捐款姓名数额，为青石造。该桥地处望亭唐家村和无锡县石市，毁于太平天国时期。1993年，整治望虞河工程时建成水泥桥，跨径80米，可行汽车。四通桥，跨仁巷港，太平天国时期毁。大通桥，跨摇错河，1958年毁。巷路桥，跨大渎港，在312国道旁，1988年毁，因旁有公路桥则未修复。兴隆桥，又名汤家桥，跨汤家浜，为清建登步桥，1958年因建造望亭发电厂而拆除。尼姑桥，跨牡丹港，原名永福桥，由永福庵得名，桥刻有"长吴两邑里人共建"和"光绪十三年十二月"。1953年、1989年两次修建，现可行汽车。周福桥，跨董港浜，于同治九年（1870年）建，为石级桥。

明代建造的石桥还有柿木泾桥、双白桥、游龙木桥、北津桥、花泾桥、善庵桥、陈帝桥、善安桥、北圣桥、姚凤桥、蔡家桥、张公桥、上街桥（藏家桥）、张泗沟桥、网船桥、溪桥、船山桥（又名寿山桥）、干鸡桥、大渎桥、哇盘桥（又名杨庄桥）、报恩桥、仁巷桥等。除了有书可查考之古桥外，还有奚家桥、施公桥、寺东桥、雀干桥、丁家桥、张尼桥、陆家桥、梅家桥、陈家桥、朱家桥、黄家桥、董巷桥、张市桥、蒋杏桥、干泾桥、唐家桥、石塘桥、夏家沿桥、葛家桥、青石皮桥、钱家庄桥、夏家桥、观德桥、杭桥、韩家桥、严家桥、西治泾桥、巨庄桥、吴泗泾桥、庙港桥、北青石桥等。

望亭除以上列举的古桥，还有近代建造的沪宁望亭段铁路桥。望亭段铁路桥于清光绪三十二年（1906 年）建，共有望虞河钢铁大桥（122 号桥）等 6 座，也已有百余年历史。望虞河铁路桥跨蠡河（又名望虞河），跨径 35 米。121 号桥跨河渎泾支浜，位于新埂村和何家角村。120 号桥跨河渎泾，位于华兴村、新杭村交界处。119 号桥跨河渎泾支浜，位于新杭村、华兴村两村交界处。118 号桥跨河渎泾支浜，位于新杭村、华兴村交界处。117 号桥跨善安泾，位于华兴村。

（阳　光）

飞檐凌空的石亭

望亭隶属苏州，传统建筑中的古时石亭，类型丰富、造型轻巧、玲珑秀美、组合多样，又以其轻盈秀美、玲珑多样著称。

在秦汉时，“亭”是乡以下的一种行政机构。《汉书·百官公卿表上》云：“大率十里一亭，亭有长，十亭一乡。”明代苏州著名造园家计成在其《园冶·亭》一书中写道：“亭者，停也，所以停憩游行也。”

当代著名学者谢孝思，在其主编的《苏州园林品赏录》中说，苏州园林起始于春秋，发展于唐宋，全盛于明清。苏州园林中最早的帝王宫苑是吴国的姑苏台和馆娃宫。苏州最早的私家园林则始于东汉，以吴大夫笮融建造的笮家园为代表，东晋有顾辟疆园。馆娃宫在今灵岩山上，其西花园内至今有多处春秋遗迹，如玩花池、吴王井、玩月池、长寿亭、琴台、响屧廊、划船坞等。《吴郡图经续记》又载：“华池、华林园、南城宫，故传皆在长洲界，阖闾之故迹也。有流杯亭，在女坟湖西二百步，亦云游乐之地。”根据以上引证，苏州早在春秋时的吴国，已有了长寿亭、流杯亭等古亭。

相传，望亭古亭原有二十多只，因其作用不同，其造型各异。就其功能讲，有供人休憩、避雨、观赏等多种。例如，在交通要道筑有路亭，在水井之上筑有井亭，还有专供立碑用的碑亭等。在朝夕池处，相传当年沈周、文徵明、唐寅等江南才子曾在那里吟诗题咏，写下了流传至今的诗篇，后人称之吟诗亭。春秋战国时的长洲苑，阖闾、夫差、勾践等曾相继在那里狩猎、游览，先后筑有歇凉亭、避风亭、赏梅亭、观湖亭、长洲亭等十余只亭。

从建筑形状来看，望亭古亭有以下几种。

六角亭：又称六角攒尖亭。它有 6 根圆柱，多为单檐，柱高约为亭一面阔的 1.5 倍。

八角亭：这是一种形体较大的圆形亭，有单檐、重檐两式，较六角亭为高。

圆亭：形体较小，外观秀丽精致，柱高和八角亭相似，枋桁等均用圆料，顶部尖瓦，其结构较复杂，做工较难。

半亭：只做方亭和多角形亭的一半，附建于两边长廊或靠墙垣的一面。所占空间不多，却能发挥其应有的功能和作用，并具有含蓄不尽之意。

方亭：其构造较为简单，外观朴素大方。它有歇山和尖顶两式。其中单檐的，通常为4柱至12柱；重檐的，多至16柱。

长方亭：通常为3小间，中间的较大，两旁的较小，外观质朴而轻快，亭柱多呈方形。

梭子亭：平面呈不等边六角形，颇似织布的梭子。这类亭子的结构较复杂，外观新颖大方。

此外，望亭古亭还有海棠、梅花诸式。一般在柱间下部设半墙或半栏，上敷坐槛，可供游人坐憩。

望亭的古亭历经战乱，饱经创伤，例如地处镇中心的御亭，又名吴御亭、吴亭，汉献帝延康元年(220年)，吴先主孙坚所建。毁于梁太清年间(547年—549年)侯景之乱。《太平寰宇记》云："御亭，在吴县西六十里，吴大帝所立。梁庾肩吾诗云'御亭一回望，风尘千里昏'即此也……李袭誉改为望亭驿。"

纪恩亭，即皇亭。清嘉庆《浒墅关志》载："本朝纪恩亭在望亭五都一图，乾隆十五年(1750年)四月，苏州绅士军民立碑，刻有乾隆二年(1737年)四月十六日。"

纪恩亭碑，亦称皇亭碑、皇令碑，古有六角亭，碑高2米，阔1米，厚30厘米，刻记江南水灾免粮事告，正体碑，有石座，高60厘米，碑前有长5米、宽3米的台阶，立于大运河西岸、望亭大桥(问渡桥)北、一品桥(响水桥)南的吴驿道旁，即吴门口。现有皇亭碑弄。据传，乾隆皇帝第一次下江南，苏州府诸官员立于台阶接驾，80岁以上老人穿黄马褂在此迎候。1938年5月19日下午4时，纪恩亭被龙卷风吹倒而毁(一说毁于1940年7月1日)，皇亭碑断为三截，20世纪60年代望亭食品站建房将之填在宅脚下，后中间一截挖起，被牡丹村8组一村民弃在自家场角井边，今移望亭地志馆。

望亭的古亭，飞檐凌空，风韵多姿。它折射出境内传统建筑的博大精深，它是苏州传统建筑百花园中的一朵奇葩。

(阳　光)

望亭蚕桑与大有四场

中国养蚕种桑始于新石器时代晚期，而望亭养蚕始于战国时期。20世纪初上海和无锡迅速成为缫丝工业中心，沪宁线上的望亭养蚕业得到快速发展，养蚕种桑已普及望亭农村，成为当地人民的主要经济来源。民国时创办的浒关省立女子蚕桑学校师生经常到望亭指导农户养蚕、缫丝，推广新品种。学校创办的蚕种场在望亭有第四分场，称“大有四场”，坐落在望亭与浒墅关之间，在望亭境内堰头村三组四组的京杭大运河畔。

《望亭志》记载大有四场创建于 1931 年，于 1929 年购地 340 亩，种植雅桑 20 亩、湖桑 300 亩，建造养蚕室、壮蚕室、附属室、半地下室、天然冰库，并建造两幢十间三层楼房。主要培育蚕和新品种。中华人民共和国成立前受战乱影响，蚕丝价格暴涨暴跌，严重影响蚕桑事业。中华人民共和国成立后，由于人民政府的扶持，生产逐步恢复正常，每年春季培育蚁蚕 1440 厘米，制作 36000 张。1956 年 2 月，公私合营时和望亭大有种场合并。1961 年，四场与浒关 28 个场合并为一个场。当时饲养蚁量在 28—35 两，品种为 306 × 华十、瀛汁 × 华九，年产 35000 张左右。在养蚕季节，也临时招收周边望亭的农村妇女养蚕。“文革”期间，出现管理混乱而亏本。1979 年后，再度扩大基地建设和桑园面积，旧房翻建新房增加养蚕室 14000 平方米，为职工建造宿舍 400 平方米。蚕种从 4 万张左右增加到 11.5 万张，桑叶亩产从以前 400 千克左右上升到 900 千克左右，利润逐年上升。20 世纪 80 年代后期，由于环境影响饲养量逐年减少。至 2000 年，只搞繁殖蚕种，为外县、外省提供蚕种。

望亭乡村养蚕业历史悠久，据传在民国年间基本普及，多数人家有自己桑园，具有养蚕的工具如大小成套的蚕匾、蚕架等，养蚕已成为主要的经济来源，望亭镇上也开设茧行，收购当地蚕茧。中华人民共和国成立后，特别是人民公社化后政府号召利用旱地种桑养蚕。1970 年，望亭养蚕 159 张蚕种，平均每张蚕种产茧 40.5 千克，东方红大队（今奚介村）第二生产队每张产茧达 46 千克，达到全县最高产量。全年茧子总产量达 6439.5 千克，总产值达 30909 元，净利达 21636 元。1974 年，前进大队（今迎湖村）16 张蚕种平均产茧 46 千克，达全吴县最高产量，望亭公社配备专职养蚕辅导员，辅导种桑养蚕技术，做到统一时间消毒杀菌、领种、统一孵化，统一管理水平，大大提高了蚕桑技术水平和经济效益。

1970 年、1971 年，望亭蚕茧销往无锡新安茧行。1972 年后销往枫桥供销社采购站。20 世纪 70 年代，前进和先锋（今迎湖村和新杭村）两个大队办起了缫丝厂，利用下脚茧、次茧、加工成丝绵。

20 世纪 80 年代后，因养蚕技术要求更高、村镇大办企业等原因，蚕桑逐年滑坡，至 90 年代转型至水果苗木业。

（许志祥）

百年望亭火车站

望亭开始有火车站,这要追溯至甲午战争后。

甲午战争后,民族危机空前深重,中国朝野人士实业救国呼声高涨,自建淞沪铁路提上议事日程。1897 年,南洋通商大臣刘坤奏请官费自办吴淞至南京的铁路,后获准先筑淞沪铁路,是年 2 月动工。1905 年 4 月,上海动工兴筑沪至宁铁路,翌年 7 月通车无锡。时苏州境内有望亭、浒墅关、外跨塘、官渎里、苏州等六个车站。

《望亭志》记载,1908 年 3 月,沪宁铁路全线建成通车,铁路自西北向东南穿越望亭境内,铁路望亭段自 118 号桥到 121 号桥,全长 4.6 千米。1908 年铁路站线为 2 股道,各长 650 米,1926 年又增设一股线路。1956 年,筹建望亭发电厂时,在火车站南侧又增设一股线路。

当年的望亭火车站位于望亭镇区东北约 1000 米处,由镇区问渡桥向东北经师姑弄后,再经一条大路,直通车站。车站房屋水泥结构,红砖洋瓦,紧靠铁路站台西侧。站区占地面积约 50 亩,房屋错落有致,分四区,进大门是候车厅 5 间,约 100 平方米,厅里设有长条木椅,内设有售票处,正对大门是进出站台,检票收票处设有栅栏。候车厅北面隔壁为运转室 5 间,约 100 平方米。候车厅往南侧是一幢三间两层楼房,为养路 2 区,另有 4 间辅房及一个大院子堆放工具、物资。养路区南有十多间平房为职工住宿区,室内铺地板。车站和铁轨之间的站台约长 300 米,宽约 30 米,站台南北两端设有“望亭”站牌。

中华人民共和国成立初,车站通信都是发电报,停靠望亭车站上下行,即往上海、南京方向各 4 班车,客流量平均每天在 400 人左右。车站 100 天无事故会受到铁路局表扬,车站会发给职工杯子、脸盆之类的奖品。望亭车站屡次被评为“先进车站”。1975 年 12 月 3 日,沪宁铁路复线工程望亭段通车,车站向东南迁移 1.52 千米,沪宁铁路 105.85 千米处(地名叫大坟头),新建站场设 11 股道,其中望亭电厂专用线路 8 股道,接发列车线路每股长 1050 米,采用了全自动封闭式和电气集中控制。当时望亭站有职工 80 人,车站职工 30 人,其余为养路工、杂勤工。

搬迁后的望亭火车站,当地人称新火车站。

(许志祥)

迎湖禅寺

望亭迎湖禅寺位于望亭镇西南的迎湖村,东临问渡路,与泥图湾村相接,南隔仁巷港与项路村为邻,西与太湖村相连,北以牡丹港与牡丹村相邻。

迎湖寺,西晋惠帝永宁年间,高僧大通和尚建,至今已1700多年。古寺四面环水,离太湖约1.5千米,民间有"浪打迎湖寺,莲花(莲花寺)水上漂"之说。

迎湖寺坐北朝南,四面以桥与外界连通,东有寺东桥,南有浪浒桥,西是陆家桥、蒋家桥,北有丁家桥。古寺占地约1500百亩,有寺舍5048间。当年迎湖寺地域宽广,规模宏大,庄严肃穆,信徒众广,神鸦社鼓,香火缭绕,是江南一大佛教圣地。其气派的石库门、杏黄色的围墙、宽敞的院落、气势不凡的大殿、栩栩如生的佛像、美丽动人的传说,吸引了四邻八乡和外地香客前来顶礼膜拜,香火盛极。迎湖寺名声远播,与金墅莲花寺、无锡新安净慧寺并称苏南三大名寺。

相传三国刘备夫人孙权之妹孙尚香葬于寺东桥东"尚坟"(误称"长坟")。晋代为了供人们朝拜祭祀孙尚香而在此建寺。清朝乾隆皇帝下江南时曾逗留望亭营盘上(方言读"唧"),专程前往迎湖寺游览。

迎湖寺建寺以后,命运不济,屡遭兵灾。历经金兵、元兵南侵,清太平军战乱,寺内僧众逃亡,寺庙几乎被毁殆尽。至民国初,寺院尚存浪浒桥头山门照墙门头,两人合抱粗的古松古柏,石台、石凳和几间斋屋;寺东桥西,大殿前青龙桥、白虎桥(青石板桥),山门前"人"字形砖铺御道,门外两边并列两棵树径约1米的古树,它们默默地向人们诉说古寺当年的盛景和悲惨的命运。民国19年(1930年),迎湖寺仅存房舍20间,佛像20尊,寺田十多亩。寺舍被征作他用,为南浜乡乡政府治所。民国27年(1938年),大殿又遭火灾,地方绅士出资,重修迎湖寺大殿,并铸铁钟(已毁)一口,镌刻出资者姓名。民国23年—37年(1934年—1948年),迎湖寺为迎湖乡乡政府治所。中华人民共和国成立后寺舍改为迎湖小学校舍。1983年,迎湖小学翻建,迎湖寺仅存的房舍被拆。2005年,312国道改道,寺址被征,尽管迎湖寺被毁,然而村民几千年的佛教情结不弃,善男信女虔诚之心不变,每逢农历初一、月半,四乡佛教信徒和苏州、上海等地香客仍前来古寺遗址焚香礼拜。政府顺应民意,经宗教部门批准,于2007年3月,易地重建迎湖寺。2013年再次扩建,迎湖寺成为附近乡镇规模最大、设施最全的寺院。

(纪昌熙)

苏州府社仓与华阳庙

华阳村地处望亭镇南,京杭大运河西,是古干族庶民聚居地,故又名捍村(与"干"谐音),明代建有华阳庙。华阳庙又称捍村城隍庙,位于长洲县彭华乡五都十五图知纺字圩(现华阳村2组)道士坟上。庙内供奉的是捍村大王神(管理社仓的神)。后因回禄之灾南移80米重建。

华阳庙东墙外是三官堂，三官堂后面是苏州府社仓。社仓，是汉以后历代政府为“调节粮价，备荒赈恤”而设置的粮仓，这种粮仓一般带有“义仓”的性质。农作物收获时间向农民征粮积储，青黄不接时或荒年再放赈给农民。这种粮仓一般都设在里社，所以称为社仓。明隆庆二年（1568年），推行社仓法，户部郎中苏州知府蔡国熙撰《苏州府社仓事宜记》并立《苏州府社仓事宜记》碑于望亭镇华阳庙内。碑宽72厘米，高150厘米。碑圆首，青石质，上额部阴刻篆书：社仓事宜碑记。两侧阴刻曲线云纹图案。碑文内容分为两大部分，上部为《苏州府社仓事宜记》碑文，碑文24行，满行25字，下部为社仓事宜条款，包括：选举、社仓簿设立、所收物、收储日期、放兑日期、收储及放兑方法、社仓初建十年中的利息法及十年后的利息法、荒年时放赈方法等共计21条。这部分碑文分43行，满行48字。

《苏州府社仓事宜记》碑比较详细地记载了明代社仓管理的制度，是现代研究明清经济和社仓管理方法等有关制度的重要碑刻资料。

中华人民共和国成立前，华阳庙仍占地约五亩，庙舍房屋三进，两只居头（夹厢），两只天井。庙内有两棵3人合抱粗的银杏树（毁于1956年）。庙前有一座石桥，叫庙前桥（庙集桥）。有一条东西向横街，属庙场，也称庙前街，并形成华阳庙集镇。庙前街开设粮油供应点、邮政代办所、布店、百货店、点心店、茶馆、肉店、缝纫店、理发店等，为望亭地区农村古集镇（华阳庙、包兴镇）之一。民国以来，华阳庙先后为华阳镇、华阳乡、华巨乡政府治所。

几百年来，华阳庙历经沧桑，几度毁而复建。中华人民共和国成立初，华阳庙又一次被毁，《苏州府社仓事宜记》碑亦在劫难逃，被毁为两截，砌于华阳大队部东墙脚下。2004年重建华阳庙时残碑移入庙内。

（纪昌熙）

朝盈夕虚朝夕池

朝夕池在望亭古吴长洲苑，是望亭月城北的护城河，古称乌角溪，亦称古角溪，唐时称沙墩港，又名溪运河。明卢熊《苏州府志》记“朝夕池在长洲苑，谓潮水朝盈夕虚而名”。《吴地记》云：“望亭北三里有角溪，广八里深四丈，西入太湖。”沙墩港约有水面250亩，当地亦称为“太湖梢”，因受风向的变化而引起太湖（贡湖）水位变化，使朝夕池朝盈夕虚。

一般在冬季北风多水位就降，春、夏、秋带南西风太湖水涌来就涨，水位就高，但每天也有风向不同而引起涨落。望亭一带总结的谚语“朝西南，夜回东”，指早上会涨水，傍晚改变带东风就退水。“西风夜来绝”，“南风看涨三分，东北风水车架底一寸，西南风大涨水，大东北风太湖消（太湖见底），西南风水涨一尺，东北风岸见一丈……”这些谚语也充分了说明了朝盈夕虚的现象是由风向而造成的。望亭地区不光是沙墩港如此，其他的马安溪（今牡丹港）、马干港、仁巷港等都有如此现象，因为这些河港紧连太湖，吞吐着太湖水，太湖水涨时涌向内河，太湖水退内河水回流太湖，而朝夕池更为明显，因为沙墩港是这一带最大的泄水河。

朝夕池在《汉书》中有“游曲台，临上路，不如朝夕之池”的记载。唐刘沧在《夜宿望亭馆》一诗中云：“千年往事人何在，半夜月明潮自来。”唐许浑《吴门送客》诗：“早朝低水槛，残月下山城。”晋左思《吴都赋》曰：“带朝夕之浚池，佩长洲之武苑。”宋米芾诗中曾有“吴王故苑古长洲，潮汐池边一伫留”之句。清叶士宽在《麋城怀古》一诗曾云：“回首夕阳明灭地，一行晴雁下城隈。”

如今的朝夕池已拓宽加深至长1700米、宽100米。在与大运河的交汇处的洪水闸（隋望亭堰又名洪山闸）原址建造了望亭立交水利枢纽工程——望亭堰闸，这是江苏省最大的底涵工程。上部为大运河流水（南北向），下部为望虞河九孔泄涵洞（东西向）。沙墩港的太湖水从大运河的河底下面涵洞流入望虞河，直通长江，由闸站严格控制太湖水位，防止洪涝灾害。

朝夕池畔望亭堰闸旁立碑一块。此碑底座为正三棱柱，边长15米大理石质。东侧阴雕《治太碑记》，全文252字，另两侧各阴雕“江苏太湖治理工程纪念”10字。碑身为合金质，高10米，成川字形，状如水，顶端为直径1米圆珠。

碑文：太湖流域，吴楚之地，东南形胜，古有衣被天下之锦，丝竹清脆之韵，小桥流水之景，鱼米盛产之丰。史誉为天堂之府、杰灵之城。今沐改革开放春风，经济腾飞倚角成金，交通便捷，城乡一体，投资开发蜂拥，现代企业林立。然则，湖城亦有水患之虞，往往暴雨台风频袭，水路吞吐不畅，洪涝盈弥，九一大水，此域尤甚。当之，党和政府，立要治太，确立工程十项，江浙沪协力兴建。……建闸治枢纽以行水势调度……终使泄洪有路，舟楫便利，民心安定，改革顺利，开放更活，为志治太湖盛事，特勒石以记。

望亭堰又名洪水闸，原为一道约长150米的石塘坝，始建于隋大业十年（614年），地处古郡界吴门口，为太湖沙墩港大运河（鹤溪河）、望虞河（蠡湖）交汇处，筑堰使沙墩太湖水不直冲大运河，而是分流至月城护城河和其他河道。《吴郡志》云“设堰者恐暴雨流入城也”，可见筑堰也为了抗洪涝灾害。在1991年7月，因暴雨猛烈，太湖水位急剧上涨，洪水闸被挖开又炸开，让太湖洪水加速流入大运河和望虞河，流向长江和大海。1992年11月，望虞江整治工程（望亭水利枢纽堰闸）开工，于翌年8月竣工。

（许志祥）

追溯长洲苑

长洲苑，春秋吴王阖闾所建的苑囿，故又名吴王苑，后人又称之为吴苑、茂苑。

长洲苑是圈养禽兽、种植林木，综合农、林、牧、渔，又有水洲、朝夕池朝盈夕虚自然景观的皇家园林和游猎胜地。长洲苑在汉代尚保存完好。《汉书》记有："昔枚乘谏吴王（濞）云：汉'修治上林，杂以离宫，积聚玩好，圈守禽兽，不如长洲之苑；游曲台，临上路，不如朝夕之池'。"《三国志》记有："吴主遣徐祥至魏，魏太祖谓祥曰：'孤比老，愿越横江之津，与孙将军游姑苏之上，猎长洲之苑，吾志足矣！'"当时的长洲苑与秦汉时期的上林苑齐名。魏晋南北朝时期至北宋末年，经历了无数次的自然灾害，尤其是难以计数的战争劫难，特别是唐末，天下大乱，长洲苑毁灭殆尽，已名存实亡。唐万岁通天元年（696年），析吴县之地置元和、长洲县。长洲县以苑为名，长洲苑之名才得以留传后世。北宋太平兴国二年（977年），朝廷命乐史查长洲苑址，载入北宋《太平寰宇记》，其中记有："长洲县二十七分，吴之长洲苑因江洲得名。至吴大帝封长沙王果于此。晋废，以地并入吴县。通天元年，又析吴县之地复置之，在郭下分治州界。长洲苑在县西南七十里，孟康曰，以江水洲为苑也。"当代史学大师顾颉刚1953年3月于其《苏州史志笔记》"长洲"条中云："阖闾……走犬长洲……有走狗塘，田猎之地也……其地当在太湖北岸，今已不能指定。"又云："其陆路出西门而西，行太湖北岸至宜兴，经溧阳至当涂，即楚昭关之道也。"古代陆路交通因受河道影响，一般须绕道而行。吴古陆道从苏州胥门，经高景山、狮山、犹山、过甑山（真山），然后向太湖北岸经望亭恰好70里，再经宜兴、溧阳到当涂。望亭为吴古陆道的必经之地，长洲苑在县西南，离城70里，正好是望亭的位置。

《吴郡志》云："长洲，在姑苏南太湖北岸，阖闾所游猎处也。"故有"太湖北岸即长洲"之说。望亭西临太湖（贡湖），但从三万六千顷整个太湖来看，望亭地处太湖北岸，与长洲苑在太湖所处地置相吻合。

长洲苑被毁以后，历史文献鲜有记载，但南宋以后的史志如《吴郡志》《吴郡图经续记》《毗陵志》、洪武《苏州府志》、元《无锡县志》、清《常州府志》《长洲县志》等史志都把长洲苑作为胜迹记入志书。历代诗人，特别是唐代众多诗人写下了许多怀长洲之古的诗篇，且无例外地将当时的望亭驿（在月城）视为长洲苑之故址。（详见第一章）

望亭境内与长洲苑有关的古地名有：乌角溪（今沙墩港）、鸡墟陂（今干鸡桥）、豨（猪）巷（今猪石港）、马的坡（今马王潭）、麋城桥（今月城旁白家桥）、通波桥（今通河桥）。圈养禽兽的地名有：马王潭、马射浜、马陂墩、马家浜、马场浜、牛龙浜、羊尖浜、羊小桥、麋城桥、鹿巷桥、鹿家桥、獐巷、獐里、干鸡桥、鸭船桥、猪宅港、石狗头、鸬鹚墩、白鹤溪等。种植林木的地名有：杨柳墩、杨家桥、梅家桥、梅园里、柿木泾、野菱浜、花泾角、桑白（双白）

桥、樟家浜、树家浜、楝树弄、杜埂、牡丹港、谢花浜、竹家浜、桃园里等。

（许志祥）

先秦古城月城

望亭月城自然村俗称月城里，古名干王城、越干王城、越城（月城）。

月城历史悠久，在良渚文化期末（前4000年左右）到吴国强大之前的1200多年里，这里是强大的古干国的王城，名干王城。公元前659年—公元前655年，干国被吴国所灭。周元王三年，吴王夫差二十三年（前473年）勾践灭吴以后，为北上图霸，不久便迁都琅玡（今属山东）。出于稳定大后方，尤其是镇抚原来吴地的目的，在吴境分封了许多“越君”和王城封地。如苏州平门外的越宋王城，娄门外的越复王城、越鸿王城，唯亭的越荆王城等，封望亭干王城为越干王城，亦称越城。

干王城占地约25平方千米，现今月城为越干王城之内城、中心城。古越城地处郡（吴郡、晋陵郡）、府（平江府、常州府）、县（吴县与无锡县，长洲县与金匮县）交界处，今月城仍地处苏州市相城区望亭镇与无锡市滨湖区硕放街道交界处，在望亭镇西北，望虞河南，面积约1平方千米的方城。月城北部（靠望虞河）、东部（靠大运河）一小部分属无锡市硕放街道，称“后月城”，其他部分属苏州市相城区望亭镇，称“前月城”，故月城有“前月城”和“后月城”之分。

古月城四面环水，并筑有底宽20米、顶宽8米、高约5米的土城。东有东门塘（属月城河段），南、西是月城河，北临望虞河。史载土城曾几度修筑，晋咸和三年（328年）苏峻之乱时，王舒监晋陵军于御亭，并筑土城防守。明嘉靖年间，为防倭寇入侵，重新修筑月城土城，并设东、南、北三门（现今三门已废）。东门跨古月城河（又称东门塘）；南门前建有吊桥，跨月城河。清雍正时因大运河修拓而撤，建一品桥，又名响水桥；北门建有卡子关口，故在运河西岸有关桥，跨月城河与蠡河合流处，又称为北栅口，晋代始建。清雍正九年（1731年），大运河（望亭段）修治拓宽拔直航道，将月城分成两部分，运河以西为“上塘月城”，上塘月城为大，运河以东为“下塘月城”（今何家角村），故月城又有“上塘月城”和“下塘月城”之分（本文中的月城是指上塘月城）。

20世纪80年以来，在农田基本建设和取土制砖过程中，在月城出土了许多崧泽时期和良渚文化时期的陶鼎、石斧、石锛、石刀、石钺等生活、生产工具，出土了大量的春秋战国到清代各历史时期的青铜器、陶器、釉陶器、瓷器、玉器、铁器，发现了几十口古井。这足以证明在先秦时期“月城里”就有人群在这里生活并建国筑城。

悠悠几千年的历史，月城四周留下了许多历史遗址：城东有御亭驿，隋开皇九年（589

年)置,为防汛期太湖水出沙墩港直泻望虞河而淹没望虞河沿岸一些乡镇,隋大业十年(614年)置御亭堰闸,并派兵驻守。此闸为吴地建水利设施的最早纪录之一。后又筑洪山闸,使太湖水改道由新开河和月城河分流到大运河,减缓了望虞河水的流速。1991年因洪水猛涨,太湖水位涨到5.44米,经国务院批准,于7月9日炸开洪山闸石坝泄洪。而今,1993年竣工,被国务院定为太湖流域综合治理十大工程之一的望虞河水利枢纽建在原坝址。沙墩港经望虞河立交水闸下涵洞与望虞河合并,统称为望虞河。

城北有青松庵、杨柳墩(属无锡市)。杨柳墩是望虞河环抱的一小洲,是越干王城之外干庶人坟地,太平军曾在此设炮台与清军血战。

城南有纪恩亭,乾隆十五年(1750年)四月,为感激皇恩,建亭立碑,名皇亭碑,又名皇令碑。

西有夏禹奠,俗名下圩田,是越干人祭奠大禹之所在和越干王族的墓葬地(已毁)。有吴古故陆道(望亭人称之为马岗,“其陆路出西门而西,行太湖北岸至宜兴,经溧阳至当涂,即楚昭关之道也”。吴古故陆道从苏州胥门,经高景山、狮山、犹山,过甑山(真山),然后向太湖北岸经望亭,再经宜兴、溧阳到当涂)。

古老的月城,而今属望亭镇四旺村的一个自然村。经过几千年的历史变迁,至20世纪50年代,月城里四周尚存断断续续的残垣。80—90年代,先后建起砖瓦厂、水泥厂、旧木市场,后月城逐渐消失得荡然无存。

(纪昌熙)

第三章　名人轶事

望亭是一座具有千年历史的文化古镇，历史上不少名人志士在这里生活过、工作过，留下了不少值得后人纪念或启迪今人的事迹，给后人留下了一大批弥足珍贵的精神财富。同时，有的名人志士说过的话、做过的事，还与当地名胜景致联结在一起，这无疑是进行乡土教育的好教材。

吴王阖闾、夫差

春秋末年吴国国君是阖闾(？—前496年),又作阖庐,姓姬名光,又称公子光。在位期间(前514年—前496年),他任贤使能,施恩行惠,筑阖闾大城,发展农业生产,整治训练军队,数年间使吴国成为称霸一方的强国。

公元前526年,吴王僚即位,公子光心怀不满,暗中积蓄力量,蓄意取而代之。此时恰好楚国亡臣伍子胥逃奔吴国,伍子胥见公子光胸怀大志,有所作为,遂举荐勇士专诸,以帮助公子光实现夺权计划。公元前514年,公子光借口宴请吴王僚,专诸则藏剑于鱼腹之中,趁上菜之机刺杀了王僚,这就是历史上"专诸刺王僚"的故事。于是公子光继登王位,史称"吴王阖闾"。

相传北太湖(望亭地区)为公子光与伍子胥相约策划夺位之计的地方。公子光夺得大位后,在那里(约36平方公里)建有苑囿,故又名吴王苑(后人亦称之为吴苑、茂苑),在此圈养禽兽,种植树木,综合农、林、牧、渔,又有水洲、朝夕池。

阖闾上台后,比其祖父吴王寿梦更有作为。他广泛搜罗人才,为图霸业所用。从楚国投奔吴国的伍子胥,相传有举鼎拔山之力、经文纬武之才,阖闾遂举他为"行人",以宾客之礼相待,并与他相谋国政。大军事家孙武,是因战乱流亡吴国的齐国贵族,经伍子胥举荐,阖闾召见他,相谈十分投机。孙武献上自己的兵法13篇,阖闾大悦,令孙武小试兵法于后宫之女,后又授权他训练和扩充吴国军队。不出数年,吴国军威大振,"西破强楚,北威齐晋,南伐于越",称雄一时。

在国内,阖闾又令伍子胥"相土尝水,象天法地,造筑大城",史称"阖闾大城"。该城周围47里,有"陆门八,以象天八风。水门八,以法地八聪",并筑小城,"周十里,陵门三"。从而为今天的苏州城奠定了基础。

阖闾十年(前505年),吴国与东夷(即居住在东南沿海岛屿上的居民)发生战争。东夷曾登陆侵扰吴国,吴国奋起抗击,阖闾亲自出征,率大军大败东夷并一直追杀到海里。现今苏州城内的临顿路与临顿桥,相传就是当年阖闾领兵出东门时,路过停下休息、整顿之处。城东数十里之唯亭,原名夷亭,相传是吴国大败东夷的地方。从此,吴国威震东南。吴军又屡次攻破楚国,并曾攻占楚都郢(今湖北江陵西北)。

阖闾十九年(前496年),阖闾率大军亲征越国,两军交战于槜李(今浙江嘉兴西南),阖闾于阵中受伤,死于归途。据《吴越春秋》《越绝书》等古籍记载,吴王夫差葬其父阖闾在吴都苏州城西北郊虎丘山。

春秋末年吴国国君夫差(？—前473年),姬姓,吴王阖闾之子。

初,阖闾立波为太子。波病故后,夫差在伍子胥的帮助下,得以继为太子。公元前496

年，夫差继承了阖闾的王位和霸业。为报父之仇以及争霸中原解除后顾之忧，夫差励精图治，整饬军队，于公元前494年，以伍子胥为大将，从太湖出发攻打越国。越王勾践领兵迎战于夫椒（今吴中区西南太湖中），越军大败。勾践仅率残兵五千逃至会稽山（今浙江绍兴市东南）。吴军乘胜追击，围困会稽和固城等地。勾践只得派大夫文种前往求和。第一次，因伍子胥竭力反对而未成。勾践又用美女8人贿赂吴国太宰伯嚭，终于说动夫差讲和，勾践作为人质在吴国被囚禁了3年。

周敬王二十五年，吴王夫差元年（前495年），吴王夫差为图霸业，遣伍子胥、孙武开河通运，自吴都经望亭，过无锡至奔牛镇，全长170余里。以后又令伍子胥、孙武屯兵望亭，训练水陆军队，尔后多次率兵北上与中原诸国争战。公元前484年，在艾陵（今山东莱芜东北）大败齐军，与齐王结盟后返还。公元前482年，夫差再次带兵攻打齐国，又大败齐军，一直进到晋国附近，在黄池（今河南封丘西南）与诸侯会盟，与晋争霸。

夫差自从战胜越国后，日益骄狂，不顾民生困苦，连年征战，以至“连年不熟，民多怨恨”。又听信奸臣伯嚭，杀害功臣伍子胥。生活上，他贪图享受，纵情声色，筑馆娃宫，设琴台于城西南二十里的砚台山（今灵岩山），辟消夏湾于洞庭西山南湾，携越献美女西施寻欢作乐，作长夜之饮。此外，还大兴土木扩建姑苏台，以至国内“道死巷哭，不绝嗟嘘之声；人疲士苦，民不聊生”，强大的吴国因此而日趋空虚。

公元前482年，越王勾践乘夫差北上争霸之机，攻破吴国。夫差回救不及，只得以厚礼向越国求和。公元前473年，越王勾践再次趁吴国水灾，率大军从越来溪攻入吴都。夫差率群臣狼狈出逃，至馀杭山（今阳山）被越军围困。夫差穷途末路之中，愿向越王勾践纳贡称臣，遭到拒绝。越王勾践令他迁到甬东（今浙江定海）去。夫差绝望之中伏剑自杀。越王勾践遂葬其于馀杭山卑犹。

铁中铮铮伍子胥

春秋末年吴国大臣伍子胥（？—前484年），名员，字子胥，楚国人，与孙武同为吴国大将，辅弼吴王阖闾，西破强楚，南服越人，振兴吴国，威震中原。

伍子胥出生在一个优裕宠贵的家庭中，他的家庭在楚是很有声望的。史称“伍氏三世为楚忠臣”。他从小受到各方面的良好教育，政治、军事无所不学，史书中称他为“少好于文，长习于武，文治邦国，武定天下”。

伍子胥父亲伍奢被楚平王无辜杀害，他因此避难奔吴。刚至吴时，伍子胥蒙难北太湖望湖湾朝夕池畔，命悬一线，幸遇一对老夫妇出手相救，才转危为安。以后他依公子光门下，在那里谋划刺杀吴王僚，使公子光夺得王位。相传吴王阖闾曾在那里建有长洲亭（简称“长亭”）以志纪念。

阖闾夺权后雄心勃勃，采纳了伍子胥“先立城郭，设守备，实仓廪，治兵革”的建议，令伍子胥重建都城。于是伍子胥上观天象，下测水文地质，征集民工，在原来吴子城的基础上，扩建了一座规模宏大、气势雄伟的阖闾大城。据记载，吴都周六十八里六十步，大城周四十七里二百十步二尺，开陆门八个（其中两个有城楼），水门八个。西有阊、胥二门，南有盘、蛇二门，东有娄、匠二门，北有齐、平二门。内城周十二里，城内设吴王宫殿，台榭花囿。自阖闾建成大城，迄今已有两千五百多年了，现苏州市仍在原来位置上，只是有所发展和改建罢了。

吴王阖闾用伍子胥为谋臣，大军事家孙武为将军，公元前506年，吴国发动了对楚国的进攻，五战五胜，攻下了楚都郢。吴国西破强楚，北威齐晋，南服越人，国力达到鼎盛时期。

公元前496年，越王允常死，子勾践登位。阖闾乘机发兵进攻，不料被越军打败，阖闾也受了伤，并死在撤退途中，归葬虎丘。夫差即位，立志报仇。为图霸业，伍子胥受命，与孙武在北太湖（望亭境内）训练军队。并在长洲苑设指挥部，开河通运长达一百七十余里（自吴都经望亭，过无锡，至奔牛镇）。公元前494年，夫差攻越大胜。越国使大夫文种拿了金银财宝给吴太宰伯嚭以请和。吴王拟允许，伍子胥进谏说：“越王为人阴鸷。现在你不消灭他，将来一定要后悔。”吴王不听，用伯嚭计，与越国讲和。

公元前491年，吴王闻齐景公死而大臣争宠，新君弱，乃兴师北伐齐国。伍子胥进谏说：“勾践食不重味，吊死问疾，使百姓为他所用。此人不死，必为后患。在战略上不是大错误吗？”夫差不听，出师大败齐师。于是夫差自以为得计，越发听不进伍子胥的忠言了。

公元前487年，吴王再次伐齐。越王勾践用子贡的计谋，率领军队协助吴国，而以重宝献给伯嚭。太宰伯嚭既然几次收受越国的贿赂，便死心塌地为越国服务，日夜在吴王面前为越国讲好话。对于讨伐齐国，伍子胥是坚决反对的，又向吴王进谏：“越国是我们的心腹大患，现在反而听伯嚭的鬼话去伐齐。即使打败了齐国，犹如得了块石田，有什么用呢？愿王释齐而先越。若不然，将后悔莫及。”而吴王还是听不进去。

伯嚭乘机向吴王进谗言，于是夫差赐伍子胥属镂之剑，令他自杀。伍子胥仰天长叹说：“真正作乱的是伯嚭，而王反诛我。听谀臣之言而杀长者。”又对舍人说：“我死后把我头悬在东门之上，我要亲眼看见越人入侵而灭亡吴国。”于是自刎而死，时在公元前484年。吴王闻后大怒，乃取子胥尸体放在鸱夷革中，浮之江上。吴王不听伍子胥良言，终于在公元前473年身死国亡。

吴人为了纪念伍子胥，以他的名字命名了胥江，又立祠纪念。盘门内有伍员庙。吴中区胥口有胥王庙和伍子胥墓。

兵圣孙武

春秋末期著名军事家孙武,字长卿,后人尊为孙子或孙武子。齐国乐安(今山东惠民)人,其生平主要活动在苏州。

孙武原是齐国田完后裔,赐姓孙。因战乱避奔吴国,耕居卧虎山,世人莫知其能。时逢吴王阖闾欲图霸业,思贤如渴。伍子胥深知孙武虽辟隐深居,但善为兵法,乃向吴王阖闾七荐孙武。阖闾遂召孙武问以兵法。孙武以兵法 13 篇见于吴王阖闾,阖闾大悦,令孙武小试兵法于后宫之女。孙武以吴王宠姬二人为军队长,各率一队宫女列阵,告之以军法。然后下令:“一鼓皆振,二鼓操进,三鼓为战形。”宫女都掩口而笑。孙武三令五申,宫女其笑如故。孙武大怒,喝令斩队长二人。吴王急遣使阻止,孙武答曰:“臣既已受命为将,将法在军,君虽有令,臣不受之。”孙武再次擂鼓,二队宫女皆随令布阵,寂然不敢再有喧闹嬉笑者。

孙武为将后,曾在北太湖望亭湾(望亭地区)训练军队,对附近百姓秋毫无犯。有名军人损害村民庄稼,被孙严厉惩处,并作自罚,军中传为佳话。

史有记载,孙武与伍子胥协助吴王,率军“西破强楚,入郢,北威齐晋,显名诸侯,孙子与有力焉”。(《史记·孙子吴起列传》)

孙武所著军事著作《孙子》,又称《孙子兵法》《孙武兵法》或称《兵经》《武经》。《孙子》旧传本 13 篇,经后人编辑、整理,成为流传至今的《孙子》13 篇,近六千字。该书总结了春秋时期各国战争的经验,深刻揭示出指导战争的战略战术的一般规律。孙武充分认识到军事力量在国家机器中的战略地位:“兵者,国之大事。”(《计篇》)提出“知彼知己,百战不殆”(《谋攻篇》)的军事思想,还提出“兵无常势,水无常形,能因敌变化而取胜者,谓之神”(《虚实篇》)。他认为:使敌人举国完整地屈服是上策,用兵攻破那个国家则是次策;使敌人全军、全旅、全卒、全伍完整地降服是上策,击破敌人某个军、旅、卒、伍则是次策。所以百战百胜不是高明的战略中最高明战略,不战而胜才是高明战略中最高明的战略。他认为最好的用兵策略,是挫败敌人的计谋,其次是挫败敌人的外交,再次是挫败敌人的武装力量,又次是进攻城池。攻城的办法,是不得已的,是下策。故而,自诞生以来,军事家、政治家们都十分重视和推崇这部兵书,认为古代兵法,当推《孙子》第一。《孙子》是世界上现存最早的一部兵书,其影响极其深远,它不仅是我国古代杰出的军事著作,也是世界军事科学的珍贵遗产。许多国家都相继翻译出版了《孙子》。日本人推崇它为“东方兵学的鼻祖”“兵书圣典”“世界古代第一兵书”。

孙武自公元前 512 年为将到参加黄池会盟(吴国取代了晋国的霸主地位),在吴国从政整整 30 年,因此在苏州留下了众多遗迹。如枫桥附近有孙子桥,虎丘山有孙武子亭,据

《吴县志》载："孙子祠在虎丘山浜内，祀吴将孙武子，清嘉庆十一年孙星衍以一榭园改建，咸丰十年毁。"而一榭园旧址不详，故在该处建亭以纪念孙武。太湖之滨有教场山，相传因其山前空地即是孙武操练宫女、演习兵法的教场故名。山上尚有二姬坟遗迹。《越绝书》亦载："吴县东门外有孙子冢。"

破虏将军孙坚

孙坚（155 年—191 年），字文台，吴郡富春（今浙江杭州富阳）人，春秋时期军事家孙武的后裔，东汉末年将领，三国中吴国的奠基人。

史书说他"容貌不凡，性阔达，好奇节"。曾参与讨伐黄巾军与董卓，后与刘表作战时阵亡。因官至破虏将军，又称"孙破虏"。其子孙权即为吴国的开国皇帝。孙权称帝后，追谥孙坚为武烈皇帝。

孙坚自小时候起，就喜欢见义勇为，拔刀相助，他看不惯仗势欺人的人与事。17 岁那年，随其父去钱塘，途遇海盗胡玉等人抢掠商人财物，在岸上分赃。商旅行人一见此情景，吓得止步不前。过往船只也不敢向前行驶。孙坚见状，对父亲说："这些强盗可以捉拿住，请让我去干。"他的父亲说："这种事不是你能干得了的。"

孙坚提刀，大步向岸边一面走，一面用手挥向东挥向西，海盗们远远望见，误认为官兵进行包抄围捕他们，惊慌失措，扔掉财货，四散奔逃。孙坚不肯罢休，追杀一海盗而回。其父惊讶不已，孙坚却因此事名声大噪。郡府召他代理校尉之职。时会稽郡人许昌在句章兴兵作乱，自称阳明皇帝，与其子许韶一起四处煽动诸县，聚集起同伙数以万计。孙坚以郡司马的身份招募精良勇敢的壮士千余人，会同州郡官兵，协力讨伐，击溃了这股势力。这一年，正是熹平元年（172 年）。刺史臧旻向朝廷呈报了孙坚的功劳，于是孙坚被任命为盐渎县丞。数年后，又相继改任盱眙县丞和下邳县丞。所到之处，甚有声望，官吏百姓也对他亲近顺服。同他往来的人，有乡里耆旧名人，也有任侠好事的少年。孙坚对他们像对待子弟亲友一样，接待抚养，尽心尽力。

中平元年（184 年），黄巾首领张角在魏郡起事，由于这次起义八州并发，所以来势迅猛，起义火焰很快燃遍整个中原地区，百姓风起响应。起义军所到之处，焚烧郡县官府，处死地方官员。官吏豪强抱头鼠窜，刘氏江山摇摇欲坠。在三十六方一时俱发的起义声势面前，东汉统治者惶恐不安，调动一切力量对起义军进行镇压。朱儁奏请孙坚担任佐军司马。孙坚把家眷都留在九江郡寿春县，在淮、泗一带招募了一些士兵，加上跟随他下邳县当差的同乡少年，共得精兵一千余人，此后，孙坚便率领这一千多士兵随朱儁南征北战。

孙坚作战悍猛，常置生死于度外。一次他乘胜追敌，单骑深入失利，受伤坠马，卧于草从。当时军众分散，不知他在什么地方，亏得他所乘战马跑回军营，咆哮嘶鸣，将士们随马找去，才在草丛中发现了孙坚。孙坚回营养了十几天，伤势略好，又奔赴疆场。

在作战中，孙坚身先士卒。在与黄巾军作战中，汝颍的黄巾军处于困境，无路可走，固守宛城。孙坚领兵进攻。他独当一面，亲冒矢石，率先登上城墙。他的部队受此鼓励，纷纷紧随其后，于是攻下宛城。朱儁把孙坚的事迹全部呈报朝廷，朝廷任命孙坚为别部司马。

中平三年（186 年），朝廷派司空张温代理车骑将军，西讨边章等乱兵。张温奏请孙坚参军事。

中平四年（187 年）长沙人区星反叛，自称将军，聚众一万多人，攻围城邑。朝廷任命孙坚为长沙太守，前往剿平。孙坚到郡，检选循吏，使之治民，并且明白交代："你们只管好好善待百姓，好好处理官曹文书，按规矩办事，至于郡中盗贼，交我负责好了。"他说到做到，立即率领将士，谋划方略，仅一个月的功夫，就打败了区星，郡中震服。

当时周朝、郭石等人也在零陵、桂阳一带起义，与区星遥相呼应，孙坚就越过郡界，前往征讨，这样一来，三个郡都得到了平安，秩序井然。

汉卫朝检录孙坚前后战功，封他为乌程侯。

中平六年（189 年）汉灵帝驾崩，大将军何进与十常侍争权，先后被诛，董卓废少帝刘辩，改立陈留王刘协为帝，掌握朝中大权，在京城横行跋扈，恣意妄为。初平元年（190 年），孙坚与袁术联手伐董，袁表奏他为破虏将军，兼领豫州刺史，厉兵秣马，兴兵讨伐董卓。

董卓在和关东诸侯对峙中，孙坚打败了吕布，斩杀了华雄，让董卓意识到孙坚不俗的作战实力。当时各诸侯借讨伐董卓名义，暗中为扩充自己实力作努力，只有孙坚执着讨伐董卓。

袁绍、袁术为同胞兄弟，可相互尔虞我诈，钩心斗角。因袁术不赞同袁绍拥立新帝的提议，兄弟两决裂，当袁术派孙坚去攻董卓未归之时，袁绍改派周昂（一说周禹）为豫州刺史，率兵袭取曾作为孙坚豫州刺史治所的阳城。

孙坚得此消息，仰天长叹，泪如雨下。事已至此，他只得挥师攻打周昂，周昂溃败遁逃。

初平二年（191 年）二月，孙坚率军伐董卓，至洛阳，打算在洛阳城南一带驻军。在离孙坚营帐不远处有一口井，因井中冒云气，士兵不敢前去此井打水。孙坚得知此事，派遣将士下井查看，打捞出一个玉玺。此玉玺为张让作战时将皇帝挟持出宫，皇帝看四下无人之际，将玉玺投入井中，所以此乃传世之宝。孙坚担心会被心术不正的袁绍发现，以关东诸侯盟主身份将玉玺抢夺过去，于是对各诸侯托词自己在江东还有些事情需要回去处理，于是拿着玉玺到了江东。

孙坚率部下到了江东长洲苑(望亭地区),得知这里原为春秋时期公子光与伍子胥商讨夺位大计之地,先祖孙武也曾在这里操练兵马,以后举兵伐楚,创造了春秋史上最著名的以少胜多经典战例。为此,他安营扎寨,住了下来,与儿子孙权在此操练和发展队伍。

初平二年(191 年)四月,袁术传令孙坚,吩咐他征讨荆州,攻打刘表。在征战中,孙坚中箭身亡,将星陨落。

唐代诗人白居易

白居易(772 年—846 年),字乐天,号香山居士,又号醉吟先生。祖籍太原,其曾祖父时迁居下邽,生于河南新郑,是唐代现实主义诗人,唐代三大诗人之一(李白、杜甫、白居易)。他与元稹共同倡导新乐府运动,并称"元白",与刘禹锡并称"刘白"。

白居易官至翰林学士、左赞善大夫。他的诗歌题材广泛,形式多样,语言通俗,有"诗魔"和"诗王"之称,代表诗作有《长恨歌》《卖炭翁》《琵琶行》等,有《白氏长庆集》传世。唐会昌六年(846 年)在洛阳逝世,葬于香山。

白居易任左拾遗时,受到喜好文学的皇帝赏识,故以尽言官之职责报答知遇之恩,频频上书言事,并写大量反映社会现实诗歌,以此补察时政,乃至后来当面指出皇帝错误。他的上书言事,虽多被接纳,然而他言事直接,令唐宪宗不满而遭贬谪。

唐宝历元年(825 年)白居易被任命为苏州刺史,五月到任,宝历二年(826 年)因病去职,后与刘禹锡相伴游览于扬州、楚州一带。在苏州刺史任内为便利水陆交通,开凿了一条长七里、西起虎丘东至阊门的山塘河,河北修建道路称"七里山塘",简称"山塘街"。他造福苏州,苏州人民把曾在苏州担任过刺史的白居易、刘禹锡、韦应物合称为"三杰",并建造了"三贤堂"以纪念。

白居易和刘禹锡有许多相近的经历,皆因敢于上疏而多次被贬谪,但他俩始终坚持信念。他俩都崇德尚道,坚持理想,念为民生,惜时勤勉,故信神佛,写诗句句必尽规。

白居易是中唐时期大诗人,是新乐府运动的倡导者,主张"文章合为时而著,诗歌合为事而作"。他早年热心济世,强调诗歌的政治功能,并力求通俗,在中国诗歌史上占有重要地位。

白居易的诗十分浅显易懂,尤其擅长写白描,民俗风情在他的笔下栩栩如生,浑然天成。他多次到望亭写下很多诗文,如《长洲苑》:"春入长洲草又生,鹧鸪起处少人行。年深不辨娃宫处,夜夜苏台空月明。"又如《望亭驿酬周判官》:"何事出长洲,连宵饮不休。醒应难作别,欢渐少于愁。灯火穿村市,笙歌上驿楼。何言五十里,已不属苏州。"诗中描述了自己将要离任时,朋友在望亭为他设宴饯行,看到了长洲苑内望亭驿站繁华景象,而渐渐忘记了自己的愁闷，表达了自己和朋友、望亭的依依惜别之情。

甫里先生陆龟蒙

唐末文学家陆龟蒙（？—约881年），字鲁望，号天随子，别号江湖散人、甫里先生、涪翁渔父、江上丈人、吴吟荡桨郎，长洲（今苏州）人。

陆龟蒙早年生活清贫，苏轼在《题陆鲁望》诗中称其"千首文章二顷田，囊中未有一钱看。却因养得能言鸭，惊破王孙金弹丸。"举进士不第，曾任苏湖二郡从事。后隐居甫里（今甪直），一面赋诗撰论，一面从事农业生产。他在甫里"有田数百亩，屋三十楹，田苦下，雨潦则与江通，故常苦饥，身畚锸茠刺无休时"（《新唐书·隐逸列传》）。他常与农民一起耕种。有人讥笑他，他说："尧舜霉瘠禹胼胝，彼圣人也；吾一褐衣，敢不勤乎？"陆龟蒙爱好饮茶，尝"罢园顾渚山下，岁收茶租，自判品第"。他常常束书带茶，装上笔墨钓具，放游江湖间，大有竹林七贤遗风。

陆龟蒙与著名诗人皮日休为好友，常互相唱和，同负盛名，时称"皮陆"。他还勤于著述，"虽幽忧疾痛，赀无十日计"而"不少辍"。他的诗以写景咏物为多，清隽秀逸，对当时社会的黑暗和统治者的腐朽，常作无情讽刺与揭露，颇多佳作。《全唐诗》存其诗14首。皮日休在《松陵集叙》中说，近代称温庭筠、李商隐的诗为第一，若把陆龟蒙诗与之相参较，就分不出先后了。这个评论是允当的。

陆龟蒙曾多次至望亭游览，对当年（春秋时期）景色如画的长洲苑因战争和自然灾害的掠劫，面目全非，多有评说，先后写下了《润州送人往长洲》《吴宫怀古》等激扬诗篇。

陆龟蒙的散文成就尤胜于诗，多用比喻、寓言，借古讽今。如《田舍赋》《后虱赋》《登高文》《野庙碑》等，其中《野庙碑》一文，构思巧妙，从碑的来历和野庙立碑的用意说起，揭露了封建社会神权对人民的压迫，并运用映衬类比的写法讽刺封建统治者，勾出了晚唐时期大小官吏的狰狞面目。历代文人对他的高风亮节评价很高。鲁迅先生说他"并没有忘记天下"，赞誉他的小品文是"一塌糊涂泥塘里的光彩和锋芒"。

陆龟蒙虽贫，但"不喜与流俗交"，高士召他做官，他也不去。于唐广明年间（约881年，一说于中和初）因贫病去世。光化年间（898年—901年）韦庄举表陆龟蒙等10人，赠右补阙，葬甫里之郊、保圣寺之西。

陆龟蒙著有《甫里先生集》《小名录》《笠泽丛书》等诗文集。另有《耒耜经》一书，详细记载了犁、耙、铲等农具的发明经过以及制作、使用方法等，是研究我国古代农业生产工具的重要文献。

忠武鄂王岳鹏举

岳飞（1103 年—1142 年），字鹏举，宋相州汤阴县（今河南汤阴）人。相传岳飞出生时，有大禽若鹄，飞鸣室上，故父母给他取名飞，字鹏举。他是南宋抗金名将，中国历史上著名的军事家，战略家，民族英雄，位列南宋中兴四将（岳飞、韩世忠、张俊、刘世光）之首。

岳飞于北宋末年投军，从建炎二年（1128 年）遇宗泽起到绍兴十年（1140 年）为止的十余年间，率领岳家军同金军进行大小数百次战斗，所向披靡，位至将相。绍兴九年（1139 年），金完颜兀朮又毁盟攻宋，岳飞挥师北伐，先后收复郑州、洛阳等地，又于郾城、颍昌大败金兵，进军朱仙镇，但宋高宗在丞相秦桧唆使下一意求和，以十二道"金字牌"下令退兵，岳飞被迫班师。在宋金议和过程中，岳飞遭受秦桧、张俊等人的诬陷，被捕入狱。绍兴十一年（1141 年），岳飞因"莫须有"的"谋反"罪，与长子岳云、部将张宪同时被害。宋孝宗时岳飞冤案得以平反，棺木改葬于西湖畔的栖霞岭，追谥武穆，后又追谥忠武，封鄂王。

岳飞是南宋最杰出的军事统帅，他重视人民的抗金力量，缔造"连结河朔"之谋，提出"还我河山"的口号，主张黄河以北的义军和宋军配合夹击金军，收复失地。岳飞治军，赏罚分明，纪律严整，又能体恤部众，以身作则。他率领的岳家军号称"冻死不拆屋，饿死不打掳"，为此金人传有"撼山易，撼岳家军难"的哀叹。岳飞反对朝廷"仅令自守以待敌，不远攻而求胜"的消极防御战略，一贯主张积极进攻，以夺取抗金斗争胜利。他是南宋唯一组织大规模进攻战的统帅。

岳飞的文学才华也是历代将帅中少有的，他的不朽诗作《满江红·怒发冲冠》也是千古传诵的爱国名篇。在民间流传着许多岳飞的故事，岳母刺字，精忠报国的故事更是家喻户晓。

据传在建炎四年（1130 年），岳飞征剿洞庭湖杨幺后，在太湖一带的农民军首领杨虎也起兵反宋。杨虎军日渐壮大，声势浩大，朝廷派岳家军进剿。岳飞率军前去望亭驻扎在夏禹奠，岳家军在夏禹奠以及沿太湖一带筑土墩无数，以埋伏军队和战时挡箭，又筑点将台，在此日夜操练人马。虽然岳家军善战，但不习水战，初战失利。原来杨虎军大多是沿太湖一带水乡渔民，精于驾船，并且船大，船尾设有水车，水军行船踏水车加快船速，行船如飞，加上顺风踏车冲去，把岳家军船撞翻撞破无数，加上杨虎军水性好，潜入水中凿破岳家军船只，岳家军落水、淹死、被杀无数。以后，岳元帅一边访问当地百姓学习驾船方法，一边操练水军。当地百姓帮岳帅出主意，连夜派船无数，在太湖里捞水草，其草长数尺，像麻皮一样韧，黑夜里在太湖贡山门一带水中铺满水草以备战。当杨虎军扬帆踏车飞行而来，一至贡山门，水车被水草缠住，不能前进，使劲踏车，却在原地打转，这时岳飞见这一招果真灵验，号令全军出击，快船齐发，岳家军麾下牛皋、王贵、张宪、汤怀、岳云等将，个个武艺高强，他们跳上敌船，大败杨军。杨虎见大势已去，跳入湖中潜水上岸，夺马奔逃，到沙墩港大桥上。杨再兴横枪立马，威风凛凛，把杨虎挑于马下。岳飞剿灭杨虎，地方太平，望亭百姓筑庙纪念。至今望亭镇牡丹港口仍有岳王庙（又名黄渎庙），依然香火旺盛。

每年正月初九有庙会。庙内塑有岳飞、牛皋、岳云、王贵、张宪、汤怀等塑像。夏禹奠的点将台和形如八卦的土墩直到"文革"期间被毁。

江南巨富沈万三

元末明初苏州巨富沈万三，名富，字仲荣，排行第三。其时，民户服役编册分为三等九则，沈富为上等户三类中之最秀者，故时人呼他为沈万户三秀，简称沈万三、沈万三秀、沈秀，又有人讹传为沈万山。

沈万三祖籍为浙江湖州南浔人，其父沈祐于元末由南浔举家徙至长洲（今相城区望亭）东蔡村，后又迁至周庄（今属昆山）。在长洲落户后，沈祐带领族人开垦荒地。由于种植有方，大片荒芜的沼泽地变成了良田。沈祐卒，万三嗣承父业，扩充规模，躬耕陇亩，家财迭厚，渐有积蓄。

沈万三有了积蓄，渐渐又学会了做生意。他常奔波于徽州、池州、常州、镇江、苏州、宁波之间，贩卖丝绸、土特产等。后来，沈万三又通番经商，与东南亚琉球等商人做贸易，从中获取了数百万两黄金的巨额利润。他用赚来的钱一方面继续做生意，扩大买卖领域；另一方面又购进大量田地房屋，雇佣大批人员为其耕作、运输、理财。而他自己又为一个叫陆德源的吴郡富商理财。陆德源此人富而好古，整天只管把玩古物，吟诗作画，万贯家财任由万三经营。后来，农民起义烽火遍地，张士诚率义军占据了江南。陆德源害怕战乱，更怕万贯家财给自己遭来杀身大祸，而自己又无子嗣，遂万念俱灰，将家产悉数赠予万三，自己则弃为道士。沈原是个地地道道的农民，迁入长洲县后由于当地土肥水利适宜农耕，加之种植得法，恩济伙伴，乐善好施，由种田而发达，加之汾湖大富翁陆德源知世将乱，以家资裨之，因而成为明初富可敌国的首富。

为保此家业，沈万三欲寻靠山，故常资助张士诚。士诚亦常用其银两犒军。未几，朱元璋击败江南诸雄，定鼎南京。他觊觎中原，又无奈饷银不足。后来听取谋士意见，将江南大批富户迁至南京，向他们派捐派粮。沈万三亦在其内。

明太祖朱元璋既欲建都南京，就必广其外城，时值兵火凋残之际，只得依恃这批豪富。万三好胜心强，恃其富实，竟欲与朱元璋对半而筑。朱应允后，他又与朱元璋同时开工，竣工日期居然较朱元璋早三天。太祖表面高兴，封沈万三为"白衣天子"，内心却十分嫉恨。相传现在的南京城从洪武门至水西门一段为沈万三所筑。这样一来，万三名望渐大，殊不知也由此种下了祸根。

“犒军事件”更激化了他与朱元璋之间的嫌隙。沈万三得知朱元璋要犒赏三军，居然奏请由他用自己的白银代劳，朱元璋讥讽他：“我有百万大军，你有多少银两？”万三答曰：“不管你有多少军队，每人一两我还付得起。”太祖大失尊严，顿感难堪，遂有杀万三之心。再加上有人诬陷万三，说他在苏州一带有良田万顷，常抗税，沿太湖一带的田地均用石头垒矮墙围之，一直围到湖州府郊外；又说他用茅山石铺设苏州街，市人颇赞之，似有不轨之心；更有人说他曾资助过张士诚，是张士诚的人……元璋大怒，欲诛之，幸有皇后苦谏，改为发配云南。

沈氏后人继承了祖先乐善好施、造福地方的传统，在彭华乡（望亭境内）修桥铺路，修建沈家后花园和跑马场。据史籍载，沈万三后裔沈凝及守檬等于明嘉靖二十年（1541年）以助建昆山县城多余石料在彭华乡（望亭境内）五都建伍象、马路庄、项路、四通、大通、塔平、石下等七座石桥，统称为“沈石桥”。沈石桥全部为3孔石桥，中间行舟，两边泄水。

四百多年来，由于天灾人祸，沈石桥遭到不同程度的毁坏，大多重建或改建，现尚存的有伍象桥、马路庄桥（亦名马路桥）。伍象桥于2009年12月被苏州市相城区公布为文物控保单位。

明代能吏况太守

况钟（1383年—1443年），江西靖安县龙冈洲（今高湖镇崖口村）人。他初姓黄，至41岁时才恢复祖上况姓。况钟小时候家庭贫困，父母善良勤劳。传说有一书生极饿时向他家讨口饭吃，此时他家已无米可炊，况父杀掉仅有的一只母鸡给书生果腹。况钟7岁丧母，从小受到生活磨炼，聪颖好学，秉心方直，严于律己，习知礼仪，处事明敏。24岁被县令俞益选用为隶曹吏员。九年任满后又被荐至礼部，经永乐帝抉用为礼部六品主事。在九年任期中，由于他勤谨廉洁，博识干练，任劳任怨，朝廷十分赏识（仅永乐帝的奖赐就有31次之多），升为仪制司四品郎中。宣德五年（1430年）又特选他担任当时“天下第一剧繁难治”苏州府的知府之职。况钟治苏九年任满，例应上调朝廷，而苏州府士民张翰等一万三千人联名为向直隶巡抚按察使张文昌上书，恳请转奏朝廷，乞求况钟留任。有儒生歌谣曰：“况青天，朝命富。早归来，在明年。”明英宗准奏仍留苏州为官。况钟为官清廉，三餐佐饭，仅一荤一素；深居简出，未铺设华糜之物。他在饯别苏州父老诗中写道：“检点行囊一担轻，长安望去几多程？停鞭静忆为官日，事事堪持天日盟。”“如水襟怀对大江”，“不带江南一寸棉”正是他为官清廉的写照。

况钟在苏州勤于政事，忠于职守，除奸革弊，为民办事深得苏州人民的爱戴。宣德六年（1431年），况钟父亲去世，按照礼制他须回靖安原籍守丧，这一去要三年孝满才能出来做官，于是苏州两千多人向巡按御史请愿，“请求夺情起复”。苏州人民还编了歌谣：“况太守，民父母，众怀恩，因去后，愿复来，养田叟。”明政府接受百姓之求，下旨况钟缩短“守孝期”重回苏州做官。

况钟在苏任职期间，一次至长洲县复查重案，发现案情有假，曾顺藤摸瓜至北太湖田砵头（今属望亭），揪出了真正的案犯竟是猾吏。对况钟明察秋毫、一丝不苟为民办案，民间广为传颂。

正统七年（1443年）十二月，况钟卒于苏州任所，享年60岁。他死后，苏州人民痛哭罢市。他的灵柩从运河运回故里时，十里山塘河堤上站满了祭送哭奠的人群，运载灵柩船中“惟书籍，服用器物而已，别无所有”。以后一府七县（苏州府、吴县、吴江县、长洲县、常熟、昆山、嘉定、崇明）都建况公祠，百姓家中均设置况钟牌位祭祀。况钟著作多收集在《况太守集》中，他的诗作以规劝诗为主，明晓通达，质朴自如，热情奔放。

吴中才子高启

高启（1336年—1374年），字季迪，号槎轩，长洲（今苏州）人。因元末隐居吴淞青丘，自号青丘子。明初与杨基、张羽、徐贲同以诗名吴中，称“吴中四杰”，而高启影响最大。

高启出身富家，童年时父母双亡，自幼爱作诗，稍长以教书为生。20岁时，张士诚占据平江，部下淮南参知事饶介多次召请高启至府，待为上宾，请他以倪瓒的《青竹图》题诗，他便赋诗曰：“主人原非段干木，一飘倒泻潇湘绿。逾垣为惜酒在尊，饮余自鼓无弦曲。”饶介深为敬佩，特将此诗题在竹画上，从此高启诗名远扬。

高启刻苦研究诗文，每天写诗两首。元末期间，曾组织北郭诗社（北郭乃高启之世居之地，属吴），与友“流连诗酒间”。他继承杜甫、苏轼、韩愈、陆游以来的现实主义诗风，主张反映客观事物，喜用古人的调，说自己的话，兼采众家之长。其诗雄健奔放，爽朗清逸，在诗歌史上起了承前启后、继往开来的作用。此外，高启的诗还如实反映农家生活的悲惨、疾苦，如最著名的《养蚕词》《田家行》。有《青丘子高季迪诗文集》25卷。高启一生诗歌创作极丰。景泰初年，徐庸拾遗编成诗集《高太史大全集》。

明洪武二年（1369年），朱元璋召聘高启赴南京编修《元史》，授翰林院国史编修官，又命其教授诸王。次年秋，擢高启为户部右侍郎，启以年少不能肩负重辞归，隐居吴县甫里（甪直）以教书为生。

高启足迹遍踏吴中，不时吟诗作文。他多次至望亭，写下了《长洲苑》等诗篇，被收编至清乾隆《长洲县志》中。

洪武五年（1372年），高启旧友魏观出任苏州知府。元末，张士诚曾将苏州府署改为王宫，魏观到任后将府治搬回原署，并加以修整，却因此遭张士诚诬告被诛。高启曾为魏观改修府署作“上梁文”，加之以前曾以不合作态度辞归而触怒朱元璋，被押至京师。洪武七年（1374 年）九月，高启被朱元璋腰斩于南京，年仅 38 岁。

纵逸豪放祝允明

明代著名书法家祝允明（1460 年—1526 年），字希哲，因生来右手有枝生手指，故自号枝山，又号枝指生。长洲（今苏州）人。曾官广东兴宁知县、应天府通判。青年时同文徵明、唐寅、徐祯卿等交游，世称“吴中四才子”。

祝允明天资聪敏过人。《明史》载曰：“五岁作径尺字，九岁能诗。稍长，博览群集，文章有奇气，当筵疾书，思若涌泉。”弘治五年（1492 年）中举，然而赴京会试，却屡试不第。正德九年（1514 年）始授广东兴宁知县，“吾年五十五，始受一县令”，“万里一身南海畔，客窗独玩两重阳”，祝允明十分感慨怀才不遇，以至不能在更广阔的天地中发挥自己的聪明才干。但是虽然身居广东僻乡小县，祝允明在目睹了当地官吏营私舞弊、贪污枉法给百姓造成的苦难后，不由痛心疾首，激愤异常。在知县任上，他严肃吏治，兴利除弊，因而深得民心。“县小才疏政未成，披衣冲瘴听鸡鸣。向来啸傲知多暇，老去驱驰敢自宁？”祝允明在这首《县斋早起》诗中自述了勤于政事、体察百姓的经历。知县任内，他还指挥捕戮盗魁三十多名，余者闻风而逃，作鸟兽散，兴宁邑内自此无警。处理日常公务之暇，祝允明还深入民间调查访问，撰写了《兴宁县志》，此书是今人研究该县地方史不可多得的历史资料。后以政绩显著迁任应天府通判，故世称“祝京兆”，时年已六十有二，后因病辞官归里。

祝允明尤工书法，名动海内。“天下书法归吾吴，而京兆允明为最”，这是明代著名文学家王世贞在《艺苑卮言》中的评价。民间亦推崇祝允明的书法艺术，流传着“唐伯虎的画，祝枝山的字”之说，所至“求文及书者踵至”。祝允明擅长真、行、草、章各体，尤以草书闻名。“枝山草书天下无，妙酒岂独雄三吴！”纵逸豪放，有“龙奔蛇走，骤雨旋风”之势，被誉为“明代草书第一人”。祝允明自幼耳濡目染，后又对汉、魏、晋、唐、宋、元诸名家书法悉心揣摩，从王羲之、王献之、智永禅师、虞世南、陆柬之到张旭的字，“靡不临写”，他小楷学钟繇、王羲之，狂草学怀素、黄庭坚，对张旭“惊蛇入草、飞鸟出林”之草书，更是深下苦功，从而书艺日趋精湛，以至盖没了他的诗画之名。祝允明能诗善文，长于作画，曾“著有诗文集六十卷、杂著百余卷”。他的传世书法名作较多，如《六体书诗赋卷》（藏北京故宫博物院）、《草书诗翰卷》（藏南京博物院）、《草书唐人诗卷》（藏苏州博物馆）及楷书临《黄庭经》、草书《杜甫诗卷》《古诗十九首》等。

祝允明性格豪爽，“狂放盖世”，他借“狂放”来表达对封建制度的不满，表达自己的愤世嫉俗。“有所入、辄召客豪饮，费尽乃已，或分与持去，不留一钱。”他和唐寅意气相投，生死相交，两人时常诗酒酬和，抒发情怀。唐寅志得意满赴京会试，允明以诗忠告：“长河坚冰至，北风吹衣凉。户庭不可出，送子上河梁。握手三数语，礼不及壶觞。前辕有征夫，同行竟异乡。人生岂有定，日月亦代明。毛裘忽中卷，先风欲飞翔。南北各转首，登途勿徊徨。”唐寅科场蒙冤，允明愤懑不平，又竭力劝慰唐寅重新振作。唐寅去世，允明悲痛欲绝：“少日同怀天下奇，中年出世也曾期。朱丝竹绝桐薪韵，黄土生埋玉树枝。生老病余吾尚在，去来今际子先知。当时欲印槌机事，可解中宵入梦思。”他在《唐子畏墓志铭》中怀念故友：“其学务穷研造化，元蕴象数，寻究律历，求扬马玄虚、邵氏声音之理而赞订之，傍及风乌、壬遁、太乙，出入天人之间。”

传说祝允明曾至北太湖望亭使计严惩为富不仁的奸商，大快人心。以后，他又高价买下击打奸商的棒子，悬挂于市，以儆效尤。

嘉靖五年（1526年）卒，年66岁，葬于苏州郊外横山。著有《前闻记》《九朝野记》《苏材小纂》《怀星堂集》等。

吴门才子唐寅

明代著名书画家、文学家唐寅（1470年—1524年），字伯虎，又字子畏，别号六如居士、桃花庵主、鲁国唐生、逃禅仙吏、江南第一风流才子等。苏州人。画入神品，和沈石田、文徵明、仇十洲齐名画苑，被称作“明四家”，其绘画风格相似，号为“吴门画派”。唐寅书法亦佳，和沈石田、文徵明、祝允明、王宠同为明代中期的中兴书法家。唐寅又善诗词曲赋，和文徵明、祝允明、徐祯卿一起被时人誉为“吴门四才子”。

远祖唐辉是东晋前凉的陵江将军。唐寅曾祖父始起，世代在苏州皋桥经商。唐寅父广德、母邱氏以经营酒肆为生。

唐寅自幼天资聪敏，熟读四书五经，又博览《史记》《昭明文选》等文史书籍。16岁时参加童生试，经县试、府试、院试，高中第一名案首，“童髫中科第一”，为人们称道。弘治十一年（1498年）赴南京乡试，又中第一名解元，“领解皇都第一名”。座主太子洗马梁储甚奇其文，还朝示礼部右侍郎程敏政，程亦奇其文。次年，唐寅进京参加会试，程敏政总裁会试，江阴举人徐经贿其家僮，得试题。事露，给事中华昶向孝宗帝弹劾程敏政受贿，涉及唐寅。孝宗震怒，下诏狱，后得吴宽营救，唐寅方含冤出狱，谪往浙江为吏。他耻不就官，归家见“僮仆据案，夫妻反目，旧有狞狗，当门而噬”，不由悲愤交加，遂纵浇愁，放浪颓唐，傲世不羁。

31岁时，唐寅开始“千里壮游”，足迹遍及江苏、安徽、江西、湖北、湖南、福建、浙江七省，历时十月。壮美的河山，激励起他奋发的情怀，贫困凄苦的生活，逼迫他开始了读书卖画的生涯。文徵明曾在《饮子畏小楼》一诗中对挚友唐寅的生活作了真实写照："君家在皋桥，喧阗井市区。何以掩市声？充楼古今书。左陈四五册，右倾三两壶。"因功名无望，唐寅便致力于绘画，初学于周臣。他擅画山水，多取法南宋李唐、刘松年，一变斧劈皴为细长清劲线条皴法，并兼及元人之法。又工画人物，尤其是仕女，笔法秀润缜密，潇洒飘逸。精美绝伦，声名远播的"唐画"，为后世画家所宗法。在"明四家"中被公认为"笔资秀雅，青出于蓝"。传世作品有《骑驴归思图》《秋风纨扇图》《李端端图》《一宿姻缘图》《野望悯言图》《古槎栖鸟图》《山路松声图》等。

唐寅曾多次游览长洲苑（北太湖望亭），先后写下了《长洲苑》《茂苑》《姑苏杂咏》等诗篇。诗为其看到那里如画景色、繁华市貌，有感而发。相传后人在他吟诗作画的朝夕池畔建有诗亭。

唐寅一生创作有大量诗词散文。《六如居士全集》（清代吴县知县唐仲冕刊印）计收其诗、词、赋六百余篇。评者谓其诗文作品，早期"骈骊尤绝，歌诗婉丽"。中期效法刘（禹锡）、白（居易），晚年返璞归真，颓然自放。他的诗文有着鲜明的个性，感慨怀才不遇，讽刺世俗时弊，具有较高艺术成就。

正德四年（1509 年），唐寅在苏州城北宋人章庄简废园址上筑室桃花坞（亦称唐家园），有学圃堂、梦墨亭、竹溪亭、蛱蝶斋等。他的后半生主要生活在桃花坞，其一生主要艺术成果也创作于此。晚年，他"皈心佛乘，自号六如"，思想趋向解脱颓放。嘉靖二年末（1524 年）卒，时年 54 岁。唐寅墓在姑苏区横塘王家村，现已整葺一新。

吴门书画家文徵明

明代著名书画家文徵明（1470 年—1559 年），初名璧，以字行，后更字徵仲，号停云，别号衡山居士，人称文衡山。长洲（今苏州）人。他是"吴门画派"创始人之一，与唐寅、祝允明、徐祯卿被同誉为"吴门四才子"，与沈周、唐寅、仇英合称"明四家"。宁王朱宸濠慕其名，以厚礼相聘，他辞病不赴。54 岁时以贡生诣吏部试，授翰林院待诏，故又称文待诏。由于官场腐败，文徵明才高受妒，仅三年就辞归。

父文林曾为温州知府，叔父文森官至右佥都御史。徵明祖父及父亲都是文学家，父文林亦是数学家。徵明虽出身书香门第，幼时却不聪慧。待稍长，学文于吴宽，学书于李应祯，学画于沈周，皆其父文林好友。文徵明又与祝允明、唐寅、徐祯卿等密切交往，遂"大器晚成"，声名日益显著，以诗、书、画"三绝"兼擅，驰誉艺苑，画名满天下。

文徵明以绘画成就最高。他师法沈周，又博采宋元明诸家所长。早年宗赵伯驹，晚年学夏珪、吴镇、王蒙，又深受赵孟頫影响。他不为师法所囿，融会贯通，自成一格，“文待诏自元四大家以至子昂、伯驹、董源、巨然及马（远）、夏（珪）间三出入”，从而画艺超众，独步一时，在我国绘画史上具有独特的地位。文徵明擅长山水，亦工花卉、人物。其画多写江南湖山庭园和文人生活，构图平稳，笔墨苍润秀美。早年多用偏锋，画风细谨，中年较粗放，晚年渐趋醇正，粗细兼备，得意之笔往往以工致胜。传世名作有《千岩竞秀图》《万壑争流图》《湘君湘夫人图》等。

文徵明酷爱大自然，从大自然中汲取精华。他远涉名山大川，苏州旖旎的湖光山色、幽美的园林名胜更是令他如痴如醉、流连忘返。他的《石湖草堂图》《横塘诗意图》《虎丘图》《天平纪游图》《灵岩山图》《洞庭西山图》《拙政园图》等，更是凝聚了他对家乡山山水水的无限依恋之情。他在85岁所作的《泛石湖图卷》，则被后人赞为“诗书画三绝卷”。应拙政园主王献臣之邀，文徵明还作有《拙政园记》，并手植紫藤一株，至今已有四百多年，仍郁郁葱葱，生机蓬勃。

文徵明素以清高自赏，厌恶趋炎附势之辈。他的画，当时就名闻天下，虽人们争相以重金求画，“四方乞诗文书画者接踵于道”，然而，他却有三个不画：不给王府画，不给富贵人画，不给外国人画。《明史》载曰：“周、徽诸王以宝玩为赠，不启封而还之。外国使者道吴门，望里肃拜，以不获见为恨”，“富贵人不易得片楮，尤不肯与王府及中人”，从中可以窥见文徵明的性格。

明代著名文学家王世贞评曰：“天下书法归吾吴，祝京兆允明为最，文待诏徵明、王贡士宠次之。”（《艺苑卮言》）徵明工行草书，尤擅小楷，篆、隶、真、草无所不能，他的书法以清丽流畅见长，所书四体千字文，成为人们争相临摹的范本。他和祝允明、王宠同被誉为明代中期书法“三大家”，传世作品有《醉翁亭记》《滕王阁序》《赤壁赋》等。文徵明的诗文亦秀丽清新，有独到之处，《甫田集》中刊集了他的各体诗七百四十余首。

文徵明和唐寅、祝允明是为挚友，他们亲密无间，肝胆相照，友谊持续有数十年。唐寅科场蒙冤，饱尝世态炎凉，文徵明倍加照料，且语重心长勉慰唐寅重新振作；大丈夫不能成功，也要成名。唐寅亦视文徵明为知己，在离家千里壮游之际，托书文徵明照顾自己家庭：“黄鹤举矣，骅骝奋矣，吾卿岂忧恋栈豆吓腐鼠邪！此外无他谈，但吾弟弱，不任门户，傍无伯叔，衣食空绝，必为流殍。仆素论交者，皆负节义。幸捐狗马余食，使不绝唐氏之祀，则区区之怀，安矣乐矣！”

文徵明淡于金钱、职位，父亲文林逝于温州知府任上，当地黎民感其为官清正，自发捐赠千金给文徵明，文徵明时年十六，悉数却还。当地黎民便用这笔钱造了“却金亭”，并勒碑以作纪念。“巡抚俞谏欲遗之金，指所衣蓝衫，谓曰：‘敝至此邪？’徵明佯不喻，曰：‘遭雨敝耳。’谏竟不敢言遗金事。”

据传文徵明小女下嫁望亭乡下木匠，为此他不时教导小女，不能以其出身富贵而鄙视贫困，孝敬长辈，唯此为大，叮嘱小女“家有一老，好有一宝”之语开导小女。

“吴门四才子”中，文徵明最长寿，因而“吴中自吴宽、王鏊以文章领袖馆阁，一时名士沈周、祝允明辈与并驰骋，文风极盛。徵明及蔡羽、黄省曾、袁褒、皇甫冲兄弟稍后出。而徵明主风雅数十年”。文徵明卒于1559年，其墓在相城区文陵村，现为江苏省文物保护单位。其长子文彭，字寿承，国子博士。次子文嘉，字休承，和州学正。“并能诗，工书画篆刻，世其家。”

雅宜山人王宠

明代著名书法家王宠（1494年—1533年），字履仁，后字履吉，号雅宜山人，苏州人。嘉靖九年（1530年），以诸生贡入太学。精于小楷，尤善行草，书诗皆精，成就卓著，有《雅宜山人集》传世。

王宠书法初学蔡羽，后来规范晋、唐；《三吴楷法跋》称其正书始摹虞永兴（世南）、智永，行书法大令（王献之），晚节稍稍出己意，以拙取巧，合而成雅。他晚期书法，独居一格，当时他与祝允明、文徵明并称为明代中期“三书家”。邢侗《来禽馆集》论其书法说：“履吉书元自献之出，疏拓秀媚，亭亭天板。即祝（允明）之奇崛，文（徵明）之和雅，尚能议雁行，矧余子乎！”何良俊《四友斋书论》评议说道：“衡山（文徵明）之后，书法当以王雅宜为第一。盖其书本于大令，兼之人品高旷，故神韵超逸，迥出诸人之上。”他的作品，特别是晚期之书，尤加突出，虽然字的大小比较均衡，笔划变化不大，但是他的行书草字，具有明显的特点，笔画之间结构脱落，不相接搭，有一种似连非连、若有若无的感觉，字体之内往往侵入很多空白，越加显得疏淡空灵，虚实相间，结体分散之中有凝聚，方正之中有欹斜。王宠的书法作品堪称风韵独特，以韵味称胜。

王宠与唐寅、祝允明十分相好，曾多次结伴至望亭，绘画作诗，还写下了《还舟望亭与诸友夜集》等诗篇，畅叙了几天游览望亭的趣味。

王宠传世墨迹，南京博物院、天津艺术博物馆等单位收藏颇夥，上海博物馆收藏亦富。

王宠兼擅丹青，偶然兴致所到，随笔点染，其画山水，深得大痴、云林墨外之趣。其画今极为罕见，据载画有《苕溪图》《野菜谱》等。

公正不阿申时行

明代重臣申时行（1535年—1614年），字汝默，号瑶泉，晚号休休居士，长洲（今苏州）人。嘉靖四十一年（1562年）状元，授修撰，历左庶子，掌翰林院事，以文字受知于张居正。

万历五年(1577 年)由礼部右侍郎改吏部,六年三月,以左侍郎兼东阁大学士参与机务,后进升礼部尚书,兼文渊阁大学士,累进少傅兼太子太傅、吏部尚书、建极殿大学士。张居正故世,张四维忧归,申时行遂为首辅。

申时行为官清廉,公正不阿。其子用懋因科场事被御史魏允贞、郎中李三才举发,给事中邹元标罢其姻亲徐学谟,申时行获知后秉公处理,将两人一贬一逐,并擢用魏允贞、李三才及邹元标三人,于是赞誉四起,民心大振。

首辅任内,申时行政务宽大,颇得人望,“罢居正时所行考成法。一切为简易,亦数有献纳,尝因灾异,力言催科急迫,征派加增,刑狱繁多,用度侈靡之害。又尝请止抚按官助工赃罚银,请减织造数,趣发诸司章奏。缘尚宝卿徐贞明议,请开内水田。用邓子龙、刘綎平陇川,荐郑洛为经略,趣顺义王东归,寝叶梦熊奏以弭杨应龙之变”。

万历十二年(1584 年),申时行奉旨掌持定陵(万历皇帝的陵寝)建筑工程事,如此重责在身,时行兢兢业业,不敢疏忽,严寒酷暑亦时常亲临工地巡视。为此,万历皇帝特赐双喜锦缎,以示嘉勉。

万历十四年(1586 年)正月,皇长子常洛年 5 岁,而郑贵妃生皇三子常洵,颇有夺嫡之意。申时行率同僚屡请建储,万历皇帝不听,“廷臣以贵妃故,多指斥宫闱,触帝怒,被严谴”。后“工部主事张有德请具册立仪注。帝怒,命展期一年。而内阁中亦有疏入,时行方在告,次辅国首列时行名”。申时行密疏辩之,而“给事中罗大纮劾时行,谓阳附群臣之议以请立,而阴缓其事以内交。中书黄正宾复论时行排陷同官,巧避首事之罪。二人皆被黜责,御史邹德泳得上,时行力求罢。诏驰驿归”。

传申时行还乡后,曾至望湖湾与友相聚,偶遇当地村民无辜被骗,欲走自尽绝路。他竭力相劝并识破骗局,使计令骗术大白于众,罪犯被绳之以法。还一日之内在望亭协助受害方,计破二案,这在当地民间被作为佳话相传。

万历四十二年(1614 年)神宗皇帝遣行人存问,诏书到门而时行卒,享年 79 岁。加少师兼太子太师、中极殿大学士,诏赠太师,谥文定。著有《赐闲堂集》40 卷、《书经讲义汇编》12 卷、《召对录》1 卷、《纶扉奏草》14 卷、《纶扉笥草》4 卷。

散文家汪琬

清初散文家汪琬(1624 年—1691 年),字苕文,号钝庵,苏州人。

汪琬少孤,发奋读书,不仅熟读四书五经,还通阴阳八卦等“奇门遁术”,尤锐意攻读古文。

顺治十二年(1655 年),汪琬考中进士,授户部主事之职,充大通桥监督,后历任员外郎、刑部郎中、户部主事。他克尽厥职，改革漕运，推行官书官兑法，以养生息；力主裁减吴三桂兵饷以充国用，使强藩之势受挫。后汪琬托病辞官。赋闲后，汪琬结庐尧峰山（今属吴中区）闭门著书9年。康熙十八年（1679年），皇帝接受左都御史宋德宜和翰林院掌院学士陈廷敬的建议，召试博学鸿儒。汪琬应试名列第一，授翰林院编修，参与纂修《明史》。他写史稿、求学问都十分严谨，对具体人名地名必查出处，一些具体历史名称必引经据典，他曾自言："吾文出于《易》《书》《诗》《春秋》"。有次他闭门60日，竟完成史稿175篇。逾年，汪琬称疾告归。康熙南巡至无锡时，对巡抚汤斌说："汪琬久在翰林，文名甚著，近又闻其居乡不与外事，是诚可嘉。"还特地赐给汪琬御书立轴一幅。

汪琬的成就还表现在学术方面。明末文风不正，仕人皆不重视古文（指古代散文，其形式如先秦诸子百家的文章，不拘一格，唐韩愈、柳宗元曾大力提倡之），他们一味追求那些华而不实的骈文。汪琬古文功底深厚，锐意为古文辞，倡导写古文，其时汪琬和魏禧、侯方域齐名，被称为"古文三大家"。在他们的影响下，清初文风复正，学风复醇。汪琬文章灏潮疏畅，颇近南宋诸家。由于他常写史志，故叙事尤善，当时诸公卿志铭表传，均请他撰写。汪琬还擅长诗文，其诗作兼范成大、陆游、元好问之胜。

汪琬性情急躁，有时不能容人之过，与人争论时虽诗文小得失也不肯稍有曲从。然他坦率无城府，若偶得后辈佳语，往往赞不绝口，如遇他诚服的人、事或文章，常常服帖得五体投地。

汪琬留下了不少撰写望亭的传世大作。一次他东归至望亭，想到离家乡（横泾）不远了，有感而发，题咏《东归抵望亭作》，抒发了作者归心如箭的心情。

康熙三十年（1691年），汪琬病逝，终年67岁。他著有《尧峰诗文钞》等，嘱门人林佶缮之，惠周惕序之。

江南名医徐大椿

徐大椿（1693年—1771年），原名大业，字灵胎，号洄溪，吴江松陵镇人。

徐大椿"白须伟然，一望而知为奇男子"。他性通敏，喜豪辩。《周易》《道德》《阴符》，以及天文、地理、音律、技击等无不通晓，尤精于医。初以诸生贡太学。后弃去，往来吴淞、震泽，专以医活人。大椿著书颇多，有《兰台轨方》《医举源流》《论伤寒类方》等，都是医学之籍。他作的歌曲有《洄溪道情》三十余首。

徐家乃吴江望族，徐大椿自幼习儒，旁及百家，聪明过人。年近三十，因家人多病而致力医学，攻研历代名医之书，速成深邃。悬壶济世，洞明药性，虽至重之疾，每能手到病除。芦墟有一位叫连耕石的病人，已经六日不进食、不言语，但双目炯炯，日夜睁着。徐灵胎诊断其病为“阴阳相搏症也”。他开出两帖药，第一帖吃下去，连耕石双眼就能闭合，而且能开口说话。吃下第二帖药，就能麻利起床。另一个医案说的是无皮新生儿被他救治的异事，徐灵胎“命以糯米作粉，糁其体，裹以绢，埋之土中，出其头，饮以乳，两昼夜而皮生”。抑或是徐灵胎医术太高明，以致民间一直有他的传说。

传乾隆下江南，途经望亭，下榻长洲苑。当地官吏竭尽美食、美酒招待。乾隆海吃狂饮，导致生火，双目尽赤，两颊绯红，口腔生疮，牙龈肿胀，大便秘结痔血。随身御医，一时难以治疗乾隆其病。后经徐大椿出面，找出顽症根源，对症下药，即便治愈。为此，深得乾隆宠信。

文华殿大学士蒋溥（1708 年—1761 年）生病，徐大椿奉旨入京，与其他御医一起为蒋溥诊治。蒋溥是雍正间的状元，字质甫，号恒轩，常熟人，是著名画家、乾隆皇帝信赖的重臣，当其他医生不敢直言病情时，只有徐大椿实言相告“疾不可治”，并预测死亡日期，结果不幸而被言中。乾隆欣赏徐灵胎的诚朴坦率，欲留他在京城效力，但他以年迈为由，执意返乡，过自由自在的生活：“隐于洄溪，矮屋百椽。有画眉泉，小桥流水，松竹铺纷。登楼则太湖奇峰鳞罗布列，如儿孙拱侍状。先生啸傲其间，望之疑真人之在天际也。”如闲云野鹤，陶醉自然山水，赛过天上神仙。

乾隆三十六年，徐大椿年已 79 岁，被召到京城，深知体已衰老，“未必生还”，于是令子徐爔带着棺木同行，到京后三日卒。乾隆十分惋惜，“赐帑金，命爔扶梓以归”。死前自拟墓前对联曰：“满山芳草仙人药，一径清风处士坟。”

徐大椿精勤于学，平生著述甚丰，皆其所评论阐发，后人将其所著辑为《徐氏医学全书十六种》等版本，流传甚广，影响极大。

悬壶济世王有仁

王有仁（1887 年—1942 年），著名中医。无锡县新安溪西村人，1917 年全家迁至望亭行医。自幼受家学熏陶，又师从无锡名医章治康学医。他医术高超，精通内外科，为人正直，医德高尚，常为贫苦农民无偿送医送药，亲自配制外用敷药、内服药，疗效显著，在苏州等地被誉为“王一帖”“王半仙”。

一年春天，有个名叫许氏的老妇得了一种怪病，即口舌生疮，牙痛钻心，后来越来越严重，头晕耳鸣，去了郎中那里医治，不见效果，一病倒下。小辈为她准备后事。王有仁途经看到，对许氏的儿子道：“你母病可以治愈。”儿子道：“那要多少钱啊，我家可是一贫如洗。”王有仁道：“分文不取。”接着，他上前面授方法：“一、切几片生姜，每天早上放在你母亲口中，让她慢慢咀嚼，减轻口疮疼痛；二、每天给泡一杯绿茶，给你母亲饮服；三、每天将醋和水各半比例，给母亲漱口，也可以嫩丝瓜榨汁，频频给你母含漱口。”以上这些，身为农村的许氏儿子都能办到。以后，许氏儿子遵照王有仁的吩咐，给母亲切姜片咀嚼，泡绿茶饮服，醋水各半均后漱口。不久果真奇迹出现了，病入膏肓的许氏不但口疮消失，牙齿不痛，而且还可以下田干活了。许氏感激王有仁相救之恩，带了儿子前去酬谢。当儿子向王有仁问及母亲患了何病，王有仁道：“春天来了，你母进食辣椒等辛温之物，引起内火上延而致，若不及时浇灭春火，不仅搅得寝食难安，还会让其他疾病乘虚而入。我当时教你的几招，名为扑灭春火疗法，仅此而已。”

1926年，王有仁为了抢救两名危在旦夕的农民儿子，耽误了自己18岁儿子的病情而使之不幸夭折。1936年，他不顾日本侵略军的威迫，宁愿毁家也不让其子去给日军当翻译，表现出高度的爱国主义精神和刚正不阿的民族气节。1942年，王有仁积劳成疾，患了伤寒。他在临终前三天乘自己尚清醒时，仍坚持为上门求诊的病人诊脉。在他行医期间先后共收弟子五十余人，并著有《王氏膏方》《内科医案》两书，均系稿本，门人互相传抄。

水稻专家陈永康

陈永康（1907年—1985年），上海松江人，中共党员。生前系江苏省农科院副院长。

陈永康对我国农业发展作出重大贡献，是著名的水稻专家。他13岁即下田干活。20世纪50年代，陈永康身为苏南地区的农民，用“一穗传”的方法选育出单季晚粳稻良种“老来青”，大面积亩产达500千克，在太湖地区成为水稻当家品种。1951年，他种植的水稻产量最高达一亩716.5千克，是一般亩产的2倍多，创造了当时华东地区水稻单位面积产量最高纪录，被评为华东和全国丰产模范。1952年2月，他联合7户农民办起陈永康互助组。1953年4月，又联合周围21个互助组，成立联民生产初级合作社。1956年，组织高级生产合作社，任主任。是年，“老来青”晚粳稻良种标本120箱被送往苏联、印度、缅甸、日本等15个国家展览。

陈永康在实践中总结出落谷稀匀、合式秧田、适时搁田、干湿水浆管理等一整套栽培技术。1957年，他总结出水稻“三黑三黄”看苗诊断的系统经验，随后出版《陈永康水稻栽培经验》。他培育的水稻良种“老来青”被全国22个省市及15个国家引种。1958年10月，陈永康被聘为中国农业科学院华东农业科学研究所特约研究员。同年11月，在苏州召开的全国水稻丰产科学技术交流会上，又被聘为中国农业科学院作物栽培研究所特约研究员。

20世纪60年代初，陈永康与江苏省内外的作物栽培、土壤肥料、农业气象和植物保护等学科的专家一起，从理论上探明了水稻叶色黑黄变化的生理基础及其在产量形成中的作用,形成了具有中国特色的“水稻高产理论”。1964年,在亚、非、拉美和大洋洲44个国家参加的北京国际科学讨论会上,他与同仁联合发表了《晚粳稻高产的看苗诊断和栽培措施研究》的学术论文,引起了国际同行的关注,获得了很高的评价。1965年,他获得国务院颁发的科学奖。

陈永康的水稻高产技术自20世纪50年代即在江苏全省以及长江中下游主要稻区大面积推广。1955年,上海科教电影制片厂到他所在的松江县联民农业生产合作社拍摄科学教育片《培育壮秧》。尤其是20世纪60年代,中共江苏省委、省人民政府在太湖地区建立基地和样板,以点带面,层层推广,陈永康水稻高产技术应用面积达700万公顷,创造的经济价值达数十亿元。

陈永康对提高大面积水稻生产的精耕细作水平和实现高产稳产起了重大作用,对中国栽培技术科学的发展作出了卓越的贡献。他是农业科技工作者的楷模,是科研与生产紧密结合的典范。1978年,他的科研成果荣获全国科学大会奖。

陈永康是一位在国内外享有盛誉的农民科学家,1954年参加中国共产党,曾任第六届全国人大常委会委员,中共江苏省第四届委员会委员,江苏省农科院研究员副院长、党组成员。陈永康艰苦朴素,始终保持劳动人民的本色,活到老、学到老,勇于探索,不断进行。1964年到1966年,陈永康在望亭奚家大队蹲点,传授水稻生产经验。其经验要点,一是薄泥浆、落谷稀、育壮秧,十分强调扩大稻田面积。二是整地平田,合理密植。三是看苗追肥,普施穗肥。四是浅水灌溉,适时搁田。1978年,他种植2.95亩麦、稻、稻三熟制试验田,创造了平均亩产1526.5千克的高产纪录。陈永康年逾古稀仍亲自下田操作、下乡传授技术,参加科学试验,直到生命最后一息。

1979年,国务院授予他全国劳动模范称号。他先后担任省第二、第三届科协副主席,全国农学会第四届顾问,为国家科技委员会农业组组长和国家农业部技术委员会委员。他是中共十一大代表,第一、第二、第三、第四、第六届全国人大代表,第六届全国人大常委会委员。

语言学家叶籁士

叶籁士(1911年—1994年),原名包叔元,笔名叶籁士、罗甸华等,望亭包兴镇人。包兴镇位于望亭下塘东南4公里,沪宁铁路104公里碑以东1公里处,与黄埭镇的东桥和浒关镇交界。清代镇上包姓为大族,包家有住房40间,其佃农来自江、浙、皖3省6县。镇上有戏院、书场、饭店、点心店、茶馆、南杂百货店、肉店、邮电代办处等,居民70%经商,包兴镇成为附近商业中心。叶籁士幼时就读于望亭小学,后转入苏州盘门第一高小,此后就读于上海市北中学、苏州桃坞中学、苏州工专高中部、上海江湾立达学院。民国16年(1927年)1月，在上海世界语学会附设的世界语函授学校学习世界语。次年东渡日本，入东京高等师范学习，加入“左联”东京支部，参加日本左翼世界语运动。

民国20年(1931年)冬，叶籁士回国，与胡愈之、张企程、楼适夷共同发起中国左翼世界语联盟，为该联盟的负责人之一，主编协会会刊。叶籁士热心汉字拉丁化理论和方案的研究工作，20世纪30年代曾编辑《中国话写法拉丁化理论原则方案》《工人识字用的拉丁化课本》(国内第一本拉丁化课本)等书。还担任中国左翼世界语联盟主办的《Sin wenz》月刊编辑。民国26年(1937年)初，为新知书店编辑《语文》月刊。民国20年(1931年)，在武汉参加郭沫若领导的政治部第三厅，负责对外宣传工作。同年9月，加入中国共产党。次年创办世界语国际报道刊物《中国报导》，宣传抗日斗争。民国29年(1940年)，与冯文洛创建世界语函授学社，编辑《世界语文选》《世界语谚语》。“皖南事变”后，撤离重庆，前往香港。日军占领香港后，进入广东东江游击区，不久转移到广西桂林。民国34年(1945年)起，先后在新四军政治宣传部任编辑部副主任、华东局宣传部编审科科长等职。次年，进入山东新华书店，曾组织出版《列宁文集》，马克思、恩格斯、列宁、斯大林著作和毛泽东著作单行本，以及《大众文库》《新华小文库》《战时小丛书》《文艺创作丛书》，还出版了《新华文摘》等期刊，编辑《新华活页文选》。民国38年(1949年)重建上海世界语者学会，创刊《人民世界》。是年参与接管原国民党正中书局。

1951年1月，叶籁士任华东人民出版社(即现上海人民出版社的前身)首任社长。1952年12月奉调北京，担任人民出版社第一任副社长兼第一副总编辑，主持全面工作，指导建立了从选题规划、组稿、审稿、发稿、装帧版式设计，到排版、校对、印刷、发行等整套规章制度，其中三审制和三校制，发稿齐、清、定等制度至今沿用。曾倡导将书籍竖排本改为横排本。1954年1月，奉调中共中央宣传部工作，兼任中国科学院语言研究所副所长。1955年被任命为中国文字改革委员会秘书长，后历任文改会副主任、党组书记、顾问等职。为宣传和推行《汉语拼音方案》，著有《汉语拼音方案草案问答》《汉语拼音入门》。

叶籁士是我国文字改革活动家、语言学家、出版家、世界议事者，曾任中华全国世界语协会副理事长、代理理事长、名誉会长，为国际世界语协会终身名誉会员。曾当选第三届全国人民代表、第五届全国政协委员和中国共产党十一大代表大会代表。叶籁士于1987年离休。1994年2月在北京逝世，享年83岁。著有《叶籁士文集》。

第四章　风味小吃

望亭自然物产丰饶，加之当地民风食不厌精，脍不厌细，形成了望亭风味小吃精工巧做、文艺雅致的风格。

望亭风味小吃，品种甚多，如油氽紧酵、桂花糖油山芋、焐酥豆糖粥、桂花焐熟藕、葱猪油咸糕、炒血糯、炒肉团、青团子、酒酿饼、卤鸭面、软炒面、两面黄等，一经品尝有的口齿留香，有的回味无穷。其中云片糕质地滋润细软；拒霜花艳芙蓉酥既甜又糯，不仅清香爽口，而且味美纯正。

油氽紧酵

又称紧酵馒头。冬令上市，尤其到春节之时，是大家互相馈赠的礼品，被称为“兴隆馒头”。紧酵，即指做包子面皮时，用酵母不多，经蒸煮后膨胀松软程度低，因此，紧酵馒头蒸熟后虽不及一般包子软松膨胀，但一经油炸，却能继续膨胀，且能起泡，食时外脆内松，汁多味鲜。

一般肉包子，熟食时卤汁较多，冷却后却无汁，均被松软的包子面皮所吸收。而紧酵面皮吸收卤汁慢，故冷却后在温度较低的情况下，置两三天再去油炸仍有卤汁。

桂花糖油山芋

桂花糖油山芋，把山芋洗净去皮，切去头部，放入锅中，再放入明矾，另将红曲米装入纱布袋，扎紧袋口放入，加清水淹没，盖上锅盖烧至酥烂后取出装盆。入口桂花香气浓郁，味甜酥烂。

焐酥豆糖粥

用蚕豆煮粥，为民间家常食法，一般以粳米、蚕豆（带壳）配以适量食碱急火煮沸，微火焐煮，熟后粥稠豆酥，食时再吐壳。

焐酥豆糖粥则与上述煮法不同，将蚕豆与糯米分别烧煮，食时须将蚕豆糊另行拌入粥中，再放赤砂糖，有热、甜、香、助消化之特点，且价格低廉，故为人们所喜食。

桂花焐熟藕

为秋季时令传统佳点。取塘藕中段及糯米、绵白糖、甜桂花、赤砂糖等为原辅料，其色泽酱红，入口清香甜糯。也有用玫瑰甜酱、桂花甜酱或其他花露蘸食。

葱猪油咸糕

葱猪油咸糕，又名猪油糕。味咸鲜，主要原、辅料为糯米粉、细粳米、猪板油、精盐、香葱、豆油等。色泽莹润如玉，白绿相映，入口葱香扑鼻，香咸肥糯。

炒血糯

炒血糯，亦称血糯甜板。炒血糯呈紫红色，肥润盈口，营养丰富，柔而香甜，为筵席名点。制作方法较为特殊，需用常熟特产鸭血糯米和上白糯米。血糯事先浸泡，再按3∶7的比例与白糯一同蒸熟，加糖、加油炒成，撒上桂花，色、香、味俱全。

炒肉团

炒肉团，用熟白粉加炒肉馅制成。熟白粉采用糯米粉和细粳米粉揉和蒸熟，炒肉馅需用净夹心猪肉、河虾仁、水发扁尖、水发金针菜、水发木耳等。炒肉团外形似小笼包子，味鲜美可口，是境内夏令的佳点。

青团子

青团子采用一种叫“浆麦草”的野草洗干净泡在盛石灰的盆里，在浸泡一段时间后，捞出捣烂，拧出青汁，同晾干的水磨纯糯粉拌匀，揉和，然后开始制作团子。馅芯有百果（将大红枣去核再切细，掺以白糖胡桃肉）、豆沙（将纯赤豆浸泡去皮，再煮烂成糊，加上糖渍桂花拌和，还在馅芯中嵌一粒水晶般的猪油）。刚出笼的团子葱绿如碧玉，油亮似翡翠，清香扑鼻，吃起来甜而不腻，肥而不腴。

酒酿饼

酒酿饼，是春天时令食品，以当地的冬小麦粉和酒酿为主要原料。酒酿性善窜透，用以作药，可活血行经，散结消肿。

酒酿饼有荤、素之分，品种主要有玫瑰、豆沙、薄荷等味。酒酿饼以熟食为佳，特点是甜肥软韧，油润晶莹，色泽鲜艳，滋味分明。

卤鸭面

卤鸭面是夏令著名面点。卤鸭面上桌时，面与鸭分别盛碗装备用，称为“过桥”。卤鸭面关键是卤鸭的制作。

软炒面

软炒面，为境内传统佳点之一。用熟小阔面条或如圆头筷粗细的熟面条（俗称棍子面），配以调料和各种不同的浇头（如虾仁肉丝、菠菜肉丝、什锦菜等）炒煮，以咸鲜柔软爽滑著称，既能佐酒，亦可当餐。

两面黄

两面黄即境内的炒面，一般均用熟面条炒煮，称为“软炒”；或用生面条油炸，炸至两面焦黄后再炒煮，便称为“两面黄”，俗称“硬炒”。

两面黄的定名，以浇头的不同而异，如用肉丝、虾仁作浇头，则称为“虾仁肉丝两面黄”；如用蟹粉、虾仁作浇头，则称为“虾蟹两面黄”。

两面黄炒面，是境内传统面点，味鲜醇，面条脆松，一般上桌时，另附蛋皮鸡汤，与炒面一并食用。

云片糕

云片糕，望亭人称“雪片糕”，以片薄色白如雪而名。质地滋润、细软，能久藏不软，色白味甜。

拒霜花艳芙蓉酥

拒霜花艳芙蓉酥，简称“芙蓉酥”。因此酥被制成功时，正是拒霜花——木芙蓉开放之时，此酥如花般娇艳迷人，故名。

芙蓉酥既甜又糯，不仅清香爽口，而且味美纯正。

（许志祥　张瑞照）

第五章　地方名菜

地处太湖之滨的古镇望亭，江南苏帮菜应有尽有，例如从驰名遐迩的太湖三白（白鱼、白虾、银鱼）中派生出的有清蒸白鱼、银鱼炒蛋、盐水虾等；每家每户喂养的家禽家畜，经农家厨手烹饪出的菜肴有美味酱方、太湖卤鸭、油泼童鸡等；农家的蔬菜和瓜果在稻香望亭是四季不断，烧出的菜肴有油焖茄子、腌金花菜、黄连头、香干马兰头等；荤素相搭烧出的菜肴更是五花八门、琳琅满目，如二虾豆腐、白叶圆菜、蕨菜烧肉、鸡油菜心……

美味酱方

选猪肋条肉(五花肉,去骨)一方(约700克),以硝水、精盐、绍酒、酱油、八角茴香、葱结、姜块、湿淀粉、熟猪油等为调料。先将肉洗净,用竹签或尖刀在瘦肉一面戳几个小孔,用硝水、精盐调匀,在肉的四面擦匀,皮朝下放入钵中加盆压紧,腌渍一至两天。将肉从钵中取出洗净,放入锅内,舀入清水,旺火烧沸,撇去浮沫。将肉捞出洗净,肉皮朝下,放入有竹篾垫底的砂锅中,加酱油(50克)、冰糖屑、绍酒、原肉汤、葱结、姜片、八角茴香烧沸,撇去浮沫。用一只圆盆压在肉上面,加盖,置旺火上烧沸后,移至炭繫火上煨两个半小时左右,至肉酥烂。四角侧倒,将肉取出,皮朝下,放入碗中,舀入砂锅内的原汤,肉上面撒冰糖屑35克。用圆盆一只盖在碗上,上笼蒸一小时,取出。将碗中肉汤滗入炒锅内,将肉翻扣入盆中。炒锅置旺火上,烧沸,用湿淀粉调稀勾芡,淋上熟猪油,起锅浇在肉上即成。其特点:色呈酱红,酥烂鲜糯,入口即化,甜中带咸,肥而不腻。

母油肥鸭

以肥母鸭一只,水发香菇、熟冬笋片、泡发鱼肚、青菜心为原料,以母油(特级优质酱油)、绵白糖、精盐、味精、绍酒、香葱结、葱段、姜块、芝麻油、熟猪油、湿淀粉等多种调料烹煮。将鸭宰杀后,放入70℃左右的热水中浸烫。清除毛、脚壳,然后斩去脚爪,在肛门上端开一长约7厘米的刀口,挖去内脏,抽出气管、食管,洗净。接着将鸭颈扭向左右翅膀放入锅中,舀入清水150克,置旺火烧沸,撇去浮沫,端锅离火口,捞出洗净。用洗净的稻柴数根把鸭翅膀与腿部间呈斜十字形捆上。把鸭胸脯朝下放入有细竹篾垫底的砂锅中,再放入香葱结、姜块(拍扁)。在原砂锅中加精盐、酱油(母油)、绵白糖,置旺火上烧沸,撇去浮沫。加绍酒,起锅倒入砂锅中,用圆盆压住鸭身,再盖上锅盖,置旺火上烧沸后,移至炭繫火上煨,约三个半小时至酥烂揭盖。去压盆,拣去葱姜,将鸭取出,解去稻柴,把鸭胸脯朝上装在品锅内(盛具)放入三分之二的原汤,用炒锅置旺火烧热,舀入熟猪油,烧至七成热时,放葱段爆出香味,即把冬笋片、菜心、香菇、鱼肚(切成3.5厘米见方的块)放入略煸,舀入三分之一的原汤。用湿淀粉少许勾成玻璃薄芡,淋上芝麻油,起锅浇在鸭身上面即成,其特点:色呈棕黄,鸭形完整,酥烂脱骨,香醇味美。

太湖野鸭煲

以整只太湖野鸭为原料，以水发香菇、熟冬笋片、泡发鱼肚、青菜心等为佐料，加以各种调料烹煮而成。该菜色呈棕黄、鸭形完整、酥烂脱骨、香醇味美。

清蒸白鱼

以太湖白鱼为原料，将白鱼宰杀洗净后腌渍一两天，蒸时加入葱、姜、料酒等调料。该菜味道鲜美，洁白如雪，肉质鲜嫩，营养丰富。

雪菜银鱼

取新鲜腌制的黄雪里蕻为原料，去叶留梗，切细，与银鱼共同入锅，放入调料煸炒。该菜味道鲜美爽口，色、香、味俱佳，深受消费者青睐。

太湖莼菜汤

莼菜入馔，已有两千多年的历史，古人将“莼鲈之味”作为美味代称。莼菜做汤一定要用高汤，将汤加热，然后加入莼菜及各种佐料和调料，烹调煮成。该汤味道鲜美，营养丰富，人称“天下第一汤”，且具有药理作用。李时珍将其收入《本草纲目》，据称有补血、清热、利尿、解毒、健胃、止泻等疗效。

莼菜氽塘片

莼菜氽塘片，以太湖特产莼菜与塘鳢鱼为原料，是地方名菜中的一道汤羹。《食经》有“鲙鱼莼羹”。明人赞“莼菜羹”道：“玻璃碗盛碧玉光，五味纷错生馨香。”塘鳢鱼，喜栖息于湖滩河边石缝或树根边，以小鱼小虾为食，头大体圆，肉质细嫩。塘片，即以塘鳢鱼去脊骨及鱼头后，制成净鱼肉片。加绍酒、精盐、葱末拌匀，然后入猪油、肉汤、清水合成的汤中煮沸；加绍酒、火腿丝、味精，随后出锅倒入莼菜碗中，淋上鸡油，遂成鲜美可口的汤羹，余味无穷。

刺毛鳝筒

刺毛鳝筒,是以黄鳝为料、造型奇特的一道名菜。

一般需选用粗壮大鳝(250 克左右)4 条,活宰尽血,去内脏洗净,批去鳝脊骨,斩头去尾,然后在鳝肉上剞出网眼状刀纹,深及皮,撒上干淀粉。另将猪肉糜及绍酒等佐料涂抹鳝肉,然后将鳝肉段卷成筒形。待熟猪油锅烧至七成热时,放入鳝筒段,炸至刀纹呈清晰状,沥油取出。在旺火锅中加入葱段,煸香。然后将鳝筒放入,加绍酒焖透,再加酱油、绵白糖、精盐、姜末,高汤烧沸,转文火烧 10 分钟。最后转旺火收稠,以湿淀粉勾芡,淋上麻油出锅装盘。此刻,盘中排列整齐的鳝筒,犹如"刺毛",色泽鲜艳,浓香扑鼻。

二虾豆腐

选用初夏太湖白虾、嫩豆腐做原料。用刀把嫩豆腐两块各横批成三片,每片约 7 厘米长、0.6 厘米厚,整齐排好在圆盆里,呈正方形(共六片)。再在豆腐面上加划两刀,切去四小角,撒上虾仁、虾籽、味精。砂锅置旺火烧热,舀入熟猪油 50 克,至五成熟,加鸡清汤、酱油、绵白糖,然后将盆中豆腐倒入锅内(盆子贴近汤面,向下倾斜,整齐倒入,天冷时,要将盆子放入开水中烫一下),待沸加盖用文火,烧至汤汁稠时(约 2 分钟)揭盖。再用旺火,收稠汤汁,一面将湿淀粉均匀地淋入锅内,一面持锅缓缓地转动,淋上熟猪油 50 克,转动炒锅,轻轻倒入盆中即成。其特点:色泽棕黄,菜式美观,鲜嫩肥滑,味美可口。

鸡油菜心

以小塘菜心和熟火腿片为原料。将青菜心洗净,菜根部削成橄榄形,再在根部剖十字形(深为 3 厘米),切平青菜叶尖。炒锅置旺火烧,加水 300 克,舀入少许熟猪油。至六成熟,放入菜心,用铁勺均匀地推动数次,待每棵菜心呈翠绿色时,倒入漏勺沥去油和水。炒锅置火中烧热,加鸡油 30 克,放入菜心,再加鸡清汤、精盐、味精,烧沸。用小火烧至菜梗酥,再用旺火收稠汤汁,捞出菜心,排整齐装盆。锅内汤汁用湿淀粉勾成玻璃芡,浇在菜心上,淋上熟鸡油,放上火腿片即成。其特点:色泽翠绿,菜心鲜嫩,菜梗酥烂,清香爽口。

油泼童鸡

以一只1000克左右的童子鸡，宰杀后放入60℃左右的热水浸烫，去毛。然后从鸡翅膀下剖开小口，挖去内脏，抽去气管、食管，斩去脚，戳破鸡眼（以防炸时溅油），洗净沥去水。用酱油25克、绍酒放入碗中调和，均匀地抹在鸡身上，然后放在旺火锅中油炸（油至七成熟时即可把鸡放入）。用铁勺将鸡均匀地翻身轮炸，使之全部炸到。待炸至金黄色时，捞出，斩块装盆，拼摆放成鸡形。然后用酱油50克、白胡椒粉、香醋、绵白糖、香菜末、味精、鸡精汤置旺火上烧沸，起锅浇在鸡身上即可。此菜特点：色泽金黄，皮脆肉嫩，甜咸酸辣，四味俱全。

鲜活炝虾

以活河虾为原料，剪去须和脚，洗净，放在碗里，倒扣装盆。以乳腐卤、绵白糖、清汤为调料，放在旺火上烧成卤汁，分盛在数只小碟里，同虾一齐上桌。把盆上倒扣的碗慢慢揭开，用筷夹住活虾，再把碗扣下，蘸卤汁食之。其活虾鲜嫩，味美可口，别有风味，为佐酒之美菜。因活虾鲜蹦活跳，食时往往要跳散在桌上，故人们雅称此菜为“满台飞”。此菜由于不符合卫生要求，现已不采用，而以油爆虾代替。油爆虾爆至外壳略脆并透红，沥去油，加料酒、葱姜末、酱油、精盐、绵白糖、鸡清汤，待卤汁发稠，颠翻几下，起锅盛入盆中即成。其特点：色泽鲜艳，外香里嫩，甜咸适口，亦系佐酒之佳肴。

带子盐水虾

境内地方菜肴中用虾的名菜不少，如油爆虾、盐水虾、虾圆、熘虾仁、虾松、卷筒虾仁等等。带子盐水虾，是端午节前后的一道苏州名菜。初夏的青虾，雌者腹部拥满虾子。虾子原本就具有天然鲜味，带子盐水虾采用水煮法，即锅中仅置清水，加葱结、姜块、精盐煮沸，然后将修剪过须脚的带子青虾入锅，加绍酒烧至虾断生，捞起剥去头壳。同时将锅中葱姜捞去，待汤冷却后将虾复浸入汤中约15分钟，然后装盆。带子盐水虾，堪称地方夏令佳肴。

细露蹄筋

细露蹄筋，为宴席中的一道必备的中高档炒菜。蹄筋有鲜、干两种，鲜蹄筋用清水浸泡即可使用，干蹄筋须经过水发、油发、盐发三种方法泡发才能使用。细露蹄筋以水发蹄筋为佳。先将鸡脯丁、火腿丁、香菇丁、熟笋丁、青豆丁等辅料在炒锅中用熟猪油炒一下，然后加绍酒、精盐、高汤及蹄筋再炒，烧沸后移小火烧，最后转旺火勾芡，淋麻油起锅装盘。细露蹄筋色彩鲜明，芡汁似露，蹄筋软韧而爽口，不烂不硬，热吃鲜美无比。

太湖锅巴汤

此菜特点：虾仁玉白鲜嫩，锅巴金黄松脆，番茄红润酸甜。锅巴油炸后盛在荷叶汤碗内，并浇入 50 克沸油，另用虾仁、番茄烹煮成卤汁，上桌时先端上刚氽好的锅巴，随后将一碗卤汁趁热倾入锅巴碗，顷刻锅巴吱吱裂响，香扑鼻，声入耳，色悦目，味乐口，四趣相得益彰。

据传，当年乾隆皇帝下江南在民间尝得锅巴汤，脱口赞道："此菜可称天下第一。"从此锅巴汤被称为"天下第一菜"。

另据传说，当年太湖修堤，时值大堤合龙之夜，地方官及钦差大臣在湖滨督工，疲惫饥渴之际他们上了村店。村店开到半夜厨子已无物可下锅了，于是将吃剩的锅巴氽了，又将用剩的火腿、虾仁、番茄之类杂烩一锅汤。上桌时，"吱吱"爆响，将钦差大臣从瞌睡中惊醒，忙问："何菜？"厨子顺口道："平地一声雷！"说也巧，门外报喜的闯了进来："大堤合龙告捷！"钦差大喜，连称此菜吉利，于是锅巴汤也被称为"平地一声雷"。

太湖卤鸭

卤鸭，以活鸭宰杀后洗净斩脚，入锅加肥膘、酱油、精盐、桂皮、八角茴香及葱姜，旺火烧沸去浮沫，加绍酒、红曲米粉、冰糖屑等，旺火烧约 1 小时，然后翻身以中火烧 30 分钟，八成烂时捞出。将鸭汤舀出加绵白糖烧沸，以湿淀粉勾芡成卤汁，出锅后加麻油搅和，将鸭子斩成整齐条块，以头、颈、翅垫底，装盘，浇上卤汁。其味咸鲜略带甜，越嚼越香，佐酒最佳。

太湖酱鸭

太湖酱鸭，选用著名太湖鸭，有体肥、肉嫩、皮白等特点。酱鸭制作经多道工序，活鸭宰杀后去毛去内脏洗净，内外擦少许盐略腌。然后将锅中老汤烧开放入鸭子及绍酒、酱油、食盐、香葱、姜、砂仁、丁香、八角茴香、陈皮等佐料烧煮，40—50 分钟，见鸭双翅开花即可起锅，冷却后鸭身涂上卤酱。卤酱制作要求极严，以老汁加白糖、红曲粉熬成。太湖酱鸭通体红润，形美味鲜，是宴席冷盆佳肴，也是馈赠亲友的苏州名特土产。

透味熏鱼

透味熏鱼已有 300 余年历史。它以 4 千克—5 千克活青鱼为原料，活杀后，不用水洗，用白纱布擦净，然后开成片，切成厚薄均匀的鱼片块。浸入浅色酱油，捞起沥干，再入油锅炸，两面呈深黄色时捞起来，浸入卤汁。卤汁用福珍酒、绍酒、糖等隔水焖炖后调制。经过卤汁浸透的鱼块口感软，色泽深黄。透味熏鱼，肉香鲜嫩，甜咸相宜，既是宴席佳肴，也是馈赠亲友佳品。

白汁鼋菜

白汁鼋菜，以甲鱼（即鳖、团鱼、鼋鱼）为原料，是营养价值颇高的太湖名菜。选用重 750 克左右的活甲鱼，宰杀后去内脏（有蛋则取出待用），斩去爪、嘴尖及尾，割断四肢骨骱。在 60℃热水中浸泡去黑膜，然后放入 90℃热水中浸泡去背壳，再将每只甲鱼斩成 6 块。复洗后，加清水煮至锅边起泡，取出再入清水复刮洗一次，取出沥干。

烹调时，以竹箅垫锅底，将甲鱼块排列锅中，加猪肥膘片，并将葱结、姜块在菜油中熬至发香后，放在肥膘上。菜油沿甲鱼锅边倒入，加绍酒烧沸，再加猪肉汤烧沸，焖烧 30 分钟。加精盐，蒜瓣烧至汤剩六成，加冰糖、熟猪油，用微火焖 2 小时至酥烂，去葱姜，旺火收稠后装碗。

与此同时，甲鱼蛋加葱结、姜片、绍酒、精盐，放蒸笼中蒸熟。取出在炒锅中用熟猪油与笋块、山药块、木耳略炒，加绍酒、精盐、绵白糖烧沸。将碗中甲鱼转动锅一边，加猪肉汤烧沸后转小火焖至卤汁稠浓，然后湿淀粉勾芡，淋熟猪油、麻油，起锅装盆。卤汁浓稠明亮，略甜为宜。

甲鱼以春秋两季最佳，尤其是“菜花甲鱼”“桂花甲鱼”。夏季甲鱼较瘦，一般不食，境内百姓人忌食“蚊子甲鱼”是有一定防病根据的。

响油鳝糊

境内有句民谚："小暑黄鳝赛人参。"六七月间的黄鳝，备受美食家青睐。响油鳝糊，指烹调后的鳝糊端上餐桌，热油尚在盘中"噼叭"作响，素称特色名菜。

境内水乡，黄鳝遍及河道水滩、田间沟边。菜肴中以黄鳝为原料有的不少，脍炙人口的有刺毛鳝筒、生炒鳝片、爆鳝丝等，响油鳝糊有名就在"响油"上。

取活鳝经沸水烫泡后，划出鳝丝。将炒锅内熟猪油烧至七成熟，投入葱花煸香，然后放入鳝丝炒透。加绍酒略焖后，加入高汤烧2分钟左右，放精盐、酱油、食糖，盖锅烧10分钟后收稠，用湿淀粉稀勾芡。出锅装盘时在鳝糊中拨出一条凹槽，放入葱花，并将姜丝、蒜泥、火腿末制成三角形饰边。同时在另一锅内将一勺麻油加温，待八成热时，迅速舀出浇入鳝糊凹槽，立即端上餐桌，扑上胡椒粉。此菜厨师与服务员要配合默契，否则，油温一降就听不见响声了，会使客人扫兴。

太湖糟鹅

境内水乡泽国，养鹅有悠久的历史。太湖白鹅是著名的优良品种，用酒坊的陈年香糟烹煮白鹅，是传统的民间佳肴，尤其是端午节期间，"对酒尝新鹅"，另有一番情趣。

糟鹅，选用重2千克左右的太湖鹅，活宰尽血，去毛去内脏，在水中浸泡1小时，然后入锅煮沸，加葱、姜、酒再煮40—50分钟取出。在鹅身上撒些精盐，并将头、脚、翅斩下，劈鹅成两片。将原汤撇去浮油，加白酱油、花椒、葱花、生姜末、精盐搅化待冷却。将熟鹅放入桶(或缸)，加大曲酒，用糟布将桶口盖没扎紧，呈袋状。然后将原汤、香糟、绍酒拌和，倒入糟布袋，使糟汁徐徐滤入桶中，渗入鹅体。糟汁加放完立即将桶盖严实，焖3—4小时即成。因此，店家往往上午加工，下午3时左右上市。

太湖糟鹅，皮白肉嫩，鲜嫩可口，且糟香四溢，风味独特。太湖糟鹅以现煮现吃为好。夏季赴望亭旅游，可别忘了品尝糟鹅。

松鼠鳜鱼

以活鳜鱼一条(约800克)、虾仁(50克)、熟冬笋丁(25克)、海参丁(25克)、水发香菇丁(25克)、青豌豆15粒为原料，配以精盐、葱白段、鸡蛋清、绵白糖、香醋、番茄酱、湿淀粉、干淀粉、肉清汤、芝麻油等多种调料。将活鳜鱼刮鳞去鳃，剖腹去内脏，洗净。用干抹布揩干鱼身上的水迹，将鱼放在砧板上，用刀齐胸鳍斜切下鱼头，在鱼头下巴处剖开，用刀面轻轻拍平。鱼身用刀沿脊骨两侧平批至尾不断，翻转鱼肉，斩去脊骨。将两侧鱼皮朝下，批去胸刺。然后，在鱼肉上先直剞，后斜剞（直剞刀距约2厘米，斜剞刀距约6厘米），深至鱼皮，不能剞破皮，成菱形刀纹。用蛋清、精盐放碗内调匀，抹在鱼头和鱼肉上，再滚蘸上干淀粉（每个刀花内滚蘸上粉），用手担起鱼尾，抖去余粉。将番茄酱放入碗内，加肉清汤、绵白糖、香醋、精盐、湿淀粉搅拌成调味汁。炒锅置旺火烧热后舀入油200克，烧至八成热时，将二片鱼肉翻卷，翘起鱼尾成松鼠形，然后提尾理齐花朝上，徐徐放入锅内，鱼头随即下锅，炸至淡黄色时捞起。再待油温八成熟时，将鱼花朝下放入锅内复炸，呈金黄色时捞出盛入盆中，装上鱼头，拼成松鼠鱼形。在复炸鱼的同时，用另一炒锅置旺火烧热，舀入油50克，放入葱白爆至金黄捞出。加入虾仁，用铁勺拌开，随即放入冬笋片、香菇丁、海参丁、青豌豆炒熟，倒入调味汁搅匀，加沸油75克，搅和成卤汁，加芝麻油后即起锅浇在松鼠鳜鱼上面，发出“吱吱”响声即成。此菜特点：色呈枣红，形如松鼠，香脆松嫩，甜中带酸，味香可口。

白汤鲫鱼

以活鲫鱼一条（约500克）、熟冬笋片、水发香菇、熟火腿片、绿叶菜等为原料，配以熟猪油、香葱结、绍酒、姜片、精盐、熟鸡油、味精等为调料。将鲫鱼刮鳞去鳃，刮去鳃盖下面的老皮，剖腹挖去内脏，除掉腹内里膜，洗净。在鱼身两侧斜剞一刀，每隔6厘米剞一大反刀成波浪形花（也可在鱼脊背两侧剞十字形刀纹），然后，用香葱结、姜片一起填进鱼腹中。将炒锅置旺火烧热，舀入熟猪油，烧至五成热时，把鱼放入，两面略煎。左手持锅盖，右手持铁勺把绍酒放入即上盖略焖片刻。揭盖舀入清水烧沸，撇去浮沫，盖上锅盖，用中火煮至汤呈乳白色时（约6分钟），再移至旺火上加精盐、冬笋片、香菇、火腿片、味精，烧2分钟。起锅时将绿叶菜放入，盛入汤碗，淋上熟鸡油即成。此菜特点：色呈乳白，汤浓香醇，鱼形完整，肉质鲜嫩。

清熘虾仁

选用太湖大虾作原料，出壳成虾仁，洗净漂清，沥干水，放入碗中，加精盐、鸡蛋清搅和，再加上干淀粉拌匀。炒锅置旺火烧热（俗称热锅冷油），舀入熟猪油，至六成热，放入虾仁，用铁勺轻轻拨散。熘至色呈乳白时，沥去油，加料酒、鸡清汤、味精，再用湿淀粉少许调稀勾成芡。加熟猪油25克，颠翻几下，起锅盛入盆中即成。其特点洁白如玉，粒如盘珠，滑嫩鲜香，营养丰富。

腌金花菜

腌金花菜实际是红花草(即紫云英),望亭人习惯称“红花郎”。红花郎在开花前可当蔬菜吃,城里人在吃腻了鱼肉荤腥时也偶尔买来作青头炒菜调口味。红花郎一经腌渍成品,色泽由绿变黄,卖者为了讨口彩,便喊了与其长相相似的“金花菜”的名字。腌金花菜吃时撒上甘草粉,其味清凉中略带酸咸,男女老少无不爱食。

黄连头

黄连头并非是止泻的那种草本苦味黄连,而是一种类似香椿的楝科落叶乔木,生长于境内但数量不多,所以它的身份远在“金花菜”之上。黄连头制时,摘取春季新出嫩芽,洗净晾干后用少量的盐拌和并紧压在甏中,然后封口贮藏,半年后启封。这时的黄连头色泽金黄,清香扑鼻。入口嚼之,初呈苦味,刚想吐掉时,恰好咸、甜、甘、凉各味相继而至,像是青橄榄,却胜过青橄榄,又有点像上品龙井茶,然比龙井茶醇厚,且其味久留口中不退。

香干马兰头

一到春天,在境内的田野、沟边、路旁有一片片绿茸茸的马兰头。马兰头系草本野生植物,取其嫩芽壮叶,与香豆腐干丝一起热炒,清凉香口,回味无穷,为太湖菜肴中的一道佳菜。马兰头凉血止血,还有清热解毒、利尿消肿、降血压和治肝炎、扁桃腺炎、口腔炎、乳腺炎等多种病症的功效。

(张瑞照　许志祥)

第六章　民间工艺

望亭很早就开始了工艺手工业的生产，境内编织的夏令用品草席，色泽碧青，光滑平整；制作的明清硬木家具，造型简洁大方，榫卯紧密坚实；裁缝制作的旗袍，穿者得体，观者称善；更有苏绣，精工细作，绚丽多彩。

闻名遐迩的望亭草席

望亭草席色泽碧青，草质柔软，光滑平整，编织紧密，舒适凉爽，坚韧耐用，为优质的夏令生活用品。因它源于苏州西北的望亭，故称望亭草席。

望亭草席编织的历史悠久。相传在春秋战国时期，望亭一带农村就有种草织席的传统，以后不断改进，成为著名手工艺品。《苏州府志》载："草席自昔著名天下。齐谢朓《咏席》诗'本生朝夕池，落景照参差'。"《吴都赋》注云："吴有朝夕池，谓潮水朝盈而夕虚，因以为名。"六朝时江南人民已经普遍种席草。《吴县志》亦载："吴之贡市，(宋)熙宁三年(1070年)罢后，仍贡二十合(草席)。"明代许衍退隐太湖之滨，亦以织席为生。据此可知望亭草席由来已久，至少有上千年历史了。

望亭草席主要原料，顾名思义是席草。席草，异名甚多，有蔺、菅、开宝草、龙须草、灯芯草、丝草等。据《姑苏志》载："席草冬月种，(来年)小暑后割……""明春编织为席，色绿为佳。"它原为野生植物，后经劳动人民长期培育成为多年生草本植物。席草因种子发芽生根缓慢，一般不用种子繁殖，而以老株分株分蘖进行无性繁殖。其生长发育要求气候温和、水位较浅、土壤肥沃，以含有腐蚀质的水田(俗称烂田)为宜。望亭地处太湖流域，最宜席草生长，特别在生长旺盛阶段的夏至前后，正值江南梅雨时节，为品质优良的席草生长提供了极为优越的自然条件。留种期为7月上旬至10月下旬，秧期三个月左右。10月下旬在霜降前移栽于大田，至次年6月底7月初收割，生长期约260天。移栽田块要能排能灌，有三四十厘米的熟土层为最宜。整田后即施基肥，灌水沤烂，耙平，再行栽种。以后，看秧苗情况，控制好水、肥、管，开春再施一次起身肥。至芒种、夏至间，生长最旺，应追施速效肥，并防治病虫害，除草。

"小暑不割草，大暑白云飘。"意谓大暑后阴天较多，雨水渐多，所以应在小暑收割。割草要注意天气预报，应在晴天两三天内割好，便于晒干，保证席草清白。如遇阴雨天收割，要成捆竖立，待晴天再晒。

望亭席草主要品种有大黄皮种、棉衣种。前者产量高，易脆，亩产850千克左右；后者又称梅里青，软而细，且上下粗细均匀，亩产60千克左右。席草除编织草席外，其他用途也很广，可编织草包、草帽、枕席、扇子、地毡、拉包、草篮子等。望亭的席草，拉力强，纤维长，又可造高级打字纸、胶印纸、电容器纸；在医药上又可提炼良好的利尿剂。

望亭编织草席的工具有席机、席扣、席添棒、席杖、调车、劈麻器、木榔头、草架。织席凳有小矮凳、杌子凳、电动织机。

望亭编织草席的工艺流程有：一是穿经，也叫上扣。把下梁两头木榫垫至梁下，使下梁升高。把调好的麻经穿过扣眼绕到上下梁上，上间接头系在席杖上。2根经为"一块"

或称一双。二是打榫。经穿好后，把席杖落到下梁平，把木榫从下梁下部取出，移至下梁上部。用榔头将榫打进口子，使下梁下沉，席经绷紧。三是织席。把浸过水的席草一头夹在添棒头上，穿过经弄成纬，将席扣用力下压，使席草之间紧密无隙。再将出边口正面的草头梢转入边经。如此往复循环，直到席子织满尺寸后落席。1 条二四、二六单人席，需草约 3600—4000 根。落扣时先把系在席杖上的经结解去，取下席杖，把席口的麻经编织好，把多余的麻经剪去。席子在经上卸下后，将两边的草头梢齐边剪去，在太阳下晒干后，揩去毛头冒出席面的草梢和麻经屑），就成成品席。编织 67 厘米以下的单人席，可 1 人操作。编织更大的宽幅草席须 2 人操作，1 人执扣，1 人添草，合作完成。在织席时，为润滑麻经，大多数在扣上刷水，使扣眼润滑，使麻经保持潮湿坚韧，称为水朴席。也有的穿好经后，用布团上菜油后经通身抹上油，使经润滑，落扣沉重，纬草紧密，称为油朴席。

望亭是全国四大草席产区之一。民国初期，望亭先后开设的席行有德丰、锦华、协记、泰丰、瑞裕、永源、竟诚、兴昌、永昌、合兴等十多家，每年销出 100 万筒（每筒 4 条），畅销京沪一带。有些席行老板将邮购的草席运到浒关出售，后来客商直接到望亭采购，靠京杭大运河远销江南各省及山东、河北、安徽等地，望亭逐渐成为草席出口中心。中华人民共和国成立后，草席由供销社农副产品收购站收购。

1982 年，望亭镇在望新街开辟草席市场，交易日为农历每月初四、十四、二十四 3 个赶集日，每逢赶集日，望亭及周边的保安、通安、东桥等乡镇农民二百多人上市推销自制草席，客商主要来自安徽、河南、湖北、江西及江苏苏北等地，平均每天成交量达 4000 条左右。1982 年 1—5 月，草席销量达 63 万条，全年共销售草席达 120.8 万条。1987 年，草席市场迁至菜场后面停车场内，1995 年搬迁到东市街。1983 年出现草席运销专业户有 278 人，他们把草席销往苏南、苏北、安徽、山东、浙江、天津，还有东北三省。1985 年 5 月，成交额 94380 元，计草席 39900 条，被《吴县报》及江苏《工商行政管理》杂志称为“江南最大的草席市场”。

望亭草席过去全靠人工土机（木制席机）加工。1981 年前，全镇有这种席机 8500 多架。由于乡镇企业发展，这种规模小、化工大、经济效益低的加工方式逐渐被淘汰，除新埂、长房、华兴等村年纪大的村民还在加工外，大多被机械化自动织席机替代。宅基、长房、新埂、迎湖、奚家等村都有机械化席厂，用纱经和外地席草，成批生产，速度快，效益高。

草席品种分为麻经和纱经两种，望亭主要生产麻经草席，有脐席、隐梢、双草、单草、油朴、水朴、枕席和童席等品种。

脐席：这是望亭最早生产的一个品种，用黄麻作经，席草作纬，纬草分为两段，用席草两头为一扣，在接头处露于席的背面中间，有脐形，中间不易皱起，规格 1—1.5 米，质量牢固耐用，经济实惠，适合农村需要，是农村青年人结婚必备之物，美称“和合席”。

隐梢：这是望亭草席大宗品种，约占总产量的 70% 以上，也是用黄麻作经，席草作纬，长短配用,两根草梢在中间暗接,草席膛子衔接30厘米左右,除去中间黄色草尖外,接头处很紧密,看不出有草梢,故称隐梢,规格0.75—1.5米。质量牢固耐用,平整光滑,美观大方。

双草:这是草席中的高档品种,用黄麻作经,席草作纬,麻经紧密均匀,每尺席在15双经以上,膛子隐蔽比隐梢大,草梢全部挖出,织法同隐梢基本相同,唯用双草作纬,手工精细,规格1—1.6米,紧密牢固,精致美观。

油朴:这是望亭草席中的最佳品种,编织工艺高超,席面有巧夺天工之美。它用黄麻作经,席草作纬,通根编织(那一根从头到边),草料加重,麻经紧密,经线揩油,三头三梢隔花编织,规格0.75—1米,紧密牢固,平整光滑,泼水不漏,经久耐用。一般是单草席。

水朴:这是望亭草席主要品种,用黄麻作经,席草作纬编织,只是用水揩经线,用草比油朴稍轻,质量紧密平整,牢固耐用。一般是隐梢席。

枕席和童席同其他草席织法相同,只是规格小一些,质量也不差,平滑凉爽,牢固耐用,经济实惠。

(阳　光)

绚丽多彩的望亭刺绣

望亭刺绣为苏州的"苏绣",因地处望亭故名。当地人又唤望亭"刺绣"(也称"做花")为望亭"苏绣"。

苏绣是中国名贵的刺绣艺术品之一,精工细作的工艺品,绚丽多彩,让中外游人赞叹不已。它与湖南湘绣、四川蜀绣、广州粤绣并称为全国四大名绣。

苏绣历史悠久,至今已有两千多年历史。苏绣以太湖流域为主要产区,望亭是苏绣的发源地之一。

相传明代时,望亭就有人从事刺绣业,所作绣品种类很多,其特点是配色精妙,针法不断创新,工艺质量也逐步提高。

苏绣是素享盛誉的欣赏性艺术绣品,又是广泛应用的日用绣品。苏绣向有"精、细、雅、洁"之佳评,能用不同的针法绣制不同题材的各种绣品,给人以美的享受。

艺术绣品中有人物、动物、花卉、山水等各种题材,能绣制成画幅、插屏、屏条、屏风中堂等,并有单面绣、双面绣、双面异色绣等变体绣。双面绣可供双面欣赏,是正反两面图案同样工致的刺绣。单是猫眼珠,就要用二十多种色线。配置在红木镜框中,宛似端坐镜中,姿态娇媚,栩栩如生,惹人喜爱。双面三异(异色、异样、异技)绣《小白猫和巴儿狗》,一面是只天真活泼的白猫,一面是只粗犷浑厚的巴儿狗,使苏绣艺术达到出神入化的境界，引起世界瞩目。近几年，艺术绣品中还出现了表现人物、风景的乱针绣和发绣。用乱针绣制成的风景画，由于线条组织较稀，组成交叉形，在多次组合后，仍能保留多种没有掩盖的原有色线，所以看上去绣面色彩丰富，绣出的风景光辉灿烂。发绣，顾名思义即用人的头发所绣，也是苏绣的传统艺术品之一。用作发绣的头发须经过一定的选择和加工处理，先选择细长、韧性强的发丝，用肥皂水洗去油腻，再放在鸡蛋清中一根根洗涤。经过这样处理后的发丝柔韧发亮，绣成的作品给人以“悬针衣纹，丝丝有笔，浓淡干湿，极尽变化”的感觉。

望亭刺绣自古是乡里农妇的传统副业。清初，乡里妇女为必修治计，母女、婆媳、姐妹、妯娌之间耳濡目染，互为影响，代代相传。民国时期到中华人民共和国成立初，刺绣发放均由个体绣商经营，经营额大小各户不等。各发放户大多从苏州顾绣庄领取绣料，再放给当地绣女行绣。这种经营方式为“代绣包”。当时绣品品种以被面、床毯、台毯为主，其次有鞋面、洋装、京装等，同时还绣云龙，剧装等。

中华人民共和国成立后，望亭地区的刺绣业发展很快。特别是孟河、吴泗泾、巨庄等村尤盛。1958 年，公社创办刺绣厂，有绣女三十多人，“文化大革命”时期，把刺绣视为“四旧”而停办。1973 年 10 月 1 日，成立望亭刺绣站，站址设在望亭新街，当时有绣女一百多名，货源由吴县刺绣厂供应。1973 年，在孟河、吴泗泾、太湖等大队先后创办了 5 个刺绣加工分场。1974 年，刺绣站从常熟聘请两名技师到望亭各大队培训新手。1979 年，又从浙江省黄岩聘请四名“抽拉刀”师傅到各大队再培训抽纱绣女，使望亭刺绣队伍不断壮大。刺绣绣品主要有和服腰带、抽纱台布等，产品销往日本。1983 年，望亭刺绣站在迎湖、堰头、华阳、项路等村办起刺绣站。生产品种有龙凤牡丹被面、戏水枕套、戏剧服装、和服腰带、抽纱台布和围巾、窗帘以及装饰用品等。1984 年，做和服腰带的绣女有两百多人，是年产值超百万元。牡丹、宅基、长房、泥图湾等村也各培训了五十多名绣女，到 1985 年底全镇有各类绣女一千两百多人，专职技术员 9 名。

（许志祥）

百年陆氏旗袍的传承

旗袍自北方传入苏州，为苏州服饰文明的一个标杆。望亭陆氏旗袍世家，自清末至今，已有百余年的历史，为苏州旗袍的标志之一，于是乎有人说：“望亭陆氏圣锦良衣旗袍的妥帖，非度身订做不能为之，以丝绸和绣工独步天下，临风而开。”

望亭陆氏旗袍，它经历了一个漫长的演变过程，即从清末的袍身肥大、袍袖宽短、缘饰繁复到民国的合身简洁，再到现代剪裁结构的改变，更加合体。随着科技进步，手段的通用，手绣、手推绣、手绘、数码印花、喷绘样式变化，旗袍更是绚丽多彩。

陆氏旗袍，它是在继承传统款式的同时，不断推陈出新。在规模上，它从几个人纯手工制作，时下发展到六十多人；从十几平方米的家庭作坊，时下发展到一千两百多平方米厂家生产；品种上，它从原来的二十多种，时下发展到两百余种。

陆氏旗袍的传承，如果从如今当家人陆国英（1955 年生）说起，自太祖师陆根发（1870 年—1936 年）传承到他这一代，已经是第四代了。

太祖师陆根发是望亭南河港人，1882 年到苏州道前街学艺。太祖师时处晚清，服饰多烦琐，这一点南北汉满异曲同工，不但名媛贵妇以及富家闺秀之服饰如此，民间妇女之日常衣着也喜用镶、绲、砑、嵌、挖等诸种手段加以装饰。晚清女装的所谓“十八镶绲”者，主要有两种：一种袍身肥大，袍袖宽短，袖和袍缘饰繁复；一种衣身较瘦，袖亦窄小，装饰也较为简单。太祖师继承中国传统服饰，工艺精湛，所制作的旗袍受到当时各阶层女性欢迎。

第二代祖师冯阿纪（1890 年—1968 年），出生于望亭施公桥，1902 年去苏州道前街陆根发处学艺，时处清末。初学时还是宽袖大袍。1911 年辛亥革命后，这种情况有了改变。由于西方印染技术的传入，服饰审美观念的转变，印花成为在编织品或服装面料上施加图案装饰的主要手段，缘饰改少，袍袖、袍身变得窄小合身。

陆氏旗袍第三代传人，为陆国英的父亲陆锦祥（1924 年—1982 年），出生于望亭南河港，1933 年到望亭施公桥冯阿纪处学艺。当时旗袍定型，合身小摆，装饰简洁，绣花的使用大幅减少，精细之线香绲流行，传统的料子花边或细绦仍常见，纽襻的变化增多，各种盘花纽争奇斗艳，改良旗袍大行其道。经过七年刻苦学习，1940 年学成后，陆锦祥定居上海老西门淡水路 5 号，为上流社会大户人家的老爷太太、小姐们私人订制长袍马褂、旗袍等。1950 年，土地改革后回老家望亭南河港，走村串巷，从事服饰定制，以做中式服饰为主。

陆氏旗袍第四代传人陆国英（1955 年生）及其妻马凤玲（1956 年生）。陆国英出生于望亭南河港，1966 年随父陆锦祥学艺，时逢“文化大革命”，人们主要穿军装、青年装、中山装，俗称“老三式”，没人做旗袍，只有部分老年人的中式服装。陆锦祥为了不让手艺失传，经常教儿陆国英旗袍、长袍等的制作工艺，并用旧报纸教其旗袍、长袍等中式服装的剪裁，用布条教他做花纽扣。1978 年改革开放后，封闭 30 年旗袍重归人们的视野。起初，也只限于评弹演员，演艺界人员穿着。1999 年，陆国英与妻子马凤玲、儿子陆圣良等人去上海东台路 87 号的大德堂工艺品商行，从事中式服装、旗袍的制作。

2001 年，APEC 会议在上海召开，各国领导人穿着唐装亮相，由此在中华大地掀起了穿唐装、旗袍的浪潮，这给了陆氏旗袍工艺一次新的发展机遇。陆国英专做中式服装、旗袍的声誉进一步扩大，后传到新加坡、日本等国家。2006 年，新加坡国家博物馆对陆氏圣锦良衣旗袍制作精细的全过程进行了跟踪录制，录制的资料、制作的旗袍由新加坡国家博物馆收藏。

2012 年,陆氏旗袍传人回苏州,在平江路文化街开旗袍专卖店,进行旗袍的私人定制。

2017 年 3 月,陆国英接受姑苏区残疾人文化创业基地的聘请,为残疾人传授旗袍花纽扣的制作。每逢周六为残疾人讲课,同时传播传统服饰制作技艺。

第四代传人马凤玲,1987 年跟丈夫陆国英学习裁缝手艺,至今也有三十余年。

陆氏旗袍第五代传人为陆国英、马凤玲的儿子陆圣良(1979 年生)。陆圣良 1999 年随父学艺,三年学成后,从事旗袍制作。一边积累实践经验,一边丰富理论知识。如今凭借着他对服装的刻苦学习,掌握了旗袍的传统工艺,并有所发展提升。2012 年,他开办了苏州圣锦良衣服装有限公司,注册商标:圣锦良衣。公司名称取了第三代传人陆锦祥的"锦"字和"圣良"两字。为了百尺竿头,更进一步,他十分刻苦钻研。一次,他参观了宋庆龄故居,看到国母宋庆龄遗像所穿的黑色香云纱旗袍,回来后就根据现代女性穿着习惯,试做了一件红色香云纱旗袍,受到女性喜欢,多人定制。

(阳　光)

款式多样的红木家具

望亭产的红木家具,属苏式家具,也称"硬木家具",是采用紫檀、鸡翅木、花梨、红木等硬质木材制作的家具的通称。红木,学名花黄檀,属豆科、蝶形花亚科植物,产于越南、泰国、缅甸、柬埔寨诸国,国内称红木,或称酸枝。

红木家具产品有以下几类:一、床类:明式床、和合床、龙凤床等。二、橱柜类:书橱、什锦橱、古董橱、酒吧柜、啤酒柜、电视柜等。三、桌椅类:写字台、圆台、方台、餐桌、半桌、琴桌、扶手椅、单靠椅、沙发椅、圆凳、方凳、鼓凳等。四、几架类:各式炕几、茶几、花几、衣架、书架、电子钟架等。五、屏风类:落地屏风、折叠屏风、挂屏等。

苏州生产的硬木家具已形成独特的风格,它的特色是:充分利用木材固有的色泽和纹理,运用线条,造型简练大方,榫卯紧密坚实,比例适度,符合人体力学。旧时已驰名国内,故称"苏式家具"。又因此类家具产生于明代,故又称"明式家具"。

明式家具盛于苏州,有其一定的缘由。明代,苏州是我国东南的经济、文化中心,许多官员,豪绅及富商竞相兴建第宅、庭园、楼堂馆所,需要大量名贵的硬木家具作陈设,加上文人墨客施以崇尚高雅的审美观念的影响,促进了苏州家具生产的发展。《清仪阁杂咏》著录:"周公瑕坐具,紫檀木,通高三尺二寸,纵一尺三寸,横一尺五寸八分。"靠背板上刻诗一首:"无事此静坐,一日如二日。若活七十年,便是百四十。"著名艺人江春波,苏州人,能以瘿木、树根、古藤等雕刻制作各种家具,极受文徵明、祝枝山、唐寅等赞赏。

清代，苏式家具有了进一步发展，由于紫檀、鸡翅木、花梨等木材来源不足，大量采用红木，并出现两种风格，一种是完全依照明式，或在原样的基础上略微增加雕刻装饰；一种是脱离了原来规矩，追求新奇，追求繁缛雕刻的风尚。清代，苏州、广州、北京是我国三大家具制作中心，被称为“苏作”“广作”“京作”，或“苏式”“广式”“京式”。苏式多用缠枝莲，与广式多用西番莲有显著不同。同时使用“包镶法”，即用优质木材制成薄板做贴面，把杂木包在里面，外表辨认不出。

中华人民共和国成立初期，望亭办起了木器社，是大集体单位，时有职工一百多人。

望亭的红木家具非遗传承人吴明忠（1952 年生）1968 年拜董伟根为师，董伟根的师傅是其父亲董水根，而董水根的师傅杨佬佬，望亭项路村人，因手艺高，有“大本事”之雅号。如今吴明忠主持的望亭红木家具厂有职工四十余人，厂区面积 8000 平方米，其中建筑面积 4000 平方米。厂区分材料仓库、配料车间、机械加工车间、制作装配车间、雕花车间、油漆车间。他说，我们木匠分大木与小木，大木是建造房子的木匠，小木是做家具的。我学的是小木，主要是做仿明清老式家具。老式家具品种很多，有各式各样的床、八仙桌、凳子、椅子、橱柜、台子、木架等。厂里还设有 700 多平方米面积的展厅，展出各式各样的仿明清家具两百多件。

制成一件仿明清家具工艺十分复杂。把木材做成成品需要好多道工序。首先是设计家具，然后就是配料，即根据做什么家具，把原木锯成厚薄不同的板材，接着刨料、画线、打眼，开榫、打线脚、腰肩、墨线、拼板、雕花、打磨、装配，制成半成品后，再打磨、油漆。

望亭的仿明清家具的种类繁多。按其不同风格，冠以“明式家具”和“清式家具”两个概念。

自 2009 年以来，望亭红木家具厂多次参赛获奖。是年 9 月，红木坐具“明式方椅桌”参加中国家具协会传统家具专业委员会举办的首届中国精品红木坐具品鉴大会，获得特别金奖。2010 年 6 月，在江苏省家具行业协会、苏州市家具协会联合举办的 2010 年苏州家具展上，“红酸枝嵌瘿木鼓式台凳”获得苏作红木家具银奖。“紫檀福寿太师椅”获得“创新设计奖”，“红酸枝七屏罗汉床”获得“传统工艺奖”；同年 10 月，“清式钩子八仙桌”参加由中国家具协会传统家具委员会、江苏省家具行业协会联合举办的第二届中国精品红木家具品鉴大会，获得铜奖。2011 年 10 月，“明式龟背纹亮格柜”参加由中国国际古玩收藏业协会、中国工艺美术学会工艺设计分会联合举办的第四届“百慧杯”中国艺术家具匠心神工精华大赛，获得“书房类创意金奖”；同年 11 月，“红酸枝冲天灵芝太师椅”参加由江苏省家具行业协会、苏州经济和信息化委员会、苏州市家具协会联合举办的首届姑苏苏作红木家具作品展，获得银奖。2012 年，“瓜棱腿圆角柜”，参加由中国工艺美术协会举办的 2012 中国（苏州）工艺美术丝绸艺术大展暨首届“苏艺杯”精品评选会，获得金奖，制作的“九九灵芝太师椅”获得铜奖；同年 11 月，制作的“明式茶台”参加江苏省家具行业协会、苏州市经济和信息化委员会、苏州市家具协会联合举办的第二届“姑苏杯”苏作红木家具作品展，获得金奖。2013年，“龟背纹书橱书房”一套参加由江苏省工艺美术行业协会、江苏工艺美术学会联合举办的2013“艺博杯”江苏工艺美术精品大奖赛，获得银奖；同年10月，“红木镶云石高靠背文椅”三件套（交趾黄檀木），在江苏省家具行业协会、苏州市经济和信息化委员会、苏州市家具协会、苏州工艺美术行业协会联合举办的第三届“姑苏杯”苏作红木家具作品展上，获得最佳工艺奖，制作的“弥陀榻”（交趾黄檀木）获得金奖。2014年6月，“四面平画案”（奥氏黄檀木），参加江苏省家具行业协会、苏州市经济和信息化委员会、苏州市家具协会、苏州工艺美术行业协会联合举办的第四届“姑苏杯”苏作红木家具作品展，获得金奖，制作的“圆角柜”两件套（奥氏黄檀木），获得最佳工艺奖。是年7月，吴明忠被苏州市人民政府授予“苏州市工艺美术大师”称号。

望亭红木家具厂制作的明清家具中的代表作品有：八仙桌，即三弯档钩子八仙桌；骨牌凳；花草架子床，又名搁凳床、圆床橱；大柜，又名圆角柜、大小头柜；明式刀牙板平头书桌；明式官帽椅类；明式圈椅类；苏式灵芝太师椅；苏式园林厅堂家具；明式书房类家具。

（张瑞照）

第七章　民间习俗

民俗是历史沉淀的文化现象，其中有民俗精粹，也有陈规陋习，弘扬其精华，舍弃其糟粕，是继承优秀民俗民间文化，建设新文化的重要方面。

望亭民俗源远流长，丰富多彩，如中万和堂名习俗、饮茶习俗、村民婚俗、建房习俗、建筑装饰习俗、自娱自乐习俗、节令食俗、稻作文化习俗等，它们是构成地方民俗的主要内容，是吴地文化中独具特色、不可缺少的组成部分。

中万和堂名

堂名是以独特的剧目、曲目在民间演奏的文艺班子，望亭中万和堂名班活跃于苏州市相城区的西北隅。

望亭中万和堂名班成立于清末民初，其时望亭镇及附近浒墅关、黄埭、光福、木渎和无锡后宅等乡镇有八家堂名班，而望亭“中万和堂”尤为有名。班主名叫黄松元（1882 年—1962 年），后传于孙子黄杏生（1932 年生）。

望亭中万和堂堂名班由八名民间艺人组成，一般在庙堂、大户人家客堂、广场表演。每个艺人承担生、旦、净、末、丑等演唱角色。剧目中的女角亦由男艺人担任，所以每个艺人须会多种乐器，而且擅长演唱剧目。剧目和曲目以昆山腔（昆曲糯米腔）为主，也渗入了道教音乐和吴歌的特色，形成了一种独特的唱腔，有着浓厚的地方特色。

昆曲表演中的艺术手段——唱、念、做，同时也是望亭中万和堂名演员表演的基本功。

“唱”是昆曲的主要艺术手段之一，学习唱功的第一步是吊嗓、喊嗓，扩大音域、音量，锻炼歌喉的耐力和音色，分别字音的四声阴阳、尖团清浊、五音四呼，练习咬字、润腔、喷口、归韵等技巧，但唱更重要的则是善于运用声乐技巧来表现人物的性格、感情和精神状态，通过声乐的艺术感染力，表达剧中人的心曲。

“念白”与“唱”互相配合、补充，也是表达人物思想感情的重要艺术手段。戏曲念白大体上可分为两大类，即散白和韵白，都是经过艺术提炼的语言，具有节奏感和音乐性，铿锵悦耳，与唱相互协调。

“做功”泛指表演技巧，一般又特指舞蹈化的形体动作，是望亭中万和堂名演唱昆曲有别于其他表演艺术的主要标志之一。演员在创作角色时，眼、手、步、身各有多种程式，髯口、翎子、甩发、水袖也各有多种技法，灵活运用这些程式化的舞蹈语汇，以突出人物性格、身份、年龄上的特点，并使自己塑造的艺术形象更成功。望亭中万和堂名演唱因声腔优美动听，与昆曲班所唱有相似之处，又有不同的地方，深受当地百姓的喜爱。

望亭中万和堂名班的主要管弦乐器有笛、琵琶、三弦、二胡、中胡等，打击乐器有锣、钹、小锣、鼓等，指挥节奏的有板、皮鼓等，吹奏乐器有唢呐等。艺人在演出时常用的道具有扇子、手帕、马鞭等。

望亭中万和堂名班表演昆曲中的主要剧目有《长生殿》《三国志》《龙凤呈祥》《赏荷三醉》《游园惊梦》《茶访》等。吹奏名曲有《梅花三弄》《将军令》《柳青娘》等，其中最为著名的是《十八拍》。

望亭中万和堂名班演唱的昆曲，现已得到抢救、保留和发扬。它在农村操办喜事、祝寿、庙会等活动中增加了热闹气氛，为活跃农村文艺起到一定的作用。然而，“文革”时期，堂名被当作“四旧”破除，艺人改弦更张，先后加入大队、公社文艺宣传队，为演出《沙家浜》等样板戏作演奏。堂名一度销声匿迹。党的十一届三中全会后，望亭中万和堂名恢复。

堂名难学，且下乡演出须走村走户，十分艰辛。为了传承堂名，黄杏生先后教过62人学习二胡、京胡、笛子、三弦等乐器，教的曲子有《梅花三弄》《四合》《万年欢》《小小无锡景》等，但学员均半途而废。时下，望亭中万和堂名班尚有黄杏生、华国梁、赵鸣琴三位老艺人健在，但均年届八十。这三位艺人多次受苏州昆剧院、浙江昆剧院、上海昆剧院等剧院邀请，表演一些传统片段和折子，甚至还为外宾表演。存留至今的《十八拍》昆剧片段和乐曲，尤受欢迎。

（张瑞照）

饮茶习俗

旧时，望亭镇上有20家茶馆之多，中华人民共和国成立前夕，尚有吴阿六“福生楼”茶馆、王小二“双龙”茶馆、沈培根“泉久”茶馆等17家，还有龙泉浴室兼营茶水业。

有史料记载生意最大、历史最长的要数沈培根“泉久”茶馆。光绪二十六年（1900年）沈培根之父就在望亭镇上开设茶馆。

茶馆一般分早市、中市二朝。天亮之前为早茶，茶客以镇上手工业、商店职工为主。中市为农村市镇有钱人的世界。

农忙期间，茶业生意清淡，农闲季节，镇上茶馆家家顾客盈门，生意兴隆。

望亭镇茶馆，有高雅与一般、大型与小型之分。大型茶馆里都挂有关公像轴。小型茶馆则设备简陋。

望亭镇茶馆是手艺人、农民的歇息场所。茶馆备有面盆、毛巾，供茶客使用。抗战前一般用金华产小型红漆竹箍的木面盆。茶客来店吃早茶往往是先洗脸后泡茶。茶馆里还有各种卖零食的小贩。有卖五香豆的、卖腌金花菜的、卖甘草脆梅的、卖花生米的等。要吃点心，只要向堂倌关照一下，汤团、馄饨等各式面点都会及时送到。

茶钱结账，有的一月一结，有的当场付钱，有的预售茶筹。农村有婚丧事请乡邻上街帮助购物、办事，东家常发茶筹招待。茶馆凭筹泡茶。茶馆优待老茶客，一月30天一般按25天结账。

中华人民共和国成立前的茶灶类型较多，有围炉、长炉、老虎灶、大小搀炉等。

围炉，炉子周围有五个炉火口子围成圆形，同时可烧五把茶铫。

长炉，弄堂式一长条，由低到高逐级上升，可放五把茶铫。

老虎灶，两个铁汤罐，中间开一个投燃料孔，后部一只大铁锅，上置汽盖，锅上围一圈两尺高的木桶，上有两片半圆的木盖。

大搀炉，高约一米六，铜质。中间烧木柴，四周贮水，可盛水二担。上置三孔可温酒，有炉嘴。

小搀炉与大搀炉形状相同，只是容量略小而已。它常随“木圆堂”一起出租。“木圆堂”系木结构便房，易装易卸，上盖刷过桐油的毛篷，雨天不漏。常由喜庆人家租用，为宾客烧茶和烫酒。

茶具：烧水用铫，盛茶用壶，喝茶用盅或杯。

茶铫：抗战前用瓦铫，后来改用长嘴铜铫（有紫铜、黄铜、白铜三种），铫身略带扁圆，嘴长一尺余。另外，还有铝铫。

茶壶有紫砂茶壶、瓷器茶壶、铜茶壶三种。大若小斗，小若鸭蛋。茶壶有提梁与把柄壶两种，形式上又有南瓜形、竹筒形、竖式橄榄形、方形。提梁一般用两根铜条或铜丝，也有用陶提梁的。竹筒形的铜茶壶下有座子，可生炭墼，冬天可保暖。农户家用的有作为嫁妆的南瓜形的大铜壶，还有带到田头用的陶壶，钵头大、圆形、上小下大、无盖，有四耳环系绳，称“荒田壶”“瓦笃落”。

茶盅和茶杯有陶质、瓷质、玻璃三种。其中瓷质茶杯有方形、圆形、六角形、椭圆形等不同款式。有的茶杯有柄有盖，有的无柄无盖，考究的用“盖碗茶”，上有茶盖，下有茶托。多数茶杯上镌刻图案，或历史人物，或神仙奇士，或花鸟鱼虫，或瑞禽仁兽。每每形象逼真，雅趣无穷。

茶盘都用木制，考究的用红木或楠木制成。茶盘的式样有圆形、椭圆形、正方形、长方形、鲤鱼形等。20 世纪四五十年代以后，民间开始使用玻璃、搪瓷制作的茶具。

望亭乡镇泡茶，不管是喝红茶、花茶，还是普通绿茶，都是先放茶叶，后冲开水。喝碧螺春茶，则是先冲开水，后放茶叶，第一壶（杯）先冲少许开水，叫“煞茶头”，让茶叶在水中缓缓展开后，再冲满开水。这样茶色碧绿，幽香芬芳，茶叶由涩转甜，入口香醇，喉清心爽。

望亭人有吃早茶的习惯。多数人睡前很少喝茶，即使喝，放的茶叶也较少，叫“吃淡茶”，以免提神失眠。

旧时，望亭集镇上有“吃讲茶”的习俗。

吃讲茶，即矛盾双方在茶馆里当众讲理。俗话“有理无理，出在众人嘴里”，民间依靠群众舆论的力量来判断是非，是群众自我教育的一种方法，行之有效。

吃讲茶时，由双方亲戚陪同，彼此讲述理由，茶客则根据事实分清是非。是非分晓后，输理的一方按协商办事，并要新泡一壶茶向理顺的一方斟茶，敬茶作赔礼。理亏一方一般罚一百壶茶钱，如因动武掷碎茶壶，茶室以摔碎的茶壶按数索赔。老茶客当天的茶钱免收，在赔款中抵销。

堂倌冲茶，用两个手指半揭壶盖，长嘴点三点，使茶叶在开水中翻滚加速泡开，称为“凤凰三点头”。别人对自己敬茶时，要用二中指骨蜷起在桌上敲几下，以示磕头致谢。向别人敬茶倒至七八成即可，茶溢出茶盅则属不礼貌之举。

望亭人喝茶时很注意茶壶放置的位置。他们认为，壶嘴对外表示对人蔑视，因此一般壶嘴要向内。如果两人友好，壶嘴交错，称为“和气茶”。如果要去办事，又恐堂倌收壶，只须把壶盖翻转，回转仍可饮用。他人的茶壶忌用嘴喝，否则被视为没有教养。

望亭民间还有叩指礼的习俗。形成这习俗相传是乾隆微服出访，在茶馆内喝茶时，为下属倒茶，下属不便以宫廷礼仪相回，便灵机一动以叩指谢恩，自此叩指礼，便在民间流传开来。

早先的叩指礼是比较讲究的，必须屈腕握空拳，叩指关节，随着时间的推移，逐渐衍化为将手弯曲，用几个指头轻叩桌面，以示谢忱。

以手代首，二者同音，这样，叩首为“叩手”所代。三个指头弯曲即表示“三跪”，指头轻叩九下，表示“九叩首”。至今还有不少地方行此礼，每当主人倒茶之际，客人即以叩指礼表示感谢。

茶间三种叩指礼有晚辈向长辈、平辈之间叩指，长辈向晚辈叩指。

晚辈向长辈叩指，五指并拢成拳，拳心向下，五个手指同时敲击桌面，相当于五体投地跪拜礼。一般须敲三下。

平辈之间叩指，食指中指并拢，敲击桌面，相当于双手抱拳作揖。敲三下表示尊重。

长辈向晚辈叩指，食指或中指敲击桌面，相当于点下头即可。如特欣赏晚辈，可敲三下。

农历年底，堂倌向老茶客送礼，小蒲包里有一包青橄榄，小竹黄篮里放一篮橘子，口称“元宝”。老茶客收礼后要付出五六倍的茶钱回敬，曰“打秋风”，表示对自己一年来服务的酬谢。

在望亭，凡亲朋好友临门，总是先沏上一杯清茶。上茶时，双手托着茶盘献茶，以表示主人的诚意。冲茶水时先客人，后自己，以示尊敬。客人在主人冲茶水时，要站起身来双手接过主人敬上的茶杯，以示答谢。

上茶后，客人即使不渴，也要呷上一二口，以谢主人的盛情款待。如客人渴极了，也不能大口大口地连着喝，更不能将茶壶中的茶水喝干，必须剩下一部分茶水，这剩下的茶水叫“浓头”，以便再冲开水，继续饮用。

望亭忌用早已泡好的茶来招待客人。即使该茶从未喝过也不行。如将早已泡好的茶捧给客人，则被认为轻视客人。主人一般都当着客人的面泡茶捧上，以示敬意。

摔坏茶杯被视为极不礼貌的行为，若在他人家中做客失手摔坏茶壶、茶杯等，要立时向主人和在座的客人打招呼。即使是主人自己跌坏了茶具，也要向客人说声“得罪，得罪”，以求客人谅解，否则便有待客不敬之嫌。

旧时的茶馆、书场和大型商店，往往将泡过的剩茶叶复煮过后盛在缸里，专供过路无钱购茶的穷人饮用解渴。每当夏天，也有行善积德的人，烧上茶水，备了茶缸放在大路上的歇凉亭里，或放在街沿、桥洞下，任过路行人消暑解渴。为了引起行人注目，还特意在茶缸旁写上这样的字条：“过路君子歇息地，行人客商用茶处。”

旧时，望亭乡下农民有喝不起茶叶茶的，便用锅巴泡开水当茶喝，叫“饭糍茶”。夏天用青蒿泡茶喝，价格低廉，又有清凉解暑的功效。

茶在婚姻中为定亲之物，定亲礼中有一只礼盘专置茶叶，红、绿茶两个纸包。旧时称茶树为“不迁”，古人结亲，男方聘妇必以茶为礼，女方受聘也称受茶，双方借茶树的“不迁”表示亲事坚定不移。

结婚喜庆吃喜酒，20世纪30年代的隆重仪式则为吃茶。贵宾围桌而坐，主人家给每人泡茶一杯。

在祭祀中亦有用茶的。如过年请“纸马”，供上“仙茶”，祭祀毕将茶洒于地上。送灶爷时也供仙茶，祭毕亦洒于地。

道士做法事有向神献宝的仪式，也用一小盆茶，并唱颂词：“清香解渴色碧黄，万民献给禹王尝。茶从太湖诸山出，指间剪引复出花。”可见茶叶亦为敬神之品。

（阳　光）

村民婚俗

水乡婚俗为江南水乡的人生礼仪习俗。

旧时，望亭与周边地区的婚礼相似。随着时代的变迁、社会的发展，望亭百姓在举办婚礼中不断加入本土元素，融入了诸多表现道德情操和美好愿望的内容，形成了独特的望亭婚俗。

旧时，男女婚姻由父母做主，听从媒妁之言。提亲，男方就请媒人上门，送请帖去女家说媒。如若女家同意，就告知媒人，约定日期相亲。

相亲成功后，男女双方择日订婚。

结婚正日，男家正屋红烛高燃，悬挂象征夫妻百年好合的“和合双仙”彩色画像。

彩轿、三请新人，称“迎亲”，俗称“正日”。这天，男女两家的场院上都搭起挡风蔽日、雨雪不漏的大棚，称“木圆堂”。从棚里到堂中排列着整齐的桌椅，挂灯结彩，一片欢乐气氛。专事敬客的茶担炉子燃起熊熊火焰，烧水沏茶；厨房里刀勺叮当，烧鱼切肉，扑鼻喷香。吹鼓手奏着“一枝梅”“柳摇金”等乐曲；亲友们捧糕提肉，贺喜出礼；喜房师爷敬烟递茶并记人情物礼。

铺床，在水乡农村婚俗中是一件大事。俗话说："先嫁床，慢嫁郎。"铺床是由一对"花烛夫妻"，身体健康、家庭和睦的尊长进行，一般由娘舅舅母铺床。正日上午，先将新房打扫整洁，在床板上铺一层糯稻草，喻为"和和糯糯"，两条新草席对合地铺在上面，称"和合席"。向和睦相处的花烛夫妻借两条棉被，称"和合被"，折叠好安放在里床，被上供放两盘一样的圆糕，称"铺床糕"，这糕须由花烛夫妻成双的舅父母或姑父母家蒸做。靠被的席上一颠一倒放上两柄齿锄（俗呼铁镕）、两根树木扁担、两把捶蒲草用的榔槌，两根木秤、两根甘蔗，象征农副业生产称称心心节节高。每件东西都贴上红纸圈。床口席上两面各放一盆肉馅糯米粉团子，称"铺床团子"，意为"团团圆圆"。床前方机上安放香烛，铺床的夫妻俩点燃后并立着对空床三作揖。

正日上午，女家把嫁妆全部搬到场院，喜娘忙着粘贴用红纸剪成的吉祥图案，挂红绿布条，在整套嫁妆中"被子"和"子孙桶"为必备之物。

"被子"也叫"和合被"。缝被子、打铺盖（也唤打子孙包）一般是由女方父母进行，否则视为不吉。打铺盖在中堂内进行，将两条被子对合折叠，内放"红蛋"两只、红封两个（每封两枚铜币）、糕两块，意为"代代双全代代高"。捆扎之绳要用彩色丝绞成，俗呼"络索子"，意为"禄星送子"。

"子孙桶"，即宽口、手掇的新马桶，桶内安放五只用红纸包的红蛋和一袋红枣子，意喻"五子登科"和"早生贵子"。桶盖上覆印花蓝布包袱或靛青色大褥裙，用带系紧，放在浴盆里面。

嫁妆，中等人家一般是抽屉台、箱橱、大箱、中箱、小箱、官箱、方机、铜脚炉、铜面盆、铜茶壶、铜花扦、铜掇炉、锡蜡扦、锡手照、锡茶壶、锡酒壶、锡掇、马桶、大小脚桶、浴桶、套桶、倒挡桶、䌷桶、提桶、饭桶、鞋桶等。

搬运嫁妆的队伍，叫"行嫁队"。行嫁队不到，厨师不能发桌开饭。行嫁队到男宅，首先搬上岸的嫁妆就是"子孙桶"。嫁妆临门，点燃"三灯火旺"，即将一把稻草等分为三，各贴红纸圈，一共三把，竖在一起，形如三角撑。爆竹声中由一对花烛双全的主婚夫妻站在门槛里，各用双手接过子孙桶，在中堂内绕一圈，然后搬进新房。接着送"被子"进新房。房内邻里亲朋人声鼎沸，争抢子孙桶和被子里的红蛋，俗称"抢红蛋"。随后，各件嫁妆陆续搬进新房。

花轿、乐工迎娶，这是水乡农村姑娘一生中最荣耀的一件大喜事。做新娘如果不用花轿，就会被人讥讽。因此，男方纵然"借债""合会"，也要配备堂船、轿子。

迎娶发轿，男宅主婚者和媒人先要在轿前叩头浇酒，俗称"上马背"。地上放一捆稻草做拜垫，上披红毡，形如马鞍，意在冲去恶鬼驿马星，祈求太平无事。轿内座位上铺棉被，放上脚炉，名"焐脚"，意为"暖烘烘"。由四个和新郎同辈而又花烛夫妻双全的青年抬轿，轿要抬平抬稳，走时轿脚不碰地、不撞门槛。轿前用篾片火把开道，俗称“篾笪火”，梅花灯笼紧照轿前，乐工鼓手吹奏欢欣乐曲，徐徐而行。

热闹的娶亲队伍来到女家堂屋门口，女家故意紧闭大门。乐工鼓手在门外进行三吹三打，俗称“吹开门”。屋内喜娘为新娘开面，用绢线拔去脸部汗毛，俗称“头光面滑”。而后叩别祖先，俗称“祭祖”。换上新郎家送来的“五事衣”，外穿婚礼喜服——凤冠霞帔，俗称“花衣花裙”。良辰将近，大门开放，小青年手提系着红绿布条的公母两鸡，碰撞得呱呱直叫奔进堂内急打一转才出门，以驱眚神。接着一人提两盏梅花灯笼向堂内一转，以震慑名叫“花粉煞”的邪神。媒人到里面和女宅主婚者在神前作揖，交代礼帖，打发“开门钱”。此刻，出嫁之女须放声大哭，以驱赶恶煞“丧门星”。继而母女齐哭，乃至姑母、姨母等尊长流泪陪哭。此时乐工双笛齐吹，司礼者朗声高吟：

一颂：莺歌燕舞画堂前，美满姻缘结连理。良辰吉日喜星照，富贵荣华万万年。

一呼：有劳执事奏乐初请。

二颂：鸳鸯戏水画堂前，花烛融融吐祥焰。和合二仙眯眯笑，八洞神仙齐贺喜。

二呼：有劳执事奏乐二请。

三颂：鼓瑟吹笙画堂前，亲戚故旧乐欢天。月下老人传喜讯，恭请嫦娥出九天。

三呼：有劳执事奏乐三请。

堂内“旺盆”中烟雾弥漫，新娘的母亲撩起轿帘看过，俗称“相轿”。新娘的舅父把头兜大红方巾的新娘从房中抱到堂中事前备好的方杌上坐下，新娘的脚踏在米糕上换鞋，俗称“踏蒸”，意为“步步升高”。然后再抱入花轿。新娘坐过的方杌由其嫂或母略微一坐即把它一侧，以示倒凳而出，从此“姑娘成为堂前客”了。

接着女家收去盘礼，喜娘则把名叫“肚皮痛”的一块猪肉藏进篮中，占为己有，俗称“外快”。男家帮忙者端着“花笄花幡”盘、礼盘和新娘的特制踏糕鞋、梅花灯笼朝中堂一转，俗呼“梅花灯笼挽轿”。接着在轿前照行，前呼后拥，乐工们接了送来的新亲——新娘的姑表伯叔兄弟和亲兄弟，喜娘则捧起千年饭一起随轿而行。

娶亲队回到男宅村落，必须在村中绕走一圈，以摆脱邪神恶煞，也预告新娘即将登门，俗称“上亲”。这时男宅赶快点三灯火旺，放爆仗，主婚人上前迎亲。其形式是男宅出一名老相公提着一式的两只木桶，桶内各插无锤的木秤杆一根，在即将来到的娶亲队伍前各舀半桶水，径直回身倒进厨房水缸里，接着厨师高呼：“饭镬潽哉！”讨取像河水一样“满”“发”，吃用不尽的吉祥口彩。乐工高吹唢呐、铜角、长哨，簇拥着彩轿进门，停歇在已铺好柴草的中堂门下，而将新娘抱进婆房，俗称“暂宿老房”。

“结亲”是民间既庄严又隆重的仪式，望亭水乡农村结亲时忌怀孕、服孝和患病之人观看。点、照龙凤花烛的人必须是新郎的同辈，而又是花烛夫妻双全的青年。插花烛的铜钎上各套一只红橘，意为“花烛夫妻早结子”。吉时将到，照烛者洗脸洗手，细心点燃花烛，乐工双笛高奏悠扬悦耳的乐曲。司礼者朗声唱赋三请：

一唱：锦堂春色满庭芳，玉女传言入洞房。

嘹亮歌声休几绝？步蟾宫内贺新郎。

一呼：恭请新学士整容圆面，有劳执事奏乐初请。

二唱：阳春天气值千秋，正是新郎赴会时。

换罢衣冠整仪貌，轻移细步下云地。

二呼：恭请新学士整容圆面，有劳执事奏乐双请。

三唱：仙娥初出广寒宫，鹊桥衔结在河东。

早赴良辰并吉日，桃源洞口喜相逢。

三呼：恭请新学士整容圆面，有劳执事奏乐三请。

照花烛者各人手持一根花烛到房门口接引新郎登堂。司礼又呼："恭请新学士整容圆面，泰坐。"新郎在堂中面北坐定后，司礼者把红丝带披在新郎肩上，口中朗声高唱：

红巾尽压绣花仙，南北东西礼是先。

琥珀顶平香烛下，将来披在贵人肩。

抿刷子，出身高，先周汤来禹舜尧。

今日学士来开面，蟾宫折桂步步高。

呼：新学士整容完毕，撤椅恭候。

接着三请新娘：

一唱：福星光耀华堂前，福纳家声拥金眠。

福德无疆同地居，福缘有份与天连。

一呼：恭请新贵人登堂，有劳执事奏乐初请。

二唱：禄重如山彩凤鸣，禄受四海永长春。

禄添万斛堆金玉，禄享千锺与子孙。

二呼：恭请新贵人登堂，有劳执事奏乐双请。

三唱：寿花娇艳吐祥光，寿酒重浓满画堂。

寿遇喜期三星照，寿增夫妇永成双。

三呼：恭请新贵人登堂，有劳执事奏乐三请。

这时照花烛者擎着花烛到新房门口，照引新娘登堂和新郎并肩面北而立。

司礼者呼：恭请新学士、新贵人面外而立，参拜天地。接着朗声高唱：

一从盘古判阴阳，天理昭彰立四方。

人间虚空喜见察，对天拜礼贺新郎。

呼：恭请两位新贵人参拜一天二地三界万灵，虚空过往神祇，行礼、恭揖、成双揖。恭请两位新贵人面北参拜。

唱：家堂香火满画堂，花烛成双照洞房。

两位新人参拜后，秋并福禄寿绵长。

呼：恭请两位新贵人参拜天地君亲临、和合两圣，恭揖、成双揖！

拜罢，司礼又唱：

祖宗家业喜相传，喜得儿孙福庆绵。

两位新人参祖后，流芳百世子孙贤。

呼：本宅门中先佑祖先，年长者上位而坐，年幼者陪坐两旁，两位新贵人参祖、恭揖、成双揖！

拜堂完毕，还要做“堂前花烛”，古谓行“合卺酒”。因此原配结发夫妻也叫“花烛夫妻”。

具体仪式：堂中摆一方桌，上设盛筵一桌，东西各摆交椅一只，上披绣花红缎椅帔，桌用桌帏，上供龙凤花烛、盅筷各一副。音乐声中司礼者高呼：“擎壶开道，对天三滴酒”。茶担服侍者高举银壶口呼：“开道（一滴酒）、成双（二滴酒）、三元及第（三滴酒）。”接着司礼者高呼：“恭请两位新贵人赴宴，泰坐！”新郎新娘相对就座。司礼者唱寿赋、喜赋、福赋、花赋、鸟赋……才艺高的司礼能念唱近一小时，听得贺客纷纷叫好，婚家常赏红封，算账时还要加“衬钱”（工资）。唱赋已毕，司礼者手持剃刀和“献宝盆”（即在大号盛菜盆内放置女人布兜、银簪、银钗、米麦、绿豆和几个制钱），用剃刀在新郎头顶向前一掠，口中念道“掠发前，手攀丹桂金阶前”；向右一掠，又念“掠发后，翁姑堂上增福寿”；向左一掠，口念“掠发左，新郎容貌如花朵”；向左一掠，又念“掠发右，和合成双天长久”。念毕，招呼喜娘同时拿起酒盅、牙筷，各在新郎和新娘面前略略一举，司礼者又朗声高呼：“新学士、新贵人赴宴已毕，各执红绿宝带，照显者送入洞房。”

送入洞房时，新郎新娘牵住红绿牵巾，以男退女进的仪式徐徐进入洞房，俗称“宿房”。帮忙者把麻袋一只接一只传过去，新郎新娘走在上面，称为“传代”。一直退至新房门外，这时有好些青年把住了房门，俗称“戳门肩”，向新郎讨香烟、橘子取乐。累得照花烛者双臂酸麻，额头冒汗。要要笑一阵，才让新郎新娘入房。

“坐床”与“喝交杯酒”。新郎新娘进入洞房，按男东女西的位置并坐，相传，新郎坐到床口就不惧内，新娘先坐下就不怕丈夫。所以，新娘跨进新房后，喜娘急领新娘先坐。新夫妻坐定后，司礼者和茶担师傅托着小木盘，内有两只小酒杯，走至新郎新娘前。司礼者又朗声高念：

十二杯中百宝帐，万年富禄永成双。

今宵同饮状元红，销金帐内贺新郎。

呼：敬上状元红酒、交杯！成双杯！

茶担师傅斟酒，新郎自取，新娘则由喜娘取了装样。

“撒帐”，传说可驱除躲藏匿在新房中的邪星恶宿，也是为了讨取吉祥口彩。撒帐用的是米、麦（万年粮）、绿豆（珍宝）、桂圆、核桃（团团圆圆）、枣子（早生贵子）、长生果（长生不老）。司礼者手托小盘，一边向蚊帐上面撒去，一边口中祝颂：

撒帐东西南北中，洞房花烛喜相逢。

嫦娥今宵良辰夜，学士贵人步蟾宫。

颂毕将盘中之物品向全房撒去，并呼：“撒帐已毕，学士抬身。”收去红绿牵巾。

“挑方巾”，在婚俗中是一个至关重要的礼节。据传新娘兜红方巾是为了克制“天煞恶星”，要挑开方巾必须要有制服力。他们认为“秤”是经过历代皇帝御封的，属于龙品，能驱恶星。挑方巾时，女主婚者拿了红纸圈围的两杆木秤、两根甘蔗，来到新房，背立在新娘前面，喜娘叫女主婚者把甘蔗和秤扛在肩上，喜娘把秤和甘蔗的稍尖插进大红方巾，由喜娘握定方位，女主婚者就势揿下根部，梢部向上一抬便把方巾挑起。喜娘就说：“方巾挑得高，养出儿子做阁老。”若把方巾挑得很远，喜娘便道：“方巾挑得远，养出儿子做状元。”而女主婚者挑去方巾后径直出去，据说此举可避婆媳之间的“逆面冲”，喜娘则把两根甘蔗插进床顶，以示吉利。

“闹新房”，认为是“闹发、闹发、越闹越发”，素有“三朝吼老少，大家都好闹”之说。旧时认为，结婚之家邪神恶煞最多，闹新房是以旺盛的阳气来驱压邪魔。再者，如果无人闹新房，也就是看不起新郎、新娘，新婚洞房会变得冷冷清清，毫无喜庆气氛。所以闹新房时，笑谑之事层出不穷。

一个月满后，新娘回娘家，方可小住一至两天。新娘回家时，娘家必须要准备一盘团子派乡邻。第二年的农历四月，新娘回娘家，可住多日，娘家要给女儿备置篾席等夏令生活用品，称为“大寄”。女儿回家时，娘家还要准备两大盘粽子，分派给男方村上乡邻和亲眷。

旧时，新娘婚后不满月只能进娘家大门和夫家大门，不能串亲走戚，偶尔不慎走错门户，必须在该家的家堂前装香点烛，叩拜祈安。

望亭水乡婚俗是吴地文化的组成部分，真实反映了江南水乡风情习俗和百姓对未来生活的憧憬和祈盼，有着丰富的文化内涵。水乡婚俗过程可操作性强，表演性强，观赏性也强，随着时代的变迁而不断演变。当代婚礼中仍有相当一部分青年，结婚时沿袭旧时婚典仪式，但较以前程式简单了不少。

（张瑞照　许志祥）

建房习俗

望亭水乡农村在建房过程中，有一套被人们所熟知并共同遵循的民俗。

定位和定向：农民建房，这是人生中的一件大事。旧时首先得请风水师（也称阴阳先生）帮助选择屋址，务使生活的小天地与周围的环境相协调，从而达到生理健康、心理和平、子孙兴旺、财源茂盛的目的。长期以来，农村个人建房一般都是坐北朝南，略偏东或偏西一些。

挖基破土和卸屋前的祭神祀祖：若在原屋基础上翻建、扩建，那先要拆除旧屋，俗称"卸屋"。卸屋之前，要用三牲（即猪头、鲤鱼、鸡）祭祀祖宗，因为旧屋是祖上经造的。通过祭祀，以取得祖宗的谅解，然后才可以动工卸屋。拆屋先卸脊，从上到下，方可平安无事。接着是挖基破土，排宅脚。人们认为这会惊动土神，故在动土前，要祭祀土地神。具体做法是：用三牲、纸马（即黄纸上印的神像）放在木盘里，安放在准备造屋地上的正中央，点上香烛，屋主叩头，香烛燃尽，祭祀也就完毕。此时，屋主在准备开沟的地方用铁锹挖一块土，称为"破土"。破土时，左右邻居要在面向破土的一面墙上挂一只竹筛，俗称"百眼筛"，意思是"百事太平"，以避破土时冲犯土神。

断木墩与开木墩：造屋材料准备齐全，全面开工前，首先得由木作师傅把一根正梁抛光抹上桐油。在"断木墩"的那天中午，将正梁的一头锯去一小截（约5厘米），把锯下来的这截木头用红纸包好，和米、麦、绿豆等农产品一起放在木盘里藏好，一直要到新屋落成，举行"收预告"结束时方可将它烧掉。

所谓"开木墩"，就是在木作动工时要祭祀祖师鲁班，将每根桁条的一端略略锯去一片，就算祭祀结束，木工才可全面开工。

镇风水：望亭水乡的镇风水物有石磨盘和老虎头两种。农民们认为凡是房屋处于道路、巷口、河道、桥梁等要冲地方的有"邪气"，需要镇压。有的农家在正门左侧的包沿墙上，大约一人高的地方嵌一片废弃的石磨盘；有的农家则堆塑一个老虎头。最简单的做法是用彩笔在前包沿墙上画一个黄色老虎头。

竖屋时的忌讳：当屋基填实后，先要立柱起架，才能上梁做脊。竖屋的日期要由风水师来选定，具体施工时间必安排在寅卯时（即清晨四五点钟）人们还没有起床前。柱竖立后，在堂屋左右步柱上各挂上一只用红水染过的竹制"灯座"和"发禄袋"（也叫"百事吉"）。在"发禄袋"里要放2到5只红蛋，由木匠的学徒去抢摸，俗呼"摸鸟窝"，凡是摸到的就要叫喊"摸到了"，象征新屋的主人会兴旺发达。望亭地区"发禄袋"用绿色绸布做成，内插"千年幸"，下挂一个"须头"，且穿上两个铜钿，再放一个有现款的红纸包，作为上梁师傅的喜钱。

中华人民共和国成立后采用山墙到顶搁梁做法，原先的立柱起架以及"四合舍"式已逐渐淘汰，建房竖屋这一仪式也不存在了，"发禄袋"挂的位置现今已改为挂到正梁上去了。

上梁、抛梁仪式：上梁、抛梁，是建房过程中最隆重热闹的场面。所谓"上梁"，就是指屋的木构列架竖起后，首先是安装屋架顶端中间的一根正梁。这时候，水木作都要停止工作，举行仪式。具体内容是：贴对联、祭祖师爷、上梁、献宝接宝、抛梁、唱赞歌等。

贴对联：在正屋（明间）的左右步柱上或墙上，贴用红纸书写的对联，上联："竖柱适逢黄道日"，下联："上梁巧遇紫微星"，横批："吉星高照"（贴在正梁当中）。中华人民共和国成立后，对联也渗入新的内容，如"五谷丰登六畜兴旺，搞活经济财源茂顺"等。

敬祖师：就是祭木匠祖师鲁班、瓦匠祖师张班。这时建房工程已进入关键阶段，为了在上梁和以后施工中的安全，向他们祈祷，以得到祖师们的保佑。具体方式是：在堂屋朝南正中放一张八仙桌，供上鲁班、张班两位先师的纸马，放上一对香烛、两双筷、两盅酒，菜肴是：肉一腿、鲤鱼两条、鸡一只、馒头和糕各两盘；另外安排"撒金钱"和"抛梁"用的物品，如馒头、糕、水果糖（现在还用甘蔗、橘子）、米、麦、豆类，以及铜板一盘（现在用铝币代替），上面放红纸包两个（每包人民币 18 元）。待香烛点完，就算祭祀完毕，撤掉祭品。祖师爷的纸马等待"圆屋"后移入堂屋的壁龛里，到"收预告"时方拿出来焚化。

上梁：敬祖师后，水木作各由一名大师傅持一炷香登上梯子，边登边唱："手拿清香七寸长，拜拜老师就开场；脚踏兴隆地，手扶支云梯，步步升，节节高。"这样重复地唱，一直唱到登上山尖，再拜四方，边拜边唱："东方甲乙木，南方丙丁福，西方庚辛金，北方壬癸水，中央戊己土，正梁万万年。"随即把正梁安装在柱头的榫眼里，且"抛掌木"，以加固正梁。正梁正中贴着横批，挂着镜子、百眼筛、秤、剪刀、镰刀、刀刃处放一小撮头发、红绿头绳，梁上还绕着竹绳两根、蓑衣两件，寓意"盘龙""穿龙袍"，且绕红绿布条等。其中镜子是照妖，百眼筛可以辟邪，剪刀、镰刀是斩妖的，秤表示"称心如意"。这些物品要到全部梁上好后的第二天钉椽子前，方可以取下来。

献宝、接宝：梁上好后，水木作师傅在上面向房主"献宝"。所谓"献宝"，就是把一只银质如意发插和一只馒头、一块糕，用红纸包好、红头绳结牢往下挂。这时，房主夫妇双手拉开红毡毯（现多用红绸被面代替）"接宝"。接住上面挂下来的"宝"，就是大吉大利。

唱赞歌，其实是贯穿在整个仪式中的。"接宝"后，木作师傅拿着酒壶对着梁的每一头"滴酒"。他一边滴，一边唱："一滴天，二滴地，三滴风调雨顺，四滴国泰民安，五滴东方甲乙木，六滴南方丙丁福，七滴西方庚辛金，八滴北方壬癸水，九滴中央戊己土，十滴正梁万万年。"滴酒后进入"撒金钱"仪式。工匠们把预先准备好的米、麦、豆和铜钱（或铝币）向新屋里撒。他们边撒边唱："今天是上梁刘海到，刘海云中喜欢笑，今朝特来撒金钱，满地金银铺满街。"一直将盘里的米、麦、豆、铜板撒完为止。

最后进入抛梁阶段。这时鞭炮声大作，周围村民，尤其是儿童都闻声而来。水木作师傅各人把盘里的红包收好，将馒头、糕、水果糖，有些地方还有团子、枣子、甘蔗往人群里抛去。馒头是兴旺发达，糕为高高兴兴，糖即甜甜蜜蜜，团子为团团圆圆，甘蔗为节节高，说是吃了以后身体健康不生病，所以儿童们都喜欢去"抢"。工匠们抛完物品后，边下梯边高唱:“一代一代又一代,步下云梯代代高。”这时整个“上梁”仪式才算全部结束。当天晚上,房主要设宴(称“抛梁酒”)招待全体水木匠工和来帮工的亲友、邻居。

屋脊种千年幸或龙头葱:椽子钉好后,就要上瓦盖顶,先是做屋脊,这正是水作露一手的时候了。硬山是两落水,中间只做一条脊,两端塑以“哺鸡”“纹头”为多;“四合舍”是四面落水,连中间正脊共有五条脊,多饰以“鸡毛脊”。正脊的当中要留有长、宽各17厘米。高一瓦的空隙,其间填入泥土、鸡粪等肥料,把“发禄袋”里的“千年幸”或“龙头葱”种在里面。“千年幸”讨个好口彩,“龙头葱”既耐旱,又开花若“龙头”,青翠碧绿,寓意“年年发”,到日后整修屋面时再植,称“见新”,又讨个口彩。

砌灶敬神:民以食为天,一日三餐离不开灶。旧时,望亭砌灶以重阳日为最好,旧有“二八不砌灶”之说,就是一年中每逢二月、八月不宜砌灶。灶由水作大师傅砌,砌得不好就不发火,俗称“烟出火不着”,显然是不吉利的。一般家庭砌的是“三眼灶”,人少之家砌“两眼灶”,人多的大家庭可砌“五眼灶”。所谓“三眼灶”,就是能安放三只镬子的灶头,镬子之间可以安一只汤罐,利用烧煮饭菜的余热,提高水温,备作洗涤之用。灶砌好之后,房主要在每只汤罐里放一个红纸包(约人民币2到4元),给砌灶师傅作喜钿。灶的位置,一般在屋的右次间或右边“居头”里。灶门朝南、灶台朝北为多。灶的平面如腰子形,立面分灶膛、灶台、烟柜、灶山、烟囱等部分。烟囱多沿墙穿出屋面,是十分科学的。灶神的“龙亭”安在灶山上,位于高处。“龙亭”上有“遮盖”“盖尘”。龙亭中放一纸马,或立一木牌,上书“东厨司命灶君神位”,前面供一对香炉蜡扦,作祭神之用。每年腊月二十四日要送灶,除夕之夜要接灶,祈求神灵保佑。中华人民共和国成立后,“龙亭”灶君之祭都已取消。

进屋:新屋建成后称“圆屋”,进屋也要选定日期才能搬进去。这时候,已出嫁的女儿女婿还要向爷娘家送“进屋盘”,礼品是馒头和糕各一盘、肉一腿、鲤鱼一条、公母鸡各一只、甘蔗两根、爆仗二到八个以及扫帚、畚箕、淘米箩各两只,有些地方还要送带根、带叶的青竹两棵。其他亲戚按照平时关系的疏密及经济条件,一般送些糕、馒头、甘蔗、水果糖、米等。进屋时,先将木梯架在大门口,把女儿女婿送来的“进屋盘”一件件从梯肚里传进去,然后移开梯子,由主妇先搬马桶、脚炉、床帐被铺,寓意“代代子孙,日脚兴旺”。其次是淘米箩(里面有一杆秤、芦柴做的梯、一块肉、一条猪大肠、一个饭团、两个鸡蛋及橘子、荸荠等)。再次是床。放两个爆仗后,其他什物就可以任意搬入了。此时,屋主人把女婿送来的青竹栽入屋边地里,希望它茁壮成长,全家兴旺发达。

进屋的当天,就要在新灶上起火。新灶新镬子第一次点火要炒蚕豆,火要旺,使蚕豆发出哔叭声,讨个“头头利市”的好口彩。炒好后,大家要争着吃,据说吃了这种豆可以防止头晕。

收预告和斋小土:村民唯恐在建房中触犯“土神”,故在迁进新屋半年左右,要请道士来主持祭奠,称“收预告”“斋小土”。目的是祈求神灵谅解,保障全家安好。举行这种仪式的具体日期也由风水师确定。仪式在当天下午三时至晚上十时进行。旧时房主为了让法事做得隆重些,得请六个道士"打醮"。桌子放在客堂正中,靠墙一面立着张天师等十二位星君的纸马(这类纸马过去可以到迷信品店里买,现在用黄纸折成条形,写上各位星君的名字即可),每个纸马前供奉一盅酒、一双筷、一碗饭,供品还有:杀白的生公鸡一只、活鲤鱼一条、豆腐、鸡血等,上面各放一条草蒿,剪五个纸人,表示东西南北中的五方神仙,每个纸人前同样放一盅酒、一碗饭、一双筷,中间供一个半熟的猪头,旁边放一把菜刀,刀口朝里,以备神仙们吃猪头用。前面要放一堆"钱粮"(就是黄纸或稻、麦草)。此时,道士画符作法,称"通疏头"。"疏头"有一定的格式,主要是在纸上写明房主所居住的县、乡、村(即都、图)、姓名、年庚、何时动工、竖屋、收预告、按龙板等,祈求诸神保佑诸事顺利,全家平安等内容。这时,道士身披法衣,手执宝剑,口中念念有词,按东、南、西、北、中五个方位的顺序,把五方的神仙送走(即把五个纸人烧掉),并在地上洒鸡血酒,埋上一个鸡头。道士读完"疏头"后,将"疏头""纸马"和鲁班、张班的纸马以及"断木墩"时锯下的那块梁头一起焚掉。与此同时,木作师博把正屋门上的"龙板"安装上去(房主在装龙板的槛上要放一红纸包,作为给木作的喜钿)。所供的半熟猪头埋入土中或给木匠师傅拿回家去。

村民互助:参加施工者有的一直到新屋落成后才回去。在返回时,屋主要把对方所赠的馒头、糕的四分之一和送的鱼让他们一起带回去,俗呼"回盘"。至于村民互助建房,这是传统习惯,认为是自己应尽的义务,都很乐意帮助。近年来,这种传统的互助合作活动也有所更改,即房主为了避免浪费人力,采取计划安排、轮流帮忙的办法。按照各人特长及活路的种类,隔日通知对方,且自带工具。凡是接到邀请的人们,吃过早饭后就去帮工。房主招待他们中、晚两餐,以及下午一顿小点心。晚饭后,再送一块糕、两只馒头以示谢意。

(张瑞照　许志祥)

建筑装饰习俗

望亭人崇尚装饰,考究的住宅多用砖雕、石雕、木雕、彩画点缀,美化环境。

砖雕:砖雕所用的材料是质地细腻的水磨青砖,望亭人称之"做细青水砖"。砖饰断面有面、亚面、浑面、文武面、木角线、合桃线等诸式。

主要装饰于门楼、墙门、垛头、抛枋、门景、地穴、月洞、窗户、影壁、隔墙、包檐墙、塞口墙等部分。

雕刻题材有万字、回纹、云纹、雷纹、如意、纹头、水浪、云头、花卉、瑞兽、翎毛、山水、人物、书法等。

石雕：望亭建筑工装饰用石绝大多数是花岗石和石灰石。

石雕装饰应用于柱子、阶台、露台、栏杆、砷石、磉、磴、门框、地坪、须弥座、牌楼、牌坊、字碑、界碑、天幔及至整幢房屋和亭子。

雕刻方法有素平、起阴纹花饰、铲地起阳浮雕和地面起突雕等。

雕刻题材有万字、回纹、水浪、云头、花卉、飞禽走兽。

木雕：望亭建筑木雕用料主要有黄杨、香樟、银杏。

木雕装饰应用于梁、枋、柱、斗拱、连机、飞罩、挂落、山雾云、棹木、门窗、阀阅、栏杆、琵琶撑、垫拱板。

木雕方法有浮雕、透雕。

长窗的心仔花纹有万川、回纹、书条、冰纹、八角、六角、灯景、井字嵌菱等式。在万川式样中又有宫式、葵式之分，整纹、乱纹之别。

挂落用木条镶搭成为镂空花纹，状如网络。有藤茎、万川两种式样。

飞罩装在室内脊柱之间。不着地的叫挂落飞罩，着地的叫落地飞罩。飞罩有藤茎、乱纹、梅鹊、松鼠、整纹、喜桃藤等多种式样。

木雕题材有书法、花卉、翎毛、瑞兽、人物、山水。

苏式彩画：苏式彩画都画在大梁、枋子、桁条、山垫板、走马板上。

苏式彩画一幅分为三段，左右两段叫包头，中段叫锦袱，锦袱尖角向上的叫正包袱式，尖角向下的叫反包袱式。

苏式彩画把锦纹的衬托面叫锦地。不施彩色的衬托面叫素地。

苏式彩画常用浅蓝、浅黄、浅红诸色作画，色调柔和悦目，风俗淡雅别致。

考究的苏式彩画，做平式装金。地不装金而花装的叫金花五彩地，反之则叫金地五彩花。

苏式彩画题材有回纹、鱼纹、套六角、席纹、花卉、翎毛、瑞兽、古钱、锦纹、兵器、器皿、法器、毛笔、山水、人物。

图案名称及寓意：望亭人喜欢讨口彩，雕刻和彩画，把装饰性、实用性、艺术性、思想性融为一体。通过借喻、比拟、双关、象征、谐音等手法，构成美术图案，突出主题。一个图案有一个名称。这个名称往往就是图案的寓意所在。

鱼和莲花组合在一起，叫“年年有余”。

鱼、蝙蝠、磬组合在一起，叫“福庆有余”。

佛手、桃子、双钱组合在一起，叫“福寿双全”。

蝙蝠与云朵组合在一起，叫“洪福齐天”。

五只蝙蝠中间一个寿字，叫“五福献寿”。

花瓶里插笙、三支戟，叫“平升三级”。

花瓶里插一如意,叫“富贵同春”。

梅花、双鹿组合在一起,叫“龙凤呈祥”。

两条龙中间一颗珠,叫“两龙戏珠”。

两狮中间一个球,叫“双狮戏球”。

玉兰花、海棠花、牡丹花组合在一起,叫“玉堂富贵”。

松、竹、梅组合在一起,叫“岁寒三友”。

象和万年青组合在一起,叫“大富大贵”。

公鸡和鸡冠花组合在一起,叫“官上加官”。

荔枝、桂圆、核桃组合在一起,叫“连中三元”。

松与鹤组合在一起,叫“松鹤延寿”。

鹭鸶、荷花组合在一起,叫“一路连科”。

鹤、鹿组合在一起,叫“鹤鹿同春”。

啼叫的公鸡与牡丹花组合在一起,叫“功名富贵”。

桃树、蝙蝠、海棠、山茶组合在一起,叫“福山寿海”。

蝙蝠、双桃、荸荠、梅花组合在一起,叫“福寿齐眉”。

猫、蝶组合在一起,叫“寿臻耄耋”。

五只蝙蝠,叫“五福临门”。

两条鱼,叫“双鱼吉庆”。

九条鱼,叫“长久富裕”。

鹭鸶、白头翁、芙蓉花、芦花组合在一起,叫“一路荣华到白头”。

圆圈里一个福字,叫“一团福气”。

柿树、一只蜜蜂、一只猴子、一颗印,叫“封侯挂印”。

一棵万年青,叫“万年常青”。

一棵果实累累的石榴树,叫“多子多孙”。

此外,还有郭子仪做寿、文王访贤、三国故事、二十四孝等。

(许志祥　张瑞照)

自娱自乐习俗

望亭系江南水乡,村民为了丰富自己的文化生活,创造了许多简便易行的活动项目,久而久之便形成了自娱自乐的习俗。

自编自唱山歌:边劳动边唱,形式有独唱、合唱两种。合唱耘稻山歌,旧时歌手都是地主雇来的耘稻短工。这种山歌类似号子，欲称“喊小吆”，音色尖而高，韵长。又因多人联唱，嗓音各有特色，音乐优美，歌声可传两里之外。合唱山歌有十二人，八人不等。十二人合唱的分为：起调一人，开场领唱，他是唱山歌的主角；勺头一人，接起调人和唱；郎姐说一人，接勺头唱；头环一人，接郎姐说，起和声作用；二环一人，接头环，也是起和声作用；小吆一人，接二环，起烘托作用；头场两人，合唱歌词；此外二场两人，末场（末拖）两人。八人合唱的分为：起调一人，勺头一人，和调一人，二环一人，小吆一人，中场一人，后拖两人。如歌手即兴编唱得生动，工钱加倍，晚上，东家还用酒肉款待。饭后，歌手若再唱半小时《谢东家》山歌，东家则以糕团、咸蛋相赠。

扯铃：铃系木制，形似葫芦，有六至八个空洞，两根细竹头上系上扯绳，玩时用绳绕住木铃中间边甩边扯，使它旋转，发出洪亮而高亢的声音。

转陀螺：俗称“地黄牛”。形状略似海螺，以木制成，下端有铁尖。玩时先用绳子缠绕陀螺，再用力一边抽绳，一边将陀螺掷至地上，使它直立旋转。

放鹞子：春节至清明前，盛放鹞子。鹞子款式繁多，其中鹰鹞装有竹芦粘簧的鹞灯，并加响葫芦。鹞子在浓黑的夜空里飞舞闪烁，声扬四方。古人杨韫华有“春夜称体近清明，风急鹞鞭处处鸣。忽听儿童齐拍手，松梢吹落美人筝”的诗句，描绘了放鹞盛况。

玩兔子灯：农历正月十五玩兔子灯。灯用篾扎纸糊，下有四轮，中间点烛，用绳拖行。

赛快船：每逢农历三月二十七日旧时望亭有赛船之举。他们个个头扎缀有大红绒球的白毛巾，身穿钉有三十六档纽扣的紧身短衫，酷似武松打扮，在江中奋力摇船竞赛。

舞香龙：农历七月星夜舞香龙。香龙九节，用稻草扎成。捆紧的草把上插有棒香，下插竹棒，玩时九人合舞。

踢毽子：初冬后，青少年中时兴踢毽子。毽子用布包缝铜钱，再订上一段鸡毛管，管中插上美丽的雄鸡毛。玩时用脚踢，不让落地。毽子时上时下，煞有情趣。

跳绳：独跳，即自己挥动绳跳。多人跳，即用一根长长的绳子，由两人各执一端甩动，一人或多人在中间穿跳。

猜谜：一般是老人与孩子同玩。

讲民间故事：茶余饭后，老人讲给青年听。

敲锣鼓：由铜锣、铙、鼓、钹四件乐器组成，玩时四人协同打击，能者可敲下西风、七五三、雨夹雪、跳加官、水翻底、急急风等十多种套路。

（许志祥）

节令食俗

望亭地区隶属苏州，它的稻作文化渗透了苏州民情民俗、四时八节，并与吴地食俗水乳交融，形成了节令食俗，丰富了“苏帮”的饮食文化。

沐浴于稻作文化中的吴地节食民俗，别具风情。

元宝汤：正月初五，吴俗为路头神诞辰日。旧时当地凌晨，各家金锣爆竹，牲醴毕陈，争先迎之，称“接路头”。并食自制之元宝糕汤，谓之“元宝汤”，亦好彩也。据说路头神本为行神，而俗误为“财神”。以讹传讹，共同庆祝，一样快乐。亦有人家在供桌上同时陈列算盘、银锭、天平诸物，旁置小刀，上撮食盐，谐音吴语“现到手”，以寓钱财到手，财运亨通。亦有人家发财心切，于初四夜半即抢接财神。正如《吴歈》所咏：“五日财源五日求，一年心愿一时酬。提防别处迎神早，隔夜匆匆抢路头。”

谷日：俗以正月初八为谷日，晴则谷不秕。

爆孛娄：正月十三，吴俗以糯谷入焦釜爆米花，谓之“爆孛娄”，谐音“卜流”，以卜流年之休咎。旧时，当地男女老幼各占一粒，据说可预卜终岁之吉凶。李戒庵《孛娄》诗云：“东入吴城十万家，家家爆谷卜年华。就锅抛下黄金粟，转手翻成白玉花。红粉佳人占喜事，白头老叟问生涯。晓来装饰诸儿女，数点梅花插鬓斜。”米花若爆得地相，斜插鬓间，真是件既快活又得意的事。

圆子、油䭔：吴俗上元节物。簸米粉为丸曰“圆子”。用粉下酵裹馅制如饼式，入油煎饼，曰“油䭔”。望亭当地人各家以此节物祀神飨先。周必大时有诗云：“时节三吴重，圆匀万里同。”

骨董羹：亦为吴俗上元节物，亦称“贺年羹”“和气羹”。

白膏粥：上元日，旧时望亭人家多熬煮“白膏粥”清香滑润，滋补强身，且能去疾禳灾。

蒸缸甏：上元日，旧时望亭当地人以糯粉揉团成缸甏形蒸食之，名曰“蒸缸甏”。出蒸开笼之际，“视缸甏之水气多寡，卜一年之晴雨”。

撑腰糕：二月初二，以隔年糕油煎食之，以求腰板硬朗，耐得劳作，故称“撑腰糕”。时人诗吟道：“二月二日春正饶，撑腰相劝啖花糕。支持柴米凭身健，莫惜终年筋骨劳。”

稻花生日：二月十二为稻花生日，以红纸吉符贴于装稻种的瓮、缸等盖上，祈盼稻花繁盛，结实率高。

眼亮糕：三月三，以荠菜花和隔年糕油煎食之，俗传能明目，故称“眼亮糕”。

冷丸：寒食节物。以细粉裹糖煮熟，入冷水食之。

青团：清明节物。望亭人家以捋穱麦汁搜粉为青团。

焐熟藕：为清明祀祖之品。

喜饭：清明日，旧时望亭人童稚对喜鹊巢支灶，敲火煮饭，亦称“野火米饭”。既为钻火遗风，亦求“喜气”。

酒酿：立夏节物。吴地人家必食酒酿并“尝三鲜”。酒酿尤以胭脂糯、芦黄糯酿出者为佳。各酒肆并于此日以酒酿、烧酒馈赠主顾，谓之“馈节”。

花饭：立夏日以糯米与乌豆煮饭，因其黑白相间而名。吴俗谓立夏日吃“花饭”，可免疰夏。

摊粞：立夏日，吴地人家以金花菜、枣子、猪油和粞灼成粉，谓“摊粞”。俗谓立夏食之，可防病驱灾。

窨糕：亦为当地人家立夏节物。

乌米饭：俗以四月初八为释迦文佛诞辰，吴地寺院、店肆、人家糯米加乌饭树叶之汁煮成青粳饭为糕式，名“乌米饭”，又称“阿弥饭”。

神仙糕：吴俗以四月十四为吕仙诞，俗谓“神仙生日”。当地人于此日以五色米粉煮糕，名“神仙糕”，人称食之能得神仙照应。五色者为白、黄、青、红、紫，米粉色本白，和以南瓜则黄，苎叶则青，清明节物胭脂红，赤豆则紫。帽铺制垂须钹帽以售，名“神仙帽”。此外尚有“庆仙诞”“轧神仙”“交好运”“神仙花”等诸俗并行。

端午粽：五月初五，吴人必食粽，饮雄黄酒。吴粽名目繁多，形制不一。有荤有素，有甜有咸。诸如白水粽、赤豆粽、枣子粽、灰汤粽、四角粽、独脚粽、菱粽、筒粽、秤锤粽（形似秤锤，吴俗多以此式馈赠祀先）。

谢灶团：六月初四、十四、二十四三天，当地比户祀司灶，谓之“谢火”。以米粉作团为“谢灶团”。并以素馐四簋称“谢灶素菜”。俗谓：“三番谢灶，胜做一坛清醮。”

祀田团：七月十五中元，吴农各具粉团、鸡黍、瓜蔬之类祀田神，于田间十字路口再拜而祝，祈求田神保佑，谓之“斋田头”。

红米饭：当地于七月半以糯米掺赤豆之属煮成，以此“红米饭”一箩与猪肉、豆制品类若干馈赠亲戚之家有新丧者。丧家须将接受的“红米饭”分送村中各户。

金饭箩：八月初八为八字娘娘生日，当地人北寺旧有其像，此日香火甚盛。吴地主妇多于此日将装满草锭的小竹箩以金纸糊之，两箩对合封固，上书某人姓氏，焚化殿庭，名曰“金饭箩”，保佑吴人稻谷丰登，饭箩充盈，生活富足。

糍团：八月二十四日为“稻生日”，当地人煮新糯米和赤豆作团祀灶，谓之“糍团”。“糍”即“稻饼”，将糯米炊半烂捣之，不为粉也。旧俗女童亦于此日裹足，据说食糍团后裹足能使胫软，减轻痛苦。《吴歈》吟道：“白露迷迷稻秀匀，糍团户户已尝新。可怜绣阁双丫女，为试弓鞋不染尘。”

重阳糕：九九重阳，当地人以糯米、赤豆、红枣煮饭做糕祀灶，礼毕长幼环坐食“重阳糕”，饮“黄花酒”。重阳过后，百工入夜操作，谓之“做夜作”。时人诗云：“蒸出枣糕满店香，依然风雨古重阳。织工一饮登高酒，篝火鸣机夜作忙。"

冬酿酒：十月，当地人以草药糯米酿酒，谓"冬酿酒"。此酒多在冬至日饮用。色清香洌，甘美异常，如"桂花香""秋露白""杜茅柴""靠壁清""十月白""生泔酒"（其酿而未煮，旋即可饮）、"三白酒"（以白泉水浸白糯米，以白面造曲酿成）。

冬至团：吴俗多重至节，尤重冬至，故有"肥冬瘦年""冬至大如年"之谚。冬至前夕，名"节夜"，各户皆食"冬至团"。以糯米粉为团，以糖、肉、菜、果、豇豆沙、萝卜丝等为馅。讲究的人家，又有"冬至团""冬至圆"之分，有馅而大者为团，冬至夜祭先之品；无馅而小者为圆，冬至朝供之品。正所谓"大小团圆两番供，殷雷初听磨声旋"。

掘元宝：冬至夜，各户团聚饮冬酿酒，食冬至团，吃冬至饭。各人饭碗内放两只熟荸荠，藏于饭中，吃时以筷从米饭之下挟掘而出，以先掘得"元宝"为吉，欢声笑语，其乐融融。

春糍糕：吴农多于冬至做春糍糕祀祖、祭灶、馈贻。亦有以黄米为黍糕者，祭祖供食。

腊八粥：腊月初八相传为如来成佛之日。是日，吴地各寺庙僧尼以莲心、枣栗、胡桃肉、松子肉、百合果、白木耳、香菇、瓜子仁等入米熬粥斋供，并赠送各施主及附近居民，俗称"佛粥""腊八粥""七宝粥"。至今当地乡农，仍每于"腊八"清晨争相上山入寺"讨佛粥"。以求佛祖保佑，消灾除病。此俗逐渐由寺庙传至民间，"腊八粥"的内容也更大众化了，多以蚕豆、黄豆、红枣、胡萝卜丁、山芋丁、青菜丁、豆腐干、花生仁与新米同煮，食之既助"腊八"之兴，又添生活情趣，且能滋身养胃。

年糕：临近年关，当地多蒸煮糕点，统称"年糕"。年糕形式不一，名目繁多。方头糕，大径尺而形方；糕元宝，形如元宝，又有大元宝、小元宝、金元宝（加黄糖）、银元宝（加白糖）之别；条头糕，形狭而长；条半糕，较条头糕稍阔；还有黄松糕、百果糕、枣子糕、玫瑰猪油糕等。各形各式，俱以备年夜祀神、岁朝供先、馈贻亲友、赏赉仆婢之用。

送灶团：吴俗谓每年腊月二十五灶神将上达天庭禀报民间善恶，故吴人多于二十四日夜举行"送灶"仪式。为能粘住灶神之口，不言过失，免生是非，各家以豆沙馅糯米团为"送灶团"，并以麦芽糖等制成粘牙糖食（称"糖元宝"）等供祀灶神。旧俗有用酒糟涂抹灶门，谓之"醉司命"。合家少长罗拜祝曰："辛、甘、臭、辣，灶君莫言！"

口数粥：腊月二十五，当地以赤小豆杂米煮粥，阖家同食。若家有外出之人，亦必为其留一份。虽襁褓小儿、猫犬之属亦必数口备之，名"口数粥"，以避瘟气。或杂豆渣食之，谓能免其罪过。各家食罢豆粥，早早安寝，谓疫鬼行瘟，安静以避之。旧传共工氏有不才子，于冬至日死为疫鬼，畏赤小豆，故作豆粥以禳之。

元宝团：岁除祀神所用。

接灶丸：当地多于除夕迎灶神，称"挡灶""迎灶"。据说腊月二十四上天述职的灶神至除夕始回凡间。亦有迟至上元夜接灶的。各家和米粉为丸以接灶，称"接灶丸"，亦有煎油墩、烤“糊涂”接灶。谚曰：“接得早，灶君年纪小；接得晚，灶君年纪老。”

年夜饭：除夕之夜，当地人家阖家老小团聚，同食年夜饭，佳肴美味，欢声笑语。桌上之鱼，必得留下，以寓“年年有余”。白米饭也要剩下，置新竹饭箩中，上放红橘、乌菱、荸荠诸果及糕元宝，插竹枝、甘蔗、秤杆，以寓“称心如意”“节节高”之意。此隔年米饭陈列中堂，至新年蒸食，名“隔年饭”，寓意“年有余粮，岁有陈谷”。生活富裕，安康快乐。

万年粮米：除夕预淘数日炊用之米，于新年可支许时，供案头，名曰“万年粮米”。

画米囤：吴俗于除夕之夜，以石灰画米囤于场，或作戟、元宝之形，祈年禳灾，谓之“画米囤”。

做团圆：除夕守岁，各家均做糯粉小圆，切小方年糕，以备大年初一食用，寓意新年高兴团圆。

守岁绳：吴俗于守岁之际，搓稻柴绳，谓之“守岁绳”。谚曰：“守岁绳，来年顺。”“守岁绳团，阖家团圆。”

金珠玉粒：此为吴地婚俗中定亲之日女家回赠男方的必备之物。以色泽金黄之稻谷与洁白如玉之稻米为之。

铺新床：吴俗新婚喜床用糯稻柴铺垫其上，寓意“和和糯糯”。将扁担两根、小木榔头一对置放新床之俗，取意“扁担同心”“米囤盈实”。

月里饭：新嫁满月，母家送以肴饭，名“月里饭”。

得嘴团：新娘食之，永免口舌。吴语“得嘴”即为“粘嘴”之意。

两头糕：男妇两家各有之粉糕，寓意“两头高兴”。

喜糕：定亲所用。

上头糕：嫁娶所用。

催生团：以期分娩快顺。

周晬团：小儿周晬，做此团赠馈众亲友。

定胜糕：上学移徙所用。

状元饭：以炒熟之红苋菜加猪油与白米饭拌匀，谓“状元饭”，亦好彩也。

状元糕：亦称“火炙糕”，印一状元像于糕面，食之寓意仕途通达。此亦吴地科举极盛之产物。

寿糕：祝寿所用。

寿桃团：以团作桃形，祝寿所用。

稻灯会：每年于稻谷成熟之际，扎制各式花灯，锣鼓喧天，成群结队游于田垄间，以示喜庆，俗称“稻灯会”。

了塔羹：吴农于田事完毕之日祭祖先，名“了塔羹”。

吴地稻文化地位之重要、历史之悠久、内涵之丰富、外延之繁杂，均为举世无双。吴地独具特色的稻文化，既是博大精深的吴文化产生的基础，亦是其成长的骨架，更是其赖以发展、壮大的土壤。

（杨晓东　许志祥）

稻作文化

早在四千多年前，望亭地区的先民就在这里繁衍生息，古老的稻作文化由此发轫，虽经数千年的历史变迁，但至今仍保留着古代农耕文化的遗迹。在望亭地区的考古发掘中，出土大量的碳化稻谷（实物保存在望亭地志博物馆内），就是望亭稻作文化发源的佐证，出土的几何印纹陶碎片，印证了我们的祖先曾在望亭这片土地上生活。

一

望亭发掘出土的石器，有三角形的石犁，中间有孔可系绳拉犁；有斜柄刀，耕田器还有半月形石刀及石镰、石锛等，这表明，先民已摆脱一铲一锹的耜耕，迈入连续犁耕阶段。

生产工具按质料分有甲骨系列、石质系列、青铜系列、铁器系列等，按工具类型分有耕作工具、灌溉工具、运输工具、加工工具、储藏工具等。从出土的石质工具看，望亭地区的播作文化已初具雏形，铁质农具犁、锄、锛、铲、锹、镰刀、轧稻机等的出现，提高了劳动效力。望亭地区用得最多的是铁锴，有尖齿、扁齿、茭白齿、凿齿等，广泛使用于农业生产。近年开始，劳力最繁重的耕田、耙田、收割已用拖拉机、收割机、插秧机等替代。

二

水稻适时播种、管理十分重要，直接影响水稻产量。

选种，隔年挑选穗大、谷粒饱满、品种优良、产量较高的留作稻种。旧时，望亭流传一句农谚，即“种田种到胡须白，不要忘记芦花白”。芦花白、老来青是当家品种，到20世纪60年代，种子逐步改良推广，如“农垦58”，亩产可至500千克，由此可见，种子的好坏直接影响产量。

俗语说“娘好囡好，秧好稻好”，立夏一至，农耕开始，当地村民即把隔年翻土耙松的秧田块耖细，立夏前后放水，铺足基肥猪羊灰，耙平夹平整，做到平如镜面，然后铲劈水沟。水沟要直做成一块一块对称秧板，宽约1.5米。做好的秧田块像一条条糕一样长面方整。在做秧田同时，把种子在缸中浸水，放入农药，1—2天后，沥水装袋堆放，发热让种子长出细嫩芽后落谷。落谷时，秧板要铲上泥浆，夹平后落谷，撒得均匀，再用铲轻夹让谷粒嵌入泥浆之中。落谷后秧板上撒上秧灰（稻柴灰），断水2天。这就是20世纪60年代陈永康泥浆落谷、培养壮苗的经验。

翻土晒土。小麦收割结束即翻土,以前有牛耕地、人工铁鎝坌田,如今已用拖拉机耕田。翻土后要晒土。

放水垫肥耙田。第一次水要满,浸透,把农家肥及冬春所积的河泥等挑入田中摆足基肥。耙田以前用牛耙,20 世纪 70 年代开始已有拖拉机耙烂后莳秧。

拔秧、莳秧。拔秧前要先除虫,可省去一次大田治虫。计算秧田块数(称筛)每亩要多少筛秧,拔下后用稻柴扎好,当天莳,当天拔。把拔好秧用"土大"(像畚箕状,挑担用工具)装后挑到莳秧地块,基本均匀地打下(称打秧)。按每六棵秧称"一大"。牵绳拉紧钉桩,然后开始莳秧。中华人民共和国成立前,大段阔段头稀,不牵绳(称经绳)弯弯曲曲,叫趁弯到弯。中华人民共和国成立后小株密植,行距,株距为 6 寸 ×6 寸,后来逐步到 3 尺大段。21 世纪始,用稻谷(即不用做秧田莳秧)直播。

耘耥管理。莳秧过后马上进行补浮苗,缺苗称作拾黄秧草。以后就开始耥稻,用耥耙把行间土壤耥起疏松,并去除杂草,以同样方法进行莳稻,用耥耙耥株间稻弄,最后是耘稻,人跪在地田每人 6 棵(一大)用手把每棵稻边的杂草抠掉,撸平浮泥……耘稻田里一薄层水即可,最后一次称"耘三通"。立秋节一定要耘耥结束,立秋节是望亭农民休息日,称"吃茶"。紧张的农忙告一段落,凡是休息日就叫"吃茶"。

水浆管理。施肥,除虫稻田都是薄水勤灌,耘耥结束开始搁田,即稻田断水约一星期让田坂发硬再打水,称"回头架"。水稻施足基肥,看苗施追肥,重施穗肥,促使苗色"三黄三黑"。同时做好防病治虫工作。防螟虫,旧时田头搭架放上水缸盛水,晚上上面挂盏灯,螟虫飞至灯光处就淹死缸中。中期防纹枯病,后期防稻飞虱都要掌握好时间,要"防重于治"。

收割。水稻成熟后开始收割。望亭一带有"寒露无青稻,霜降一齐倒"的农谚。割下的稻把要摆放整齐并且放在稻秆头。脱粒,望亭称轧稻、甩稻,捆稻称戳稻。两个稻坡合起,用稻柴扎起叫戳"小个子";八堆稻坡要用柴符捆起,叫"大个子"。用对绳扁担把戳好稻个子挑到场上。旧时甩稻是小个子稻在稻床上用力甩下谷粒,后来用脚踏轧稻机、电动脱粒机,直到如今的收割机,在田里直接割下脱粒,扬净装袋了。以前是把脱下的稻谷,搭三脊架子上汏篮,称汏谷,借助风力吹净谷中的细叶尘屑等后装袋贮藏。

旧时望亭农业设施陈旧,耕作技术落后,每亩水稻产量不过 200 千克。中华人民共和国成立后,生产技术不断进步,产量逐步提高。1965 年江苏省农科院在望亭搞太湖地区望亭农业样板,陈永康在望亭奚家大队蹲点,传授选种插秧密植管理等,致水稻亩产超过千斤。

三

据航测,望亭河流全长 7.23 万米,加上支浜 3 万米,河道总长 10 万米,平均每平方千米河长 2762 米。河、港、泾、浜纵横密布，二里一河，一里一浜。三面包水的独岛有 31 块，半岛有 70 块，具有水满不盈、旱涝无害的江水洲特征，是典型的江南水乡。自古以来，先民在这里农耕渔猎，繁衍生息，有着得天独厚的自然条件。在望亭地区的考古发掘中，发现了很多用于引水排水的沟渠遗迹，出土了开沟犁田的工具。旧时农田灌溉比较落后，灌溉取水还是靠人力踏车、牛踏车灌田，20 世纪 50 年代兴修水利，开沟筑渠，合理安排明沟、暗沟，建立电力灌溉站。“一方良田，两头出水，三沟配套，四面托起”，这是望亭农田的特征。

望亭地区稻作文化中旧时有祭神风俗。

夏禹奠：据考证就是望亭古代祭天、祭神、祭山川、祭祖之地，旧有八卦形的祭坛（土墩）。

抬猛将：古时每到稻熟时望亭就有抬猛将习俗。借助猛将神力驱赶飞蝗等害虫，使水稻丰收。

请路头：路头即路头神，以礼请之，意在求保佑年年丰收，财源广进。

做秧田插桃枝头：每家秧田落谷后，在田四角插上已生小桃的桃枝，意在庄稼结穗后谷粒如桃子那么大。

发黄梅：每年动手莳秧，家家户户办酒席宴请亲朋邻居，焚香点烛，求田内瓦砾、碎片等，保佑脚趾头不戳碎，平安大吉。

重阳节斋猪圈：重阳节办重阳糕，糕上插上小红旗，在猪圈点上香烛，祈求“猪圈爷”保佑年年五谷丰登，六畜兴旺。

四

望亭地区的水稻生产经过历朝历代的发展，渐趋完善，到明清时期，生产的优质稻米，已经行销全国各地。20 世纪 30 年代，望亭米市大兴，运河两岸已有永泰、仁裕、三园等米行、米厂、粮库数十家，加上本地大小米商，每天有大量的米包运往上海等地，一时成为江南的粮食枢纽。当时无锡称“小上海”，而望亭有“小无锡”之称。上海淮海路有望亭街，上海“申报”每天有望亭米价公布。由于苏南一带的粮食运行，经销集中望亭，为此望亭素有“米市”之称。其时，镇上有电话房，各家米行有电话，传递、掌握米价等信息。

时过境迁，2006 年望亭镇生态农业示范基地建立在美丽的太湖之畔。2010 年成功创建省级镇农、科、教、结合示范基地，是相城区现代化农业的“五朵金花”之一。基地示范面积 3746 亩，其中优质水稻示范区 2046 亩。

望亭自从对稻田实现机械耕作科学管理，大大提高了生产力。遥望太湖，波光粼粼，风帆点点，龟山若游，沿湖农田成片，河道纵横，沟渠如网，河岸村道绿树成荫，错落有致，勾勒出如画的江南水乡景色。春天里麦浪滚滚，油菜花海，芳香扑鼻，引来游人如织，品尝南河港古村农家饭店的美食佳肴；黄梅季节水田里蛙声阵阵，天空中成群白鹭飞翔，夏季连片的水稻生长旺盛，郁郁葱葱；秋季金涛滚滚，收割机声隆隆……望亭的"金香溢"大米实施原生态种植，先后拿到了绿色食品证书、"苏州市民最爱地产大米"称号及第十一届中国优质稻米博览会银奖，望亭更是就有了"稻香小镇"的美誉。优质水稻示范区被确认为部级水稻高产增效示范片。

2017 年望亭镇谋求农旅融合发展，把农产园及沿太湖的生态资源打造成集景观、休闲、娱乐为一体的旅游观光带。农业示范基地以"科学发展生态农业，打造现代化的稻作文化"为己任，努力生产高品质的健康绿色产品，保护太湖的生态环境，发展高产、高效、优质、生态的现代农业区。

（许志祥）

第八章　故事传说

望亭地区有着独特的民情民俗，由于传统吴文化的熏陶，流传于民间的故事传说，内容丰富。

从流传于望亭地区故事传说的内容来看，有的寄情于景，有的寄物于人，与这座千年古镇的历史、人文、风物、民俗紧密交织在一起。这些传说中很多都崇尚传统伦理道德，歌颂人间真善美，朴实生动，富有人情味，具有传奇色彩。

江南第一古国

帝尧之时，洪水滔天，大地一片汪洋，庄稼淹没了，房屋冲塌了，人们扶老携幼，都逃到山上或大树上去。有的人虽然逃到了山上或树上，但因为经不住风雨的吹打，特别是找不到食物，不久就冻死饿死了。有些人虽然侥幸逃到了比较大的山上，可以到山洞栖身，或用树枝树叶搭起窝棚躲避风雨，寻找树皮、野菜充饥，暂时维持生命，但人多树少，而且各种毒蛇猛兽也因逃避洪水上了山，威胁人类，所以，没被淹死、饿死、冻死，没被野兽毒蛇侵害而死的人，越来越少，长此以往，人类恐将灭绝。帝尧着急了，征召崇伯鲧来治水。鲧受命后，便去窃取了天帝的息壤，这是一种神土，遇水就往横里和高处生长。鲧看到哪里有洪水，就赶往哪里，捻一撮息壤撒在洪水前方，息壤迅速长成一道堰，把洪水堵住。可是，水是会流动的，正面被堵，漫向两边，一股变两股，洪水闹得更凶了。鲧疲于奔命地堵了九年，完全失败，被帝尧论罪斩于羽山这个地方。

鲧死后，他的尸体三年未腐。一天，忽然一声巨响，鲧的肚子裂开了，从里面蹦出一个男孩，这个男孩就是后来非常著名的大禹。大禹长大成人时，已是帝舜在掌管天下了，帝舜将治水的重担压上了大禹的肩头。

大禹走遍了山南海北，摸清了地形和水的走向，决定采用与父亲鲧完全不同的方法来消除水患，不再一味围堵，而是导引洪水入大海。大禹治水，先治黄河。黄河治好，转战南方。南方与北方不同，居民都是土著蛮族，大禹要征用劳力，就得让土著各族的首领听命于他。要想让首领们听从命令，就必须树威。人要树威，最有效的方式是杀一儆百。大禹在会稽（今浙江绍兴）召集各氏族首领开会，商讨治水大计，同时也是在物色一个可供他树威的对象。

有一个人撞到大禹的枪口上了。谁？防风氏。

别的部落、氏族首领都到齐了，唯独防风氏姗姗来迟。防风氏刚一踏上会盟的会稽山，大禹就脸一沉，不由分说，喝令武士把他拉出去斩了。大禹早在会场周围布置了伏兵，足以置与会者于死命，所以，他杀防风氏，没人敢发一声。防风氏的部落，生活在今浙江、湖州、德清一带，并向四周扩散，是一个大部落。大禹杀防风氏，说明他带来的中原联盟精锐军队，不担心控制不了局面，他当着所有氏族部落首领的面杀防风氏，就是要杀鸡给猴看，令土著胆寒生畏，不敢自行其是。大禹借防风氏一颗头颅，达到了这一目的，从此，南方所有部落唯其命为重，唯其马首是瞻，要人有人，要物有物，他的南方治水计划有了保障。

大禹在会稽会盟诸侯之后，向北来到太湖。太湖古名震泽，拥有三万六千顷水面。在大禹的时代，太湖很会惹祸，动辄演一出“水漫金山”，到处山洪暴发，到处大水泛滥，十年九涝，江南土著民深受其害。那时候的江南土著民，史称“断发文身”。断发，是因为一年三百六十五天，与水打交道的日子多，头发长了，在水中很不方便，经常绞在水草上、漂浮物上，弄不好就沉到水底淹死，所以只能将头发剪得短短的；文身，是用来吓唬水中凶猛的大鱼，使自己不受侵犯。断发文身也算是个很聪明的生存方式了，终究不是长久之计。长久之计是治理水患，变水患为水惠。但是，怎么让太湖听话，谁也拿不出章程。听说大禹是治水专家，江南土著民盼望着大禹能来太湖治水。

日也盼，夜也盼，终于把大禹盼了来。大禹勘察太湖，看出了问题的症结：太湖里有一座柯山，这座山妨碍了水道，影响了太湖的蓄洪能力，天上一降大雨，湖水满溢，淹没田地，泡死庄稼。要使太湖增强蓄洪能力，就必须请走这座柯山。于是，大禹在土著民里挑选了千名童男、千名童女，排成两列，用绳子牵拉柯山，大禹自己在后面使劲推山。童男童女“杭育杭育”齐声呐喊，以动作协调，使步伐一致。在大禹和童男童女的合力下，柯山一寸寸、一尺尺、一丈丈向前移动了。

柯山被牵出太湖一段路程后，再也不肯走了，大禹的法术再大，也无法再叫它移动半步，只好让这座山留了下来，这座山古人呼为岜崿山，后来改称狮山。童男童女牵山用的两股绳索，丢弃在了附近。大概是怕绳索绊人，丢弃时把它们盘了起来，这两坨绳索也化作了两座小山，就是狮山左边的索山和右边的铃山。

将柯山牵离太湖之后，大禹又领导土著民挖河，三条导湖入海的大河出现在江南大地上，分别命名为娄江、吴淞江、东江，历史文献用八个字评价这个工程，叫：“三江既入，震泽底定。”

太湖就这样被大禹驯服了。在治理太湖过程中，大禹征用了大量太湖周边土著氏族青壮年，其中有个汪芒族，出力最多。大禹一打听，不由大惊，这汪芒族本是防风部落的一支，按常理推测，你杀了人家的首领，人家岂能不记仇？虽慑于你的威力不得不出人出工，但怠工总免不了吧，为什么汪芒族人干活比其他族人更卖力呢？

大禹带着这样的疑问，找到汪芒族的长老汪芒氏，请他说明原委。汪芒氏叹口气，说：“你杀了我们的首领，我们和你的仇是私仇。治水是天下大事，是公事，我们不能因私仇损公事。何况，我们的首领本就是以治水为责任的，我们协助你治水，也是在完成他的遗愿。”

大禹又大感意外，问：“防风氏也治水？”

汪芒氏说：“那天他会盟迟到，并不是故意的，他在赴会中途，遇到洪水，忙着组织当地人筑堰浚河，所以耽误了时辰。禹王啊，你错杀他了！”

大禹沉默良久，深深自责。为了弥补自己的错失，他将汪芒氏的住地封给了汪芒氏。经禹王这么一封，汪芒氏就成了一个诸侯。到了商朝，汪芒氏的后裔在封地上正式建国，名叫“干王国”。干王国是江南地区第一个古国。

干王国的地盘就是今天望亭域界。

（卢　群）

夏禹奠

望亭太湖村有块地方，俗名下圩田，实际上叫“夏禹奠”。一个普通乡野之地，怎么会有这么一个文绉绉、很生僻的名称呢？这要从大禹的父亲说起。

大禹的父亲名字叫“鲧”。鲧受帝尧之命治理洪水，他采用堵的方式，堵了九年，完全失败，洪水越来越肆虐，鲧被帝尧论罪斩于羽山。

帝尧禅位给帝舜，帝舜将治水的重担压上了大禹的肩头。大禹走遍了山南海北，摸清了地形和水的走向，决定用导引洪水入大海的方法来消除水患。治洪工程开始，大禹扛着镐镢，率领成千上万民夫挖渠开山，疏通河道。在治水过程中，最艰巨的工程是开凿龙门。龙门是一座大山，高高地横在黄河当中，挡住了奔腾直下的河水的去路，河水越积越多，水量增大了，便四处横溢，泛滥成灾。大禹不怕辛苦，不畏艰险，带领民夫一点儿一点儿地开凿。夏天，烈日当空，山石被晒得滚烫，大禹汗流浃背，仍然不停地干着；到了晚上，还要对付毒虫猛兽的袭击。冬天，北风呼啸，天寒地冻，大禹一镐一镢地挖着冻得坚硬的土地，手都磨出了血泡，可他毫不在乎，稍稍休息一下，又干了起来。民夫见首领如此吃苦耐劳，也就没有了怨言，齐心协力跟着他日夜苦干。然而，无论他们怎么拼命，工效还是太低太慢了，大禹必须另外设法。

大禹将民夫统统放回家去休假，待到龙门不见一个人影，他化作一头大熊，后腿直立，前掌击石，一掌下去，呼呼生风，掌风到处，崖崩岩坼，大山终于裂做两爿，一扇门户洞开，滞阻在山前的汹涌浑黄大河，通过此门一泻而下，滚滚东流。大禹复化为人，舒了口气，擦了把汗，转战江南去了。大禹前后花了十三年，治好了华夏九州各地的洪水。

回过头来说鲧，鲧的尸体在羽山躺了好多年，忽然一个翻身，翻进溪水，变成了一条鱼，从小溪游进了小河，从小河游进了大河，从大河游进了黄河。鲧不放心儿子，怕儿子重蹈他的覆辙，想去看看儿子怎么治水。鱼一天能游多远呀，等他紧赶慢赶到达龙门，这里的工程早已结束，大禹去了南方。鲧不灰心，不停止，鱼尾一甩一甩，选泾择川，泅湖渡江，不拒辛劳，不畏风霜，昼夜不懈，朝南游去。结果，等他到了江南，大禹又已离开，到会稽去了。

鲧钻了牛角尖，误以为是大禹耻于认他这个失败的老子，有意躲他。鲧伤透了心，再也没有精神追赶儿子了，一头钻进了太湖，永远也不想再露面。想是这么想，却由不得他，因心有怨气，怨气发酵，一年一年，也不知过去了多少年，怨气在体内越积越多，猛烈膨胀，竟将一条鱼变成了一个梼杌。

梼杌和混沌、穷奇、饕餮并称四大恶兽，皆是怨怒不泄、戾气纠结之果。混沌也有开天辟地之志，但他比盘古晚生，没赶上趟，因此怨天怨地怨一切。他形状肥圆，像火一样通红，长有四只翅膀、六条腿，没有五官，却能观物听声嗅味。混沌遇到高尚的人，便会大肆施暴；遇到恶人，便会听从他的指挥。穷奇是天帝最小的儿子，因天帝过于溺爱，他从小骄横，不学无术，人见人厌，长大后嫉妒所有受人尊敬的神，最后把自己活活憋死了。穷奇大小如牛，外形像虎，披有刺猬的皮，长有翅膀，叫声像狗，经常飞到有人打架的地方，将有理的一方鼻子咬掉；如果有人犯下恶行，穷奇会捕捉野兽送给他。饕餮被蚩尤所斩，其首落地所化，羊身人面，目在腋下，虎齿狼爪，嗜好食人。梼杌人面、虎足、犬毛、猪牙，尾长一丈八尺。梼杌与其他三位相比，很少作恶，他大部分时间都在昏昏沉沉睡觉，偶尔醒来又逢心情糟糕，他才会看人不入眼，露出狰狞相把人吓死。

这一阵，梼杌闲得无聊，跑到附近的望亭地界，拱河底淤泥，扒岸上的土，堵河玩耍。栖息在望亭的原始部落见河上莫名其妙冒出了土坝，便集中了一批劳力把它拆了。谁知今天拆除了，仅隔一夜，土坝又出现在河上。如此反复多回，土著民觉得定是妖魔作祟，又慌又怕，赶紧向国君报告。当时已是泰伯建立了吴国的时候，望亭也在吴国疆域内，国君泰伯派二弟仲雍前来处理。

仲雍组织夫役再次拆了土坝，然后在河边隐藏了一夜，观察动静。他看到一个人面兽身的怪物在水中拱来拱去，堆泥叠土，不到半宿就垒起了高坝，将河流拦腰截断。仲雍不识此物为何怪，便就地打了个盹，一道灵魂直奔天庭，找黄帝请教。黄帝如此这般对他一说，并让他去找大禹解决。

大禹此时也早已上天当了神祇，听了仲雍来意，很是为难。不答应仲雍的除怪祛魅要求吧，愧对苍生；答应吧，毕竟梼杌是他父亲化身。大禹左思右想，再三掂量，说："这样吧，你回去之后，在那个地方筑个高台，我来登台祈奠。假如有用，万事皆休；如若无效，我也只能大义灭亲了。"仲雍欣然回到尘世，按大禹吩咐在望亭堆筑了一个大大的土墩，土墩面朝太湖，墩上香烛高照，供牲罗列。大禹如约降临，在土墩上念念有词，大意是请父亲看在他面上，赶快离开太湖，回原籍去安心养老，否则，恐将惹来天帝震怒，派出神兵天将下凡捉妖，你一条老命休也！

经大禹这么一番软硬兼施，梼杌倒也识趣，从湖中腾起，飞上半空，渐升渐高，直至云端。飞升之际，梼杌变作了鱼，鱼又变作了鲧的原形。鲧向土墩上的大禹点了三下头，腾云驾雾往西北去了。

鲧回到了崇山（今陕西户县），那里原是他封国。鲧在崇山恢复了本性，再也不曾出来惹过事。而望亭筑台奠鲧的地方，从此被人叫作了"夏禹奠"。

（卢　群）

泰伯收魇祷

远古时期，望亭土著以镵翻地。镵，脚踏的掘土农具，远不及中原的犁耕高效而省力。泰伯建立吴国后，颁布了废镵政令，教土著民削木制犁杖，熔青铜铸犁头，用牛拉犁耕作。

牛拉犁耕田速度快多了，土著民耕完自己的田，就去开荒。开荒可以增加耕地，是件好事，但有个土煞不高兴了。土煞，是钻在土里的煞神。这个女土煞叫“魇祷”，说起她的家世来，不得了。她的父亲名驺虞，形体特别奇异，有八个头、八只腿、八条尾巴、人的面孔、虎的身子，这么一个庞然大怪兽，有些吴地部落却认他为始祖神。驺虞娶古怀氏为妻，生下女儿长得和正常人没什么区别，但也头颅上有两张脸，朝前的一张脸露出，后脑上的那张脸被长发遮着，平时人家不会发现，风大了头发被掀起，能把人吓死。因为这缘故，魇祷常年待在地穴里面，不爱出来。魇祷的地穴在望亭，穴上面的一片土地荒了千百年，长满杂木乱草，人迹罕至，极其静寂，她待着很安逸。忽然穴顶上方哗哗作响，还有踏地声、吆喝声和鞭子噼啪声，将她惊动了。魇祷探出头去一看，见七八个人赶着七八头牛，一头牛拉着一张犁，正在犁开地穴上面的土层。魇祷很生气，掐指一算，知道这些人来这里开荒，账要算到泰伯头上，如果没有泰伯推广牛耕犁作，他们哪有这个能耐跑到这片地上来搅她清梦？

按常理想来，土煞既然带个“煞”字，应该属于凶神恶煞一类，非常凶狠，非常险恶的。魇祷不同，她从不害人。魇祷虽然也有通过祈求鬼神或运用诅咒达到目的之法术，但很少施行。这次，她也不想伤害谁，只想劝说泰伯在吴国境内放弃牛和犁，让部落民回到脚踏镵子掘土翻地的老路上去，那样的话，就没人有过剩的精力来打扰她了。

从这天起，泰伯就不得安生了，耳畔不时有个尖厉的女声响起：“我是魇祷，我是魇祷。”泰伯开始以为是疲劳或体虚引起的耳鸣。并没当回事，找了些药草煎服了，以为过两三天就会好了。一晃三四天过去，这声音非但没消失，反而越来越频繁，越来越刺耳。泰伯问道：“你是何方神圣，为何盯上我了，我有什么事得罪你了？”

魇祷说：“你的牛和犁搅得我不太平，我也要让你尝尝这种滋味。你要么下令停用牛犁，仍用镵子；要么和我一样，天天给吵得心神不宁。两条路，你选一条吧！”

泰伯说：“弃镵用犁是对的，废犁用镵是错的，你为何要我改对为错？”

魇祷说：“我不管什么对和错，以前这里的人祖祖辈辈都是踏镵翻地的，不是也一代代过么？”

泰伯说：“此话错矣！是一代又一代的过来了，却要看过得怎样。如你所言，这里的人确实是祖祖辈辈踏镵翻地的，但你是否知道，踏镵翻地人有多累，速度又慢，翻得又不深，所以产量太低，除了酋长、贵族，有几家能吃饱的？挨饿伤身，体弱易病，奴隶就不说了，即便平民，能活到三十岁就不算夭折了。还有一条，那就是平民虽然有些私田，也因收成不多，青黄不接，只得向贵族借粮，利息过重也得借，借了还不起，只能用私田抵，抵尚不足，只能用自身抵，平民沦为奴隶。于是，平民只见减少，这里的部落始终壮大不了，没有一个部落强大到能够建国立邦。我来之后，先撮成联盟，再建立吴国，先推动助耕，再推行牛犁，你难道未看到这里人的日子好过多了么？”

魇祷说：“道理我说不过你，我就不讲道理了，反正你改也得改，不改也得改，假如你不让这里的人退回到踏镵翻地，我跟你没完！”

泰伯说：“你这是威胁我了，我倒要看看你怎么个没完法。”

魇祷说：“我一天十二时辰不停在你耳边叫，叫得你休想睡觉，你这条老命还要不要？”

泰伯说：“你就是把我吵死，我也不会下令退回到踏镵翻地。若是我退了这一步，又跑来一个何方神圣，要我下令退回到刀耕火种，我也答应？这是万万不可的！”

魇祷挠头了，心想：这人刀枪不入，怎么办？我又不能真的将他活活吵死，还是另外想一招吧。

魇祷钻到地穴里去动脑筋了，泰伯耳根清净了一阵，可是，过了几天，他耳畔又响起了那个尖厉的女声：“我是魇祷，我是魇祷。”

泰伯问：“你又来做甚？”

魇祷说：“我来告诉你，我将祈求鬼神一齐捣蛋，你的吴国麻烦大了！”

泰伯调侃道：“你又来吓唬我了，我又不是吓大的。”

魇祷发急道：“我这次真的不是吓你，你要相信我有这个能耐。”

泰伯说：“那你讲几个鬼神给我听听，我盘算盘算，吴国能否让你搞乱？”

魇祷神气起来了，大模大样道：“你竖直耳朵听仔细了，我第一个请来猪圈神，让猪生瘟疫；第二个请来马厩神，让马变跛脚；第三个请来厕神，让人尿畜粪遍地流；第四个请来灶神，让蟑螂到处爬；第五个请来……”

泰伯笑道：“好了好了，你不用往下数了，我以为你能号召多大的神灵呢，原来都是些小妖。况且，我断定你也不会纠集他们来捣乱的。”

魇祷吃惊地问：“你怎么知道我不会？”

泰伯说：“你真要那么做，早就做了，还用得着先告知我，和我讨价还价？我料你并非恶神，不过是嘴巴凶些罢了。”

魇祷沮丧地嘟哝道：“给你说中了，我还真是这样的脾性。我恶又恶不来，静又静不了，你说我怎么办呢？要不，你给我出个主意吧。”

泰伯觉得这个魇祷挺可爱的，愿意帮她的忙，说：“你不是怕吵吗，这样吧，你不要再待在地穴里了，附到鼓上去，烦恼就没有了。”

魔祷叫了起来："鼓声那么响，不是更吵我了么？看你很厚道的一个人，为何这么捉弄我？"

泰伯说："这你就不懂了，当年黄帝造大鼓，就下过敕令：他日如有鼓神，准其声不入耳。你想呀，倘若鼓神听得到鼓声，他岂不头都要炸裂？他为了保护自己，就会压低鼓声，甚至让鼓哑掉。万一战斗激烈，需要猛擂大鼓振奋士气，鼓神却作起梗来，那还了得！所以，鼓神听不到不愿听的声音。你待在鼓里，最清静了。"

魔祷问："黄帝到如今，这么久了，鼓神这个位子还空缺？"

泰伯说："黄帝当年不曾物色到合适人选，让后裔继续物色，一代一代后裔或是忙，顾不上管这种小事，或是觉得给不给鼓配个神无所谓，把这事忘了，要不是你找到我头上，我也想不起此事。你连犁地那点声响都受不了，可见你特别怕烦，你去当鼓神最合适了。我做主，这个位子就是你的了，你去不去？"

魔祷兴高采烈说："我去，我去。我不来你耳边叫嚷了，你也落个清静吧。"

魔祷就这么心甘情愿给吴国的开国君主泰伯收服了。

（卢　群）

蛇鼠风波

泰伯建立吴国不久，他的夫人就离世了。泰伯夫人身体原本很壮实，但是，从渭河流域南奔途中，经过荆蛮地区时，她和好几个随从被瘴气熏倒，那几人没再醒来，她靠着自己的身体本钱挺了过来，留下了一条命，只是身体从此垮了，一天比一天憔悴，一日比一日衰弱。好不容易撑着跟随队伍抵达太湖地区，她就病倒了，茶饭无味，下不了床，迅速消瘦，以至落形，谁见了都心酸。

这一天，从清晨开始，泰伯夫人就感觉特别不舒服，浑身像抽空了似的，虚弱得令她心慌，胸口如有石头压着，气都喘不上来。挨到午后，她陷入了昏迷。傍晚，泰伯夫人清醒过来，觉得有了点力气，呼吸也顺畅了些许。她知道这是回光返照，留给自己的时间恐怕不多了，便将丈夫、儿子叫到病榻前，又派人去请来了仲雍夫妇。泰伯夫人让儿子扶她坐起，艰难地说道："我只怕不久人世，这是我们见最后一面了。我也没有多少放不下的事，只有一件尚须叮嘱几声，讲了，就可以无牵无挂走了。"

泰伯制止道："你休胡思乱想，好好静养，加紧调理，总能康复的。"

泰伯夫人凄然一笑，说："自病自知，夫君，你不用安慰我。说到调理，我儿才需要好好调理，他自幼体弱，夫君在这件事上要多多费神，多多操心。你将儿子养强壮了，我在九泉之下也感激你。"

泰伯抑制住感伤，强笑道："夫人说哪里话来，让我们的儿子强壮，本是我做父亲的一大心愿，以后我一定在此事上多花些心思。"

泰伯夫人点点头，气息微弱地吐出了她一生的最后一句话："我说完了，我要休息了。"话音刚落，插在墙上的两支火把，"哔哔剥剥"爆出一阵火花，一齐无风而熄。泰伯大感惊诧，赶紧重新点亮火把，却见泰伯夫人已平躺下来，稍一会，没声去了。泰伯父子不免悲恸，顿足流涕，呼天抢地。

为亡妻办完丧事，泰伯整日心情压抑，情绪低落，吃饭不香，睡觉不宁。泰伯三天两头梦见妻子朝他走来，笑盈盈的，步履轻快，俨然初婚时那个娇妻，他伸手揽她入怀，一揽一个空，猛然惊醒，回味梦境，泪流满面。

父亲的忧伤，儿子看在眼里，很是担忧。他想让父亲散散心，提议出去走走。泰伯本无兴致，但想到儿子也是一片好意，加上他存有往东开拓疆土之心，就同意了。父子俩结伴策马东行，一日来到望亭地界，见一大片竹子，不下百亩。此时正值炎夏，翠竹构成的一个清凉世界，一走进去，身上的汗一下子全退去了，感觉格外凉爽，特别舒服。泰伯的心情顿时松快了许多，微笑道："我儿带为父出来走走，不错，不错。"

儿子说："那就在这竹林里多待一会，以后也多抽空来这里转转。"

泰伯欣然说："很好，你常敦促为父出来便是了。"

两人下马，在竹林缓步而行，泰伯忽然听到儿子叫一声："啊呀！"忙问怎么了，儿子说："我给什么咬了一口。"泰伯急忙查看，见儿子左上臂添了个小创口，稍微有点血。泰伯问："疼么？"儿子说："不甚疼。"泰伯又问："可曾看清给何物所咬？"儿子说："未留意，大概是个虫子吧。这点皮肉小伤，不碍事的，父亲不用担心。"泰伯说："不碍事就好，我们已在这里逗留好一会了，再处别处看看吧。"

泰伯哪里知晓，儿子是被"竹叶青"咬了。这种毒蛇全身翠绿，盘缠在竹上，与竹叶混为一色，不细看很难发现。被咬者伤口虽只有少量渗血，但疼痛剧烈，呈烧灼样，儿子不想让他担心，故而轻描淡写，装作没事的样子。竹叶青蛇咬人时的排毒量小，如及时治疗，中毒者很少死亡。可惜泰伯父子从西北来，从未有过被这种南方毒蛇攻击的经验，故而并未郑重对待这个意外事件，把最佳求医时间耽搁了。一宿易过，第二天儿子左上臂出现了血水泡，红肿溃破，因仍旧不想让父亲担心，他悄悄弄了些草药敷了创口。又挨了一天，他感觉恶心、头昏、胸腹胀痛，很快又发展到吐血、便血，直至昏迷。这么一来，不惊动父亲不可能了，泰伯这才意识到此事严重，命一个懂医的部下去诊疗，这部下不明伤口由来，束手无策。泰伯赶紧请来当地巫医，巫医察看伤口，看到两个细小的牙痕，间距一寸许，连连摇头道："这是竹叶青咬的，迟了，迟了，没救了，没救了。"

泰伯就这样失去了他唯一的一个儿子，这一打击使他陷入了狂暴状态，他派出一支队伍，在望亭筑营扎寨，专事灭蛇，不分大蛇小蛇，有毒无毒，务必短期内将所有蛇打死。泰伯把这支队伍分成若干组，把营寨内外划成若干块，一组负责一块。他撂下了狠话：一月后在哪块地域再看到一条活蛇，负责这一块的人全都得挨三十鞭；两个月后还见到蛇，各打一百板；三个月后蛇又露头，杀无赦！接连丧妻亡子，将吴国的开国君主几乎逼疯了，谁都不敢劝他理智些，人们所能做的，就是没日没夜寻找蛇的踪迹，围剿大蛇小蛇。经此努力，望亭方圆数十里，真的绝了蛇迹。泰伯一口恶气总算出掉，开始恢复正常。

蛇是灭绝了，但不久，鼠患大盛，搞得望亭这支队伍不得安生。他们向泰伯请示，泰伯也束手无策。一日，有个土著酋长来访，告诉泰伯，蛇有毒与不毒之分，毒蛇只消注意防范，人也不会被它伤害。你们周人从遥远的西北来，不知道如何识别这里的蛇，不会预防，不当心被咬了，也不懂怎么救治，我们可以教你啊！至于无毒之蛇，就更无必要对它大动干戈了。蛇是鼠的对头、克星，一条蛇一年能吃掉四五百只鼠，现在你倒好，把蛇全灭掉了，鼠当然就泛滥成灾了。你不赶紧补救，明年你们田里就等着颗粒无收吧。你们播下的种子，还不够鼠当点心呢！何况鼠还会传病给人，一旦鼠疫发生，后果比一二人被毒蛇咬死，可怕十倍、百倍、千倍！酋长还告诉泰伯，自己今日前来，是受周围好几个部落委托，因为大家都怕鼠患，更怕鼠疫，假如你们周人不改弦更张，一味将灭蛇行动进行到底，那么，对不住，我们这些部落只能联合起来，把你们赶走，给蛇腾出地盘。

泰伯这时也已感到自己对蛇的仇恨过了度，失了分寸，完全是意气所致，干了一桩蠢事。他虚心地说："阁下所言甚当，请问怎样才能弥补，能否上贵领地捕蛇到望亭放生？"

酋长说："这倒不必，只要你们停止杀蛇，鼠多之地，蛇见食源如此丰富，自会游来就食。要不多久，蛇就会多起来，鼠就会大大减少。"

泰伯说："悉听尊教。"

通过这场蛇鼠风波，泰伯对土著的看法有了微妙变化，原来他看断发文身的土著，觉得模样怪异，愚笨懒散，周人高明，理应驾驭他们，现在他认识到要想在这里生存，还得借助土著的经验和智慧。

现在大家都知道生态保持平衡的重要性，望亭人风趣地说：三千年前，我们就给吴国的祖宗上过生态平衡课了。

（卢　群）

寿梦迁都

泰伯南奔，在太湖东侧建立了勾吴国，国都在今无锡梅里。勾吴国传至第十九世寿梦，迎来了一位锐意进取的国君。寿梦去掉了勾吴国的"勾"字，使国名更像个国名，同时，他决定称王。寿梦自封吴王的当年，便亲赴洛邑（今河南洛阳）朝见刚即位的周简王，这是吴国建国以来第一次朝见周天子。吴、周同为姬姓，本是一脉，寿梦在洛邑认祖归宗，周简王大喜，拉着他的手说："还是同宗亲啊，以后你要多替寡人分忧。"

周简王是东周的十七代天子，这时周室式微，周天子的权威已经荡然无存，诸侯国纷纷坐大，周简王深感威胁。寿梦正是看准了这点，才北上朝觐的，目的一是让天子默认他的僭称王，二是希望获得某些授权。寿梦的目的达到了，周简王担心的是晋、楚、秦、宋、郑等国，对从未介入中原争战的吴国，并不防备，且有拉拢之意，所以，根本不会计较他改了称号。天子不当面纠正，等于允许了他以王的名义示世，寿梦得遂所愿。至于周简王要他多分忧，寿梦求之不得，从此，他采取什么行动，都可以打出"奉天子令"这个旗号了。

第二年春天，寿梦就以"代天子训诫"的借口，发兵攻打郯国（今山东郯城）。郯国很小，地域仅相当于今天的一个乡。因为弱小，它从来不惹事，对周天子恭敬，与邻国和睦，对大诸侯国服从。前一阵，楚国遣使来通知郯国会盟，郯国和楚国虽不接壤，不至于直接遭到侵犯，但它不想惹恼楚国，就答应了。孰料楚国不恼，却恼了吴国。吴王寿梦责之以"依附逆臣，轻慢周室"，派出三千人马，长途奔袭郯国。郯国国君吓得慌忙筹齐大量酒肉，远迎十里，犒劳吴军，一个劲儿承认错误，恳求吴王退兵。寿梦原本也只想吓唬吓唬郯国，耍耍威风罢了，便卖个顺势面子，吃饱喝足，打道回府。

寿梦此举，意在激怒楚国。如果楚国发兵为郯国撑腰，他就可以放开手脚和这个邻国大打一仗了。为了这一仗，吴国已经准备了好多年。楚人先祖鬻熊辅佐周武王灭商有功，武王之子周成王念其功劳，封鬻熊曾孙熊绎为子爵，领地五十里，据以建国。熊氏在荆地脱颖而出，利用周王这块牌子，并吞了一个又一个部落，疆域不断扩大。迅速壮大起来的楚国觉得自己停留在五等诸侯国，这是周室不公，于是撇开周天子，自封为王。寿梦也是先自封为王，再用小计谋得到周简王默认的，不好意思以"讨伐僭王"的理由向楚国宣战，所以想方设法促使楚国先动手。

不知是楚国并不在乎远方的小小郯国呢，还是忙于并吞，反正楚国并未如寿梦期望的那样为郯国动干戈。寿梦不免失落，便去攻打巢国（今安徽巢湖）和徐国（今安徽泗县）。这是楚国的两个附庸国，楚王不能不管，楚国令尹（相当于宰相）子重奉命驰救，吴军却撤走了。子重见巢、徐无事，也率军撤回了国内。楚军刚撤，吴军又至，巢、徐告急，楚王命子重再度往救，楚军快到，吴军又缩了回去。楚军一走，吴军兵锋又逼近巢、徐，如此往复，七次牵引子重奔波，搞得楚军疲惫不堪，被吴军打了个埋伏，颇有损失。

楚国受挫于吴国，中原一些老牌诸侯国幸灾乐祸。这些诸侯国都看楚国不入眼，认为这个"暴发户"太狂妄，早就想教训教训它，现在吴国替他们出头，他们对吴王寿梦就有了好感，鲁、晋、齐、宋、卫、郑等国在钟离（今安徽蚌埠）会盟的时候，也邀请寿梦参加。这是吴国第一次参加与中原诸侯之间的会盟，地位大大提升。

这一下，楚国真的被激怒了。在楚王眼里，吴国只是个蕞尔小国，竟敢对他这个大邦发起袭击，已属太岁头上动土，不知死活，如今中原诸侯们如此抬举吴国，更是有意侮辱他堂堂荆地之王，给他难堪，他若不再狠狠惩治吴国一下，这世上真搞不清谁是强者了。楚王召来子重，说道："上回吴虏前来骚扰，侥幸占了些便宜，势必越发嚣张，若不将他气焰打下去，只恐复来，一次次入境搅得我们无有宁日。我命你举兵伐之，一击把他打瘫了，起码十年恢复不了元气。"子重也想报一箭之仇，当下慷慨领命，自任元帅，大阅舟师，选精卒二万人，顺长江东下，直逼吴境。

楚军甫动，早有细作报于寿梦，寿梦点长子诸樊为帅，治兵于江口（今安徽颍上），抵御楚军。楚军水师受阻，先锋将邓廖献策道："长江水流进易退难，末将愿率一军前行，得利则进，失利亦不至于大败，元帅暂且屯兵不进，相机观变，可以万全。"子重采其言，选车甲五百，步勇五千，皆气强力大、一可当十者。邓廖率领这支精兵，弃舟登岸，快速急行，打算绕到吴军侧后偷袭。诸樊早有防备，安排了伏兵，邓廖偷鸡不成蚀把米，只剩车甲八十、步勇三百，狼狈而回。

子重统领的大小舟船百艘，停泊在江面等候消息，忽听一声炮响，诸樊率战船十多艘，杀向楚军舟阵，子重指挥水师包抄，诸樊急令船队后撤，楚军水师穷追不舍，直至采石港（今安徽马鞍山）。诸樊已在采石港布下埋伏，由其弟馀祭、馀眛负责。诸樊佯败东走，将楚军水师诱入了包围圈。待到楚军百余舟船悉数进入，两岸炮声大振，石弹遮天，矢如蝗阵，馀祭、馀眛伏兵从后夹攻，诸樊船队掉头回战。楚军水师大乱，阵式全失，无法组织有效抵挡，馀祭、馀眛各乘艨艟大舰突入敌阵，舰上俱精选勇士，以大枪乱捅敌船，楚舟多倾覆，楚兵多溺毙。子重拼死突围，总算逃出包围圈，捡了条性命回到楚都。

子重是楚国辅臣，任令尹后，清查户口，免除欠税，救济老弱，赦免罪人，安定好了内部后，频频对外用兵，远伐卫、鲁，袭击宋国，攻打陈、莒，立下赫赫战功，不想竟如俗语所说的"大河里不死，死在阴沟里"，败给了根本不入楚人眼的吴国，而且败得这么惨。子重羞愧难当，郁忿成疾，无多时日，活活气死了。

吴王寿梦选择与楚国为敌，有他的深谋远虑。他清楚吴国想要发展，楚国定然遏止，两国地理位置摆在那儿，不想发生利益冲突绝无可能。吴楚迟早有一战，迟战不如早战，趁楚国尚未重视吴国之际，吴军可以利用对方的麻痹轻敌，一战打出威风。寿梦的决策非常高明，取得了预料中的成功。但他并未被胜利冲昏头脑，他掂量两国实力，毕竟楚国是"大块头"，吴国是"小个子"，该避还得避，不可一味碰硬。因此，寿梦有了迁都之心，他要把国都往东迁移，与楚国之间留出更广阔的缓冲区域。万一楚军前来报复，吴国将有更早的预警时间，更大的安全屏障，更充裕的调兵余地。

于是，梦寿迁都出梅里，到东南方另筑新城。这个新都城，位置在今天的望亭一带。

（卢　群）

庄湖、季氏与宅基村

苏州望湖湾宅基村村名的由来,得从春秋战国时期在太湖捕鱼捉虾的庄湖、季氏一对老年夫妇说起。

庄湖年临花甲,与老伴季氏膝下有个儿子。儿子长大成婚,与妻子你敬我爱,和谐相处。小夫妻俩见父母亲年事已高,为此叫他们在家歇息,自告奋勇下湖捕鱼捉虾。天有不测风云,一日天气骤变,狂风大作,把捕鱼小船掀翻,一对年轻夫妻葬身湖底。白发人送了黑发人。

为了生计,庄湖复而与妻子季氏操舟下湖,风里来雨里去。

一天,老两口出门打鱼回家,见家门口倒卧着个白发苍苍的男子。庄湖仔细一看,那男子尽管须发雪白,然而肤色尚青,一摸胸口,尚有"扑扑"心跳,顿生恻隐之心,遂把这人搀扶入屋。白发男子躺在床上,苏醒过来,见到庄湖,连声央求:"给口粥充饥,讨口水解渴……"庄湖即吩咐妻子烧煮米粥,尔后一口一口喂给白发男子喝下。

白发汉子喝了米粥之后,渐渐恢复体力,翻身下床,双膝下跪,感谢相救之恩。

庄湖便问他哪里人氏,又去哪里营生,怎会饿昏在这里?白发汉子见老两口为淳厚打鱼人家,一五一十说出了实情。

原来此人姓伍名员,字子胥,出生在一个优裕宠贵的家庭。父亲伍奢为楚国太子建师傅,他见楚平王荒淫无耻,轻信谗言,意欲废黜太子,遂上朝规劝楚平王为社稷着想,悬崖勒马,整顿朝纲,严惩腐败。不想楚平王在奸臣挑唆下,恼羞成怒,把他父亲伍奢和家兄伍尚推出斩首。为了赶尽杀绝,令三千铁甲追杀他伍子胥。伍子胥在伍家坡众乡亲的相助之下,躲过楚平王将士一路追杀,闯过昭关至溧阳,复行三百里,到了北太湖望湖湾。因他几天粒米未进,饥肠辘辘,当见到湖边有几间茅屋,欲讨几口果腹之食,见茅屋大门紧闭,正欲去湖边拔几根芦苇根充饥,不想眼前金星乱飞,突然一黑,昏厥倒地,不省人事。

庄湖、季氏夫妻俩尽管一介平民,但早就听说楚平王昏庸无道,听了伍子胥的话之后劝慰道:"如不嫌弃,这里是你栖身之屋,有你果腹的粮。"伍子胥听罢,感激涕零。

自此以后,伍子胥在三间茅屋中住了下来,当他得知老两口儿子媳妇已不幸蒙难,便与老两口一起下湖捕鱼捉虾,而后去附近集市出卖,换些生活用品回家。

伍子胥售鱼,为了吸引客户,遂从竹林里取来根竹子,做了箫子,边吹边卖。顾客买鱼,伍子胥热情好客,生意十分红火。

伍子胥出奇的行迹,引起了正在那里逛街的吴王僚儿子庆忌的注意。

王僚夺得王位之后,正在广纳天下人才,他听了儿子庆忌介绍,即便差了手下把伍子胥引领入宫,接见了他。伍子胥从小饱读诗书,文韬武略,无所不精,略加思索,侃侃而谈。

王僚一听，觉得伍子胥果然是个奇才，有意重用。可没隔几天，王僚在儿子庆忌怂恿之下，又改变了主意。

原来一天伍子胥从王僚那里归来，步行街头，正遇庆忌带了几个家丁招摇过市。庆忌看到一年轻女子美若天仙，垂涎欲滴。他给手下使了个眼色。几个家丁心领神会，乘那年轻女子步至街尾，行人罕至，一哄而上，抢了就走。伍子胥途经看到，打抱不平，立马上前阻拦。庆忌手下狐假虎威，出手直扑伍子胥。伍子胥见这帮歹徒胡作非为，施出浑身解数，击退了这帮恶棍。

那年轻女子是公子光门客要离之妻小米。小米是北太湖人氏，返回娘家探望父母，不想途中遭这帮恶棍骚扰，所以十分感激伍子胥出手搭救。

庆忌从手下得知，是名叫伍子胥的相阻，使自己到了嘴边的“美食”丢失，觉得这人不通人情，日后一旦成为父王幕僚，难以驾驭，所以上谏父王：“孩儿考虑再三，要是启用伍子胥这个亡命之徒，会得罪楚平王，还是忍痛割爱为上。”

伍子胥复而住进了望湖湾的三间茅屋，与庄湖、季氏一起过着日出而渔、日落而息的渔民生活。

一天，他与庄湖、季氏下湖捕鱼，满载而归，十分高兴。第二天，伍子胥对庄湖、季氏说：“你们年岁已高，让我把鱼挑去集市卖了换来米油?”庄湖、季氏甚是高兴。伍子胥把鱼倒入木桶，挑了赶往集市。前些日子，他因当街击退了庆忌手下家丁，所以大家认为他是不畏强暴的英勇汉子，见他吹着箫子又来卖鱼，所以争先恐后前去他的鱼摊，一个时辰不到就被买得一条不剩。他拿了卖鱼钱前去米行购了米粮，进了肉铺，斩了几斤猪肉，返身兴冲冲赶回望湖湾。

到了望湖湾，他见茅屋大门洞开，高声唤道：“庄叔，季婶，今天卖了个好价钱，我买了几斤猪肉回家，好好犒劳一下你们两老……”他不听里屋回音，三步并作两步跑了进去，四周一望，空无一人，正感奇怪，突然，他看到季婶伏在桌上。他拍了一下其背，不见回音，扶起一看，一脸是血，并已气绝身亡。正在这时，里屋传来哼哼呻吟之声，他放下季婶，跨步入房，只见庄叔倒在血泊之中，奄奄一息。伍子胥问道：“庄叔，这是怎么回事?”庄湖断断续续讲出了刚才发生的事。

原来伍子胥出去卖鱼，茅屋来了两个手执朴刀的莽汉，开口讨口水喝。季氏进屋沏了杯茶端上，便问：“两位来此，有何贵干?”不想那两莽汉坐下之后，劈口问道：“这里住了个名字叫伍子胥的?”季氏说了实话：“他去上街卖鱼，不时就会回来。”听了这话，一瘦个莽汉，拔刀砍了季氏一刀。庄湖在里屋听到外面妻子一声惨叫，赶了出去。看到眼前发生的一幕，他正要上前与两莽汉理论，一矮胖莽汉持刀把他逼进屋内，举刀向他砍去。庄湖殊死相抗，终因力不从心，被胖汉砍上几刀，血流如注，跌倒在地。

伍子胥正要背庄叔前去集镇郎中那里抢救，庄叔一口拒绝，声如游丝：“兴许这两歹徒是冲着你来,如今或许躲在暗处,你要千万小心。老朽身中数刀,看来已无回天之力……”言罢,头一倾,双眼一闭,撒手而去。

伍子胥心如刀绞,泪如泉涌,长叹一声道:“我刚来吴郡,人生地不熟,何来冤家对头?天啊,你等对伍某有仇,只管冲着我而来,持刀对手无寸铁的老汉弱妇,你们算什么好汉!”此时门外传来声响,伍子胥凭着木窗往外一看,只见一瘦一胖两个莽汉执刀直扑而来。伍子胥怒不可遏,“嗖”地从肋下拔出佩剑,冲出了屋,面对莽汉大声斥道:“呔,看来你俩是冲着我来的?”

一胖一瘦两莽汉先是一惊,当看清面前站着一人,胖个莽汉道:“哈哈,快快跪下受擒,免得爷俩动手。”伍子胥道:“我与两位素昧平生,为何苦苦相逼?”胖汉道:“我俩是奉命前来擒你是问。”伍子胥道:“既然你俩奉命而来,请问是奉了谁的命,让我也心中有数。”瘦个子狐假虎威:“嘿嘿,小的你竖起耳朵听好了,那人可是当今大王的公子庆忌!”伍子胥听了丈二和尚摸不着头颅:“我与庆忌从未谋面,何来怨仇?”胖汉道:“是你坏了公子好事,怎么,自已干了却忘了?”他见伍子胥依然一头雾水,开门见山道:“不是你在前几天你在集市街心,把一个美女小米劫走?要不是你扰局,如今这美女依在庆忌公子怀中,这可是她的造化。可你管起闲事,坏了公子好事。”

伍子胥恍然大悟,厉声斥道:“既然你俩奉命来取我首级,为何要滥杀两位无辜老人?”胖个子强词夺理:“谁叫这两个老东西撞到我们刀口上。废话少说,还不快快跪下求饶,让你留个全尸!”伍子胥怒发冲冠,挥剑直逼胖汉:“我先送你去西天!”胖汉举刀而挡,震得双臂发麻,朴刀松手掉落在地。伍子胥抢前一步,举剑直刺他心胸。胖子中剑,胸口冒出一股污血,踉跄几步,跌倒在地。瘦个子见状,持刀向伍子胥扑来。伍子胥卖了个破绽,瘦个子扑了个空,收脚不住,向前冲去。伍子胥返身挥剑向他后脑勺砍去,正中他脖子,脑袋“扑通”一声落地。

伍子胥返身安葬了庄叔、庄婶,而后跪在坟前,声泪俱下:“恩人啊,你俩救了我,自己却丢了性命……”末了,他站起身后直奔吴都,寻找庆忌算账。但却听人说庆忌率兵去了卫国,因此他在吴都住了下来,以吹箫卖艺乞讨为生。

后来伍子胥依公子光门下,相助他夺了大位,史称阖闾。吴王阖闾册封伍子胥为行人,管理国家大事。尽管伍行人日理万机,有空便去北太湖望湖湾祭祀恩人庄湖、季氏。附近百姓得知庄湖、季氏在伍大夫穷困潦倒时曾出手相助,敬其人品,故把庄湖季氏当年居住的三间茅屋尊称为“大庄宅基”,简称“宅基”。

(张瑞照)

伍子胥与长洲亭

北太湖彼岸地势高，原是一片树林，间或翠竹丛丛，内有一只长方形凉亭，始名长洲亭，相传这亭与伍子胥有关。

伍子胥避难奔吴，一日到了北太湖，因举目无亲，他披头散发，光着双脚，用烂泥涂污两腮，时而吹箫，时而呼号，靠卖艺乞讨为生。

一日，伍子胥在街头吹箫卖艺，见一个白发老妇林氏倒地，痛苦不已。伍子胥上前扶起老妇，并把她背回了家。当老妇恢复清醒之后，他才告辞离去。

一天，伍子胥街头卖艺，当地丐帮帮主欺生，令众乞丐把他撵走。在驱赶中，伍子胥与帮主交手。因他几天粒米未进，饿得头昏眼花，手无缚鸡之力，被帮主打翻在地。众乞丐一哄而上，拳打足踢，把伍子胥打得鼻青眼肿，奄奄一息。此时一个汉子步至，路见不平，拔刀相助，把他救下，并领至家中。那人名叫专诸。而专诸的母亲，正是昔日伍子胥出手相助的老妇林氏。

伍子胥与专诸陌路相逢，十分投缘，不久，撮土为香，对天起誓，结成了异姓兄弟。

专诸是个屠夫，脾气豪爽，江湖朋友较多。通过专诸，伍子胥结识了常去专诸家做客的被离。被离是公子光的门客，得知伍子胥是昔日临潼十八个诸侯国大将比武、一举得冠的少年英雄，为避难奔吴，遂把他请至霄汉宫去见主子公子光。

公子光是昔日吴王诸樊之子，按理王位由他继任，不料王僚夺位，为此郁郁寡欢。他认识伍子胥之后，遂向他讨教夺回大位之策？伍子胥见公子光为人坦率，胸怀鸿鹄之志，为此说：欲得大位，务须"天时、地利、人和"，缺一不可。公子光认为伍子胥所言极是。为避嫌，公子光请门客被离安排，在北太湖畔森林旁寻几间无主茅屋与伍子胥相会。伍子胥到了一看，那屋正是当年自己至吴国，穷困潦倒，饿昏倒地，一对老年夫妻出手相救的地方，感慨万分。同行的公子光听了，连忙携伍子胥一起去了这对老年夫妻坟前，三跪九拜，念念有词："但愿上天保佑……"并承诺：如若大权在握，即为伍子胥报"杀父之仇"。

伍子胥见公子光如此重情义，且又有治国安邦的雄才大略，于是向他面授顺乎民意除奸之计。得知王僚喜好吃鱼，请来大师教授专诸炙鱼手艺。公子光心领神会，厚待专诸，尤对专诸老母林氏，如同亲生母亲一般问暖嘘寒。

其时，王僚一心称霸天下，在伍子胥来吴的几年里，与邻国之战不断，刀光剑影下，横尸遍野。

王僚六年（前521年），吴军进攻宋国，却被宋、齐联军打败在鸿口（今河南虞城）。王僚八年（前519年），吴楚大战于鸡父（今安徽寿县西南），楚军大败。吴军入郹（今河南新蔡境内），取楚太子之母而去。王僚九年（前518年），吴蹑楚军之后，灭钟离（今安徽凤阳东北)和后巢(今安徽寿县东南),楚国会同顿、胡、沈、蔡、陈、许等六个诸侯国联军前去救援。吴军在钟离抵敌,两军对峙。吴军采用各个击破之法,加上楚国主帅病死,楚军大败,大长了吴王僚威风。

不久,楚国边邑钟离同吴国边邑卑梁(今安徽天长西北)发生冲突,吴军出征,占领了楚地钟离和巢。吴王僚十一年(前516年),楚平王死,王僚乘楚国葬,举兵伐楚,不想新主昭王熊轸早有准备,率师迎战,使吴军在楚既不能进,又不能退……

前线告急,王僚为了征兵征粮支持前方,加强赋役征税,贪官污吏乘机搜刮民脂民膏,加上连年水涝,民不聊生。饥民不服酷征,纷纷振臂相抗。王僚不治贪官污吏,反而对饥民残酷镇压,吴国民怨沸鼎。伍子胥此时遂对公子光道:时下你替天行道、灭僚得位的时机已到。

公子光遂把一把鱼肠剑交给专诸,求他相助。专诸听从母训,一口应诺。

公子光安排宴请王僚品尝太湖三白(白鱼、银鱼、白虾),畅饮特酿美酒,并说自己物色了五名佳丽,届时席间起舞助兴。王僚酒色皆嗜,一口应诺。公子光在霄汉宫迎请王僚赴宴。酒过三巡,王僚微醉。专诸把剑藏于鱼腹,端上大殿,乘王僚不备,遂从鱼肚中拔出鱼肠剑,结果了王僚的性命。王僚卫士蜂拥而上,杀死了专诸。

公元前514年,公子光登基为王,建号阖闾,册封伍子胥为行人。据传阖闾把北太湖旁昔日自己与伍子胥商讨夺位大计的茅屋(今望亭镇宅基村)建了座长方形石亭,取名"长洲亭",以为纪念。此亭为3小间,中间较大,两旁较小,外观质朴,亭柱呈方形。长洲亭千百年来,毁了建,建了又毁,直至销声匿迹。东汉末年,吴国先主孙坚至此,听到民间流传阖闾与伍子胥在这里发生的故事,遂令人在不远处的运河之畔也建了座亭,取名御亭。

(张瑞照)

长洲苑将计就计

春秋时期北太湖望湖湾一带三十余里方圆是狩猎场,名叫长洲苑,湖畔筑有行宫。

那里怎会成为狩猎场,建起行宫?这得从阖闾在伍子胥的协助之下夺得大位说起。

一日,阖闾当着众臣之面说:"寡人要履行当初承诺,挥师伐楚,为伍卿伍行人报杀父之仇。"伍子胥立马"扑"地跪下,双手乱摇:"万万不可,万万不可。"这让吴王阖闾一头雾水。伍子胥于是说出了缘由:"王僚在位时,连年与邻国发生战争,国弱民穷。如果现在发兵伐楚,非但报不了仇,还会损兵折将。"

阖闾对伍子胥如此宽广胸襟赞扬有加,于是每逢朝中大事,必与他商议之后才下决心定夺。

有个名叫伯嚭年轻人，原为楚太宰伯州犁之孙、左尹伯郤宛之子，因被费无忌陷害，一家人惨遭迫害，流亡在外，听说伍子胥在吴国当了行人，一人之下，万人之上，于是辗转至吴，前去投奔。伍子胥不认识伯嚭，一听他遭遇，同病相怜，遂把他推荐给了阖闾。

阖闾见伯嚭口齿伶俐，操笔撰文堪称一流，登位伊始，用人之际，即便任命他为大夫，与伍子胥一同商议朝政大事。

吴国大夫被离一旁冷眼观看伯嚭，发现端倪，遂对伍子胥道："此人鹰视虎步，一副追逐名利、奸诈妄为之相，不宜亲近。"伍子胥不以为然："同是天涯沦落人，不至于与吾为敌，陷害在下……"

再说楚昭王熊轸得知吴国公子光在伍子胥的相扶下，夺得大位，担心日后吴国一旦强盛，便会挥师伐楚，觉得应乘阖闾立足未稳，先发制人。楚臣费无忌得知之后，自告奋勇，愿为先锋。楚王大喜，即便欲挥师伐吴。费无忌喝退左右，献上一计，楚昭王听得频频点头。费无忌于是一面操练兵马备战，一面派出手下潜入吴国，以探虚实。当得知吴王启用了伯嚭，于是找来门生左诚，让他前往吴国，接近伯嚭，见计行事。

伯嚭初至吴国，两手空空，当他见吴王阖闾手下大臣，衣冠楚楚，相形见绌。一日他途经裁缝店，店主给了他一身新衣。他穿在身上，十分得体。可他囊中羞涩，只得将衣脱下，退还店主。店主说此衣之钱已有人替你支付，伯嚭不解。这时刚好一中年男子至店，店主遂对伯嚭说他就是给你付钱之人。伯嚭并不认识。中年男子十分大方，遂道："一朝生，两回熟。"两人到了街尾酒店，酒过三巡，那男子自称左诚，原在费无忌家中为奴。伯嚭与费家有仇，欲将衣衫退还。左诚便说："世上没有永远的敌人，也无永远朋友，以前的事已隔这么多年，何必耿耿于怀？"言罢取出一袋钱币抛给伯嚭，径自离去，头也不回。

以后，每过一段时间，左诚总会送来一袋钱币。伯嚭收受贿赂，生怕败露，终日惶恐不安。后来当他得知左诚送他钱币只是为求把他一个表妹介绍给如今单身的伍子胥，伯嚭心想有美女送去伍府，伍子胥自然乐不可支，所以一口答应做这大媒。

伯嚭知道伍子胥在楚时已娶妻成家，只是被楚平王追杀途中，妻子走失。为了以断伍子胥思妻之念，伯嚭令一楚人扮作伍子胥故里乡民，向他报告：伍夫人被楚臣费无忌所抓，见她貌美如花，欲纳她为妾，伍夫人宁死不从，投河自杀身亡。伍子胥一听来人说话口语家乡口音，信以为真，"哇啦哇啦"大哭不已。伯嚭乘机上前相劝，要他节哀顺变。不想伍子胥悲痛欲绝，一连几天茶饭不进。

伯嚭一面劝慰，一面甜言蜜语："愿替你物色淑女相伴。"

伍子胥据实而言："自己在过昭关之前，曾被楚臣费无忌手下毒箭所伤，幸得一过路女子出手采来草药疗伤，使我转危为安，死里逃生，要是此女尚未婚配，愿娶她为妻，与她相依为命，共度锦绣人生。"

伯嚭见伍子胥婉言相拒，只得告知左诚，遂感要伍子胥纳妾，无能为力。左诚道："那你想办法把吴王阖闾支出霄汉宫，算你帮了我一个大忙，如若成功，我俩交易也就两清。"伯嚭生怕左诚日后纠缠不休，听了他的话后，答应一试。

阖闾喜爱狩猎，一天，他在伯嚭等臣的陪同下，去了穹窿山。穹窿山因常年被狩猎，猎物罕见，这次阖闾四下巡了半天未见猎物，不由垂头丧气。天色已晚，他意欲勒马回宫，可正在这里，不远处的竹林丛中有匹又高又大的野狼，一会儿引颈东张西望，一会儿对天嚎叫。阖闾一喜，张弓"嗖"的一箭射去。此箭不偏不斜，正中那匹野狼。中箭之后野狼拼命逃窜，阖闾紧追不舍。吴王追了五六里路，前面是悬崖峭壁，野狼忽然回首一望，转身蹿进一旁草丛之中，顿时消失得无影无踪。吴王感到纳闷之时，伯嚭匆匆赶了过来，对准草丛一旁的竹林击掌三下："出来吧，大王不会伤害于你。"此时从竹林中走出一个黑脸汉子，一手拿着一枚利箭，一手拿着块狼皮。阖闾定睛一看，此箭正是刚才自己射出的那枚，而那狼皮与刚才那野狼之身的颜色一般无二，为此，如坠五里云雾之中。

此时伯嚭"扑"地跳下马背，奔了过去，向吴王阖闾解释道："他叫左诚，如今在为臣家中为奴，臣知道穹窿山时下少有猎物禽兽，为此吩咐他披着狼皮，扮作猎物……"吴王气得浑身发抖："这岂非让世人讪笑寡人没有射杀狼豹本领，空有心怀天下虚名！"伯嚭慌忙"扑通"下跪解释："大王乃力拔山兮气盖世的凛凛男子，怎会无有与虎豹豺狼格斗之勇，为臣这样做，只是见大王终日郁郁寡欢，叫下人扮了豺狼，博得大王开心，仅此而已。"阖闾心想，这几天自己一直为没有狩猎到猎物而愁眉不展，而伯嚭这么做，方法虽然不妥，但确是为了让自己一悦，所以示意他站起，恕他无罪。

伯嚭起身之后，对吴王说："有一个地方，如今禽兽甚多，只是路途比较遥远。"吴王道："难不成不在吴国境内？"伯嚭连连摇手："那倒不是。"接着说出了北太湖畔的望湖湾。

阖闾大喜，因为当初为避嫌，自己与伍子胥曾在那里促膝相商夺位之策。他也知道那里树多林密，禽兽甚多。想到这里，他遂对伯嚭道："爱卿先去那里准备，改日寡人前去那里狩猎。"

伯嚭早就听人所言，当年大王阖闾与行人伍子胥在北太湖望湖湾深居翠竹林旁的茅屋，密谋夺位大计。听了吴王这么吩咐，伯嚭即便去了那里，令手下划出方圆三十余里为猎场，遂从外买了些飞禽走兽放养，尔后又把当年阖闾、伍子胥居住过的三间茅屋拆去，盖上了行宫。一切安排妥善，伯嚭便请阖闾前去北太湖望湖湾狩猎。

阖闾带着几个臣子和卫队，浩浩荡荡去了北太湖彼岸。当他到了望湖湾四下寻找，当年三间茅屋影踪不见，一幢建筑得富丽堂皇的行宫赫然在目，大惑不解。此时伯嚭连忙上前如实相告。当阖闾步入行宫，刚刚坐下歇息，只见内屋步出二十多名绝色妙龄佳丽，手托茶点，飘然而至。

吴王与手下几个大臣从行宫走出，伯嚭立马上前领路，走了百余步路，只见野兔、野鸡等禽兽出入无常……吴王一时兴起，拔箭射去，一只只野兔、野鸡应声倒地。一会儿，手下便挑着一担担猎物从阖闾面前而过。吴王见了，乐得忍不住仰天呵呵大笑。

吴王不知不觉狩猎了一个时辰，有点疲惫。此时伯嚭笑容可掬走了过来，把他领去一旁翠竹丛中。只见前面出现一座凉亭，中间石台上放置着各式各样的雕花木盆，盘中是桃、梨等水果。阖闾大悦，吃了点水果便兴致勃勃地欣赏起凉亭来。只见这亭为方形，构造虽然简单，但外观朴素大方，不由频频点头。伯嚭立马上前解释："在猎场方圆三十余里，还有各式各样的亭子。"阖闾来了兴趣："那带寡人先去观赏?"伯嚭点头称是，每至一处，绘声绘色，一一介绍："这是梭子亭，颇似织布的梭子而称之，这类亭的外观新颖大方。这是六角亭，又称六角攒尖亭，它有六根圆柱，多为单檐。八角亭，这是一种形体较大的圆形亭，有单檐、重檐两式，较六角亭为高。圆亭形体较小，外观秀丽精致，柱高和八角亭相似，枋桁等均用圆料，顶部尖瓦，其结构较复杂，做工较难。半亭，只做方亭和多角形亭的一半，附建于两边长廊或靠墙垣的一面，所占空间不多，具有含蓄不尽之意。扇亭，这是半亭的一种特殊形式，平面与屋面均似折扇，小巧玲珑，精致可爱。此外这里还有海棠、梅花诸式的亭子，在柱间下部设半墙或半栏，上敷坐槛，可供狩猎的大王坐憩……"吴王阖闾听了伯嚭的介绍，笑逐颜开："寡人在这里要住上几日，好好品赏一下森林佳景，凉亭韵味……"

伍子胥得知吴王不理朝政，痴迷狩猎，为此驾船匆匆赶去望湖湾。阖闾正在北大湖岸畔芦苇丛中张弓射击野鸭，一见伍子胥前去，便问有何事上奏。伍子胥一五一十直言相劝，末了说："楚昭王虎视眈眈，务须警钟长鸣。"吴王听了伍子胥之言，宛若梦中惊醒，羞愧难当："伍爱卿言之有理。登位之后，断不能生一劳永逸之念。"言罢，欲带随臣和卫队返回西太湖霄汉宫。伍子胥沉吟一下，道："微臣以为大王倒不如继续留在这里狩猎……"吴王听了目瞪口呆，半晌没话。伍子胥一个眼色抛给阖闾，吴王喝退左右。伍子胥于是步前献上"将计就计"之策。阖闾连连说好，继而在长洲苑白天狩猎，晚上与佳丽寻欢作乐。

伯嚭见伍子胥来了也劝不回吴王返朝理政，便将此事告知了左诚。左诚一喜，又给了伯嚭一袋钱币之后，道："这下我们两清了。"言罢，他便策马连夜赶去楚国，向费无忌报信。费无忌立即向楚昭王道："如今讨伐吴国时机已到。"楚昭王连连叫好，即令费无忌举兵伐吴。

费无忌点了三万精兵，过昭关，至溧阳，进入吴国，如入无人之境，不由乐得仰天大笑，扬言："不消一月，便可占领吴国，管叫阖闾俯首称臣。"他正欲挥师东进，突然一旁山头自上而下石子如潮而下，费无忌手下士卒猝不及防，死伤无数。不久，万余吴军从山上呐喊着冲下。费无忌率军仓促应战，双方你来我去，直打得天昏地暗。到了晚上，费无忌见吴军越战越勇，只得鸣金收兵，掉头后撤五十里。当费无忌见吴军也不追赶，自己手下人困马乏，于是令士兵安营扎寨。此时，只见四周火光亮起，两支吴军向楚军杀来，势如破竹。费无忌率军后撤，又遇吴军追兵赶至。楚军背腹受敌，无心恋战，夺路而逃。一路上，楚军士兵互相践踏，丢盔弃甲，狼狈不堪。

原来，伍子胥在望湖湾向吴王献上的“将计就计”之策，吴王继而在望湖湾“寻欢作乐”，诱敌而入；一面派出三万精兵埋伏溧阳山丘，只待楚军自投罗网。伍子胥望湖湾将计就计，楚昭王中计，三万精兵，死伤近万，再也不敢对吴国轻举妄动。

以后，望湖湾被阖闾命名为长洲苑，圈养禽兽，种植林木，成了皇家园林和狩猎胜地，一代一代传了下来。到了唐末，经过无数次自然灾害和战争劫难，长洲苑才毁灭殆尽。唐万岁通天元年(696年)析吴县置元和、长洲县，长洲县以苑为名，长洲苑之名才得以留传后世。

(张瑞照)

要离与苦肉计

公子光在伍子胥的协助下，使计除了王僚，登上大位、史称阖闾。阖闾册封伍子胥为行人，管理朝政大事。为防邻国对刚夺权的阖闾行不轨之举，伍子胥征得吴王同意，向周边邻国派出探子，窥测动向。

一日，伍子胥听得探子来报，王僚之子庆忌自从家父被弑，大位被夺，一面在卫国招兵买马，一面向邻国求援，发誓举兵讨伐阖闾，以报杀父之仇。

那时的阖闾，自从登上大位之后，身居深宫不出。伍子胥与朝中大臣前去朝见，均被拒之门外。询问大王不朝原因，宫人只说：“大王有事，不便细说。”

伍子胥等众臣没奈何，只得返回府上。这次，伍子胥得知王僚之子庆忌伺机伐吴，于是急步匆匆前去宫中，一定要求见吴王。宫人出手相拦，伍子胥勃然大怒，拔出佩剑说：“本行人有大事禀报大王，要是误了，取你首级。”宫人知道伍行人言出必行，只得说出实话：“吴王去了北太湖长洲苑狩猎，你如若要见，让在下陪你前往。”于是，伍子胥在宫人陪同下，操舟去了北太湖长洲苑。

伍子胥知道，大王到了长洲苑，准会去望湖湾茅屋，可他与宫人下了木船匆匆赶去那里一看，只见三间茅屋已拆，盖起了行宫，茅屋面前的院子，长方形石条石凳之上，砌起了飞檐凌空，轻巧玲珑的长方形凉亭，不由惊愕不已。他与宫人出行宫四下寻找，每走一段路，便见有座造型别致、风格迥然不同的石亭。他正感到纳闷，宫人一一说出了原因，恍然大悟。此时他恨不能立时找到吴王，忠言相劝。宫人道：“这里方圆几十里，你去哪里寻找？中午时分，大王与伯嚭大人等腹中饥饿，自然会至行宫大餐。不如返回行宫恭候。”伍子胥觉得宫人言之有理，转身拔步返回望湖湾行宫。

到了午时，吴王阖闾与众臣果然返回，伍子胥即便匆匆上奏：“大王，庆忌得知王僚被弑，逃至卫国，并在艾城（今江西武宁）招兵买马，欲联络邻国，伺机挥师吴国，为父报仇。”阖闾一听，大惊失色，搓着双手，不知所措：“爱卿，如何是好？”一旁伯嚭生怕伍子胥责怪自己，上前对阖闾道：“大王，臣以为应立即返回宫中，商议举兵讨伐卫国、捉拿庆忌之策。”

伍子胥沉吟了一下，连连摆手。阖闾不解：“难不成任庆忌积蓄力量，兵强马壮之时，前来讨伐寡人？”伍子胥此时上前与吴王轻声耳语了几句，阖闾茅塞顿开，点了下头。瞬间吴王坐上大椅，当着众臣之面，对伍子胥破口大骂：“大胆狂徒，寡人在这里享受几天，你居然横不是鼻子，竖不是眼的挑剔。滚，你给我滚回去，什么时候有事，寡人自然会传唤你，难不成我堂堂一国之君，害怕那亡命在逃的庆忌不成？”伍子胥被一顿训斥之后，只得转身怏怏而去。

伍子胥走了之后，吴王继续在长洲苑行宫住了下来，白天与伯嚭等众臣去狩猎，晚上在行宫饮酒作乐。到了晚上，行宫灯火辉煌，随着乐曲奏起，二十名佳丽从内室飘然而出，翩翩飞舞，一派升平气象。

阖闾不理朝政、荒淫无度之事传到了身居卫国的庆忌耳里。庆忌得知阖闾寻欢作乐，昏庸无道，不由踌躇满志，志在必得。

伍子胥自北太湖长洲苑返回西太湖之后，即便去找要离。要离是当年公子光门客，如今在吴国官拜大夫，与庆忌素有宿仇。

事情是这样的：吴王僚执政之时，一天伍子胥步行街头，庆忌带着几个家丁招摇过市，看到一年轻女子美若天仙，垂涎欲滴，抢了就走。伍子胥出手击退了这帮恶棍，救下了那年轻女子。那年轻女子正是公子光门客要离妻子小米。其时，要离得知是伍子胥出手搭救爱妻，感激不尽。不久，伍子胥与要离相识之后，不时喝酒聊天。一天，要离提出欲将妻子被辱之事禀告主公公子光，去向吴王僚讨个公道。伍子胥得知那纨绔公子是王僚之子庆忌，力劝要离：“你主公与王僚虽是亲戚，但是君臣之称，岂会为你妻之事伤了和气？君子报仇，十年不晚。”当时要离想想也对，只得忍气吞声。现在伍子胥根据吴王阖闾密令，要他出面除去庆忌，要离二话没说，一口应诺。

过了些日子，阖闾在北太湖长洲苑传来圣旨，要众臣去长洲苑行宫品尝野味，商讨军机大事。朝中文武百官翌日一早便驾船扬帆去了北太湖。

众臣进了望湖湾行宫，只见阖闾坐在榻席上，左拥右抱两名佳丽，正在寻欢作乐。一旁两排长桌上放着野味、米酒。众臣施过大礼，阖闾便道：有事即奏，无事上桌大餐。此时要离站了出来，当了众臣之面，苦口婆心上谏：“大王啊，你怎么一夺得大位就忘乎所以，不理朝政，尽情享乐了呢？”阖闾脸色一会儿红，一会儿白，心升怒气。

要离继而言道：“大王啊，现在看来，你既不仁慈，又不道义。伍行人子胥当初为你出谋划策，你们是合谋刺杀王僚才夺得了你今天的王位，你难道就不打算给他报仇雪恨？”

要离锋芒毕露，刺到了吴王的痛处。阖闾勃然大怒，拍案大骂：“你这厮口无遮拦，在这里你竟敢当众放肆？”言罢，即令一旁武士把要离推至一旁，当众将其右臂砍断，尔后把他推出行宫，绑至一旁石亭立柱。众臣纷纷为要离求情，吴王发下狠话：“谁要为他说半句好话，与要离同罪！”众人只得缄口不语。

一到夜深人静，伍子胥见看守犯困打盹，即令人把要离松绑。要离忍着疼痛，与伍子胥草草拱手作揖告辞，撒腿逃命。

翌日，吴王见要离出逃，再次震怒，一面下令追杀逆臣要离，随后又令武士把要离的妻子、儿子抓了起来，推至市曹斩首，并将尸体当街焚烧，而后把骨灰撒于吴都大街。

要离在吴国长洲苑公开辱骂阖闾弑君篡位，不为伍子胥报仇雪恨，阖闾一怒之下砍了要离右臂，并当众杀其妻子，街市焚尸……这消息传到了身居卫国的庆忌耳里。为此，当要离躲过吴王一路追杀，前去卫国投奔他时，庆忌当即收留了要离。要离感激不尽，对庆忌信誓旦旦说：“我要离与阖闾有不共戴天大仇，今在下投奔于你，只望我俩协力同心，如何找阖闾这个残暴之君报仇雪恨。”

庆忌看到要离右臂果真断了，并打听到他的妻子和儿子确实被吴王阖闾所杀，并焚尸于市，心想：“我和要离有一个共同的仇人阖闾。”即把要离视为心腹，令他每日训练自己手下士卒，修治舟舰，伺机讨伐吴国。

半年之后，庆忌听说阖闾依然整日纸醉金迷，于是率兵驾船伐吴。

一天，在战船上，要离对庆忌说：“公子，您应该亲自至船头，这样既可鼓舞士气，又便于指挥战船前进。”庆忌连连点头：“言之有理。”随即从后舱步至船头。此时要离左手执着短矛站在上风，侍立一旁。战船浩浩荡荡向前进发。忽然江面刮来一阵狂风，战船摇晃不停，庆忌也随着船身的摇晃而站立不稳。要离趁着颠簸摇晃之势，借助风力，使出浑身之力，将短矛直刺庆忌胸口。短矛穿过铠甲，刺入庆忌心窝，穿其后背而出。身受重伤的庆忌此刻方始醒悟到要离是阖闾派来的刺客，悔之不已：“我你无冤无仇，你为何要蓄意行刺于我？”要离咬牙切齿：“你这无耻之辈，难道你忘了当年当街侮辱我妻小米之事？”庆忌恍然大悟：“天下美女有的是，想不到你为了一个女人，居然使这种苦肉计来行刺我庆忌。”卫兵一哄而上，“锵锵”拔出佩刀要杀要离，为主子报仇。庆忌挥手阻止，说：“要离有如此胆量，可谓顶天立地英雄，让他回去吴国，向阖闾邀功领赏去吧。”要离正言相告：“今天我杀你，不只是为报辱妻之仇，主要是为了吴国安宁，让百姓能安居乐业。”当他见庆忌拔出胸口之矛，鲜血直冒而出，身子摇晃几下，“扑通”一声倒地身亡，遂从卫兵手中夺过利剑，自刎而死。

阖闾除了庆忌，一块搁在心头之石终于掉了下来，于是离开长洲苑行宫，返回霄汉宫，复而上朝理政。

（张瑞照）

吴王长洲苑

孙武以兵法十三篇进呈吴王阖闾，阖闾大喜，筑坛拜将，封孙武为吴国陆军统帅。吴王问计于孙武，说："寡人欲争霸天下，却有楚国挡道，奈何？"吴王这一问，直指谋国施政的关键，的确，吴国若要强盛，首先要消除来自楚国的威胁。

吴楚之间不可能不打仗，这几乎是一种宿命。吴国自泰伯始建，一直是个籍籍无名的小邦，疆域辽阔的楚国根本不把它放在眼里。楚国的边军想来就来，抢吴民的粮食，掠吴地的妇女，吴国只能忍气吞声，不敢与争。吴王之位传至十九世寿梦，他不甘心再受楚国欺凌，将都城迁出梅里，向东南发展，打算积蓄力量，与楚国一争高下。这时有了个机会，晋国派人来帮助吴国了，来个人名叫申公巫臣。申公巫臣原是楚国的大夫，因为怨恨楚国大将子反，逃到了晋国。晋国和楚国是对头，晋国的国君想扶持吴国，让吴国在楚国后方捣乱，达到牵制楚国的目的，便派申公巫臣出使吴国，教给吴国用兵之术和车战之法，吴军的战斗力有了明显提高，寿梦就有了与楚国抗衡的资本。

吴楚之间的战争就不断发生了，寿梦坐上王位的第二年，就使用刚组建的车战部队，主动进攻楚国。这次战斗，吴军并未占到多大便宜，但对吴国上下起到的鼓舞作用不可小觑。过去都是楚军打吴国，如今反过来吴军打楚国了，当然扬眉吐气，腰杆子也挺直了。所以接着隔三岔五，寿梦就会挥师西进，征伐楚国。楚国被吴军骚扰得烦透了，在寿梦十六年，楚共王发兵伐吴，吴楚两军在衡山大战一场，不分胜负，各自收兵。这一仗后，两国太平了一段日子，寿梦死后，传位给长子诸樊。诸樊继承父志，当上国君的当年秋季，就发动了对楚战争，一打就打了十年，楚灵王集结大军伐吴，吴国反攻，大胜，取楚三邑。诸樊十一年、楚国连续两年伐吴，在乾谿这个地方吴军击退楚师，保卫了胜利果实。吴王之位传到王僚手上，王僚二年，命令公子光率军伐楚，一战失利，王舟也成了楚军战利品，公子光组织突袭，复得王舟而还；八年，王僚再遣公子光伐楚，败楚师；九年，公子光伐楚，拔居巢、钟离二城。

公子光就是现在的吴王阖闾，他从王僚手中夺得王位后，更是一心想彻底战胜楚国。阖闾有这个心思，一方面是吴国只有击败楚国，方能获得迈向霸坛的入场券；二是由于他第一次指挥对楚作战，出师不利，王舟也落到了楚军手里。王舟是指挥船，失去王舟是个奇耻大辱。虽然他马上组织反攻，将王舟夺了回来，并在随后几年的对楚用兵中，屡败楚师,取得了楚国两个城邑,但这些光环并不能冲淡他内心埋藏着的耻辱感,只有等到把楚国完全打趴下的一天,他才能抹去这心头之痛。

因此,阖闾启用孙武,最希望听到的是如何完胜楚国的计谋。

孙武说:“楚国疆域、人口皆十数倍于吴,楚国好比大象,吴国好比猎犬,犬再凶猛,咬得大象几口,也不足以致其死亡,待它缓过劲来,奋力一甩长鼻,或就鞭毙了犬。故而,我们要有一击制胜的力量,吴国现有部队还不够,这就需要加紧训练精兵。”

阖闾说:“寡人也有此念,但楚国间谍渗透在吴国各军事要地,我们怎样才能瞒过他们的眼睛呢?”

孙武说:“大王不妨辟地建苑,明为狩猎之地,实为秘密训练精兵场所。地方我已选好了,选在太湖北岸、乌角溪旁。”

阖闾高兴地说:“将军费心了,此事就请将军一力操办。”

于是,在今天望亭这个地方,出现了一个长洲苑。孙武在这里,为吴王阖闾打造了五万精锐将士。

公元前518年,吴王阖闾命孙武统骁勇甲士三万、伍子胥领水师一万,从水陆两路征伐楚国。楚军以二十万应战,楚国令尹(国相)囊瓦亲率三军,渡过汉水,至小别山列成阵势,遣其爱将史皇出兵挑战,孙武使先锋夫概迎之。夫概选勇士三百人,俱用坚木为大棒,一遇楚兵,没头没脑挥棒乱打。楚兵从未见此军形,措手不及,被吴兵乱打一阵,史皇大败而走。初战失利,囊瓦并不在意,对众将说:“孙武十有八九会认为我军受挫,不敢轻动,他的营寨扎在大别山之下,不如今夜出其不意,往劫之,以建大功。”囊瓦挑选精兵万人,披挂衔枚,从间道杀往大别山。谁知孙武已料到敌帅心思,吩咐将士道:“囊瓦乃斗筲之辈,贪功侥幸。今史皇小挫,楚军未有大亏损,囊瓦将要小聪明,今夜必来掩袭我营,不可不备。”乃令夫概、专毅各引本部,伏于大别山之左右,但听哨角为号,方许杀出。另外,又安排两路接应兵马。及至三更,囊瓦果引精兵悄悄从山后抄出,扑到吴军大营,见寂然无人,情知不妙,急令撤退,已来不及了。只听得哨角齐鸣,夫概、专毅两军从左右突出夹攻,囊瓦且战且走,兵士折损三分之一,才得走脱。又闻炮声大震,吴军两路接应兵马左右截杀,楚军又失三分之一。囊瓦带着残兵逃回本寨,好在大部兵马尚在,仍有将近十八余万众,这才心安。囊瓦把部将召集到一起,说道:“孙武用兵,果有机变!以后不可贸然与战,须寻找有利于我的战机,与之决战。毕竟我军数倍于他,一战而定胜负,对于我军方是上策。”

囊瓦打着这样的如意算盘,等待寻机决战的日子,孰料孙武避开楚军防守正面,沿淮水迂回进军,由楚守备薄弱的东北部直驱楚国腹心的江汉地区,打破囊瓦的战略部署,进而调动楚军脱离有利阵地,逼迫楚军慌乱回防,仓促布阵。楚军尚未开战,已显被动。然而楚军毕竟高出吴军三倍之多,进行的又是一场国都保卫战,必定拼死抵御,全力反扑,吴军若要以少赢多,一举荡平楚营,又有什么克敌制胜之术?

孙武打算请出老天爷帮忙。气候对于战场形势的变化有时也会起到关键作用,这一点孙武极其重视。他写的兵法十三篇,第一篇“计篇”开头就说:“兵者,国之大事,死生之地,存亡之道,不可不察也。故经之以五事,校之以计而索其情:一曰道,二曰天,三曰地,四曰将,五曰法。”他对“天”的解释是:“天者,阴阳、寒暑、时制也。”孙武这段话的意思是:战争,是国家的头等大事,是关系民众生死的所在,是决定国家存亡的途径,不能不认真加以考察、研究。应该以五个方面的情实为纲,通过具体比较双方的基本条件来探讨战争胜负的情形:一是道,二是天,三是地,四是将,五是法。所谓天,就是气候的阴晴、寒暑、四季节令的更替规律等。孙武既然如此深谙气候的重要性,对如何让老天爷介入这场决战,他早已成竹在胸了。

孙武军中特设“风角”一职,相当于现代军队的气象处长,专司天气预报工作。孙武聘请的几位“风角”,都是上知天文、下知地理的饱学之士,他们预报天气,三只指头捏田螺,十拿九稳。吴军在郢郊扎下营栅之后,“风角”们夜观天象,夜夜不辍,到第五天,非常肯定地告诉孙武,后天申时,必有大风。孙武于是严令全军坚守不出,楚军来攻,以硬弩利矢射退,不可出营追击,如擅出一卒,斩!除了击退敌军进攻,其余时间吴军上下均在赶制眼罩。

到了第三天傍晚时分,好端端的天气突然狂风大作,尘土铺天盖地,正在轮番冲锋的楚军眼都睁不开,全成了掐头苍蝇,在吴军营栅前乱奔瞎撞。孙武抓住时机,亲自擂鼓,顿时营门大开,战车成队驰出。戴着眼罩的吴军将士毫不受风沙影响,砍瓜削菜似的,一路砍杀敌军。楚军大溃,溃军相互践踏,踏死的比砍死的还多。不到一个时辰,楚军已全军覆没。楚昭王见大势已去,弃城而遁。吴军一鼓作气,乘势攻陷了郢城。

破楚之役,孙武创造了春秋史上最著名的以少胜多经典战例。而攻下郢城的五万吴军,正是在望亭长洲苑训练出来的精锐将士。

(卢　群)

孙武长洲苑练兵

春秋时期,兵圣孙武曾在长洲苑(今望亭境内)治兵卒一年之久。

孙武怎会在长洲苑治军练兵,得从吴国大夫伍子胥说起。

吴王阖闾登上大位后,一日去长洲苑狩猎,由于箭法精湛,猎物满载,为此他望着一堆堆猎物,想到了什么,传下话去:“召见众臣,商议强军大计。”

阖闾见伍子胥等众臣来了之后,开门见山地说:“吴国要成为强国必须强军,强军必须扩军。”善于拍马溜须的大臣伯嚭一听，赞声不绝：“大王，兵多将广，我们吴国强大了，试看天下谁敢与吾为敌？届时令越、卫、齐，甚至楚国大王都对您俯首称臣，岁岁进贡稻谷、马匹、猎物。”

众臣异口同声附和：“大王之言极是，时下应立马扩军。”

伍子胥站在一旁，一言不发。阖闾十分不解：“伍大人，难道寡人所说之话有误？”伍子胥摇了摇头，道：“大王之言，一点不错，要强国务须强军，要强军务须兵多将广。”

伯嚭迫不及待：“只要大王一声令下，吴国立即扩军，试问谁敢不举手响应？”此时伍子胥对着阖闾双手乱摇：“大王啊，此举断然不可。因为神州天子规定，天下拥兵，天子六军，诸侯大国三军，次国两军，小国一军。吴乃小国，只能拥有一军。如果擅自扩军，不但会受惩罚，就是百姓也承受不起如此军粮、赋役。”

吴王一声长叹，久久未语。

伯嚭强词夺理：“天高皇帝远，他喝了哪个湖中之水会管得这么宽？”伍子胥面对伯嚭，正言相告：“我们断不可自找麻烦，招来杀身之祸。”伯嚭不屑一顾：“强国要强军，强军要扩军，不能扩军，吴国称霸天下，待到猴年马月？”伍子胥一着不让：“凡事要动脑子，办法总比困难要多，何必去铤而走险？”一听此话，阖闾双目盯着伍子胥，言道：“看来爱卿胸中藏匿锦囊之策？”

伍子胥双膝跪地，对吴王道：“微臣时下脑中一片空白……”

阖闾又长吁短叹起来。

伍子胥回到府中，想到强军之事，辗转反侧。当他看到中堂挂着的地图上穹窿山三字，使他想起了在那里遇到的四方脸型年轻人。

伍子胥在穹窿山遇见的四方脸年轻人，正是兵圣孙武。此事得从吴王嘱咐他建造城郭说起。

三年前，吴王登上大位，差伍子胥负责建造城郭，城址原定在东太湖之畔（今胥口一带）。阖闾问其原因，伍子胥道：“现吴都樊城，东有灵岩山、七子山，西有穹窿山、马冈山，北有五峰山、白象山，南有濒临太湖小阳山（今清明山），山高城低，居高俯视，一览无遗，易攻难守，于战不利，强敌一旦入侵，岂能抵御？所以兴建一座大城，驻兵屯粮，方能永保千秋大业。”

阖闾连连点头。

在建造新城中，伍子胥尽管得到阖闾全力支持，但还是广纳良言，不耻下问，几经修改营建大城方案。

一天，伍子胥去穹窿山森林视察民工伐木。在茂松林边，他见到一个四方脸的年轻樵夫（即孙武）眺望不远处的胥江，此时来了兴趣，遂问：“你认为开凿此河如何？”

孙武道：“阖闾大城的选址营建，独具匠心，只是……”伍子胥听出话中有话，急忙追问："伍某若有考虑不周之处，不妨赐教。"

孙武见此人不耻下问，侃侃而谈："吴地东濒沧海，北临大江，西、南又是太湖，汛期到来，经常水患成灾。远古时期，夏禹曾在此因势利导，疏川导滞，以汇大海，为世人所赞誉。放眼水乡泽国，吴人水行而出，以船为车，以楫为马。百姓习于水斗，善于用舟。因此理应依托江湖，引水入城，水陆相邻，街河并行，构成一个水陆双棋盘式的格局。如此一则利于运货，一舟之载，胜于十车，而桨橹之力，仅车力十分之一；二则便于交通，以舟代车，晴时无尘，雨时无泥，而且并行不悖；三则沿街有河，沿河栽树，绿树浓荫，倒映河中，倍增水乡城郭绮丽风光；四则便于防治水患，久雨之后，城内不会积水，干旱年份城内也不会缺水；五则利于城防攻守……既然胥江已凿城下，何不引水进城？"

伍子胥听到这里，暗暗称绝，回府之后，遂按孙武建议，修改了新城设计方案，城墙四周设陆城门八座，以象天之八风，设水城门八座，以象地之八聪（即指西面的阊门、胥门，北面的齐门、平门，东面的娄门、匠门，南面的蛇门、盘门）。

另外，伍子胥按照孙武之说，在大城内外凿有水濠，分别称内濠和外濠。内濠可通小舟，外濠可通大船，水门沟通城郭的内外水道。

如此宏大的阖闾大都，加上城内的王宫殿堂，大城内外的官宅、民居、集市、营寨等工程建筑设施，伍子胥率民工日以继夜，花了三年时间告竣（新城周四十七里二百一十步二尺，南面十里四十二步五尺，西面七里一百十二步三尺，北面八里二百二十六步三尺，东面十一里七十九步一尺）。

……

伍子胥想起了四方脸年轻人（孙武），于是进宫向吴王荐举他。不想阖闾道："寡人有你足矣。"伍子胥道："金无足赤，人无完人，只有广纳人才，民才会越来越富，国才会越来越强。"接着伍子胥说出当初建造大城时，听取了一位高人之言，才取得如此宏伟大作。阖闾觉得伍子胥言之有理，遂令他广招天下奇才，为我强军所用。伍子胥于是扮作乡间艺人，四下觅寻四方脸的年轻樵夫。

一日，他来到清明山下村落，地上放了千两乌金，对围观众人说，谁能赤手空拳打倒在下，这些乌金就归其所有。此时有一年轻人跳入梅花圈与伍较量，使计把他打翻在地。那人拿了乌金欲走，被伍子胥喝住相询。那人告曰自己名叫正雷，是兄长叫他前来与之较量。伍子胥在那正雷的引领下，在茅蓬坞见到了孙武。

伍子胥从孙武口中得知，他是齐国人，为避战乱至吴。交往之后，伍子胥发觉孙武的文韬武略，无所不精，尤其是长于治军用兵之术。于是，伍子胥直言不讳，向孙武讨教强军之策，孙武先是缄口不言，伍子胥问得急，他终于道："我在民间听得你伍兄被楚平王手下三千铁骑追杀，以后脱险一事。你早有治兵卒之策，又为何明知故问？"伍子胥顿时想起当年自己在楚国家乡伍家坡时，平素常与故里乡勇切磋武艺，当楚平王杀了他父亲和胞兄，率三千铁甲团团围困伍家坡，妄图杀他斩草除根，乡亲们得知之后，一个时辰聚起千余乡勇，持刀执枪协助他脱逃。

想到这里，伍子胥恍然大悟，立马告辞孙武进宫晋见吴王。

阖闾见伍子胥一脸喜气洋洋，问道："是爱卿想出了不扩军强军之策?"伍子胥一高兴，语无伦次了："扩军、扩军……"阖闾一丈水退掉了九尺，气不打一处来："你难道忘了擅自扩军会招来灾祸?"伍子胥思索了一下，侃侃而叙："时下吴国乃小国，只有一军编制。一军的编制以五人为伍，五伍为两，四两为卒，五卒为旅，五旅为师，五师为军，也就是说吴国只能拥有五万兵力。如果要成为强国，光靠这些兵力难以卫国御敌。为此臣以为日后五万甲士放四分之一的兵丁回家种田，补四分之一新员培训三月，三月到期，回家种田，再补四分之一……这样，每三月轮换一次兵员，一年下来，吴国就拥有两军之兵，这两军中一军在伍，另一军的男士，既是民，又是兵，这叫藏兵于民。平时为民，战时为兵，即使周天子知道，也没有理由惩罚……"

阖闾拍案叫绝，传下话去，按照伍子胥的办法操练士兵，藏兵于民。

吴王欲嘉奖伍子胥，伍子胥"扑通"双膝跪地，道出实情："想出此法的是流亡于吴的齐国人孙武。"力荐孙武至吴军掌印。阖闾起初心想，一个年轻樵夫会有多大能耐? 伍子胥苦口婆心，七荐孙武。阖闾令孙武小试兵法于后宫之女，终于使吴王认为此人是个难得的人才，拜他为将，训练军队。

孙武掌印之后，即便率兵卒于北太湖长洲苑治军练兵。

（张瑞照）

正雷受罚

孙武被阖闾拜为大将，就带兵在长洲苑（今望亭地区）训练，并当众承诺军训比武中胜者有奖，强者提携。然而不久，他对一名成绩卓著的卒首，扣没军饷，还将其削职，贬为士兵。

这是为什么呢? 得从被罚的那名卒首正雷说起。

正雷是孙武堂弟，比孙武小三岁，长得人高马大。当时还是少年的孙武在家乡挑粪浇菜，不小心泼在了一个行人衣上。孙武放下担子向那人赔礼道歉，可那人得理不饶人，指使家丁寻衅闹事，不但要他赔上新衣，还要罚他跪下叩头赔礼。途经的正雷看到，为孙武打抱不平。恶少仗着人多势众，与正雷大打出手。不想正雷从小练就一身功夫，三下五除二，便把恶少打得落荒而逃。自此以后，孙武与正雷成了形影不离的小伙伴。

孙武长大以后，自齐流亡吴国，正雷跟着他来到了江南太湖之滨。刚来时，人生地不熟，两人囊中羞涩，不时挨冻受饿。可只要有一碗粥，各自半碗；只要有一块麦饼，一掰为二，各人半块。后来两人至穹窿山茅蓬坞隐居，过着砍柴卖柴的日子。在艰苦的日子里，两人虽然没有撮土为香，对天起誓，但心照不宣，对方就是自己生死与共的患难弟兄。

孙武经伍子胥向吴王阖闾荐举，拜为吴国大将，正雷跟着孙武入伍为兵。在北太湖长洲苑练兵场上，孙武对在职校尉，当众宣布优胜劣汰。经过跌打滚爬的残酷训练，真刀真枪的决斗，正雷凭着自己过硬本领，从士兵晋升为伍首，从伍首晋升为两首，又从两首晋升为卒首（《周礼·地官·大司徒》云：五人为伍，五伍为两，四两为卒，卒首相当于管理百名士兵）。

为了增强军队的战斗力，孙武规定，每隔一月要组织一次比武。每次比武刀对刀、枪对枪地决斗，胜者有奖，前三名经过考察，还可晋级。为此，长洲苑练兵场上刀光剑影，杀声此起彼伏。正雷从小习武，身怀绝技，加上刻苦训练，武艺大增，每次成绩名列前茅。几个卒首在闲谈之中也说，正雷这么出类拔萃，又是孙大将军的堂弟，日后前途一片锦绣。一次，孙武也对正雷由衷地说："只要你再接再厉，夺得旅首之职，不在话下。"正雷趾高气扬："孙子兄，为弟的目标不是旅首，而是和你一样让大王拜我为将。"孙武大喜，连声叫好："男儿应胸怀鸿鹄之志，有志者事竟成。"末了，再三关照："练兵打仗来不得半点马虎，务须一步一个脚印。"

孙武长洲苑军训，一年四期，每期三月，三月期满，便是军中大比武。孙武改变了过去面对面、刀枪对刀枪的决斗，而是将军训中的万余人马，以拥有百名士兵的卒为单位，从相距十里的东南西北四个等距离方向冲向茅柴墩夺彩旗。彩旗分为绿、黄、青、蓝四种，夺得绿旗者胜出，参加下一次决战。一次胜出卒的士兵，奖钱币三枚，卒首奖百枚；二次胜出卒的士兵，奖钱币五枚，卒首奖两百枚；三次胜出卒的士兵，奖钱币十枚，卒首奖三百枚，且晋级旅首。

奖励尽管诱人，但大家知道，要夺得茅柴墩上的绿旗绝非易事，因为十里行军比武之途，既有羊肠小道，又有崎岖险路，既要过波涛滚滚的急湍河流，又要翻荆棘丛生的陡坡高墩。最为令人感到头痛的是，孙武还规定了在比武之中，若有一个士兵落伍掉队，就不能去拔茅柴墩上的彩旗。

比武那天，宅基校场上彩旗迎风招展，猎猎作响。士兵群情激昂，卒首踌躇满志。一连三天大赛，万余士兵决出了四支队伍参加最后决赛。在先前的几次比武，正雷均夺得绿旗。为了赢得决赛之冠，正雷对手下士兵说了狠话："要是在这次决赛中，哪个士兵落伍掉队，赏拳三下，罚跪三天。要是全卒齐心协力，夺得高墩绿旗，由我做东，上馆子大吃一顿，以为庆贺。"士兵们摩拳擦掌，异口同声："不夺绿旗，誓不罢休！"

正雷乐不可支，对夺得茅柴高墩绿旗，志在必得。

决赛时间定在正午，之前，孙武吩咐四名传令兵各拿一根竹竿，领着四个士兵分别往东南西北四个方向走去。到了距茅柴墩十里之遥处，传令兵便把竹竿插在土中，烈阳下竹竿影子正中，便“咚咚咚”击鼓三下，四支队伍分别从东南西北四个方向向茅柴墩冲去，争先恐后。

孙武在帐中只等传令兵带来军中比武消息。半个时辰没到，一支队伍赶至校场，传令兵立马去帐中报告。孙武一喜，心想是哪位卒首，这么快拿了绿旗赶了回来？他跨出军帐一看，卒首为正雷，为此上前作揖向他致贺。正雷喜形于色。孙武道：“据为兄预计，这十里路程，至少得半个时辰，而你卒却在半个时辰不到赶回，真让我始料未及。”正雷被孙武一番夸奖之后，沾沾自喜：“大哥不是要我干出点成绩，给你长脸吗？”孙武连连点头，甚是高兴。

过了半个时辰，其他三卒陆续赶回，卒首各自把黄、青、蓝 3 面彩旗给孙武看了之后，让传令兵收了起来。面对卒首，孙武欲兑现承诺奖励，言道：“你们根据本将军当初承诺，前去金库领取……”话还未说完，校场外响起了一个老妇呼声：“谁是孙大将军，老妇有话要说。”站岗士兵不让她步入校场，老妇呼声越来越高，几近声嘶力竭：“老妇有话要向孙大将军当面说啊……”不久，又有十多个村民匆匆赶至，效法老妇，向着校场大声嚷嚷：“百姓肚中有话要说，孙将军怎可拒人千里之外？”嚷嚷之声，此起彼伏。

孙武感到奇怪，吩咐手下让这些村民进得校场。

十多个村民一进校场，老妇遂对孙武道：“我以为将军是谁，原来是个年轻后生。老妇问你，你是不是吃五谷杂粮长大？”全不把孙武放在眼里。

一旁正雷勃然大怒，拔出佩剑，大喝一声：“放肆，当心利剑无情！”

老妇顿时哑了口。其他几个村民，望着正雷，到了口边的话立时咽了下去。

孙武觉得村民结伴前来校场，必有要事，为此吩咐正雷收起佩剑，返身对列队兵将说了声“原地歇息待命”，即便把十多名村民唤至树林之旁，把手一拱，道：“诸位乡亲，有话畅所欲言，末将洗耳恭听。”老妇犟得像牛，依然不依不饶：“孙将军，你得首先回答刚才老妇之问，不然下面的话无从说起。”

孙武沉吟了一下，语气斩钉截铁：“老人家，我们这里所有兵将与你们村民一样，都是吃五谷杂粮长大，这还用说吗？”老妇一听此话，说话像放连珠炮似的说道：“我们辛辛苦苦种下田的稻谷，离成熟长穗只有一月之距，可你手下士兵践踏之后，如今一片狼藉。没有粮食，我们哪有好日子过啊……”说着说着，泪如泉涌。

老妇话尚未说完，其他十几个村民你一言我一语说开了：“我们上前劝说这些士兵绕道而行，一个年轻校尉，拔出肋下之剑，对着我等道：谁要是敢阻挠，格杀勿论！”

孙武听到这里，说：“请你们带本将军去现场看个究竟。”村民们一听此话，领着孙武和他的几个贴身随从去了宅基村。到了那里，孙武果真见一片庄稼被践踏得七歪八斜，不由怒火中烧：“谁人明明见了庄稼，还要下去践踏？”十来个村民你望我，我望你，最后把眼光移至老妇。

老妇嘴唇嚅动了一下，没有启口。

孙武感到奇怪，遂对老妇道："你说啊，带队的卒首长得何等模样？"老妇战战兢兢："听说这个年轻人有后台撑腰。"孙武道："谁要是侵犯了村民庄稼，一得低头认罪，二得赔偿损失。天皇老子，没有例外。"

老妇终于牙一咬，心一横，说了出来："那人就是刚才拔剑的后生。"

孙武大惊："你说的是卒首正雷？"

老妇点了点头："记得当时老妇上前阻拦他，他的剑锋直逼老妇。老妇说你怎么用剑对准手无寸铁的百姓，难道你不怕老妇会向你上司讨个说法？他说……"

孙武迫不及待："他怎么说？"

老妇道："他说，别说你去旅首那里告状，就是去大将军那里，老子也不怕，他是……我的兄长！"

孙武气不打一处来，当众表态："末将自然会给大家一个公道！"言罢带着随从即便返回校场，见了正雷，劈口问道："你至茅柴墩是怎么走的？"

正雷以为孙要当众奖励，喜笑颜开："我们至茅柴墩，逢墩过墩，逢水过水……"

孙武插问一句："要是看到村民的庄稼呢？"正雷一点也不忌讳："为了夺得绿旗，小弟顾不得这些了。"

孙武一惊，尔后长叹一声，斥道："你好糊涂啊。民以食为天，这句话谅你知晓。行军打仗，兵马未动，粮草先行，你也懂得。这次军训比武，你明明知道前面是一亩亩丰收在望的稻田，你怎么可以撒腿往下踩去？当村民出面劝阻，你怎么可以拔剑相向？"孙武说到这里，对一旁的随从说："我身为将，手下犯了毁坏村民庄稼之罪，罪不容恕，容当以一罚三，为此扣下末将一月粮饷，悉数给茅柴墩村民。"正雷正要说什么，孙武厉声制止："你也难辞其咎，罚饷三月，并与我一起去向村民谢罪。"

正雷一听此言，小心翼翼问孙武："那我卒夺得绿旗，卒首晋级之事……"孙武一脸严肃，一板三眼道："为了严肃军纪，把你贬为士兵，以儆效尤。"

自此以后，孙武在长洲苑练兵，以往鉴来，立下一条军规："凡毁坏村民之物，以一罚三；屡犯屡罚不思悔改者，军棍伺候！"士兵和校尉知道孙武言出法随，所以训练之中，小心谨慎，对村民秋毫无犯。

（张瑞照）

夫差凿胥溪

春秋时期,吴越两国世仇宿敌,代代干戈,朝朝烽火,总是越国吃败仗的时候多。公元前496年,两国在交界之地槜李(今浙江嘉兴)又摆开了战场。越王勾践想出了一个怪诞战术,他用抽签的方法,在全军抽出了300名死士,他把这些死士集中起来交代任务,周围布置了1000名刀斧手。

"如果你们贪生惧死,不愿自到乱敌,寡人立即命令刀斧手把你们剁成肉泥,事后还要将你们的九族灭门!"勾践威胁了一通之后,换上一张笑脸又说,"如果你们乐意按照寡人的计谋去做,为寡人献生趋死,寡人定将厚赐你们的妻儿亲属。两条路,任你们自己选,只是结果都得死,这一点是无法更改的。"

勾践话音刚落,死士中有一个壮年汉子站出来,悲愤地说道:

"大王,你何必如此!国家兴亡,匹夫有责,两军对垒,我们当兵的,早已抱定了拼死疆场的决心,还用得着你讲这种话来胁迫我们吗?我们马上就要为国捐躯了,你做君主的竟这样对付我们,怎不叫人伤心啊!"

勾践的脸上一阵红、一阵白,有心发作,却碍于大敌当前,尚须倚重这300名死士,便竭力忍耐住,装作一片诚心地对那个壮年汉子说道:

"对,你的话有道理。你叫什么名字?寡人日后一定重赏你的亲人。"

"山野之人,无有名姓,大王只须记得越国百姓就是了。"壮年汉子说罢,大步走到堆放着利剑的地方,拿起一把剑来,对其余299名死士招呼道,"为国立功,就在今日!弟兄们,跟我来吧!"

死士们阴沉着脸,默默地一人拾起一柄利剑,跟着那个壮年汉子向吴军阵前走过去了……

这300人组成的"死士队",排列得整整齐齐,袒露着上身,一人手中拿一把剑横在颈上,步行到吴军阵前。走到最前面的那个壮年汉子,大声对吴军说道:

"我们越王不自量力,得罪了贵国,招来了大军的讨伐。我们越国现在知罪了,必须惩罚自己。今天,我们三百人决定以死来向贵国表示忏悔之意,请贵国宽恕我们这个小国的罪愆。"

说罢,此人手上一使劲,剑上顿时染红了鲜血,自到身亡了。排在他后面的其余299个死士,依法炮制,一个个抹了脖子。吴军阵前,横倒了300具尸首。

这种见所未见的怪事,引起了吴军的惊异。"嗡嗡嗡嗡",像是一群群马蜂飞过,吴国军士交头接耳,议论纷纷,有些人竟拥到阵前来看稀奇,这样一来,队列就乱了。

越王勾践瞅准这个时机,一声令下,鼓声"冬冬",后备部队呼啸着冲向敌阵。吴军猝不及防，给冲了个稀里哗啦。越军见吴军溃不成军，士气大振，尾追砍杀，如同切瓜一般，一刀一个，直杀得吴国军士只恨爹娘少生了两只脚！这一仗越国取得大捷，吴军死者过半。吴王阖闾也在混乱中给砍伤了右足。阖闾虽突围出来，但因惨败蒙羞，脚上创口又严重感染，又疼又气，败退回营后，大叫一声而亡。

阖闾死后，他的儿子夫差继承了王位。从即位那天起，每天清晨，吴王宫中一班甲士，总会大喊三声：

“夫差！忘了杀父之仇否？”

吴王夫差也总是诚惶诚恐地回答三遍：

“不敢忘！不敢忘！不敢忘！”

夫差加紧训练军队，准备攻伐越国报杀父之仇。他要伐越，就得防备楚国。楚国虽然被阖闾打得国都也沦陷，但“百足之虫，死而不僵”，阖闾退兵后，楚国慢慢又恢复过来了，夫差南向用兵，楚军十有八九会从西边发起袭击，一旦出现这种情况，吴国将腹背受敌，难有回旋余地。

这就需要解决兵员调度问题。周敬王二十五年（前 495 年），吴王夫差开河通运，从苏州境经望亭、无锡至奔牛镇达于孟河，计 170 余里。夫差将这条人工开挖的河道命名为“胥溪”，这是世界上最早的运河之一。

吴国有了这条胥溪，调兵就方便了。在没有胥溪前，如果从南部边疆向西部边境调动大部队，只能走陆路，路途遥遥，肯定人困马乏，这样的疲惫之师上了战场还有什么战斗力？更要命的是辎重跟不上，水乡沼泽，丘陵山径，运输太困难了，将士的给养远远落在后面，肚子都填不饱怎么打仗？过去，就因为这些问题困扰着夫差，他无法放开手脚对付勾践。现在好了，他率大军在南边与越军对阵，楚国如果在西边有异动，他可以通过胥溪把军队、辎重运动到吴楚边界，将士在船上，等于休息，轻轻松松行军，一路养精蓄锐，到了疆场马上可投入战斗，粮秣装备也随船跟进，部队供给无虞，这个仗是不怕打的。

果然，有了这条胥溪的威慑，在夫差发起对越战役时，楚国未敢妄动。吴军消除了后顾之忧，全力以赴杀向越军，夫椒（今太湖西山）一战，彻底击败了越军，越王勾践也当了俘虏，被拘押到吴王的养马场做苦工，以赎其罪。

夫差留下的胥溪，到了隋朝，成为江南运河的组成部分。江南运河是京杭运河在长江以南的一段，也是京杭运河运输最繁忙的航道。江南运河北起镇江，经丹阳、常州、无锡、苏州、吴江、嘉兴、桐乡到杭州，北接长江，南接钱塘江，和金丹溧漕河、武宜漕河、锡澄运河、望虞河、浏河、吴淞江、太浦河、吴兴塘、平湖塘、华亭塘、杭甬运河等相连接，是江南河运的主干道。京杭大运河北起通州，南至杭州，全长 1794 千米，是中国著名的南北走向的长河，也是世界上最长的人工运河，它是苏伊士运河的 16 倍，巴拿马运河的 33 倍，它和长城一样，被人们视为中国古代最重要的两大工程奇迹。京杭大运河以其深厚的历史文化内涵，被誉为“古代文化长廊”“古代科技库”“名胜博物馆”“民俗陈列室”，其历史遗存是研究中国古代政治、经济、文化、社会等方面的绝好实物资料，是中国悠久历史文明的最好见证。京杭大运河肇始于春秋时期，完成于隋代，繁荣于唐宋，截弯取直于元代，疏通于明清。大运河北连海河，南接钱塘江，经过北京、天津、河北、山东、江苏、浙江六个省市，沟通了海河、黄河、淮河、长江、钱塘江五大水系，连成了统一的水运网，成为我国重要的一条南北水上干线。大运河纵贯华北平原、淮海平原和杭嘉湖平原，在其沿线崛起一大批繁华城镇，形成了我国最富庶的地区。

我们如此详细地介绍京杭大运河以及江南运河，是要提请读者注意，京杭大运河也好，江南运河也罢，它们的第一铲土，是在以望亭为中心点的苏州、无锡地域内掘的。

（娄一民）

西施造“蟹”字

蟹原来并不叫“蟹”。人们见它外壳坚硬、凹凸不平、二钳八脚、张牙舞爪、横行霸道的样子，称其为“钳人虫”。太湖里钳人虫最多、最大，秋风一起，钳人虫成群结队从湖里爬上岸来，到田里夹断稻禾，造成庄稼歉收。危害最严重的时候，甚至造成绝收。当时农民将其视为比蝗虫还可恶的害虫。望亭濒临太湖，这里的稻田受钳人虫的害最深。乡民为了防其危害，秋天在湖滩上挖深沟，每夜由各户轮流派人在沟里点起篝火，引钳人虫来，让它落入沟中烧死。这个办法虽然不能根治钳人虫，但多少也能减轻些危害，算是个没有办法的办法。

夫差当上吴王之后，为了完成霸业，连年累月对外用兵，攻楚国，伐越国，又率全国之兵北上向齐国示威。一个诸侯国，实力再强，也经不起如此折腾，吴国的国库渐渐空虚了。越王勾践看准时机，谎称越国遭了天灾，向吴国借粮。夫差是个死要面子的人，自己国库里存粮也不多了，但他认为越国已经臣服吴国，越民也是他的子民，做大王的不能不管，于是不顾群臣反对，慷慨地一借就是十万斛。到了明年，越王连本带息归还了吴国十五万斛。夫差很高兴，觉得勾践很有良心，从此对越王就彻底放心了，不再派人监视他，让他有了“卧薪尝胆”的时间。越国归还的十五万斛稻谷颗颗饱满，夫差把这些稻谷发放给全国农户，心想用这么好的稻谷做种子，来年定能大丰收。

夫差哪里知道，越王归还的稻谷都是蒸过的，搞得吴国全国颗粒无收，吴国百姓只好吃野菜度日，老老少少饿得皮包骨头，怨声载道。

好不容易挨过一年，又到了秋季，望亭的一个小伙子，这天夜里轮到他去点篝火。晚饭喝了一碗野菜汤，未到一个时辰，已是肚皮贴背心，饥肠辘辘，饿得难熬，在看夜棚里，翻来覆去睡不着。一阵风吹来，送来一股香味，勾动了小伙子的馋虫。他爬起身，举着火把，循着香味到沟边，看见已被烧得橙红的钳人虫。这东西不知是否可吃，因饿得实在撑不住，就不管三七二十一，拾起一只，剥开外壳，先是看到一块形如鱼卵、色似蛋黄的东西，便用手指挖出，送到嘴里一尝，肥腴透香。接着他又掰开内壳，见里面的肉洁白如玉，宛如条条银鱼，放到口中一嚼，鲜嫩无比。小伙子觉得这东西非常好吃，便拨开沟边火苗，用树枝夹出几只烤熟的钳人虫，带回棚中，饱餐了一顿。小伙子一时肚饥吃了钳人虫，吃饱之后不免后怕，不知会不会吃出毛病，但吃也吃了，只好听天由命了。肚里有食，毕竟与饿肚不一样，不一会他就睡着了。

一觉醒来天大亮，见自己安然无恙，小伙子心里十分高兴。想到妻子还在挨饿，他带了几只烧熟的钳人虫回家。妻子开始不敢吃，小伙子将一只钳人虫剥开让妻子尝，妻子一吃，味道果然鲜美。妻子也是心地善良的人，马上想到挨饿的乡亲，就挨家挨户去讲这件事，一传十、十传百，不到一天工夫，钳人虫肉味鲜美的消息在望亭已是家喻户晓。大家都到沟边去拾钳人虫，现成的拾光了，有人干脆到湖里去捉，捉了放在锅里煮，现煮现吃比拾来的更香更腴。

越王勾践在吴国境内派了许多奸细，吴国发生的大事小事，随时报到他那里。望亭百姓吃钳人虫的事，勾践知道后，就吩咐奸细传播谣言，说吴王无道，逼得百姓吃虫。七传八传，谣言也传到了夫差耳朵里，夫差大怒，下令彻查，查出了第一个吃钳人虫的小伙子。小伙子被抓到吴王跟前，吴王斥道："你可知吃这个东西坍了堂堂大国的台？"小伙子本来就有一肚子的怨气，这时一横心，回道："一年无收成，总要想法活下去。"夫差给顶得无话可说，只好自找台阶："荒年吃就吃了，等到有了收成，不准再吃这种东西。"小伙子不买账："有了收成，先要解公粮，农家所剩无几，不够一年口粮，饿起来还得吃。"夫差气急败坏，喝令刀斧手，就要将小伙子绑出斩首。

西施出身农家，自小就对农民的疾苦深有了解，身为吴王宠妃后仍不减对农民的同情。此时在旁一看不妙，连忙劝解道："大王息怒，这东西既然能吃，吃又何妨？同是水中所生，鱼虾上得宴席，吃这东西怎就塌了脸面？倒是百姓以此顶粮，省下粮食来充实军粮，大王应该高兴才是。"夫差对西施向来言听计从，她这么说了，夫差顿时转怒为喜，连声说："美人言之有理，言之有理。吃钳人虫，是百姓忠于寡人的表现，传寡人我的旨意，全国上下今后皆食此物。"

吃钳人虫就此推广开来，人人食后赞不绝口。西施担心以后又有什么谣言传到夫差耳中，引起他的不快，百姓又将倒霉，于是自己先尝过，再鼓动夫差吃，心想：你吃了以后就不能再在这件事上板面孔了。夫差觉得吃虫总有些别扭，迟迟不愿动嘴，西施一动脑筋，有了，给它起个好听的名字，不就行了么？那么，起个什么名呢？西施想到了小伙子讲过"解公粮"的话，吃钳人虫与解公粮有些关系，就在"解"字下面放一"虫"字，把钳人虫称之为“蟹”。夫差听了这个很雅的名字,也就大快朵颐了。这个名字从吴王宫里传到民间,于是人人都说“蟹”。日子稍久,人们就只知有“蟹”,把“钳人虫”三字忘记了。

有人据此推断:在西施之前,“蟹”字是没有的;而“蟹”字的发源地,在望亭。

(卢　群)

端午节包粽子的来历

端午节吃粽子习俗,这与春秋时期的伍子胥有关。

伍子胥父亲伍奢、胞兄伍尚被楚平王无辜杀害,他从楚国逃生。楚平王派三千铁骑穷追不舍,他在众人相助下幸运脱险。至吴国,他遇上公子光。

不久,公子光在他的相助下,登上大位,成为吴国君主,史称阖闾。

阖闾封伍子胥为行人,管理吴国朝政大事。

一天,伍子胥在北太湖望湖湾,见到一个衣衫褴褛的女子跪地行丐,不时遭到孩童戏弄,想起自己刚来吴时卖艺行乞的生涯,顿生恻隐之心,便给了那女子三枚钱币。不想那女子见了他之后,举止异常。伍子胥仔细一看,此女嘴角有颗米大黑痣,顿时想起当年自己被楚平王手下乱箭射中血流如注时,是她出手给自己洗净伤口,敷药包扎。伍子胥立马上前向她询问尊姓大名,那女子便道我姐唤郑姣娘。

一说起郑姣娘,伍子胥想起当年遭到楚平王手下一路追杀,郑姣娘出手相救的往事顿时在眼前闪过。

当时,为了躲避盘查,伍子胥乔装打扮,一会儿扮作白发苍苍老头,一会儿扮作疯疯癫癫老妇。一日,他来到汉江岸边,又饥又渴,忽见江畔有家小店,跨步进去唤来饭菜。他正在狼吞虎咽之时,一伍官兵奔此,穷凶极恶地向店主敲诈勒索。伍子胥疾恶如仇,仗义训斥,遭到官兵围攻。伍子胥尽管赤手空拳,但使出拳脚忽左忽右,忽高忽低,三下五除二,遂把五个官兵打得满地找牙。此时伍首大呼:“其人就是逃犯伍员!”四下官兵闻声纷纷赶至,越来越多。伍子胥寡不敌众,抽身而逃。官兵未抓到伍子胥,诬蔑店主包庇朝廷要犯,不但抢了店铺之银,还将他活活乱刀砍死。

伍子胥欲过江去吴,四下寻找船只无着,焦虑不安。此时,一个名叫郑姣娘女子认出他就是朝廷追杀的“罪犯”,把他唤至家中,招待米饭充饥。伍子胥无意中见到墙上挂着一张遗像,好生熟悉。女子告知他,那墙上遗像乃自己刚结婚不久丈夫——江边小店店主三男。伍子胥得知店主为了自己无辜被杀,伤心之泪夺眶而出,便问女子为何冒死相救。郑姣娘道:“小女子仰慕英雄,知道英雄是被奸贼陷害。当从官兵口中得知你在被追杀,为此四下寻找,欲助你一臂之力。”夜深人静,她把伍子胥唤醒,领至江边。此时从芦苇丛中钻出一白发渔翁。姣娘介绍道:“此人乃小女伯父。”渔翁上前向伍子胥行个礼,自称“芦中人”,言罢转身从芦苇深处撑出一叶小舟。当伍子胥上了船,芦中人操桨把他摇至江中。此时,背后岸上一阵嘈杂之声。伍子胥返身一看,一队楚军赶至。随着当官的一声呼叫,楚兵如蝗飞箭向他飞来。他拔出肋下宝剑,一一把它拨打落水。楚军见难把伍子胥射死,返身把刀剑刺向手无寸铁的郑姣娘……

伍子胥心如刀绞,咬牙切齿:不杀奸贼,誓不为人。

伍子胥过了汉江,走了四五十里便是昭关。昭关兵将如林,中午路人稀少,伍子胥见守军正在轮番进餐,大步流星到了城门口。几个官兵一见是个大个子男子,放下饭碗,持枪执刀奔了过去。伍子胥夺过一匹战马,跃身登鞍,策马便逃。官兵大声嚷嚷,张弓拉弦射出利箭。伍子胥腿上中箭,血流如注。

伍子胥逃了三四十里,见后面无有追兵,翻身下马,躲入一旁竹林。

不久,一个年轻姑娘从竹林深处走来,一见伍子胥腿上受伤,遂从家中取了草药,给他伤口洗净敷上,尔后又取出几个苇叶包裹的饭团给伍子胥路上充饥。末了,姑娘再三叮嘱:“此乃毒箭所伤,速去治疗,否则,轻则残,重则亡。欲问何处有治伤良医,前面东村有个东皋公,此乃名医扁鹊之徒,你去找他,定能药到毒除。”伍子胥感激不尽,遂问:“我与你无缘无故,你又为何冒死相救?”那姑娘道:“我知道你是正义之士,我姐和姐夫为你而死,死而无憾,我为何不行?”伍子胥欲问姑娘姐姐和姐夫尊姓大名,那姑娘闭口不说。他举目端详见那姑娘小嘴上有颗米大小痣,连声道谢。姑娘走后,他正饿得慌,取出艾叶裹着的饭团吃了个精光,尔后步出竹林,前去东村寻医。

伍子胥步行了三里,便是东村,村中果真见到那个名字叫东皋公的老头。

伍子胥据直相告:“长者,你可知晚辈乃楚国逃犯,四下张贴的告示中言明,窝藏在下者有杀头之祸……”东皋公仰天一笑:“老夫知道你是无辜之人,现在是我这个无辜之人救你这个无辜之人。”随即帮他治疗腿上之伤,嘱咐他在自己家中小住几天,见机行事,伺机助他过关。

一连几天,东皋公的家不时有人前去搜查盘问,伍子胥东躲西藏,长吁短叹。第七天,伍子胥一夜急白了头。东皋公认为时机成熟,唤来好友皇甫讷,两人携手,把伍子胥混过昭关,到了吴国。

……

想到这里,伍子胥便问那女子尊姓大名,怎会在此沦落为乞丐。那女子如实相告:“小女子便是昭关郑姣娘之妹郑姣妹。”伍子胥一听到这话,忍不住泪流满脸,紧紧抓住那女子双手,久久未语。接着他问郑姣妹,怎会来吴,那女子便道,因郑家救了朝廷案犯,楚平王知道后,派了官兵前来灭他一家,她与父母闻讯离家潜逃。潜逃途中,父母先后撒手离世,而她只身至吴国避难,已有数载。

伍子胥为了报恩，遂与家丁伍保带了郑姣妹回府。

郑姣妹到了伍府之后，为伍家料理家事。伍子胥和妻儿与姣妹相敬如宾，倒也十分和谐。当伍子胥得知此女尚未婚配，几次欲启口为她介绍郎君，但到了嘴边的话，又咽了下去。

吴越相争，一次吴王阖闾在与越国激战中中箭身亡，其儿夫差当政。夫差刚登大位之时，尚能听取忠臣良言。后来打了几次胜仗，在奸臣伯嚭唆使之下，贪图享乐，纸醉金迷，不理朝政。伍子胥几次上谏，吴王夫差当作耳边之风。敌国国君勾践卧薪尝胆，意图东山再起，以雪当年兵败国衰、被吴国所辱之耻。伍子胥再次向夫差上谏，忠言逆耳，吴王充耳不闻，还以为伍子胥居功自傲，目无王上。伍子胥觉得吴国长此下去，难避厄运，返回家中，动员儿子怀奢奔齐。怀奢不解，伍子胥晓之以理："你如果在这里，难免一天大难降临。"怀奢要父亲与自己一起离开这块是非之地。伍子胥涕泪俱下，说自己是受先王阖闾托孤之人，岂可擅自离开吴国半步。伍子胥唤来郑姣妹，要他们与怀奢一起离吴奔齐。郑姣妹表示留下照顾伍子胥。家丁伍保道："伍大人生活起居由在下照料。"郑姣妹还是执意不走。

伍子胥看出郑姣妹、伍保一个有情，一个有意，当场做媒，成全了两人姻缘。

伍保与郑姣妹见伍子胥如此关爱下人，感激涕零，忍不住"哇"的一声，热泪盈眶。

转眼来年，一天，伍保无意中发现越国勾践派人给吴国奸臣伯嚭送去财物，伯嚭答应来者，届时里应外合。伍保便将以上情况密报伍子胥。不想此事被西施得知，告诉了伯嚭。伯嚭大惊失色，急匆匆前去夫差那里表白："微臣与伍相政见不同，可他扬言要与在下为敌到底，意欲诬陷微臣受贿，出卖吴国。如若大王轻信谗言，微臣一命难保。"西施在一旁列数伍子胥排斥异己，目无君主的"劣"迹。

一会儿，伍子胥晋见吴王，上谏伯嚭是越国奸细，为勾践效力，此事家丁伍保可以站出作证。伯嚭此时道："伍相，你既然忠于吴国，可为何唆使家眷离吴奔齐？"伍子胥正欲据理力争，夫差即令卫士把伍保唤来对证。不想伍保在伍府已被人杀害，一旁家人也身中数剑，血流如注，奄奄一息。家人告知伍子胥，杀害自己和伍保的是伯嚭手下，言罢撒手西去。伍子胥无有证人证词，有口难辩。夫差一怒之下，赐伍子胥属镂剑自刎谢罪。

伍子胥仰天长叹："真正作乱的是伯嚭，而大王反诛我，听谀臣之言而杀长者。"返身对怀抱儿子的舍人郑姣妹道："我死后你把我双眼挖出，悬在胥门之上，我要亲眼看越人入侵而灭亡吴国。"言罢举剑自刎。

伍子胥宛若一棵大树，轰然倒地。郑姣妹身背儿子即便至伍府，用苇叶把糯米包着，扎成三角锥体形状（后人称它为粽子），煮熟后给伍子胥离世路上享用。郑姣妹赶至宫殿寻找伍相，不想伍子胥死了之后，吴王夫差把他的尸体装入鸱夷革中抛入江河。此时江水汹涌，伍子胥尸体直往太湖冲去。郑姣妹驾了小舟追赶。附近村民得知之后，纷纷效法、勠力同心，操舟追赶“伍相”。这一举止，后来成了苏州端午百舸争流的风俗。

不出伍子胥所料，两年之后（前482年），越王乘夫差北上争霸之机，攻破吴国，夫差回救不及，只得以厚礼向越求和。公元前473年，越王勾践趁吴国水灾，率大军从越来溪攻入吴郡。夫差率臣狼狈出逃，伯嚭开城门向越王邀功。勾践对伯嚭道：“乱臣贼子，留有何用？”挥剑斩了伯嚭，率军对外逃的吴王夫差穷追不舍。夫差至馀杭山（今阳山）被越军团团围住。穷途末日，夫差苟且偷生，向越王勾践许诺纳贡称臣，遭到拒绝。此时夫差想起当年伍子胥肺腑忠言，忍不住泪如泉涌，仰天悲呼：“伍相举世忠烈，寡人有眼无珠……”然而悔之已晚，遂伏剑自杀身亡。

以后，郑姣妹与儿子伍清至北太湖望湖湾长洲苑安居，每至端午，母子俩便会包了粽子祭祀先人伍子胥。年复一年，代复一代，每至端午包粽子、吃粽子成了当地习俗。

（张瑞照）

范蠡开范渎

今望虞河望亭至漕湖段，称“范渎”，相传是春秋时期越国大夫范蠡开凿。范蠡为何开这条河？与他和越王勾践的关系有关。

范蠡对越王忠心耿耿，吴越争战，越国大败，越王勾践和老婆君夫人入吴为囚，在吴王养马场服劳役，铡草、饲马、打扫马厩。范蠡一直陪伴在他们夫妇身边，整整三年。这三年里，范蠡凭他的智谋，多次使勾践化险为夷，并最终解除了吴王夫差的猜疑，为获释放归越地创造了条件。为了取悦吴王，早些放自己回故国，勾践不惜自污人格，趁夫差偶染小恙，主动尝了夫差的粪。勾践对夫差说：病人下泄之物，如果带有甜味，此病就不容易治好；倘若恶臭，说明五脏六腑中的毒已经排出体外，病很快就能痊愈。现在我尝过了大王的粪便，恶臭难当，恭喜大王不日就可恢复健康了。夫差一高兴，将勾践夫妇和伴随他们的范蠡放归越国去了。勾践尝粪之后，患上了口臭，范蠡命令越王左右之人皆食岑草，藉以替越王掩饰口臭。岑草，是一种野菜，小有臭气，荒年饥民取之充食，范蠡为了冲淡勾践口中发出的臭味，强制越宫中所有人天天吃臭岑，真是用心良苦。

勾践经过“十年教训，十年生聚”，使越国恢复了元气，最后灭了吴国，吴王夫差自刎于阳山。范蠡虽然竭尽全力辅佐勾践，但私下对他的评价并不高，认为他是个可以共患难，不能同富贵的君王。面对这么一个东山再起、薄情寡义的国君，范蠡不得不认真考虑一下自己的后路了。

范蠡萌生了退意，但担心越王未必肯放他走。勾践作为一国之君，对于手下的臣子，感情甚为复杂，一方面，他不愿臣子是窝囊废，希望他们一个个精明强干，出类拔萃，范蠡是他一班谋臣之中的尖子,他深爱其才;另一方面,他也不愿意臣子中有能力和胆识胜过自己的,范蠡太聪明了,太能干了,常使他不由自主暗忖:如果两人换个位子,范蠡会比寡人把国家治得更好么?勾践既有此念,就难容范蠡,现在复国已经成功,到了铲除功臣的时候了,第一个该除掉的应是范蠡。可是范蠡曾伴他入吴为囚三年,而且恪守臣道二十余载,从未有过任何瑕疵,始终是越国大臣的经典样板,若贸然杀之,必引起群议汹汹,对自己的基业不利。杀既杀不得,让范蠡退隐就是最佳方案了。勾践却又不放心,唯恐范蠡离开了自己的视线,有被别国聘去的可能,勾践是绝对不能容忍这么一个奇才为他人所用的。万一范蠡执意离去,勾践定然是要追杀的。勾践这点心思,范蠡完全洞悉,所以走也不是,不走也不是,天天在焦虑和担心中度日如年。

范蠡思前想后,绞尽脑汁,总算想出了一个办法。第二天,范蠡上早朝时就向越王递了辞呈,说:"佐英主,灭强吴,名遂功成,臣平生志愿于此毕矣!大王,臣恳求恩典,准许臣把一副骸骨放到江湖上去。"

勾践挽留道:"范爱卿,你是寡人最得力的谋臣,寡人已将都城迁来姑苏,故邑会稽正想分封给你,你怎么忍心撇下寡人而去?爱卿,是否别国的国君比寡人更愿重用你,所以你急着要走?"

听到最后这句话,范蠡颈皮上顿时一凉,仿佛斧子架到了他的颈项上。勾践果然怀疑他想另投主子,这怀疑可是一道催命符!好在范蠡已将一切可能出现的情况全考虑到了,胸中自有成竹,皆可从容应对。这时他赶紧显露出十分惶恐的神情,伏地答道:"臣只知世上有大王,不知天下还另有君主。臣这一走,再不出山,以报大王十数载知遇之恩。若背此誓,天诛地灭!"

勾践沉吟片刻,脸上隐隐浮起暧昧的笑容,说道:"爱卿何必出此重言,你决意要走,寡人也不便强留。爱卿临行,可有什么要求?"

范蠡道:"臣走之前,还想做一件事,就是开挖一道河,日后臣可依赖此河把江南物资销往北方,将北方特产返售江南,赚些利润,保障生活。望大王恩准。"

范蠡此话一出口,勾践彻底放心了。既然他钻进了钱眼,可见他确实放弃了政治,不必担忧他有可能成为潜在的隐患了。勾践爽快地说道:"既然如此,寡人就批准这项工程,所需劳力、物资,爱卿要多少,就调动多少,不用再呈报寡人了。"

散朝后,范蠡被文种拉到僻处。文种是范蠡的老搭档,两人在公事上配合默契,私交也不错。范蠡曾向文种透露过退隐的念头,文种却坚信越王不会亏待他们,劝范蠡休要多虑。今天见范蠡辞官,越王表情暧昧,不由为老朋友捏了一把汗,故而拉住他告诫道:"范兄,你应该懂得大王最恨离心离德之人,我看你还是去向大王收回辞呈,方为上策。"范蠡道:"我不会有事的,待我走了,你也须及早打算,休贻误了自己。"

三个月后,一条河道出现在望亭大地上。这是范蠡临别政治舞台,为当地人做的一件好事。有了这条河，望亭居民出行方便多了，运输更是有利，遇到旱涝，灌溉泄洪都不成问题，人们感激范蠡，将这条河命名为“范渎”。

范蠡沿着自己指挥开挖的这条河，往西到了宜兴，改名陶朱公，在那儿安下身来。他用治国理政的谋略做生意，自然做得风生云起，赚得盆满钵满。所以，历代经商者，都把范蠡奉为祖师爷。

与范蠡形成鲜明对照的是文种。文种在勾践复国过程中，也功不可没，尤其是他的“谋吴七策”，非常厉害。所以，他居功待赏，不肯急流勇退。这一日，越王勾践突然来到文大夫府邸，劈头就说：“文爱卿，记得你曾为寡人设计了谋吴七策，但仅用了三策，吴国就灭了，还有四策你打算怎么用呢？”文种莫名其妙望着越王，不知如何回答才好。勾践继续说下去：“吴国是灭了，夫差是死了，阳世倒是太平了，可是冥府之中，吴国的列代君王和寡人的先君恐怕还要争个长短，决个雌雄。文爱卿，你尚未使用的谋吴四策，就此不用岂不可惜，寡人打算借重你，请你用那四策去辅佐寡人的先君吧。”说罢，解下身上的佩剑，朝文种脚前一丢，扬长而去。

文种怔了半晌，用颤抖的双手捧起剑来，禁不住涕泗交流，悲哀地自言自语：“范兄，我悔当初不听你劝，还是你看得准哪，大王果然容不得我这条走狗了！我是自己找死，谁叫我留在这里等待大王的更其重用呢？活该，活该！”过了一会，他又狂笑起来，喊道：“这十余年来，我旰衣宵食，鞠躬尽瘁，难道为的是今日这份犒赏？老天，你说这公不公道？公道何在，公道何在啊！”

哭哭笑笑，笑笑哭哭，发了半天神经，文种用剑割断了自己的喉管。

（娄一民）

轧立夏习俗

望亭下塘“轧立夏”由来已久，这与越国大夫范蠡有关。

吴越春秋，越国灭亡吴国后，范蠡看出越王勾践心胸狭窄，只能同患难，不能共富贵，就和西施化装成渔家夫妇，躲过戒备森严的一个个岗哨，重金雇了一条渔船，出齐门经陆墓，过蠡口，沿黄埭，在漕湖畔定居，后来经起商来。

范蠡经商，与众不同。

夏天，漕湖一带竹子上市，农民要把竹子扎成排，撑到无锡后宅、硕放竹行推销。范蠡买竹子，长长短短、粗粗细细的都要。

卖竹子的人说：“你这个乡下佬，竹子买了这么多，当饭吃？”

范蠡说：“不亚于饭。”

买了竹子后，他把粗的做成铁锴柄，细的削薄做扫帚。

秋天，漕湖一带芦苇上市，农民把芦苇扎成捆，装船摇到无锡荡口、甘露推销。范蠡买芦苇，长长短短、粗粗细细的都要。

卖芦苇的人说："你这乡下佬，芦苇买了这么多，当衣穿？"

范蠡说："不亚于衣。"

买了芦苇后，他把芦花扎成既漂亮又柔软的扫帚，芦秆编成芦帘，拣粗的压扁织成芦席。

冬天，漕湖一带的农民又砍树又整株，留足烧年货的柴火后，多余的摇到望亭、浒墅关出售。范蠡买劣价的树桩，大大小小、奇形怪状的都要。

卖树桩的人说："你这乡下佬，树桩买了这么多，当凳坐？"

范蠡说："不亚于凳"。

买了树桩后，他把小的树桩做成木桢，大的做成砧板，长的做成棒槌。

那一年立夏日，范蠡和西施摇了一船商品来到望亭与东桥相交的西桥做买卖。

那里有个泼辣、尖厉的妇女，三十上下年纪，说话喜占上风，买货总爱挑剔，大家叫她快嘴婶婶。这天因为丈夫弄坏了一把扫帚，夫妇争吵了一早晨，丈夫认了输，拿了铁锴上工了，她还在背后"败家精、败家精"骂个不完。不一会，她端了一脚盆龌龊衣裳上河滩，看到范蠡的芦花扫帚像把鹅毛大扇迷了眼，于是放下脚盆挑拣起来："扫帚卖不卖？"

范蠡和气地说："您要不要？"

"你这老头儿有眼没有眼？"

"您这妇人讲理不讲理？"

这下，快嘴婶婶动了肝火，将衣袖一捋，双手一叉，面孔一板，眼珠一弹："买不买由我！"

范蠡和颜悦色："卖不卖由我！"

听见吵声，西桥附近不少百姓都涌来围观。有个白发老翁上前相劝："别与那妇人一般见识，你卖给她就是了。"

范蠡对大家拱拱手说："诸位乡亲，这位婶婶家境清寒，屋内泥地，买这华而不实的芦花扫帚不适用。"这番话说得大家点头称是。

快嘴婶婶刚要转身去洗衣，范蠡却又唤住她不让走。

"什么事？"

"你还没有买东西。"

"不要买。"

"你现在不买，等会儿也要来买。"

"等会儿也不来买。"

"等会儿一定会来买。"

快嘴婶婶又动了肝火,习惯地将衣袖一捋,双手一叉,面孔一板,眼睛一弹:"买不买由我。"

范蠡又和颜悦色、热情相告:"卖不卖由我。"

众人纷纷说范蠡的不是,白发老翁上前婉言相劝范蠡:"强拧的瓜不甜,她不买也就算了。"

范蠡面对大家拱拱手说:"这位婶婶在家料理家务,照看孩子,丈夫在外耕作,时值农忙,惜时如金,适时我见她丈夫上工匆忙,手拿的铁锆柄已老、木桢已碎,我这里有货,何乐而不为?"

众人点头称是。白发老翁对快嘴婶婶说:"这位先生言之有理。"

范蠡对快嘴婶婶说:"刚才我没有向您讲明,当然是我的不是,望婶婶万勿见怪。"

快嘴婶婶火气顿时烟消云散。

快嘴婶婶买了竹柄和木桢刚踏进家门,果然见丈夫一手拿着碎木桢,一手拎着铁锆没精打采地回来了。当丈夫见到老婆已经买了竹柄、木桢,乐得咧开了嘴说:"这回你想到家了。"快嘴婶婶说:"要不是西桥堍的那个商人催我买,怎么会想得到?"于是这么长那么短地将刚才发生的事讲给了丈夫听。丈夫听了妻子连珠炮似的叙说,说:"难道这个老头是未卜先知的神仙?"快嘴婶婶越说越玄:"我看跟神仙差不多。"

快嘴婶婶等丈夫去上工,抱着孩子闯村头,逢人便说:"西桥堍做生意的老头真是个活神仙,你要买的东西,他肚里全有谱。"经她这么一说,西桥的百姓纷纷赶来看范蠡卖东西。有个扎着两条羊角辫的小孩听父亲的吩咐,买了木砧板欲回家,范蠡却拉住他不让走。众人议论纷纷,快嘴婶婶出面干涉了:"孩子没付钱?"

"付了。"

"为啥拖住不让走?"

"小孩兔子腿,脚头快。"

"兔子腿、脚头快又怎样?"

"现在人多怕走失。"

"走失与你有何相干?"

白发老翁上前劝说:"付钱取货,天经地义。"

范蠡取出铜板解释:"我的砧板就地取材,成本低,多收小孩的铜板不应该。"

众人听了点头称赞。

白发老翁付了钱要买芦花帚,范蠡收了钱却不给货。白发老翁不明白范蠡肚子里打的什么鼓,在一旁呆看。他见范蠡摊位上只剩一把扫帚外,其余的货都销售一空,忍不住问:"是我短少你的钱?"

“分文不少。”

“是我得罪了你?”

“长老态度和气,待人厚道。”

“是我不该买你的东西?”

“长老的住寓是地板房,用这芦花帚最合适。”

“那你为啥不给货?”

范蠡上前扶着老翁,亲昵地说:“我见你鹤发童颜,精神焕发,可是毕竟高龄年迈,步履艰难,刚才人多手杂,是我生怕你被人挤倒,于心不忍。”

白发老翁恍然大悟,感动得连声说:“没见过你这样的经商,没见过你这样的为人。”

范蠡把白发老翁送到村东参天香樟树下的家门口,那老翁上上下下、左左右右地打量着范蠡。只见那商人双目炯炯,气宇轩昂,风度翩翩。老翁忽然高兴地眉飞色舞,猜测道:“你莫不是赫赫有名的范蠡大人?”说完欲跪下叩头。范蠡连声说:“不敢当。”拔脚便往漕湖方向走去。

没多久,范蠡行商的消息像长了翅膀,传遍了西桥附近的大街小巷。人们争先恐后地去漕湖拜访,可是偌大的漕湖哪里去找呢?

次日,快嘴婶婶开门时一把合适的竹扫帚倒进了门,可是无论如何也找不到范蠡的人影。后来传说范蠡和西施摇着小船,沿着望虞河出望亭,往无锡南泉、大浮一带营生去了。从此以后,人们学着范蠡的样子在西桥行商。每到立夏日,四面八方的人都来到西桥做买卖,吃的、用的、耍杂的应有尽有,方圆几十里的老百姓、男的、女的、老的、小的都要来这里“轧立夏”,西桥两旁人山人海。不久,“轧立夏”延伸至距西桥四五里的望亭,成了当地习俗。

(张瑞照)

用端避难宅基村

相传,秦始皇一统天下后,用尽各种方法到处搜括民间宝物装饰皇宫。一个将作(宫廷建筑师)迎合皇帝喜好,出了个馊主意,提议在帝都咸阳郊外围地千亩,建个“禽兽园”,专门驯养珍禽异兽。秦始皇一听,正中下怀,一声令下,“禽兽园”就此在这八百里秦川的腹地落成,那个将作被秦始皇指派为管理“禽兽园”的园吏,从工匠一跃而为朝廷命官。

一日,秦始皇游览“禽兽园”,园吏一路陪同,如数家珍般报出了园内所有珍禽异兽的名字。虽有禽兽千种,秦始皇犹嫌不足,忽发奇想说:“朕想看到世界上独一无二的异兽,你们能捕得吗?”

园吏说："皇上，凡能捕到的异兽，已无遗漏。小臣斗胆请皇上明示，园中还应该有何兽？"

秦始皇说："朕要的正是世之所无，此间独一。命你们用园中之兽杂交，替朕生出一种见所未见、闻所未闻之兽。"

秦始皇下了如此荒唐的旨意，园吏率领"禽兽园"数百役夫忙碌了好几年，居然让一头雌犀牛产下了一对"龙凤胎"独角兽。此兽模样怪异，头像夔龙，身似麒麟，四爪如熊，背覆鱼鳞，拖一条长长的牛尾。这对独角怪兽的上唇亦特长，雄的前伸向下卷，雌的则向上卷。总之，它们与犀牛大相径庭，唯独那支独角像犀牛。

园吏把年长的一些役夫召集起来开会，说："你们都是见多识广的人，给这对'龙凤胎'起个什么名字为好，大家议议。"众人七嘴八舌，各抒己见，最后由园吏作了归纳，说："我看，就根据它们那支独角不歪不斜长在头顶上的特点，起名叫'甪端'吧。"众人一致赞同，都说这个名字起得好。

园吏去向秦始皇报喜，秦始皇问："为何取此名？"

园吏解释说："此兽为独角，端生头顶中央，不偏不倚，故名端。"

秦始皇沉吟半晌，说："端，头也，朕乃四海万民之头；开始也，大秦帝业传至万世万万世，自朕为始；正直、庄重也，恰是朕的品行。'甪端'之名，朕批准了。甪端产于朕的禽兽园，是个大大的吉兆。"

秦始皇当即驾临"禽兽园"，亲眼见见这对从未见过的独角兽，一见之下，心中大喜，又下一道圣旨："今后'禽兽园'要多多繁殖甪端的后代，待到甪端上千，把园中其他禽兽杀掉，由甪端独霸此园；甪端数量达到数万数十万数百万，送往全国各地，由它们替代各地山川种种动物。这样，才符合朕灭六国、天下归秦的格局。"

一对甪端听了此言，大吃一惊，心想：如果真像这个皇帝说的那样进行下去，该有多少动物遭殃？为了不让这道圣旨变成事实，它们在一个深夜从"禽兽园"逃了出去。秦始皇获报，急令御林军抓捕，因甪端竟然违抗他的旨意，他不能容忍，故而命令抓到甪端格杀勿论。

两只甪端翻过几座大山，逃出了陕西的咸阳城，它们唯恐生相怪诞，招来当地人的围观，途中一直不敢歇脚。甪端有日行一万八千里的本领，不几日，就逃到了长江下游之南的境内，在一条河道边得到了一位好心渔民的收留。

"这条是啥河？叫啥名？我们现在哪里？"两只甪端望着开阔的河面，向好心渔民提出了一连串的问题。

"这条河以前叫蠡河，现在叫望虞河。可是，我们当地人仍旧叫它蠡河。"好心渔民告诉它们，"这里是会稽郡吴县余杭乡望亭镇的地界，我们这里叫宅基村。"

"那这河为啥会有两个名称呢？"两只甪端听得认真，亦感到十分好奇。

“据说啊，在200多年前，越国有个叫范蠡的谋臣，他足智多谋。为了讨伐吴国，他曾经潜伏于此多年，在巢湖里训练出来了一支善舟习水的新军。后来，范蠡组织了大批劳工，从巢湖的南面开凿出了一条直通往太湖沙墩口的河道，同时又从巢湖的北面开浚了一条通向长江边耿泾口的河道。有一年越国出兵攻打吴国。范蠡接到命令后，就率领部队从巢湖开拔，沿着这条新开的河道进入太湖，配合越王勾践打败了吴师。最终，吴王夫差逃到了秦余杭山，伏剑自尽了。就此，吴国灭亡了。范蠡这个人呢，就在越王勾践大庆伐吴胜利之时，带上了他心爱的人西施悄然离去了，藏匿到了这里，安家落户、养鱼经商，还向当地的百姓传授养鱼经验，帮助大家发家致富，由此带动了一方的经济发展。后来，人们为了纪念范蠡，就将巢湖改称为蠡渎或蠡湖，并将那条新开的河道命名为蠡河。由于这条河是由北望亭向东北流至常熟的，常熟古称‘虞’，为此官府给它起了个‘望虞河’的新名称。”

蠡河，河水清澈，水波浩渺，丛泽流芳，奇丽秀艳。两只甪端一边听着好心渔民讲述有关蠡河的故事传说，一边欣赏着美丽迷人的河景风光，最后决定，就在这里落户。于是，望亭成了甪端避难江南的第一站。

（诸家瑜）

面条鱼

传说孟姜女万里寻夫，曾经赶到长城，为万喜良送寒衣。一路上，她跌跌撞撞地走到北望亭桥时，坐在桥堍上歇一歇，嘴里干，肚里饿，就到河边捧些水喝。哪晓得她头一晕，脚一晃，一跤跌进河里。刚好有只太湖边沙墩港村的小网船摇过来，船上有母女两人，他们急急忙忙地把孟姜女救上船，见她衣衫打扮，加上面黄肌瘦，猜定她是赶长路赶得饿了。那个十八岁的渔家姑娘，赶忙在船艄头渔筐里抓起一把卖剩下来的湖虾，捏个面团擀起面条，煮了一碗虾汤面，端给孟姜女。孟姜女越吃越鲜，从未吃过滋味这样好的汤面，连声称谢。

面条落肚，孟姜女来了精神。母女俩同她攀谈起来，一声声问她：“你一个妇道人家往哪里去呀？”孟姜女将丈夫被抓去造长城，自己万里送寒衣的细情说了一遍。母女俩听得眼泪汪汪相劝她：“眼下你身体虚弱，在船上养息几天再说。”孟姜女盛情难却，点头答应了，还同那渔家姑娘结拜了姐妹。

孟姜女离开网船赶路那天，母女俩依依不舍，千叮万嘱对她说：“我伲一直在这里捉鱼，网船经常停靠在北望亭桥堍，你从长城回来，一定要来看看我伲，团聚团聚！”那姑娘还特地烘了一袋麦饼，给孟姜女路上当点心。小网船送她一程又一程，过了北望亭桥老远，她们才眼泪汪汪地分手。

孟姜女走后，网船上的母女俩非常惦念她，日也盼，夜也望，盼望孟姜女早些平平安安回家乡。盼了一年又一年，年年只见雁南飞，年年不见人归来。后来，母女俩听说孟姜女被秦始皇逼死了，伤心得在太湖边上哭了几天几夜。娘流着泪说：“祭祭孟姜女，表表伲心意。”姑娘哭出声说：“姐姐爱吃虾汤面，做碗虾汤面祭祭她。”不多工夫，一碗热腾腾的虾汤面摆在网船头上，娘朝北面喊：“好囡呀，你再来尝尝吧！”姑娘对着太湖喊：“姐姐呀，你再来吃一碗吧！”母女俩在船头上祭过孟姜女，就将这碗虾汤面倒进太湖里，面条被浪花一溅，全变成雪白粉嫩的小鱼，越变越多，在太湖里游来游去。母女俩又惊又喜，好多渔民见了啧啧称奇，大家就把这种小鱼叫作“面条鱼”，也就是银鱼。

（秦寿容　袁　震）

吴先主建御亭

孙坚是东汉吴郡富春（今浙江富阳）人。东汉末年，群雄并起，干戈不休。经过长期的争战，逐渐形成了北方的曹魏、长江上游的蜀汉、长江下游的孙吴三个割据政权，出现了三国鼎立的局面。其中，割据江东的孙吴政权就是在苏州发迹的。

孙吴政权的奠基人是孙坚。孙坚是孙武的后代，他的一生很短暂，却很有传奇色彩。他生得广额阔面，虎背熊腰。17 岁时，一次与父亲乘船到钱塘，见海贼十余人抢劫了商人的财物，在岸上分赃，父亲对他说：“此贼可擒也！”孙坚提刀上岸，扬声大叫，佯作指挥两侧人马，海贼以为官兵杀至，尽弃财物，四散逃窜。孙坚赶上，斩杀一贼，余贼越发胆寒，逃得更快，一眨眼工夫已影踪全无。可见，孙坚不仅勇武过人，还非常有智慧。这件事后，他在全县出了名，连郡里也听说了他的名声，将他荐为会稽校尉。孙坚上任不久，有个叫许昌的造反，自称“阳阴皇帝”，聚众数万，孙坚招募了勇士千余人，以少击众，大获全胜，斩许昌及其子许韶。孙坚因功被授为盐渎丞，继而又被授盱眙丞、下邳丞。

孙坚起自县吏，随着朱儁、张温、袁术等辗战多年，在平定黄巾军过程中不断升迁，一直做到长沙太守，封乌程侯。孙坚拥有了大量部曲，实力飞速地发展壮大起来。董卓乱政，孙坚参加诸侯联军征讨董卓，表现最为积极，数次击败董卓的部队。一次，孙坚率部下至苏州城西太湖之滨，见那里土肥水清、稻谷飘香，便驻扎下来操练兵马。当他听说这里原名长洲苑，乃春秋时期公子光与伍子胥商量夺取大位的地方，事成之后建有一座凉亭以志纪念。孙坚听后浮想联翩，即吩咐手下建起一座石亭，并对孙策、孙权两子道：“为父把此亭赐名御亭，以为如何？”孙策、孙权心领神会，连连称好。后来，孙坚受袁术派遣与刘表交战，击败了刘表部下黄祖，却在一次追击中被黄祖的士兵射杀，死时年仅 37 岁。

孙策是孙坚的长子，父亲死后，他回到了江东。将父亲安葬后，他于兴平二年（195年），占据了丹阳、会稽。孙策凭着他的名声，招贤纳士，聚数万之众，纵横江东。战乱年代的百姓，见到军队都会逃走，但孙策严肃军纪，不许掳掠，更不准滥杀，因此地方上鸡犬不惊。百姓牵羊担酒到营寨劳军，孙策以钱帛答谢，引来一片欢声。从此，江东百姓亲切地称呼孙策为“孙郎”。

当时有个自称为“东吴德王”的严白虎，据守着吴郡。听到孙策的兵马来到，便命弟弟严舆出兵，两军会战于枫桥。这枫桥不太宽大，严舆横刀立马于桥上，大有一夫当关万夫莫开的气势。有人将此情形报给了孙策，孙策当下就要出去迎战。属下劝他说：主将是三军的统帅，不适宜自己亲自出马迎战这样的小寇，希望将军自重。孙策感谢了他们的好意，说：“如果我不亲冒矢石，今后就无法令将士们信服了。”孙策拍马冲上枫桥，勇不可当，嚣张一时的严舆只好退下枫桥，逃往城内。孙策夺了枫桥，趁胜杀将过去，他分兵两路，水陆并进，围住了苏州城，一困就是三日，城内没有一人敢于出战。

大兵压境，严白虎委派弟弟严舆出城向孙策求和。孙策请他到自己帐中，以酒水款待。酒至半酣，孙策问严舆打算怎样？严舆说：“欲与尔平分江东。”听到这话，孙策勃然大怒：“鼠辈安敢与吾相等！”当即命令斩杀严舆。严舆拔剑起身，孙策飞剑砍去，严舆应手而倒。孙策命人割下严舆首级，派人送与严白虎，严白虎知道再也敌不过孙策，便弃城而走。

孙策赶走了吴郡太守许贡，消灭了割据武装严白虎，完全控制了苏州一带。到建安四年（199年），孙策已经占领了包括吴郡、丹阳、会稽、庐江等六郡在内的江东之地，建立了以苏州为中心的孙氏政权。曹操以汉献帝的名义，表孙策为“讨逆将军”，并封为吴侯。

孙策据有江东，依靠的是江东大族的支持。确实，江东土著大族对孙吴政权有举足轻重的意义。江东大族以吴郡顾、陆、朱、张四姓最为著名，陆机《吴趋行》说：“属城咸有士，吴邑最为多。八族未多侈，四姓实名家。”吴郡所属城邑，几乎都有强宗存在。这些大族据高官、享厚爵。《世说新语》中曾称“陆忠、顾厚”、“张文、朱武”，即，陆氏忠烈，顾氏厚重，张姓尚文，朱姓重武。在孙吴政权中，顾雍、陆逊都曾贵为丞相，顾、陆两姓子弟为官者相继，是孙吴政权的两大支柱。他们还拥有强大的经济、军事力量，所谓“吴名宗大族，皆有部曲，阻兵仗势，足已建命”。东晋史家孙盛评论说：孙策虽据江东，但“势一则禄祚可终，情乖则祸乱尘起”，就是说，江东大族如果一致支持孙氏，那么孙氏的政权就可以延续下去；如果二者发生冲突，那么孙氏的天下就难保了。孙吴政权深谙其理，所以无论是军事上还是经济发展上，孙吴政权都下了十足的功夫，出现了“其野沃，其民练，其财风，其器利”的局面。

遗憾的是，孙策在得了吴郡的第二年就遭到了许贡的门客暗杀，时年26岁。孙策临终，遗命弟弟孙权继位，并对孙权说：“举江东之众，决机于两阵之间，与天下争衡，卿不如我；举贤任能，各尽其心，以保江东，我不如卿。”孙权年轻时跟随兄长孙策平定江东，成为江东之主后，公元208年，起兵西进，剿灭黄祖，报了父仇。曹操为了笼络他，封他为“讨虏将军”，领会稽太守事。孙权却审时度势，果断联合刘备与曹操决战，以8万将士对阵曹操83万大军，取得大捷，这便是历史上有名的赤壁之战。此后，孙权以苏州为根据地，苦心经营鼎足江东的事业。219年，夺回荆州。生擒关羽，予以斩首。221年，任命39岁的陆逊为都督，迎战前来复仇的刘备，火攻连营七百里，大破蜀军。223年，刘备病逝，诸葛亮为了北伐，主动与孙权讲和，孙权从大局计，重新联蜀共伐曹魏。224年，曹丕大军攻打孙吴，孙权让徐盛火攻破敌。229年，孙权称帝，史称“吴大帝”。登上帝位的孙权，追封父亲孙坚为“武烈皇帝”、兄长孙策为“桓王”。因父母孙坚当年建造石亭（御亭）已有毁坏，敕令在望亭修缮御亭。

因为孙坚自称是孙武后代，而望亭有孙武训练吴国精锐之师的长洲苑。孙权建立的政权，国号也是“吴”，他在望亭修缮纪念父兄的亭子，无疑是在昭告天下，自己将继承先祖孙武以及父、兄的精神，打造出神威劲旅，将东吴推向强盛，推向巅峰。

一座御亭，蕴藏的是一代帝王的雄心。

（卢　群）

孙坚打狼

孙坚（155年—191年），字文台，吴郡富春（今浙江富阳）人，因官至破虏将军，又称“孙破虏”。他曾携儿孙策、孙权带了部队至北太湖（今望亭地区）安营扎寨，操练军队。尔后，他为了锻炼儿子，让他俩率军进苏城，并辗转至杭州等地。而他自己守在望亭，不时下乡，观察地形，体察民情。

一天，天降鹅毛大雪，天气寒冷彻骨，他携两卫兵去了太湖之滨望湖湾。这里，一个六十左右的老妇冒着严寒到了湖畔，见了孙坚，“扑”地跪地，心一酸，忍不住“唔唔”大哭起来：“看来你是孙坚将军，我有事相求，望你高抬贵手，救救北太湖畔乡亲……”

孙坚从马鞍上跳下，俯身扶起老妇，说：“老人家，有话你只管说来，只要末将能办到，一定全力以赴。”

原来这位老人名叫高大颜，家居附近农村（今望亭迎湖村），这几天，常有野狼窜至村中叼村民饲养的家禽家畜，甚至咬人。前天半夜，她十八岁女儿听到羊棚里传出咩咩叫声，穿衣趿鞋前去一看，只见十几只野狼正在围攻两只山羊。女儿持棒撵狼，不想豺狼凶猛，一齐扑向姑娘。姑娘寡不敌众，被野狼扑倒在地。老伴听见女儿惨叫，奋不顾身冲出抢救，亦遭野狼围攻。高大颜见状，立马从后门奔出，向众乡亲求援。众乡亲点燃火把打鼓击锣，大造声势，而后高举锄头、铁𨱎向狼群赶去。费了九牛两虎之力，终于把野狼撵走，但十八岁女儿已命丧黄泉。老伴被咬得血肉模糊，命悬一线，经过抢救，才留了一命。

高大颜说完，泣不成声。

这时与高大颜同来的几十个村民，你一言、我一语地说开了，大诉野狼袭击村庄之苦。末了，高大颜擦了下泪水，对孙坚说："我女儿命丧狼口，老伴虽还留下一条老命，但已是残疾之身。为了大家能过上太平日子，老妇叩望孙将军出面，帮我等率乡勇围剿野狼。"

孙坚觉得这位老妇之求，自己理应鼎力而为。因为他来此时间不长，人生地不熟，为此吩咐手下两卫士前去唤来当地乡绅，一起商量。

当两卫士唤来了当地乡绅，孙策说明原因，乡绅们纷纷表示，此乃行善积德之举，理应全力以赴。所以，乡绅们回去之后，立马行动起来，贴出了招募乡勇的告示。为了大造舆论，乡绅们还组织村民敲锣打鼓，四村游说。这么大张旗鼓地折腾了三天，每天看热闹的人里三层、外三层，但报名者寥寥。

孙坚不由感到奇怪："北太湖物博地广，怎没人应募参加乡勇，难道他们害怕野狼不成？"

起初，看热闹村民你望我、我望你，闷声不响。当听了孙坚这么一句话，有个中年男子忍不住了，说："孙将军，倒不是我们百姓惧怕野狼，而是生怕得罪关天神！"

孙坚一头雾水："关天神是谁啊？"大家你看我、我看你，谁也没有开口说话。此时那个叫高大颜的老妇闻声赶了过来，说："孙将军，待老妇带你们去把他请来！"孙坚即便吩咐卫士跟着高大颜前去邀请关天神。

不一会儿，关天神来了，这是个五十多岁的瘦个男子。听人说，他家拥有千亩良田，除了收租米，每天在家出卖自做的护身符，因腰系万贯，所以身上衣冠楚楚。他见了身穿戎装的孙坚，恭恭敬敬施了个大礼："想来这位便是闻名遐迩的孙大将军，今日请草民前来，未知有何指教？"

孙坚说话开门见山："最近深夜，野狼不时三五成群侵袭村庄，不少村民家中的家禽家畜被叼走，而且还有村民被咬伤，甚至……为此，本将军顺乎民意，呼吁乡勇捕杀，可听人说，你认为此狼杀不得，未知为何？"

关天神先作了一番自我介绍："本人自幼读圣贤书，说圣贤话，做圣贤人，慈悲为怀，与人为善，洁身自好，匡扶正义。孙大将军问我为什么不要出手捕杀野狼，你要听在下讲真话吗？"

孙坚望了望大家，最后把目光移向关天神："我们要听你鬼话、假话干吗？"

关天神绘声绘色道："此狼，不是狼，是神犬，是天将二郎神杨戬的天犬附其身，下凡惩治心怀鬼胎的恶人，所以，千万不能捕杀。如果捕杀神犬，这是逆天而行，必遭天谴。"他见孙坚不语，便把目光移向一边看热闹的村民。他见大家用若无其事的目光望着自己，转而又把目光转向孙坚，天花乱坠地吹嘘起来："天上的神犬，村民死在它的口中，这是命里注定，罪有应得。如果行善积德之人，被神犬给吃了，这是升天之兆……所以，草民认为，千万不要去伤害神犬，而要把它像天神一样供奉起来，如若反其道而行之，这会天降大祸。"

孙坚不信邪，斩钉截铁地说："恶狼，伤天害理，怎会是神犬附身，干扰百姓安宁生活，怎说成是降福于民？这岂非咄咄怪事？"关天神听了孙坚这么一说，"扑通"一声跪了下来，面对太湖，涕泪满面："千万不可逆天而行啊！"

孙坚见关天神执迷不悟，继而胡言乱语，厉声斥道："你真是一派胡言！"转身对一旁卫士说："今天我成全了这位关天神，把他绑在望湖湾旁大槐树上，晚上神犬一定会来见他，把他送上天堂……"

关天神顿时脸色煞白，半晌没语。

孙坚继而言道："神犬不会咬你，因为听村民所说，你有护身符？"

关天神见两名人高马大的卫士一步一步向自己走来，忙站起了身，双手乱摇："不可不可，千万不可！相命先生说过，我天庭饱满，一脸福相，能活到百岁。我不能逆天而行，而要活到百岁后再升天，不用神犬相助。"边说，边钻进人群。卫士欲撒脚去追，被孙坚拦住："罢了！"

关天神一听此话，拔脚便逃。

在场的村民见往日神气活现的关天神，如今一副狼狈不堪的样子，忍不住哈哈大笑。此时高大颜老妇从怀中掏出一块竹牌，向大家扬了扬，说："这是他所说的护身神符，说什么神犬见了，会与你和睦相伴，非但不会伤害于你，而且还会保佑你逢凶化吉。可我女儿、老伴身上都有这东西，一个命丧黄泉，一个在众人相助后才死里逃生。他是利用这东西在骗人钱财啊。"

关天神一走，村上男子争先恐后报名参加捕杀野狼的乡勇，才一个时辰，小小百余人的村庄，就有六十余人报名。孙坚把这些乡勇带回自己营寨，教他们骑马射箭、刀枪剑戟等武艺，半月之后，投入捕杀野狼之中。第一天捕杀了七十多只，第二天八十多只，第三天超过了百只。可自此以后，捕杀的数字越来越少。孙坚感到奇怪，后来听村民所说，一定是野狼看到去望湖湾的野狼有去无回，再也不敢轻举妄动。孙坚忍不住哈哈大笑。

一天，孙坚与手下两个卫士在望湖湾山墩的丛林旁歇息，遇上了十多个手执钢刀的强人。这些强人头戴狗头帽，大声呼喊，如同恶煞一般。为首的强人大声呼道，"呔，你们三人之中谁人是孙坚？"

孙坚一点也不慌张，把手指了指自己鼻子："本将在此，你们是些什么人？"

为首强人拿着钢刀舞了一下，色厉内荏："呔，要活命的，听老子的话，把三匹马留下，日后不再管望湖湾神犬的事，要是说个不字，明年今天，是你等三人的忌日。"

两个卫士年轻气盛，意欲拔剑相向。孙坚立马用目光制止住，返身对那帮强人说："人在屋檐下，不得不低头。今天，我依你。"言罢，丢下坐骑，与手下两名卫兵，径自拔步而走。

十几个强人见孙坚等三人被自己制服，得意一笑，牵着三匹马欲往小路而去。这时孙坚"嘘"的一声口哨，三匹骏马顿时原地站着不走，强人一时不知所措。

孙坚与两名卫士走了百步之遥，突然见从三岔路口走出三四十名运粮去镇的村民，急中生智，三步并作两步，跑至运粮男子中间，拔出拳头，对准米袋"嗵嗵"两拳，口袋顿时破裂，稻谷急湍而出，撒成一地，然后他向两名卫士呼了声"上"，直扑十几个强人。

那批运粮村民见有人出拳打击粮袋，不由一惊，定睛一看，是孙坚和他的两名卫士。当孙坚往不远处高墩上的十几个手戴狗头帽的黑脸人冲去，村民心领神会，放下粮担，抽出竹棒、扁担等家伙，呐喊着，跟了上去。

十几个强人因拉三匹坐骑不肯挪步，正在冒火，忽听"冲啊"的呐喊之声，转身抬目一看，三四十名村民高举家伙，在孙坚与两名卫士带领下向他们冲来，知道大事不妙，丢下马缰，转身往林中逃窜。可为时已晚，十多个强人被村民团团围得水泄不通。两个卫士令他们丢下手下钢刀，然后跃步上前，拉下了强人脸上面具。村民们举目一看，吃惊非小，几乎是异口同声："那不是关天神家中的几个伙计？"

十几个强人慌忙"扑通"下跪求饶。

原来关天神在众村民面前出了洋相，死不甘心，回家唤来十几个伙计，吩咐他们扮作强人，撵走孙坚。孙坚略施小计，在村民的协助下，识破了关天神的阴谋，使他的真面目暴露无遗。

（张瑞照）

诸葛庙

望亭镇太湖村原先有座诸葛庙，从这庙名，大家一定会想到庙是为纪念诸葛亮建的。诸葛亮（181 年—234 年），字孔明，号卧龙，徐州琅琊阳都（今山东沂南）人，三国时期蜀汉丞相，杰出的政治家、军事家、发明家。诸葛亮幼年丧父，同叔父到南阳躬耕，后追随刘备，为刘备奠定了三分天下有其一的基础。蜀汉开国后，被封为武乡侯，对内抚百姓，示仪轨，约官职，从权制，开诚心，布公道，对外联吴抗魏，为实现光复大汉的政治理想，数次北伐，但因缺乏良将而失败，最后病逝于五丈原。蜀汉后主刘禅追谥其为忠武侯，故后世常以武侯、诸葛武侯尊称诸葛亮。诸葛亮一生"鞠躬尽瘁、死而后已"，是中国传统文化中忠臣与智者的代表人物。虽然诸葛亮的出生、业绩与望亭八竿子也打不着，但望亭人为这么一位杰出的历史人物建座庙，也是合乎情理的。

不过，望亭这座诸葛庙，并不是为诸葛亮建的，建这座庙的人，是为了感谢诸葛亮的夫人黄氏。这里头有个故事。

有个何秀才，家境贫寒，父母双亡之后，不知如何度日。幸亏父母在世时，替他说了一门亲，女方姓单，是做席生意的，虽不是大号商铺，却也靠着一爿一开间门面的小店，尚不愁温饱。单老老很重义，见何家剩一根独柱，难以支撑家道，便主动找到何秀才，让他择日迎娶。何秀才一脸愁容，支支吾吾，半天也未讲出个明白话来。单老老知道他的难处，说："贤婿，我知你备不起聘礼，这个无妨，我早已替你准备好了，你只管做个现成新郎官。我就这么一个独生女儿，我别无他图，只要你们婚后恩爱，相敬如宾，我这一生就无遗憾了。"

何秀才一迭声答应道："老泰山你放心，放一百二十四个心，老天在上，小婿立誓永不辜负娘子，若违誓言，人人唾之。"

于是选了吉日，"咪里叭啦"，吹吹打打，一顶花轿热热闹闹将新娘接进门来。新娘单秀芳，自幼受父母教导，知书达理，温柔贤淑，嫁给何秀才后，里里外外大小事情都由她操持，丝毫不要丈夫分神，他只消一天到晚捧着书本苦读便是了。何秀才专心攻读，学业飞进，三年后考中举人，便有了当官的资格。眼看出头之日就要到来，何举人却暗暗有了心事。

他的心事因妻子单秀芳而来。

真所谓世上没有十全十美之事，在何举人眼里，妻子样样都好，唯一令他遗憾的是不是个大美人。以前他是个穷酸秀才，妻子相貌平平也不成问题，如今即将官袍加身，若有个沉鱼落雁的娇妻，该有多美啊！但是，何举人倒还良心未泯，要他停妻再娶，他还做不出来。何举人被这桩心事折磨着，整天双眉紧皱，长吁短叹。

单秀芳聪明之人，察觉到了丈夫的心思，她不动声色，回了一趟娘家，和爹爹商量对策。第二天，单老老陪女儿回转夫家。单秀芳到厨房做饭，单老老把女婿拉进书房，关起门来谈话。

单老老说："贤婿，你此番高中，前程无量，不过，我想问你，你自己掂量，比起三国诸葛孔明，你的才学可比得上？"

何举人连连摆手："一个天上，一个地下，不能比，不能比。"

单老老说："贤婿很有自知之明，好，好。我再问你，你做官之后，哪怕步步高升，你能做到诸葛丞相那样的官么？"

何举人连连摇头："怎敢作此妄想？"

单老老说："我还有最后一问，诸葛亮英俊魁梧，娶妻黄氏貌甚丑陋，这是为何？"

何举人脱口而出："诸葛丞相中意黄氏的贤良，这是世世代代读书人都熟知的佳话。"

单老老哈哈一笑，说："我的女儿虽非西施貂蝉，却也不是丑容陋貌，而且她的贤惠也是乡里皆知的。贤婿你比不上诸葛亮，秀芳却不输给黄氏，贤婿，你就知足吧！"

何举人顿时有醍醐灌顶的感觉，心生惭愧，从此打消了嫌弃糟糠之妻的念头。他的仕途很平稳，一直做到了正三品高官。夫妻俩相敬相爱一生，育有子女三个，个个成才。单秀芳晚年回忆起这件事，颇有感慨，很感激诸葛丞相的贤妻黄氏，如果自己的丈夫没有黄氏的触动，她的婚姻将是怎样的走向，还真不好说。因此，单秀芳拿出了自己毕生所蓄私房钱，造了一座祭祀黄氏的诸葛庙。

（卢　群）

黄月英做媒

诸葛亮的夫人黄氏，民间称她黄月英。望亭地区流传着一个“黄月英做媒”的传说。

新埂村一农户家，有个姑娘叫菊妹，虽然常年做农活，却出落得白白净净。她心地善良，乐意帮人，还天生一副好嗓子，唱起山歌来赛过响铜铃，左邻右舍都夸她，村上后生都争着向她献殷勤。菊妹在脑子里把他们排了队，横比竖比，最后挑中了最厚道最勤快的彬根。彬根送了菊妹红绿丝线一大束，菊妹送了彬根一双亲手做的布鞋，就像山歌里唱的那样，两个年轻人“结了私情”。可是，郎有情，妹有意，到头来不曾成夫妻，只因荒年菊妹家借了钱欠了财主的债，利上滚利还不起，钱财主逼着菊妹爹娘，将她抵给他的儿子当媳妇。钱少爷从小是个病秧子，没有人家愿把女儿送进钱家门，所以钱家打起了菊妹的主意。菊妹虽然一百二十四个不情愿，也只好委委屈屈准备与钱少爷在龙凤花烛下拜堂成亲。

就在钱家迎亲的前夜，钱少爷没能熬到大喜之日，竟一命呜呼了。菊妹未进夫家门就成了未亡人，这就是俗话说的“望门寡”。钱家本来是想用娶媳妇来为儿子冲喜的，这么一来如意算盘落了空，是不是就此歇搁呢？不，钱家依旧用花轿将菊妹抬进了门，逼着她“抱牌位成亲”。活人嫁给了死人，看来菊妹往后几十年都得伴着冷冰冰的牌位度过了。

钱财主从此也添了一桩难丢开的心事，那就是菊妹年纪轻轻，恐怕守不住。钱财主的担心也有道理，菊妹的情哥哥彬根至今仍单身，十有八九是在等她。钱财主为了让儿媳死心塌地守寡，不惜花费大把银子，运动官府，买来个“建坊牒”。只要菊妹在牒上按了手印，便是保证一辈子坚守“贞节”，官府将为她建一座牌坊，以资表彰。钱财主对菊妹说，这是极大的荣耀，多少妇人想要也要不到的，你万万不可错过了。然而，不管公爹如何软硬兼施，菊妹坚决不肯按手印。

离菊妹娘家不远，就有这样的牌坊，叫“沈氏贞节坊”，前后两座，前一座表彰婆婆，后一座表彰儿媳。婆媳俩皆年轻守寡，建牌坊时婆婆 78 岁，儿媳 58 岁。后一座牌坊建得顺顺当当，前一座牌坊刚结顶就塌了下来。人们纷纷议论，牌坊塌顶是因为坊主失贞，背地里偷汉。婆婆尽管从未做过苟且之事，但浑身是嘴也辩不清，当夜就上了吊。这幕惨剧，菊妹从小常听大人说起，她怎肯把自己也压在什么贞节牌坊下面！

公爹日催日紧，菊妹给催急了，托人给彬根捎了口信，要彬根替她做主。彬根作了安排，在农历十月初九诸葛庙秋季庙会上，要将菊妹抢到手。

如果把江南水乡的婚娶风俗作为"系列"来看，那么，抢亲只是其中的一环。从封建礼教出发看问题，似乎比起攀小亲、指腹婚、转房（叔接嫂、哥衔弟媳）、并亲（领养的子女与亲生子女成亲）、换婚、纳妾、续弦、阴亲、填防儿荒（俗称黄泥髈，入寡妇门做后夫）、过门亲（养子、女婚配）、入赘等，抢亲最易受世俗观念抵制。其实不然，长期以来苏州浒关、东桥、望亭一带乡镇对这种形式的婚娶是宽容的。一般而言，之所以要抢亲，主要原因是女家比男家殷实，如果女家轻易允嫁，有损面子，通过抢亲这一"程式"，搞成"既成事实"，大家觉得"木已成舟"，也就顺水推舟了。还有就是年轻寡妇，如有了意中人，也会用抢亲来重做新娘。不管是什么情况的抢亲，都是双方自愿合演的一场"戏"。这场"戏"要想演好，女方家长是关键。如果女方家长反对，告到官府，抢亲就会招惹上官司，"戏"就演砸了。寡妇的家长是公婆，菊妹现在顶着个寡妇身份，她的公爹钱财主肯答应吗？肯定是不允许彬根将菊妹"抢"去的。那就得想法子让钱财主不敢阻挠。

彬根和他的一帮小弟兄商量，想出了一个办法。钱财主为人虽然毛病不少，但也有一个优点，就是崇拜历史名人，对诸葛亮更是佩服得五体投地。自从诸葛庙建成，他是最热心的香客，往随缘箱里投钱从不吝啬。彬根他们决定从钱财主这一特点入手，叫他心甘情愿让儿媳给"抢"走。

当庙会这天，菊妹一早就出了门，到诸葛庙前看草台戏。平时钱财主对她看得很紧，轻易不放她出门，但诸葛庙会例外，钱财主认为这一天如果阻止她去赶庙会，是对诸葛丞相的大不敬，所以对她不加拦阻。钱财主自己呢，备齐供品，到庙里磕头。

钱财主在诸葛夫妇像下跪拜方毕，正要直起腰来，忽听到一个女人声音在他头顶上方响起："下跪何人？跪求何事？"钱财主错愕间，又听到旁边几个年轻人起哄道："奇了奇了，丞相太太开口说话了！"钱财主顿时惊喜交加，慌忙伏倒身子，禀告连声："下面跪的是钱某，祈求丞相和夫人保佑我全家平安，财源增进。"

黄月英说道："你现在不用急于求福，而须免灾，倘若执迷不悟，必有灭门之祸！"

钱财主大惊失色，急急巴巴申辩道："我一向循规蹈矩，不敢做丁点违法乱纪勾当，怎会有祸及身？"

黄月英说："我且问你，你可曾申建贞节牌坊？"

钱财主点头道："这事街坊都知，又非坏事，怎会惹出祸来？"

黄月英说："你只知其一，不知其二。你那儿媳死活不允，日后官家究查，你逃得了弄虚作假之嫌？如果是别的事作假，花些银钱也就糊弄过去了；可贞节牌坊是皇帝审批的，你岂不是犯了欺君罔上的罪！一旦这罪名落到头上，你想想会是怎样的后果。"

钱财主背脊一阵阵发凉，磕头如捣蒜，求道："丞相太太，念我一片诚心，务必为我指条活路。”

黄月英说：“你将菊妹打发了，祸怎还会有？也是合该你有造化，此刻庙外正有人抢亲，抢的就是菊妹。拦与不拦，是福是祸，都在你一念之间。”

钱财主赶紧说：“此事鄙乡风俗，流传已有千年，我认了，认了。”

由于钱财主这个态度，彬根顺利地将前去赶会的菊妹抢回了家，点亮一对龙凤花烛，宣告两人做了夫妻。

黄月英神像发声是怎么回事呢？说出来就不稀奇了，这是彬根一个小弟兄躲在神像背后，变嗓讲话，唬钱财主的。

（卢　群）

马谡也要轧一脚

过去，凡有庙就有庙会。望亭自从造了一座诸葛庙，每年农历正月二十、十月初九分别为春、秋庙会。

庙会既是一种祭祀活动，又是集市交易活动，还是娱乐性活动，可看作农耕社会的物资交流大会、民间文艺大舞台。每逢庙会，手艺人都会来摆地摊，铜脚炉、蟋蟀盆、风筝、扇子，从冬到夏，大的小的，都能在地摊上找到。锄头、铁鎝、镰刀、耥耙等农具是这里的大宗商品。蒲鞋、草鞋、木板拖鞋、钉鞋、布鞋有卖，襡裙、包头布、围兜也有卖。吃食摊摆满山门前道路两旁，摊挨摊，摊连摊，可以排成一两里长，形成临时的地方风味小吃一条街。望亭本地和周边地方的卖各种土特产、节令糕团的都不会错过这个日子。卖狗皮膏药的、卖蛇药的、演杂技的、卖拳头的、耍猴子的，都会来赶场子。剃头摊也有摆的，这种剃头师傅理出来的发，个个都像马桶盖。好在找这种剃头摊的顾客，剃光头的居多，剃这样的头，剃头师傅倒是很拿手的，一把剃刀本已磨得雪亮，再在油腻腻的磨刀布上刮它几下，更显出锋利来。剃头匠摆好骑马蹲裆式的架势，用这么一把刀“唰唰唰唰”在顾客的脑袋上，三下五除二，干脆利索，一口气就把这颗脑袋刮得活像个生青泛白、滴溜光滑的冬瓜。当然，旧时的庙会上，占卜打卦的、测字看相的、衔牌算命的，也不会少了他们的身影。而最受欢迎的当数荡湖船、抬阁、踩高跷、宣卷、丝竹、舞狮舞龙等民间文艺表演。如果有人出钱，请个戏班来演出，庙会就更吸引人了。

这一年诸葛庙正月二十春季庙会，就有人出钱请来了城里的戏班，通宵演出，演的是《失空斩》。这是失街亭、空城计、斩马谡三个折子戏的省称，这三出戏故事前后衔接，讲的是三国时期，诸葛亮率军北伐的故事。蜀魏交兵，司马懿统领魏军兵至祁山，诸葛亮料定魏军必夺汉中咽喉要地街亭，选将防守。马谡请令前往，行前诸葛亮再三嘱咐，切须慎选营地，勿有疏虞，并命王平同往相佐。马谡刚愎自用，不听王平谏言，扎营山顶，致遭魏军围攻，街亭失守。司马懿乘胜直取西城，蜀军兵将俱被调遣在外，西城空虚。仓促间，诸葛亮难以抵御，遂用空城之计，将城门大开，稳坐城楼，抚琴饮酒，镇定自若。司马懿疑有伏兵，未敢进城，率军而去。马谡贻误军机，诸葛亮为严明军纪，虽惜马谡之才，终于挥泪斩之，并以任人不当，奏明幼主刘阿斗，自请罪责，贬降三级。

本来望亭人并不知道马谡，给这个戏这么一演，马谡成了望亭人嘴里经常提到的角色，看见做事不牢靠，或办事办砸了的人，望亭人会嘲笑说："马谡来了，马谡来了。"更有甚者姓马的人到诸葛庙去进香，其他姓的人会说："咦，你来干啥？诸葛丞相都不要你们的祖先了，你到这庙里烧香也是白烧。"旁边人还会起哄，这样一问一答："喂喂喂，诸葛丞相为啥不要马谡了？""马谡不忠。""怎么不忠？""失了街亭。"大家听了，哈哈大笑。

虽然是开玩笑，但姓马的心里不舒服。马谡到底是不是望亭姓马人的祖先，谁也没考证过，然而一笔写不出两个马字，人家那样奚落马谡，姓马的人脸上也无光。望亭姓马的人聚到一起，开了个会，推选了一位教书先生，请他查查资料，马谡究竟是怎么回事。

教书先生花了半个月功夫，查清楚了。马谡，襄阳宜城（今湖北宜城南）人，三国蜀汉官员，先后任绵竹县令、成都县令和越嶲太守。马谡才气器量超过常人，喜好议论军事谋略，诸葛亮对他深为器重，任为参军，常与他从白天直到黑夜讨论军国大事。马谡确也曾表现过高明之处，诸葛亮率军讨伐南疆，马谡建议说："南中依恃地形险要和路途遥远，叛乱不服已经很久。即使我们今天将其击溃，明天他们还要反叛。目前您正准备集中全国的力量北伐，以对付强贼，叛匪知道国家内部空虚，就会加速反叛。如果将他们全部杀光以除后患，既不是仁厚者所为，也不可能在短期内办到。用兵作战的原则，以攻心为上，攻城为下；以心理战为上，以短兵相接为下，望您能使其真心归服。"诸葛亮采纳了马谡的建议，对孟获七擒七放，以使南中人心归服，因而诸葛亮在世之日，南疆不曾再次反叛。

诸葛亮出兵北伐魏国，命令赵云、邓芝作为疑军，占据箕谷（今陕西汉中北），自己亲率十万大军，突袭魏军据守的祁山（今甘肃境内）。当时有久经战场的老将魏延、吴懿等，大臣们都认为应该以这些人为先锋，诸葛亮却独信马谡，提拔他为先锋，统领各军前行。魏明帝曹叡得知蜀汉来伐后，派大将张郃总督各路军马在街亭（今甘肃秦安东北）阻挡马谡。由于马谡违背诸葛亮的作战部署，放弃水源将部队驻扎在南山上，部队分置调度混乱，马谡的副手王平连续多次劝谏马谡，马谡不予采纳。张郃断绝马谡取水的道路，发动进攻并大败马谡，马谡的士兵败逃四散。诸葛亮进军没有了落脚据点，这次北伐以失败告终。事后追究责任，马谡难辞其咎，诸葛亮虽然舍不得，但为了严肃军纪，一面掉泪，一面下达了处死马谡的命令。

结论是马谡在失街亭上有严重过错，诸葛丞相砍他脑袋并不冤，但马谡对诸葛丞相始终像父辈一样尊重，至死也未改变，这一点一定要替马谡正名，否则，世上姓马的也太窝囊了。

望亭姓马的人决定替马谡讨个公道，纷纷掏腰包，凑钱造了一座马谡庙，就造在望亭地界上，和诸葛庙距离不远，以此表示马谡对诸葛亮不离不弃，始终忠心。

望亭马谡庙就是这么来的。

（卢 群）

僧大通，寺迎湖

晋永宁元年(301年)，望亭来了个老僧，法号大通。大通搭了一间草庵，作为坐禅修炼的场所。这位大通僧生活清苦，一日两餐粥，下饭菜是自己腌的萝卜干。一般僧人，为了增加营养，往往会吃些鸡蛋。鸡蛋还算不得生命，吃它不犯戒，但大通对鸡蛋碰都不碰。他为什么连鸡蛋也回避呢？这要从他和师父的一场对话中找原因。

大通刚出家的时候，常与师父辩论事理。有一次，师徒俩辩“戒杀生”，大通说：“僧众不食荤，这是对的，牛羊鸡鸭、鱼鳖虾蟹都是有生命的。凡有生命的，在佛祖眼里都是平等的，所以，我们佛门子弟就不可杀它们，吃它们。但是，为什么我们这个寺庙连鸡蛋也不吃呢？鸡蛋还无生命可言，吃鸡蛋可健壮身体，寺庙里不必禁食鸡蛋。”

师父一时说服不了这位徒儿，思索了几天，买来一小筐鸡蛋，把大通唤到面前，说：“徒儿，你把这些鸡蛋一只只敲碎了吧。”

大通对师父望望，见师父已在闭目打坐，便把涌到喉头的疑问咽回了肚里，默默取了一只鸡蛋，朝地上一磕，蛋壳裂开，流出一摊蛋白蛋黄。

师父脸上任何表情也没有。

大通又磕了一只鸡蛋，仍是一摊蛋白、一坨蛋黄。

师父仿佛睡着了，眼皮阖着，长长地吸气，长长地呼出。

大通一口气磕了13只鸡蛋，都是蛋白蛋黄，直到磕碎第14只鸡蛋时，他不由一愣。就在大通一愣之际，师父轻轻叹口气，念一声：“阿弥陀佛！”

师父声音不大，在大通听来，却如雷轰顶，他一下子跪在了师父打坐的蒲团前。

师父又念了一声：“善哉善哉！”声音仍不大，念罢，张开双目，也不看大通，站起身就走。

半晌，大通方直起腰，再去细细端详面前的第14只蛋，蛋白还是一摊蛋白，蛋黄还是一坨蛋黄，只是蛋黄上有两个黑点，黑点很小，小如两粒蚕种。震撼大通心灵的正是这两颗小小的黑点，那黑点在大通想象中，精光四射，见风就大，一会儿就大如豆，蛋黄也在变动，变出了嘴巴鼻子，变出了一对翅膀两只爪，蛋白已不再是蛋白了，变成了黄绒绒的毛，分明一只雏鸡，摇摇晃晃出现在了他面前，对着他“叽叽叽叽”叫唤。

“叽叽叽叽，我是小鸡。小鸡小鸡，鸡蛋变的。鸡蛋鸡蛋，荤耶素耶？不变则素，一变荤矣！谁能辨之，敢说无误？误食一个，罪过罪过。”雏鸡唱罢，小翅膀扑扇一下，消失了，大通揉揉眼睛，再看，面前只有一摊蛋白中一坨蛋黄，一坨蛋黄上两颗小如蚕种的黑点。

大通也念一声：“阿弥陀佛！”大通这一声，低沉，却是中气十足。

从此，大通终生茹素，连鸡蛋也被摒弃在了他的食谱内。

大通自己连鸡蛋也不吃，可是，到望亭后他收了个小徒儿，他非但给小徒儿蛋吃，还给鱼吃，给肉吃。

这个小徒儿是捡来的，才七八岁。一天清晨，大通打开草庵门，见门前躺着一个小男孩，蓬头垢面，衣不蔽体，骨瘦如柴，奄奄一息。大通俯下身去，替小孩搭脉，一搭便知，系饥饿所致。大通本来要去办的事也不去办了，抱了小孩进了草庵。

大通熬米汤灌小孩，一碗热米汤下肚，小孩睁开眼来，身上有了些力气，能说话了。问答之间，大通得悉，小孩双亲均已丧生战乱，5 岁开始求乞为生，经常一日也讨不到半碗残羹，最近几日，一点东西也未进肚。听说望亭有个老和尚，菩萨心肠，慈悲为本，就想来投靠。不料好不容易挪到庵前，一阵虚脱，人就倒了下去，失了知觉。大通听罢，念一声佛，说：“你我真是有缘，你就做了我的徒儿吧。”

于是，望亭这座草庵里多了这么个小和尚。

从小和尚进庵起，将近半年光景，周围村民惊讶地发现，鱼贩送湖鲜去了，屠户三天两头也拎一刀肉，或两个猪蹄、一挂猪肠，售与老僧，鸡蛋鸭蛋更是天天有人去卖给草庵。这是怎么回事呢？

在人们的怀疑、议论中，小和尚渐渐强壮起来，养得白白胖胖。一天，小和尚对大通说：“师父，从今天起，我不吃荤了。”

大通双目微阖，似坐禅又似养神，未作声。

小和尚说：“师父，昨天我去化缘，看到一个老农牵一头老牛走过，老牛一路走一路淌泪。我好生奇怪，问那老农。老农道此牛老了，干不动活了，将它送往屠宰场杀了卖钱。牛虽不能言，却感觉到自己将去何处，故而悲哀坠泪。师父，这肉徒儿还能咽下么？索性连任何活物，一并戒了为好。”

大通睁开眼来，用慈祥的目光将小和尚上下通体扫描一遍，颔首道：“你身子的底子打好了，这条戒律你可以守了。”

从此，望亭这座草庵再也不见鱼肉进来，连鸡蛋也被摒绝了。

若干年后，师徒又有了一场对话。徒儿说：“师父，昨日读经，读到一则故事，有个僧人，见一虎即将饿毙，为救虎命，僧人甘愿将自己作为虎的食物。不知师父如何看这‘舍身饲虎’之举？”

大通伸手在徒儿光头上重重击打一下，喝道：“虎亦一命，僧亦一命，以命易命，孰重孰轻？为师当年白白用鱼肉补你半载！”

徒儿懵懂半晌，突然省悟过来，跪在大通蒲团前说道：“师父，徒儿明白了，戒律是订来要僧众守的，但僧众不能仅为守戒而守戒，更不可愚守。”

大通点点头，说：“俗家有语：‘救人一命，胜造七级浮屠。’你可曾听说救虎一命、救牛一命胜造七级浮屠？倘连乡野父老的知识也不及，还进这佛门干什么？”

大通这几句话，可当作通俗版偈语看。

有关大通的这些言行，渐渐地被望亭乡亲父老闻知了，大家都说“大通”这个法号起得好。大通，大通，这个老僧所讲的、所做的，真正达到了大大通晓的境界，有如此境界的僧人可算得高僧，一个地方来个高僧实在不容易。既然来了，就不能让他走，就得留住他。大家认为，留住僧人最好的办法是造庙，于是，不用大通募化，望亭人有钱出钱，有力出力，自发地造起了一幢像模像样的佛寺，把大通请进寺院当住持。这座寺院西濒太湖，寺名就叫“迎湖寺”。迎湖寺所在村，后来也因寺而名，叫了“迎湖村”。

据《望亭镇志》记载，迎湖寺规模最大时，占地千亩，有寺舍5048间，禅寺范围南至浪浒桥，为寺院正山门，北抵丁家桥，东及寺东桥，西临陆家桥、蒋家桥。寺内有东西向小河，两侧有青龙桥和白虎桥。寺门前一条侧砖人字形铺设的御道街，寺门外并列四株古树。在浪浒桥正山门有古松柏树，树旁有青石凳台。可见历史上迎湖寺是非常气派的，不愧是千年古刹。

（卢　群）

大通法师的四字药方

晋代，苏州望亭迎湖寺开山祖师大通法师为人正直，谦和诚实，广结善缘。然而他也写过一张四字药方，扯过一个弥天大谎，哄骗了对他敬重有加的佛教信徒金鑫长达六十年，这件事鲜为人知。

诚实的大通法师怎会扯谎哄人呢，这得从他寒冬腊月奋不顾身出手救起一个自尽短见的年轻后生说起。

一年岁末，迎湖寺旁的村民忙碌着操办年货，辞旧迎新。三五成群的村民手持檀香，跨进迎湖寺，向大佛祈求来年风调雨顺，五谷丰登；阖家万事如意，幸福快乐。大通法师虔诚地向村民致贺：人人积德行善，个个收获吉祥……

正在这时，寺院外急匆匆步进两个村民，气喘吁吁对正在叩拜大佛的老农金寿隆说：“你儿金鑫跳进太湖去了，快去救人呀！”金寿隆是个跛子，一听说独生子自尽短见，寒冷的腊月，急得冷汗直冒，起身一瘸一拐跨步走出寺院，直往太湖畔而去。一路上，他哭声连连："鑫儿啊，你有什么事想不开……你母亲躺卧在床，正等着你回家挑水砍柴，烧火做饭……"其声凄惨，谁听了也会掩脸而泣。

大通正当壮年，听说金鑫年纪轻轻，跳湖自尽，心想，此人定有什么想不开的事憋在胸中，故而萌发轻生之念，如今这位手脚残疾的父亲前去相救，谈何容易？俗话说，救人一命，胜造七级浮屠。想到这里，他迅速把袈裟一脱，三步并作两步，前往太湖畔奔去。

寒冬腊月，朔风凛凛，天气寒冷刺骨。太湖岸边，围观的村民人头攒动。大通撇开人群，举目望去，只见一个年轻后生举着双手在湖中挣扎，岸上虽有村民拿着竹竿伸向湖中，但金鑫怎么也抓不住。彻骨寒冷的天气，谁也不敢贸然下水。可湖中金鑫体力不支，身子渐渐往下沉去。救人如救火，千钧一发之际，大通法师卸去上身棉衣、下身棉裤，大喝一声"贫僧来也"，纵身"扑通"跳进湖中，甩开双臂，向湖心游去，潜入水中，双手托起金鑫。他费了九牛二虎之力，终于把金鑫救上了岸。金鑫上岸之后，吐了几口湖水，"哇啦"一声，放声大哭起来。

大通法师上岸后见金鑫已经脱险，正要拿起衣裤返身回寺，不由全身一阵哆嗦，双目金星乱冒，两脚发抖，趔趄几步，倒卧在地。众人见状，立马抢前一步，把大通法师扶起，七手八脚，送去了寺院。

大通法师从昏迷中醒来，已是翌日下午。他揉眼一看，只见床前跪着一个年轻后生。仔细一看，正是金鑫。一旁小僧见师父醒来，连忙给他端来汤药。大通"咕咚咕咚"喝了之后，出了一身汗，身子渐渐恢复过来。他披衣趿鞋，下床扶起金鑫，开门见山问他："你年轻力壮，为何自寻短见？"

金鑫听罢，号啕大哭起来，说："师父，你不该冒死救我一个无用的残疾之人啊……如若师父你有个三长两短，晚生即使到了阴曹地府也洗刷不了身负的罪孽……"此时，大通法师仔细一看，眼前的年轻人双目无光，迟钝呆滞。他启口一问，原来这位年轻人只能看到咫尺之距的东西……正要刨根问底，室外步进金鑫之父。金寿隆见了大通法师苏醒过来，厉声责问儿子："你跳湖自尽，要是害了法师，死有余辜啊！"他见儿子嗫嚅，又说："你可以不告诉我父亲你为何作死，但你务必在舍命救你的大通法师面前和盘托出……"

金鑫牙一咬，终于向大通法师和父亲说出了自己所以轻生的原因。

原来金鑫的父亲年轻时不幸摔了一跤，左手动弹不得，右脚迈步迟钝，家中事务全由母亲打理，可在前两个月，母亲生了一场大病，瘫卧在床。金鑫年方十八，年轻力壮，长得又魁梧帅气，自告奋勇，挑起家庭重担。因为金鑫自幼拜师学过操琴弹唱，农闲之余前去茶馆，给草台班子打工，得到一些收入，补贴家用，所以一家三口生活也过得十分滋润。天有不测风云。前几天他去集镇茶馆给人弹唱，晚上回家，途经一个村庄，忽听一户人家内屋传来呼救之声。他循声走了过去，只见这户人家内屋起火，母子两人被困，险象环生。

他奋不顾身,救出了母子两人。母子俩感激不尽,欲拿出十两银子酬谢。金鑫认为积德行善,理应见义勇为,岂能收人钱财,为此婉言拒绝。

母子俩见金鑫双眼浮肿,要替他请郎中医治。金鑫认为这是小伤,回家睡上一觉,翌日即会消肿痊愈,所以他告辞转身,匆匆回家。因一天下来,他十分疲劳,不久就进入梦乡。谁知没多久,他被眼疼惊醒。此时他对着水缸一照,两眼又红又肿,而且看东西模糊不清。熬到天明,他去集镇上请人医治,可几天下来,非但不见转好,双目视东西反而越来越模糊,近乎失明。此时他想家父残疾,母亲患病卧床,自己又如此……日后日子怎么过啊?想着想着,他心灰意懒,于是走向了太湖之畔……末了,金鑫说:"我信佛,天天念佛拜佛,但愿大慈大悲的菩萨保佑我们一家,到如今……唉,日子还有什么奔头,还不如一死了之。"

大通听了金鑫一席话,连念阿弥陀佛,道:"贫僧知道你一家虔诚向佛,佛一定会降福于你一家。"金鑫长叹一声:"如今我别无他求,只希望一家三口人有果腹的粮,御寒的衣,算是大福了,可是佛能为我排忧解难了吗?"大通法师沉吟了一下,说:"佛不是你所说的有无所不能的神力,但有无量智慧。"

金鑫一脸茫然。

金鑫走后,大通法师把他为救人而造成双目失明的事讲给信徒们,信徒们感动不已,纷纷解囊相助,大忙时,还为金鑫翻土种粮。金鑫对生活重新燃起了希望。农忙时,下田干活;农闲时,前去茶馆,给人弹唱,赚些小钱,贴补家用。

家里生活有了着落,金鑫先是感到欣慰,感谢佛教信众鼎力相助。然而日子一长,金鑫还是长吁短叹,愁眉不展。原因是他有了钱,复而去郎中那里求医抓药,可双眼没见丝毫好转。有个年逾古稀的老中医最后对他摊了牌:"你的眼睛难以复明如初……"这宛如一个晴天惊雷,使他彻底绝望,渐渐又萌生了轻生之念。其父得知后,知道自己劝阻不了儿子,前去求大通法师相助。大通法师想了想,对金寿隆耳语了几句,末了说:"你只管吩咐他前来找我。"金寿隆于是急步匆匆回到家中,对儿子说:"大通法师少时学过中医,治愈过不少疑难杂症,你不妨前去向他求救……"金鑫早已听说大通会医治一些小病,对于医疗眼病,从未听人说过,如今父亲提出要自己前去向大通法师求医,死马当活马医,决定前去一试。所以,他起身前往迎湖寺去找大通法师。

大通法师见了金鑫,说:"我有一张让你双目复明的药方,你不是从小喜欢操弹琵琶吗,我把它封在你的琴槽里,当你弹断3333根琴弦的时候,你才能取出这里面的方子,你去药铺买了药,你的双眼就会明亮如初。"

金鑫听了之后,觉得要靠自己弹断这么多根弦线,时间太长了。大通法师道:"不是一番彻骨寒,哪来梅花扑鼻香?"金鑫觉得自己复明有希望了,听了大通法师的话后,出去操弹琵琶,弹断一根弦线,便把它放在一旁木箱。一年又一年,金鑫娶妻生子,儿子长大了,又成家有了孩子，他的父亲、母亲先后离世。金鑫牢记大通法师的话，不忘初心，始终如一。一晃六十年了，大通法师乘鹤西去，金鑫终于弹断了3333根弦线，此时他小心翼翼地取出藏在琴槽里的药方，让人扶着向集镇药铺走去。当他把折叠得方方正正的药方给了药铺的掌柜，掌柜接过方子，也没去取药，而是用疑虑的目光望着他。金鑫心急火燎："怎不给我去取药?"当掌柜把这药方退还给金鑫，金鑫取过一看，只见上面只有"心诚则灵"四个楷书字，不由头脑"嗡"的一声响，脑子一片空白。

金鑫万念俱灰，拿着这张药方一步步被人扶着往回走，途经迎湖寺，想到了什么，跨步走了进去，见了佛祖，"扑通"双膝跪下，心一酸，双目涌出了两行热泪，久久不语。

当家法师顺通见金鑫久跪不起，感到莫名其妙，当得知其中的前因后果，便说："大通法师的这张药方虽然只有四个字，但神奇啊！是它，才使你有了生存的勇气。不是吗？他为了你，冒着生命危险，奋不顾身地跳进寒冷彻骨的湖水之中救起了你，这张药方是大师善意的谎言啊！"

金鑫听了顺通法师的一席话，顿时大彻大悟。他回家之后，把这张药方作为传家之宝珍藏起来，临终之前，给了儿子。据传，金鑫儿子又传给了自己的儿子，子子孙孙，一代一代传了下去。到了明代，时任迎湖寺的住持知道金家有大通法师传下的四字药方，要了过来，作为镇寺之宝珍藏。

（张瑞照）

吕品教子

晋永宁年间(301年—328年)，苏州望亭迎湖村有个叫吕品的村民。吕品膝下有两个男孩，大儿子叫吕文，小儿子叫吕武。两个孩子才牙牙学语，吕品的妻子患病撒手西去，于是他又做爹又做妈。

吕品是个没读过一天书的种田汉，靠着刻苦钻研，不耻下问，成为远近闻名的种田好把手。而立之年的他，看到给人造房搭屋赚钱，他拜人为师，学会了泥工。所以，他农闲不闲，去给人家运砖砌屋。

吕品尽管很忙，但一有空，就会走进迎湖寺，祈求菩萨保佑自己的两个儿子幸福吉祥，以告慰九泉之下的妻子。

几年过去了，吕文、吕武两个孩子慢慢一天一天长大。

一天，他喜气洋洋去了迎湖寺，面对着菩萨自言自语："谢谢一路上对孩子的保佑，从今以后，我可以让孩子衣食无忧，再不受苦了。"言罢，他磕了三个头，转身离开寺院。

到了大门口，他迎面遇上了大通法师。

大通法师见吕品笑容满面，轻轻说了句："施主喜从天降……"吕品惊愕不已："法师，我与你素昧平生，你怎么会知道我心怀喜事？"大通法师坦然解释："佛家偈语云：'命由己造，相由心生；境随心转，有容乃大。'谚语也说：'有心无相，相逐心生；有相无心，相随心灭。'这些话说的是一个人的相貌会随着心念的变化而变化，一个人的性格品德、精神气质会在容貌上呈现，仅此而已。"

经大通法师一说，吕品恍然大悟，说出了憋在肚里的心里话："为了孩子，我起早摸黑，含辛茹苦，省吃俭用，多年过去了，如今我终于为他俩积攒了足够我孙子辈都花不完的银子，这难道不值得我开心吗？"他见大通法师沉吟不语，便道："难道你不信？"大通不紧不慢言道："我信，但你可知古有'儿孙自有儿孙福'这句话，你有必要给他们留下这么多钱吗？"

吕品连连摇手："不不不。不瞒你法师说，我穷怕了，我不能让儿子重蹈我辈穷苦覆辙。再说，我曾对我妻子保证过，要让孩子快乐幸福……"大通法师沉吟了一下，语重心长说："如果子若强于你，那么你没有必要给他们留下这么多银子，因为贤能拥有过多钱财，会消磨人的斗志；子若不如你，那么，你也没有必要留钱给他，因为愚钝而拥有过多钱财，会增加他们的过失。"

吕品听了大通法师的话，久久未语一声。回家后，他一连三天茶饭不思，反复品味大通所说的每句话。到了第四天，他豁然开朗，自言自语说："法师的话说得对，说得对！"为此，他根据两个儿子的特点，进行培育。大儿子善良懦弱，温柔寡言，他觉得应该培养他识文断字，长大之后跨进朝廷大门，为国效力。二儿子吕武宽肩膀，粗胳膊，身材魁梧，他觉得培养他武艺，让他长大之后赶赴疆场，尽忠报国……总之，他要让自己的两个儿子日后出类拔萃，光耀门楣。于是，吕品把大儿子吕文送进私塾求学，小儿子吕武送武术馆弄刀舞棍，他觉得只有这样，孩子可以学有所成，将来成材成器。

事与愿违，大儿吕文进了私塾之后，他见班里有两个学生一下课演唱戏文，博得了伙伴们的交口称赞，痴迷上了唱戏。回家之后，他不写字作文，练起了戏步唱腔，乐此不疲。小儿子吕武进了武术班，看到先生闲时变换魔术哄孩子开心，痴迷上了江湖上千变万化的"戏法"。到了家中，他还演变给父亲看，真让吕品哭笑不得。

一次，吕品憋不住胸中怒火，面对两个孩子斥道："你俩一个不好好学文，一个不好好练武，辜负为父良苦用心。"言罢令两个儿子跪下，操起棒子一阵打。两个儿子哭泣着求饶："日后再也不敢了。"吕品涕泪满面，立马丢了棒子，伸出双臂，紧紧抱住两个孩子，心一酸，忍不住大哭起来："乖孩子，别哭别哭，只要日后改正，还是好孩子……"此时，他像生怕孩子会像小鸟飞掉似的，把孩子搂得更紧。

然而没过几天，两孩子把当初承诺忘得一干二净，继续我行我素。

吕文、吕武两个儿子如此阳奉阴违，让望子成龙的吕品心灰意懒。他觉得对不起九泉底下的妻子，走进了迎湖寺，双膝跪下，祈求菩萨保佑自己两个儿子，步入正道……

这天，当他跪求菩萨后跨出寺院大门，迎面走来一个中年僧人，仔细一看，是住持大通。吕品想到了什么，迎了上去，向大通施礼之后，开口问道："大师，你能看出我心中有烦恼之事吗?"

大通举目一看吕品愁容满脸，双手合十，连连点头道："相由心生，说的是一个人面相的好坏与其心灵的变化相应，心决定性叫心性，性决定命叫性命，命决定运叫命运，运决定气叫运气，气决定色叫气色，色决定相叫色相，相决定貌叫相貌。而相貌是能改变的，积善行德，而明白自得，心宽体胖就是指心胸开阔，外貌就安详，任何福报都有其必然的成因。所以，你的容貌告诉我，你心事重重。"

吕品觉得法师的话说得入木三分，于是把自己胸中心事向他和盘托出，末了说："佛能降福于人，所以我信佛，为了两个儿子我一有空就虔诚礼佛。如今我的两个儿子不思上进，碌碌无为……"大通说："你这么虔诚向佛，佛当然会降福于你，佛不是你所说的有无所不能的法力啊，但佛是有无穷智慧。"

吕品茫然不解："那什么是佛的因果呢?"大通说："佛法的因果就是自己的事自己了，有因必有果，有果当然有因。按佛法的因果，你要使你的两个孩子成材成器，只要似水……"说到这里，大通想到了什么，把吕品领至望湖湾畔的长洲亭，面对太湖滚滚波浪，侃侃而叙："水是五行之首，万物之源。天下柔弱莫如水，水善利万物而不争，水往低处流，处善地位，这些既是水之道，也是柔弱之求，但水滴石穿，柔能克刚……"吕品听着听着，恍然大悟："那不就是对儿子要耐心开导，让他们孜孜以求吗?"大通点了点头："你说得对，不过，务须持之以恒……"

吕品沉吟了一下，点了点头。回家之后，他指导大儿子吕文要好好读书，小儿子吕武勤于习武，勉励他们只要努力，就会有成功，成功往往在再努力一下的奋斗之中，并把过去自己无有师长，以后拜师造房砌屋的事一一讲给儿子听。又过了几年，吕品果真见两个儿子大有长进，大儿子吕文见父亲年纪大了，为了生活，去了一家店铺做了账房；小儿子吕武进了县衙，当了衙役。做父亲的，见儿子的工作虽然不尽如人意，但能自食其力，心里着实欣慰。但他不忘大通的话，吩咐两儿子切记练文习武。

俗话说，机会总是留给有准备的人。一年朝廷广纳天下人才，吕文经人荐举，被纳为文官；吕武入伍为卒，通过武试，成为副将。眼见自己两个儿子成材成器，吕品忍不住道："妻子啊，你看到了吧，我们的两个儿子出类拔萃，终于成为栋梁之材了。"

吕品的话传到大通耳里，法师甚是为他感到高兴，连念："阿弥陀佛。"

（张瑞照）

月城抗叛

东晋咸和二年(327年)十月,爆发了苏峻之乱。这是东晋的第二次大规模内乱,上一次是王敦之乱。

公元316年西晋灭亡,琅琊王司马睿在建业(今江苏南京)重建晋廷,为晋元帝,史称东晋。东晋是门阀士族政治,与江南世族矛盾重重,内部四分五裂。晋元帝倚重琅琊(今山东临沂北)王氏,任王导为丞相、其堂兄王敦为大将军,时称"王与马,共天下"。但是,王敦成为权臣后,有意控制朝廷,晋元帝便以刘隗、刁协、戴渊等人牵制他,抑制王氏权势。王敦怨恨之余,于公元322年以"诛隗翦恶"为名在武昌(今湖北鄂州)起兵,攻陷建业,刘、刁等人被杀,晋元帝忧惧而死,太子司马绍继位,是为晋明帝。

明帝即位时才24岁,王敦欺他年轻,生了篡位之心。明帝不动声色,微服私访王敦军营。王敦发现后,派出5名心腹追捕。明帝的坐骑在路上拉了一堆粪,明帝用冷水浇凉了马粪,又把七宝马鞭交给路边一个卖食品的少女,叮嘱几句后催马疾驰而去。无多片刻,五个追兵赶到,问少女可曾看到有人骑马逃去。少女说此人过去许久了,还留下了一根马鞭,要她休声张。少女把马鞭交给追兵,鞭杆上璀璨耀眼的宝石引起五人争抢,耽误了追赶的时间。况且他们看到路旁的马粪是凉的,认为明帝确实已经走得很远很远,便不再追赶,回王敦帐下去复命去了。

晋明帝脱险之后,又隐忍了一些时日,等到王敦病重,军心涣散,才下令讨伐。王敦再次先发制人,派兵进攻建业,明帝亲率大军打败了叛军。王敦病卒,被戮尸悬首示众。由于王导未附逆,所以王氏仍受晋室重用。平定王敦的叛乱后,明帝停止对于王敦党羽的追究,充分表现了他的大度,有助于营建安定的局面。可惜,时过一年,公元325年闰八月,明帝得急病,病势凶猛。垂危之时,他召太宰司马羕、司徒王导、尚书令卞壶等人进卧房接受顾命,遗诏立4岁的太子司马衍为帝,要他们三人尽心辅佐,并将自己珍爱的宫人宋祎赐予当时的吏部尚书阮孚。司马绍病死时,才27岁。

晋成帝司马衍还是个幼童,大权落在母亲庾太后手中。庾太后重用胞兄庾亮,庾亮为了专权,排斥辅政的王导等人,又疑忌其他大臣,任意杀逐重要官员,引起统治集团内部冲突。历阳内史苏峻、豫州刺史祖约在平定王敦之乱的过程中出过大力,庾亮却要削夺他们兵权,他们便结成联盟,共同起兵讨伐庾亮,一场新的动乱爆发了。苏峻兵强马壮,武器精良,在祖约的配合下,很快挥兵至建业城下,官军连连败北。庾亮见大事不妙,撇下当皇太后的妹妹和外甥小皇帝,潜出京城,狼狈逃遁。建业失守,百官奔散,留下护卫小皇帝的只有王导、陆晔等少数几个大臣。苏峻勒兵入宫,王导抱着小皇帝坐在御座上,显得正气凛然,叛军不敢上殿。苏峻自封骠骑将军、录尚书事,专断朝政,滥署百官,殴打大臣,纵军抢掠,把个王城搞得乌烟瘴气,乱象丛生。

江州太守温峤、荆州刺史陶侃组成讨逆联军，率兵4万，从西面杀奔建业。留在建业城内保护小皇帝的王导，见温、陶起兵，就密令三吴地区发动义兵，从东面配合讨逆军进攻。面对两面夹击的形势，久经沙场的苏峻并不慌张，一面紧闭城门，立意高墙深濠与城外的讨逆军对峙，一面派出一支精兵，往东迎战义兵。苏峻的方案很有道理，义兵不是正规部队，战斗力不强，容易消灭，只要灭了义兵，等于剪掉了对手的一只翅膀，可以给对手造成心理上的巨大冲击，他回过身来对付西边的威胁，多了几分稳操胜券的把握。

果如苏峻所料，东边的义兵得到情报，顿时惊慌失措。这支义兵，人数不少，约有六七万，但都是江南各地临时凑起来的，有的是郡县的衙役皂隶，有的是富豪的看家护院班子，有的是长工雇农，有的是走江湖卖艺的……各色人等，五花八门，说好听些，叫杂牌军；说难听点，叫乌合之众。这样的队伍，要他们去与杀人如切瓜的苏峻精兵真刀真枪干，岂不是鸡蛋碰石头么？所以，这支浩浩荡荡开进到了京口（今江苏镇江）的部队，一听到苏峻精兵从建业出发的消息，"呼啦"一下，犹如退潮般纷纷往后撤去，少则百余里，多则二三百里，这才扎住营寨，观望动静，再作计较。

有一部撤到了望亭，领头的姓顾，人称顾大侠。顾部的到来，令望亭居民陷入了绝望，因为苏峻叛军随后杀到，你能指望这样的义兵英勇抗击么？叛军不受阻挡，奸淫烧杀就将更加肆无忌惮，望亭恐怕逃不脱血流成河、焦土废墟的噩运了！于是，家家啼哭，户户悲号，望亭上空，一片愁云惨雾。

就在这悲凄绝望的气氛中，一个少妇站了出来。这个少妇姓马，五年前，王敦之乱时，她还是个17岁少女，在路边卖食品，机缘巧合，使她协助晋明帝脱险。一年后，她嫁到望亭，去年她的丈夫去建业经商，死于苏峻叛军的屠刀下。这位少妇曾得到过明帝的七宝马鞭，但为了救明帝，她将马鞭交给了那五个追兵。望亭人很钦佩她不贪财、明大义，就唤她为"七宝嫂"。七宝嫂在现在这个危急关头，手持一把劈柴刀，站在了大路口，脸上布满了决死的神情。

乡亲们纷纷劝她："七宝嫂啊，快逃命吧，再不逃就来不及了！"

七宝嫂大声回答："逃！逃到哪里去？假如人人只知逃命，天下迟早都会落入贼手，我们逃得最远也是待杀的羔羊！我不逃，我要和叛贼拼命！"

乡亲说："你一个妇道人家，拼得过叛贼么？你这是枉送性命啊！"

七宝嫂说："我就是要送掉自己的性命，让你们这辈男子汉看看，你们羞不羞！"

在一旁的顾大侠浑身一震，面红耳赤大喊一声："我们真是枉为堂堂七尺男子汉了！有血性的男儿留下来，不能让这位女中丈夫笑须眉无人！"

顾部义兵就没有再退，望亭乡亲也没有逃走，齐心协力筑起了坚固的土城。他们凭借土城，拼死抵挡杀来的叛军，居然将叛军击溃了。望亭的胜利鼓舞了其余各部义兵，各部都从观望转为主动出击，很快进至建业东门。义兵和讨逆军从东、西两面攻入城内，苏峻之乱最终被平定了。

望亭的土城留在了地方志上,正式名称叫“月城”,是当地一处重要的历史遗址。

（娄一民）

隋炀帝无缘望亭

隋炀帝杨广的名声非常糟,无论民间还是学界,提起隋炀帝,都把他说成荒淫无道、暴戾昏庸,好像这个人是头顶生疮,脚底流脓,浑身上下从内到外没一块好肉。其实,隋炀帝并非天生坏胚子,恰恰相反,刚踏上历史舞台的杨广很阳光,青春勃发,英姿傲人,算得上同时代同龄人中数一数二的人物。才 20 岁,他已是平南朝陈的统帅,虽然真正指挥全军的是宰相高颎,在前线作战的是贺若弼和韩擒虎等名将,但毕竟领衔的是他,战事的最终拍板权归他掌握,如果他不能服众,他的父亲、隋文帝杨坚也不会将这副重担搁到他肩上。平陈后,隋军进驻陈朝国都建康(今南京),杨广下令杀掉了陈叔宝的奸佞之臣及宠妃张丽华,封存府库,将陈叔宝及其皇后等人带返隋京。从这处置,可以看到杨广的正直清廉,而且不好色。

张丽华是陈后主陈叔宝的宠妃,发长七尺,光可鉴人,眉目如画,大美人一个。她妆饰后在高高的楼阁上一站,倚栏凭槛,人们远远望去,飘飘然好像是神仙一般。陈后主专门写了一首《玉树后庭花》赞她:“丽宇芳林对高阁,新装艳质本倾城。映户凝娇乍不进,出帷含态笑相迎。妖姬脸似花含露,玉树流光照后庭。花开花落不长久,落红满地归寂中。”陈后主称张丽华为“妖姬”,张丽华的魅力真是非同一般了。杨广杀她,是由于她依仗陈后主的宠幸,与太监、佞臣内外勾结,互相引荐,贿赂公行,赏罚无常,搞乱朝政,成了江南一害。可是,后人为了丑化杨广,说杨广一见张丽华,就惊为天人,眼也直了,头也晕了,就差流出口水来了。杨广想纳张丽华为妃,高颎严正警告道:“周武王灭殷商,杀死妲己。如今平定陈朝,你不应娶张丽华。”不管杨广如何舍不得,还是下令斩了张丽华。

丑化杨广的另一桩事,便是开凿大运河。隋大业元年(605 年),隋炀帝即位第一年就修阳渠故道、汴渠故道为通济渠,同年修东汉陈登所开的邗沟直道。大业四年(608 年),疏浚汉代屯氏河、大河故渎与曹操所开白沟为永济渠。大业六年(610 年)疏浚春秋吴运河、秦丹徒水道、南朝运河为江南河。至此,前后用了六年的时间,隋炀帝开凿大运河的工程基本完成。隋代大运河大部分利用自然河道,或是疏浚前代留下的运河,如春秋时期吴王夫差修的胥溪。隋炀帝开凿大运河,出发点是替国家经济打通一条南北大动脉,但到了后人的小说、戏剧里,隋炀帝不惜劳民伤财,挖这么一条千里长河,目的是方便他到扬州看琼花。“隋炀皇帝下扬州”的传说,家喻户晓,妇孺皆知,都知道他是奔着美丽的琼花来的。

那么,事实到底如何呢?

事实是直到隋炀帝死在扬州之前,琼花还没有出现。琼花的出现,一般认为是在宋代。宋代诗人王禹偁一直被公认为描写扬州琼花的第一人。王禹偁是宋太宗至道二年(996 年)来扬州当知府的,这时候离隋炀帝死亡的大业十四年(618 年),已有 378 年了。

隋开皇八年(588 年)十月,杨广的身份还是晋王、行台尚书令,就被隋文帝任命为平陈统帅。这是杨广第一次下扬州,他在扬州调动了 90 个总管府的合计 51 万军队。陈朝灭亡后,江南庶族利益受损,爆发了一场规模巨大的反隋叛乱。隋文帝委派越国公杨素平叛,同时任命杨广为扬州总管,以皇子身份坐镇一方。杨素采用血腥镇压手段,往往剿灭一地,不久又死灰复燃。杨广采取了不同策略,注重招抚,在江南世族名士身上下功夫,很快就有 17 城的反叛者纳城迎降,受到了不战而屈人之兵的效果。从开皇十年(590 年)出任扬州总管,镇守江都,到开皇十九年(599 年)离开江都入朝,杨广的第二次下扬州,待了整整 10 年。隋仁寿四年(604 年)七月,隋文帝病死,杨广继位,历史进入隋炀帝时代。杨广做了皇帝后,变得骄奢淫逸,又因超常建设,十余年间征发民工千余万人次,平均每户就役者一人以上,造成"天下死于役"的惨象。自大业七年(611 年)起,各地纷纷起义,北方局面不堪收拾,隋炀帝于大业十二年(616 年)七月,跑到江都避风头,这是杨广第三次下扬州。大业十四年(618 年)三月,御林军兵变,缢弑隋炀帝,杨广在扬州结束了他前后判若两人的一生,终年 50 岁。

隋炀帝临死时,脑际不知有没有闪过一丝遗憾?如果有,这丝遗憾或许应该与望亭相关。当初隋炀帝开凿江南河,利用了一段吴王夫差留下的胥溪。胥溪东起苏州,西至无锡奔牛镇,望亭正好处于中心位置。隋炀帝在看地图的时候,留意到了望亭这个地方。杨广年轻时勤奋好学,博览群书,他记忆中望亭有个长洲苑,是吴王阖闾辟建的苑囿,既是王室狩猎场,又是练兵场。隋炀帝还记得自己读过的《汉书》里载有枚乘谏吴王刘濞的话:"修治上林,杂以离宫,积聚玩好,圈守禽兽,不如长洲之苑;游曲台,临上路,不如朝夕之池。"还有一部《三国志》,曹操也提到长洲苑:"孤比老,愿越横江之津,与孙将军游姑苏之上,猎长洲之苑,吾志足矣!"

上林苑是汉武帝的皇家园林,汉代大才子写过一篇《上林赋》。但是,才子枚乘却说:上林苑不如长洲苑。

所以,长洲苑也就成了隋炀帝向往的地方。他打算借助自己开通的江南运河,乘龙舟到望亭,亲眼看一看这个长洲苑。倘若长洲苑有所荒废,他将重修它,让这一方美景继续呈现在江南大地。只是时局不待人,隋炀帝到死也未能作望亭行,游长洲苑只能是个泡影了。

(娄一民)

白居易选贡品

唐代大诗人白居易曾做过苏州刺史，在苏州刺史任上，他多次来到望亭。白居易来望亭，主要是送别朋友。望亭是苏州最西边的一个镇，作为苏州地方最高长官，送友送到自己管辖范围的最远一个驿亭，这是对朋友最大的尊重、最大的礼节了。白居易传世的诗篇中，有一首《望亭驿酬别周判官》，就证明了我们对于白居易望亭送友的推断。诗曰：

“何事出长洲，连宵饮不休。醒应难作别，欢渐少于愁。灯火穿村市，笙歌上驿楼。莫言五十里，已不属苏州。”

从诗中我们可以读出，白居易对朋友有很深厚的感情。

送走了朋友，白居易也会利用一点时间，在望亭转转看看。看什么呢？看望亭的风光。望亭不是有吴王阖闾的长洲苑么，到了唐代还保留着若干景点，但游人已不多了。白居易仍兴致勃勃去游览一通，游罢，写了首诗，诗名就叫《长洲苑》：

“春入长洲草又生，鹧鸪飞起少人行。年深不辨娃宫处，夜夜苏台空月明。”

他除了看景，还看人，看望亭街上的红男绿女。看了，也写诗，写一首《长洲曲新词》：

“茂苑绮罗佳丽地，女湖桃李艳阳时。心奴已死胡容老，后辈风流是阿谁？”

除了看，白居易还到处转，七转八转就转到了某户人家。白居易去的人家，要么有人会唱山歌，要么有人会讲故事，原来他是采风去的。白居易没踏上仕途之前，在家里读书，他的邻居是一个上了年纪的老妇人，老妇人没有什么文化，但是白居易十分尊重她。白居易每天在家里不断的写诗，写好后都会念给老妇人听。如果老妇人听不懂，或是嫌他的语言烦琐，白居易就拿回家继续修改，改了再念给老妇人听，直到老妇人听了点头为止，所以，白居易的诗大多通俗易懂，深入人心。这是关于白居易诗歌风格的一个流传很广的传说。其实，白居易诗歌文章的通俗易懂，得益于采风，他把民歌融入了自己的诗作，把民间口语提炼了纳入自己的文章。所以，白居易每到一地，都会抽时间四处转转，听听民歌和故事，在望亭也不例外。

这一天，他在望亭送走了一位朋友，转到一条小巷里，听到一户人家飘出来这样一首民歌：“勿可轻，莫压重，添一根草压一根，压轻有隙缝，压重呒弹性，弗是绣花胜绣花，打席人讲究手艺精。”白居易立刻被吸引了，不由就向传出歌声的人家走去。这户人家大门未关，在门口就能看见客堂间里摆着一台席机，一对青年男女在机上忙碌，男的织席，女的边添草边唱山歌。白居易跨进门去，打个招呼，问：“你们织的是什么席啊？”

女的说：“脐席。”

白居易看了看机上快要完工的草席，只见两根草头在席背面中央相互交接，形成一条约有六七寸宽的脐带状，便说：“怪不得叫这个名字，很形象。这种席我以前没见过，是新品种么?”

男的很自豪地说:“是我们夫妻两个刚开发出来的,市面上还很少很少,客官你没见到不奇怪。”

白居易来了兴趣,问:“哦,你们开发的?你们怎么会想到开发这个品种的呢?”

女的说:“逼出来的。”

白居易兴趣更浓了,追问道:“谁逼的?”女的说:“我爹爹。”指指男的,补充一句:“还有他爹爹。”

白居易有点搞不懂了:“你们不是夫妻么,为什么两家老人要逼你们?”

男的说:“因为我们要结婚,我爹和她爹都不答应,逼得我们只好想出织一张脐席来表决心。”

原来,这对小夫妻男的姓赵,女的姓陈,赵家老爹和陈家老爹都是望亭织席好手,谁也不服气谁。老一辈可以老死不相往来,年轻一辈可是两回事,这对青年男女从小在一起玩,青梅竹马,感情日增,女的叫男的赵哥哥,男的喊女的陈妹妹。哥哥妹妹相称到了一个长成小伙子,一个长成大姑娘,两人你也离不开我,我也离不开你,就私订了终身。这个秘密被两家老人发现了,赵老头说:“陈家让女儿进我家门,是想偷我的技术,陈家席以后就将超过赵家席,不行,不行!”陈老头说:“赵家小子哪里是来做我女婿的,分明是想学我本领,以后赵家席就能胜过陈家席,办不到,办不到!”两家老人一律反对这门亲事,怎么办?

两个年轻人想来想去,想出了用两家手艺各织半爿草席,然后用“脐带”连接成一张大席的办法。脐席织成,两个年轻人把全村织席户请到一起,让大家评一评哪半爿织得好。大家横看竖看,看到最后都说不相上下,分不出高低。大家对当中的“脐带”特别欣赏,问这是什么名堂。赵哥哥说:“既然大家都认为两半爿织得一样好,赵家和陈家还争什么长短?我爹爹反对我娶陈家女儿,理由就不成立了。”陈妹妹说:“我爹爹的反对,也没有道理了。这条脐席,把我和赵哥哥连在了一起,除非用刀把‘脐带’割断,两半爿席才会分开。人刚生下来,剪断脐带才能活。我们都成年了,假如非要割断我和赵哥哥之间的‘脐带’,我们只有死!”

两个年轻人话说到这份上了,两家老人再不做亲家,就要出人命了,赶紧改变主意,商量起了怎么给子女办婚事。一对有情人,靠一张脐席,终成眷属。

白居易听完脐席的来龙去脉,哈哈大笑,连连说:“好好好,这个草席有意思,实在有意思。我来给它另外取个名字,叫它‘和合席’,如何?结婚都希望和睦一世,百年好合,以后结婚人家都买一张这样的草席回去,讨个口彩,岂不妙哉!”

于是,脐席就有了这个雅名:和合席。

后来,皇帝要白居易在苏州采办贡品,白居易想到皇家年年有皇子娶妃、公主招驸马、皇亲国戚办喜事,就把望亭“和合席”选为了贡品。再一想,光是席子似乎单调了些,就把望亭的另两样特产蚕丝和土布也列入了贡品册。

（卢　群）

望亭保苏州

唐朝末年，皇帝昏庸无能，沉迷酒色娱乐，不理朝政，苛捐杂税严重，致使政治腐败，宦官专权，藩镇兴起，整个社会千疮百孔，民不聊生，终于酿成了农民起义，天下大乱。其中最大的一支起义军以黄巢为首，历时十年，攻破长安建立“大齐”政权，最后虽被镇压下去，黄巢兵败自刎，但唐王朝的寿终正寝也进入了倒计时。

公元907年，军阀朱温逼迫唐哀帝禅让，不久又杀之，唐朝亡。朱温建国，国号梁，史称后梁，“五代十国”揭开了序幕。五代十国时期，简直比地狱还可怖，军阀大抵出身盗魁，杀来杀去，唯一目的就是抢地盘，抢财物，抢女人。社会遭到毁灭性破坏，偌大神州安不下一张犁，没有粮食生产出来，军阀就抓“两脚羊”宰肉充当军粮。所谓“两脚羊”，就是尚未饿死的百姓！

苏州、无锡、常州，太湖畔三颗明珠，是江南各种割据势力争夺的重点对象。位于苏锡常交界处、据太湖口的望亭，成为必争之地。凡是攻打这三座富庶城市的，都要在望亭厮杀。争夺苏锡常，尤其是苏州的战争，早在五代十国前就已异常激烈了，唐僖宗光启二年（886年），武宁军偏将张雄、冯弘绎率兵先夺望亭，继陷苏州，自封刺史、知县等各级官吏，强征税赋，搜刮民财。未及数月，天合镇将徐约攻陷苏州，驱走张、冯，尽吞他俩财货，又劫吴越贡赋。唐昭宗龙纪元年（889年），镇东军节度使钱镠遣其弟钱铽率兵攻打徐约，徐约不敌，往东逃跑。钱铽穷追不舍，徐约带着残兵窜入海岛，靠抢劫渔民商船为生。钱铽应渔民要求，入海搜剿，徐约被钱铽一箭射中脑门，一命呜呼，江南一大祸害剪除。

钱镠破了徐约，取得苏州，以海昌镇将沈璨代理知府，随后又致书给事中杜孺休，请他来担任吴郡刺史。唐大顺元年（890年），苏州落到一个李姓军阀手中，沈璨趁乱杀害了杜孺休及其兄杜延休，投靠了淮南节度使孙儒，引淮南兵来夺苏州。苏州被孙儒收入囊中，后沈璨被孙儒任为苏州制置使。唐景福元年（892年），钱镠从杭州发兵征讨孙儒，淮南兵溃逃，钱镠命钱铽为苏州招缉使。唐乾宁元年（894年）之后，军阀台濛、李宥、董昌觊觎苏州，都来攻打过，皆被击退。最后，杨行密出场了，钱镠能否保住苏州，就看苏州守军抵挡得住杨行密的攻势了。

杨行密，庐州合肥（今安徽长丰）人。趁唐末乱局，纠众占据庐州，成为一方草头王。唐中和三年（884年），朝廷承认他为庐州刺史。杨行密向东扩充地盘，进入扬州。孙儒败退时，杨行密乘机擒杀了孙儒，并吞了孙儒的人马。杨行密的势力越来越大，朝廷封他为淮南节度使。唐天复二年(902年)三月,唐昭宗封杨行密为吴王。这时,常州、无锡已被杨行密占据,自然要想进一步吞下苏州。钱镠岂肯将苏州拱手相让,一场恶战势不可免,就看这场仗怎么打了。

其时,苏州守将是顾全武。钱镠向顾全武面授机宜,要他把战场往前推,别在苏州城下与杨行密军对阵,这样,可增加战略纵深,回旋余地大。顾全武依计把前沿阵地设在了望亭,利用东晋留下的月城,予以加固,添置兵械,筑起坚固的防御工事,以逸待劳,只等杨行密军前来自投罗网。

杨行密派出大将何朗、阊丘真,分率水陆两军自西而来。步兵、车兵走官道,水师走太湖,阵容庞大,气势汹汹。钱镠早已安排江海游奕都虞候何逢在望亭湖口布下舰队,杨军水师舟船黑压压地驶至湖心,忽听得梆声阵阵,钱军战舰从四面合围过来,万道强弩,一齐射来,又有轰天大炮,接连发声,数十百斤的巨石,似飞而至,触着处不是毙人,就是碎船。杨军水师忙掉转船头,从斜刺里突围,又听得鼓声大震,何逢在指挥舰上奋力擂鼓,钱军舰队随鼓点进退,队形严密,相互掩护,迂回包抄,中间突破。杨军水师经一轮轮猛攻,兵将非死即俘,损失过半,终至大败,慌忙撤退。这场水战,钱军大胜,俘获敌方战船两百余艘。

再说陆战。陆上之战,杨军是进攻方,钱军是守御方。杨军用"洞屋"冲击月城,所谓"洞屋",三面蒙铁皮,上覆铁瓦,高及城沿,中空藏兵,城上射下箭矢伤不了人。这种攻城器械十分有效,杨军靠它攻破了许多城池。但望亭月城守军并不害怕,他们在战前制作了专门用来对付"洞屋"的武器,现在可以大显身手了。守军事先在城上设高竿,竿上置大轮盘,轮盘上载铁铸大鸟,转动轮盘,绳索把铁鸟送出城外,铁鸟在半空撞击"洞屋"顶,屋顶铁瓦给撞碎坠落,洞内兵就暴露了出来,城上箭雨滚石一齐落下,洞内兵被铁皮所困,逃也逃不脱,死伤愈甚。

杨军吃了一大亏,就要报复,架起抛石机,抛巨石击月城,声如雷鸣,闻之胆寒。顾全武早就有准备,月城内遍结网,用巨木撑开,蔽于城屋。石之坠者,悉着网中,守城士卒毫发无损。杨军终难得手,不免沮丧,士气低落。顾全武抓住时机,一声令下,城门打开,守军呐喊涌出,挥刀砍杀,杨军全线溃散。钱军生擒敌俘等三千余人,缴获兵甲仗车马三十万。

经此一役,杨行密再不敢犯苏州,苏州稳稳地归属了钱镠所建吴越国版图。吴越国的版图北至苏州,南抵福州,囊括两浙。据有这个膏腴之邦,换了五代十国期间的其他任何一个君主,都会凭仗这里丰富的出产、雄厚的财力,更加穷兵黩武攻城略地扩大势力范围,钱镠却不那么贪得无厌,他制定了一条基本国策,四个字:保境安民。因为有这四个字,苏州在恐怖的五代十国历史阶段,还是比较太平的,这不能不说是托了吴越王钱镠的福。

而望亭一役,确保了苏州由钱镠掌控。在这个意义上,可以说望亭保全了苏州。

(卢　群)

岳王庙杨家造

岳王庙是祭祀南宋抗金名将岳飞的。望亭为啥会有一座岳王庙呢？因为岳飞曾驻军望亭。

岳飞(1103 年—1142 年)，字鹏举，河南汤阴县人。中国历史上著名军事家、战略家、民族英雄，位列南宋中兴四将之首。岳飞于北宋末年投军，十余年间，率领岳家军同金军进行了大小数百次战斗，所向披靡，“位至将相”。完颜兀朮毁盟攻宋，岳飞挥师北伐，先后收复郑州、洛阳等地，又于郾城、颍昌大败金军，进军朱仙镇。宋高宗、秦桧却一意求和，以十二道“金字牌”下令退兵，岳飞在孤立无援之下被迫班师。在宋金议和过程中，岳飞遭受秦桧、张俊等人的诬陷，被捕入狱。最后以“莫须有”的罪名，与长子岳云和部将张宪同被杀害。宋孝宗时岳飞冤狱被平反，改葬于西湖畔栖霞岭，追谥武穆，后又追谥忠武，封鄂王。

岳飞驻军望亭，与钟相、杨幺农民军有关。南宋建炎四年(1130 年)二月，钟相起义，三月钟相战死。杨幺联络龙阳之夏诚、杨钦、杨广及慈利陈寓信、松滋李合戎、澧阳英宣等数十名首领，继举义旗，集结 8 万起义将士，伐木为船，垒土成寨，在洞庭湖坚持战斗。沿湖一带，寨栅林立，风帆栉次，农民军声威复振。

是年六月，南宋王朝委程昌寓为鼎、澧州镇抚使，兼鼎州知府，镇压杨幺起义军，被截击，仅以身免。绍兴元年(1131 年)正月，农民军再败程昌寓，缴获官军车船及督料匠手高宣，并为所用，在各水寨大造车船。战船高两三层楼，可容纳近千人。舱内装车轮，踏车击水，往来飞快。又设拍竿，长十余丈，上放巨石，下安辘轳，顶系绳索，遇敌船近，一拉绳索，便可飞石击船。更添木老鸦、鱼叉、弩拿子等投掷武器和长兵器，使官船无法接近。农民军踏动车船沿湖作战，势力伸向环湖各州县，并派遣一部进入太湖，威胁苏州，窥视杭州，南宋朝廷更加惶恐。

绍兴二年(1132 年)十二月，宋高宗启用李纲为帅，四路合击杨幺。岳飞当时归李纲节制，也随同行动。岳飞采用剿抚并举的策略，大量招抚农民军，既瓦解、平定了洞庭义军，又扩充了自己的岳家军。洞庭湖的问题解决了，岳飞乘胜移师太湖，将营寨扎在太湖东岸望亭镇上，对潜藏在太湖里的杨幺余部采取隔而不攻的战术。

太湖这支农民军的首领名叫杨虎，是杨幺的堂弟。岳飞打探到杨虎是个孝子，便将杨母接到望亭，亲自与杨母交谈。岳飞褪下战袍，请杨母看他背上“精忠报国”四字，说道：“这是我从军之时，母亲亲手所刺。如今金兵猖獗，国家有难，凡血性男儿，都应放下大小冤仇，先将胡虏灭了，再论其他。老人家如果觉得我言之有理，麻烦你下湖去说服令郎，与我共襄灭金大业，我这里替他留着将领席位。”杨母有感于岳元帅民族大义，不避风浪，乘舟入湖，劝动儿子，归顺了岳飞。

杨虎率领他的部队，跟随岳元帅北上抗金，立下累累战功。后来岳飞被害于风波亭，杨虎心灰意懒，带着部分部下，遁回太湖，捕鱼为生。光阴荏苒，一晃数百年，年代已到明朝。明嘉靖年间，倭患复炽，苏州城乡也经常受到骚扰。太湖渔民中的杨虎后裔，世代习武，这时站了出来，主动寻找倭寇厮杀，每战斩得倭寇首级少则十余颗，多则几十颗，倭寇惧怕太湖杨氏渔民，不敢再来窜犯。杨氏渔民保护家乡有功，地方官报给朝廷，朝廷下文嘉奖，并赏银三百两。

杨氏渔民商量这些银两如何分配，有人提出，我们的祖先杨虎留下遗言，要求后代无论何时、何等境况，都不能忘了岳元帅"精忠报国"精神，我们奋起抗倭，正是继承了这四字，所以，功在岳元帅遗风，不如用这些银两建座庙，供奉岳元帅，让他的遗风传承永久。大家听了，齐声赞成，于是，一座岳王庙出现在了望亭镇牡丹港口旁。岳王庙的庙碑上，刻的就是"精忠报国"四个大字。

（卢　群）

牛皋惩酒鬼

牛皋是岳飞的得力部将，望亭建岳王庙的时候，正中堂内是岳飞像，两旁列有牛皋、王贵、张宪、汤怀、岳云、王佐。享受岳王庙配祀待遇的，牛皋为第一，可见人们对他的肯定和尊重。

牛皋（1087年—1147年），汝州鲁山（今河南鲁山）人，出身农民家庭，自小精练武功，使用双锏，擅长骑射。南宋初年聚集人民抗金，绍兴三年（1133年），加入岳家军，为岳飞器重，委任其副帅。牛皋与岳飞并肩作战，屡立战功。绍兴四年（1134年），伪齐大将李成勾结金兵入侵，攻破襄阳六郡，伪齐将王嵩占据随州，岳飞派牛皋出战，牛皋用不到3天的时间攻下随州，生擒王嵩，俘敌5000人，收复襄阳。金兵攻打淮西，岳飞令牛皋先渡江迎敌，敌军不战而溃。牛皋乘胜追击三十余里，杀死敌军大半，斩其副都统等大将，声威远扬。绍兴十年（1140年），牛皋随岳飞进军中原，在岳飞的指挥下，牛皋率部所向披靡，直抵黄河沿岸，在攻打许昌、汴京的多次战斗中，出生入死，屡战屡胜，为收复中原失地立下了汗马功劳。岳飞被害后，因始终反对宋金议和，令秦桧十分惧怕。绍兴十七年（1147年）三月初三，秦桧以宴请各路大将为名，用毒酒将牛皋害死。牛皋临死前悲愤地说："我已年61岁，官至副统帅，已经足够了，所恨的就是南北通和，使我不能马革裹尸而死，而死在屋檐下而已！"

牛皋为人豪爽耿直，酒量惊人。年轻时，朋友和他打赌喝酒，五个朋友连他一共六人。

牛皋问："今天这酒怎么喝?"朋友说："总要喝痛快才行,都用大碗。"牛皋说："大碗喝酒固然痛快,却及不上用坛干脆,我们一人一坛酒,先尽为胜。"大家喊声好,便让酒保捧来六坛酒,一人面前放一坛。

朋友们正要揭坛盖,牛皋拦住说："且慢,我们先立个规矩,怎么喝法?"

朋友们说："这还用问吗,一起喝啊。"

牛皋摇头道："不不不,一对一喝。"

朋友们惊诧道："你的意思是你一人轮流和我们五个对着喝? 你不是开玩笑吧?"

牛皋说："酒席如军阵,言出令随。来吧,让酒保再送四坛酒到我面前。"

于是摆开阵势,牛皋与五位朋友一个个对着干,"咕咚咕咚",每次都是牛皋酒坛先见底。一坛三斤,一轮下来,足足十五斤酒灌进了牛皋肚里,他是脸不红身不摇。牛皋问："再来一轮如何?"朋友们赶紧说："打住打住,我等有些头晕了。佩服佩服,牛哥可以称酒仙了。"

牛皋嗜酒、善饮,但他最瞧不起酒后无德之徒。有一回牛皋和人聚餐,餐桌上自然少不得酒,有个人多喝了几盏,醉了,别人准备扶他回家,他却赖着不肯走,嚷嚷着要酒喝,酒未要到,他发起了酒疯,将桌子也掀了,还追着人家要打人。牛皋恼了,一把揪过这个家伙,用臂膀夹了就走,走到河边,"扑通",将他丢进河中。那人被凉水一激,酒醒了一半,双手乱划,两腿乱蹬,拼命朝河边游来。牛皋待他游到岸边,伸出一足,踩在他头顶,将他压向水底。此人呛了好几口水,牛皋才松开脚,让他挣扎着浮上水面。牛皋问："以后喝酒还这副德行否?"此人连声告饶："不敢不敢,以后碰到牛爷爷,赏我银两我也不敢沾酒了。"从此,非但这个家伙,就是自知酒后容易失控的其他人,都再也不敢和牛皋在一起喝酒了。

牛皋在望亭也惩罚过酒鬼。望亭有个无赖,姓刘,人称"刘赖子",偷鸡摸狗之事没少干,敲诈勒索的勾当经常做。一日,刘赖子酒瘾来了,腰包却是瘪的,他就寻思着上哪家去讹上几文,喂喂酒虫。刘赖子盯上了村东头一户富裕的人家,弄了些死猫死狗堆在这户人家大门口,自己一屁股坐在死猫死狗旁边,吼道："大家听好了,这些东西啥人也不要想弄走,啥人来弄我跟啥人拼命,要弄只能我来弄。"大热的天,不到一个时辰死猫死狗就臭得能熏晕人。刘赖子好胃口,坐在旁边不嫌臭,大门里头的人却给熏得吃不消了,只好隔着一条门缝和他商量："帮帮忙,帮帮忙,请你把这堆东西搬个场吧。"

刘赖子说："可以啊,不过,皇帝不差饿兵,对不对?"

里头的人说："对对对,辛苦钱总要给你的。"

刘赖子说："你说一次性付清呢,还是有一次算一次?"

里头人问："一次性付清啥意思,有一次算一次啥意思?"

刘赖子说："有一次算一次,就是今天我弄走了,明天死猫死狗又回来了,我还得来搬。一次性付清呢，就是你把今天、明天、后天、大后天、大大后天的辛苦钱统统给我，以后死猫死狗就不会上你家门了。我不黑心，只要你五天的钱，算下来还是你不吃亏。”

户主没办法，只能照他说的，给了他五天“辛苦钱”。刘赖子敲到这笔竹杠，心花怒放，马上去沽了两斤黄酒，买了一摊猪头肉、猪脚爪，等不及回到家里再吃，就近坐在岳王庙山门街沿石上，喝口酒，嚼块猪头肉，再喝口酒，啃只猪脚爪，边吃边哼小曲，快乐如神仙。

猪头肉、猪脚爪连同两斤黄酒全部进了肚，刘赖子云天雾地，头昏脑涨，忽发奇想：今天敲个竹杠，明天打个秋风，天天要动脑筋，实在太辛苦了，眼前有个现成的酒肉库，我何不占了它，从此一劳永逸，天天享用，那就太称心了！

刘赖子说的“酒肉库”，就是岳王庙。来岳王庙上供的人很多，日日不断，供品少不了荤腥，酒也常有，倘若能够霸占着这座庙，还用愁吃喝吗？刘赖子想到这里，兴奋异常，一骨碌翻身爬起，直奔大殿，先在殿角撒泡尿，然后蹦上供桌，笑嘻嘻对着岳飞神像说：“老岳呀，你是泥雕木塑，再好的东西也只能看不能吃，不如我替你代劳吧。从明天起，所有供品都归我了。”说罢，往桌上一躺，四脚朝天，口喷酒气，打起呼噜来。

岳王爷好涵养，不与这种小人计较，一旁的牛皋怎能容得他如此放肆，顿时浓眉倒竖，大步走下神座，老鹰抓小鸡似的将刘赖子擒住，把他翻了个身，让他脸朝下，脊背朝上趴着。刘赖子迷迷糊糊正要挣扎，牛皋已一手按住他，一手抡圆了巴掌，“啪啪啪啪”，刘赖子两臀挨了重重四下，痛得他杀猪般嚎叫。

刘赖子痛醒转来，睁眼一看，面前站着一人不就是牛皋神像么？刘赖子吓得魂飞魄散，忙唤“牛爷爷饶命”。牛皋厉声喝问：“今后还敢亵渎神灵么？”

刘赖子哆哆嗦嗦答道：“不敢了，不敢了。”

“还敢敲诈勒索么？”

“不敢了，不敢了。”

“还敢使奸耍猾么？”

“不敢了，不敢了。”

牛皋警告道：“若敢再犯，小心你的狗命！滚！”

刘赖子连滚带爬，逃出了岳王庙。

刘赖子臀部十道手指痕，终生未褪。日后他脑子里一闪过坏念头，屁股上便会火辣辣疼，疼得他杀猪般嚎叫，赶紧打消歪念，疼痛立消。所以，后来的日子，刘赖子只能老老实实做人。为了活下去，他只能干活，渐渐的，身上的懒筋也就抽掉了。

（卢　群）

杨家桥灭倭

“倭寇”这个名词,中国人并不陌生。在老百姓口中,倭寇就是明代的“东洋赤佬”。从元末至明中叶,倭寇危害中国东南沿海达200年之久,杀人放火,奸淫劫掠,给东南数省百姓造成了极大灾难。据不完全统计,仅江、浙两省百姓就被倭寇杀害了数十万！那么,倭寇的来龙去脉,究竟是怎么回事呢?

元至元二年(1336年),日本将军足利尊另立天皇,日本分裂为南北朝,相互攻战。溃兵败将,流亡海岛,与冒险商人结合,至中国沿海走私及掠夺,史称“倭寇”。明初加强海防,水军不断海上巡逻,相机歼敌,倭患尚可遏止。至嘉靖时,国势衰微,海防废弛,军官又多世胄纨绔,不习军事,而日本正值战国时期,各方诸侯均拥兵自重,支持倭寇向外掠夺,以补军费,因而中国沿海倭患复炽,倭寇十分猖獗。苏州乃“人间天堂”,因此苏州城乡成了倭寇首选的掳掠目标。嘉靖三十四年(1555年),纠船30余艘,攻娄门,总兵俞大猷、参政任环大败倭寇于陆泾坝,倭船全部被焚。倭寇没了舟船,无法从水上原路退回,便化整为零,三五百一股,三五十一簇,分散到四乡抢掠。农历十月十三日,一队倭寇窜至望亭杨家桥。

这股倭寇三百余众,个个上身一件小马甲,下身一条大脚管半短裤,跣足髹发,蚁集为阵,“呀呀呀”怪叫着,乌鸦似的,右手执刀,左手擎镜,蜂拥而上,轮番冲锋。几百面镜子在太阳映照下发出反光,可把对手耀得眼花缭乱。倭寇用刀也很别致,总是把那刀舞得呼呼旋转,几百把刀一齐这么舞,好比无数蝴蝶翻飞,更叫人头晕目眩,倭寇谓之“蝴蝶阵”。靠着“反光镜”和“蝴蝶阵”,倭寇从浙江一路杀到苏州,除了这次在苏州遭挫败,在其他地方倒也占了不少便宜。许多城市的吊桥城墙都挡不住他们,被他们攻破后惨遭荼毒。高墙深濠尚且如此,一个小小的村庄更不在倭寇眼里,他们以为不消半个时辰,便能将杨家桥旁的吴村荡平,杀尽全村老幼,抢光各家财物,再向下一个目标进发。可是,倭寇万万没料到,他们注定要在这里碰得头破血流,大部分将葬身此间。

这又是什么缘故呢?

原来,吴村有一座寺庙,庙不大,甚至连个庙名也没有,村民随口叫作“吴村庙”。但是,庙里一位老和尚和他的三名徒儿,却是个个武艺高强。老和尚原籍安徽凤阳。凤阳有一首民谣唱道:“说凤阳,道凤阳,凤阳本是好地方,自从出了个朱皇帝,十年倒有九年荒。”为什么会这样呢?一人得道,鸡犬升天,何况朱元璋成了大明开国皇帝,他的兄长、子侄都封了王,王就得有封田,田要人耕种,凤阳百姓世代变做了大大小小朱姓王爷的佃户、奴仆,都在服无偿的劳役,自家田反倒撂荒了,过着饥寒交迫的日子。老和尚原是种田的,因不愿忍受如此剥削,带着三个儿子逃离了凤阳。为了躲避官府追捕,父子四人一齐遁入空门，削发为僧，对外以师徒相称。他们云游到望亭，见杨家桥旁有座荒废已久的小庙，便在这里落了脚。四人在家时曾习武，个个练得一身好武艺，有盗贼流窜到村里，师徒都会出头撵走。因此村民很欢迎这几个和尚，相互间关系处得很是不错。

在倭寇逼近太湖流域之际，老和尚忧心忡忡，为吴村很可能大难临头而夜不能眠。怎么才能让乡亲们逃过一劫呢？老和尚陷入了苦苦思索中，一夜之间，人瘦了一大圈。待到鸡鸣，老和尚有了主意，请来村中几位德高望重的老人，问："倭寇就将来临，诸位有何打算？"

诸老说："倭寇十分凶狠，我们小老百姓有什么办法，只能听天由命。"

老和尚说："此言差矣！保卫乡梓，靠我们自己，诸位不可自灭志气，任人宰割。"

诸老说："法师言之有理，可是，我们全村青壮年百十余人，虽然平日跟你习武，却也是抵挡小股盗贼有用，若与大股倭寇交手，还不是不自量力？"

老和尚说："也尚未必，只要我们奋起一搏，击退倭寇，保全村子，还是有可能的。昨夜，我得一梦，梦见菩萨授计道：'倭寇来犯，只须挫其锐气，其阵自乱，村民预伏四野，届时一齐杀出，定能获胜。'诸位以为如何？"

诸老问："怎样才能挫倭寇锐气呢？"

老和尚说："小庙有铁钟一口，贫僧愿捐出来，还望众乡亲也捐些铁器，我们铸成大炮，架于桥头。村民中老弱妇孺避走，留下青壮年有武艺之辈，埋伏大路两旁。让出大路，诱倭寇进来，待他行至桥前，开炮轰他，目标对准倭酋，把那倭酋炸死，倭寇群龙无首，我们两厢伏勇杀出，定然杀他个人仰马翻，无处逃遁。"

诸老一听，个个拍手喊好。于是分头动员村民，搜集各家铁器。不到两个时辰，吴村庙前空地上，就堆起了小山似的铁器。老和尚从浒关都御使曹邦辅那儿请来的兵器师，指导村里工匠花了一天时间，砌起一座熔炉，赶制出一套铸炮模具。兵器师带领工匠，将各式铁器和铁钟一起投入炉中，连夜熔铁，工匠分批轮流猛拉风箱，炉火映天，铁汁鼎沸，一夜易过，待到天明，一口大炮已经铸成。

这一日，三百余名倭寇入侵吴村，沿大路直驱疾行，未遇任何阻挡。倭寇以为村民闻风而逃，不会有人抵抗，便放松了警戒，大摇大摆往村庄走，准备到各户搜寻财物。大队倭寇离杨家桥越来越近，等他们走入射程范围，只听得一声巨响，安置于桥头的铁铸大炮发出怒吼，炮弹出膛，呼啸着落到群寇中间，倭寇被炸翻了一大片，倭酋连一声惊叫都未来得及喊出，便已粉身碎骨。群寇乱了方寸，哗啦啦溃退下去。这时，老和尚手持一柄降魔剑，带领三个徒儿从庙内杀出，青壮村民也从两侧掩杀过来，赶来支援的浒关都御使曹邦辅率兵勇断倭寇后路，一时间杀声震天，气贯长虹。村民、兵勇个个同仇敌忾，人人奋勇向前，手起刀落，砍瓜似的，直杀得倭寇鬼哭狼嚎，落荒而逃，只恨爹娘少生了两条腿。此战斩杀倭寇两百有余，剩下的七八十倭寇慌忙跳河逃命，溺毙三五十，侥幸逃脱的仅占来时的十分之一。

杨家桥一仗，吴村大捷，倭寇吓破了胆，很长时间都未敢再度纠集人马前来骚扰。

（卢　群）

牡丹村的来历

故事大约发生在元至正二十三年（1363 年）九月光景。那一日，赤日炎炎，路人寥寥，商家大多闭门歇业，以避暑热，就在傍晚，望亭镇的大路上走来了两个客人。一个像商人，一个是挑夫扛了一只箱子。那个商人就是大名鼎鼎的已经发迹的沈万三。沈万三与众不同，虽已致富，依然勤恳劳作，四处奔波做生意。这年，他听说望亭盛产席草，又织得好凉席，所以带了金银钱财不顾炎热来到望亭，准备大量采购。

这时，沈万三猛然看见路边一男子在跪地乞讨，他心一动，心想年纪轻轻何以沦为乞丐？一定有其难处，何不帮他一帮，再一想这男子要是好吃懒做呢？岂不是害了他！沈万三决定试一试。

沈万三对乞丐说："年轻人，你好手好脚，何不自食其力？你哪里人氏？可有大号？"乞丐连忙磕头，哭着说："老爷，我等小人哪来大号，只因从小出天花，脸上留下疤痕，乡邻们都叫我'朱麻子'。我老家在安徽凤阳乡下，家里穷得叮当响，只因我脸相丑陋，连给人家帮工都不要。唉！我想何时有出头日，就算了一卦。算命的说了八个字：居家是虫，出门为龙。我就到外面闯荡。如今在望亭有好几年……"

沈万三听毕，微微点头。他抬头看到不远处一个白发老头正在挑肥浇花（其实是一种名贵的牡丹花），便对乞丐说："你去帮老伯伯挑三担粪水，我定帮助你。"乞丐喜出望外，使出吃奶气力，帮老头挑了三担肥料。沈万三暗暗称赞：孺子可教也！

沈万三兑现承诺，带朱麻子住客栈、吃饱饭。

沈万三住的客栈名叫"兴隆"。

是夜，店主进得沈万三房间，并端来好酒好菜，说是为贵客洗尘接风。沈万三喜上眉梢，连声道谢，两人坐定，细饮慢酌。对饮一杯之后，店主开口："请教贵客尊姓大名，作何生意？"沈万三呵呵一笑，答："家居昆山，都叫我沈万三，至于生意嘛，能赚钱的都做。"店主一听到"沈万三"三个字，顿时脸上露出惊喜神色，因为其时沈万三的名气早已响得"刮辣辣"。当即，店主又敬上一杯酒，极尽巴结讨好之能事，连说："喔唷，今日碰到财神爷，也是我的运气，来，为有缘结识干杯！"沈万三听得心里舒服，将酒一饮而尽，接着便问："店家，敢问大号？如此好客，一定生意兴隆？"店主听问，却叹口气说："唉，我叫进财。一爿小小客栈，何以维生，所以只得另谋生计，也是什么都做，哪怕……"进财说到这里，刹住话头，两只“眼乌珠”滴溜溜转。

沈万三喝得兴趣正浓，也不在意店主的神情变化，只管闲聊询问：“店家，来，再干一杯。”进财受宠若惊，立起身来谢过一口饮尽。

沈万三并不知道，这进财是出了名的“坏胚子”，他极不安分，整天想的是歪门邪道，想的是投机取巧。今天，进财碰到“财神爷”，又见随身带来一只大箱子，心里早就动起了歪脑筋。他想，那箱子里肯定是可观钱财，何不设法将其骗来，岂不是能发一笔横财！因而他破例好酒好菜相待，想来个鳘鲦钓白鱼。

进财一边甜言蜜语、拍马奉承，一边举杯推盏、极力劝酒。沈万三呢，也是昏了头，竟然以为遇到了知己，毫无防备，将那烈酒左一杯右一杯往肚子里灌。未多片刻，沈万三已是七八分醉意，他结巴着嘟哝：“好，好酒，来，再干……”此时，进财忽然用手一按酒杯，嬉皮笑脸说：“财神爷，光喝酒没意思，我们来赌一把寻寻开心，怎么样？”沈万三毫不犹豫，一口答应：“好，好，怎样赌？你说，你说……”进财“嘿嘿”而笑，说出一番意思：以掷骰子为赌，点数大者为赢、小者为输，如沈万三输那一箱钱财就归进财；而进财输就将客栈奉送给沈万三。听毕，沈万三哈哈一笑，嘴里喃喃：“好好，我财神爷福星高照，哪能输给你？到时你可别后悔。一言为定！”进财马上接口：“驷马难追！”

进财拿来早就准备好的赌具：一只碗两粒骰子。进财要沈万三先掷，沈万三也不客气，抓起骰子就掷。真是福人有福运，当骰子“嚓朗朗”转停，竟然两粒骰子全部是六点。沈万三大笑。“哈哈，十二点，没有比这再大的点数了。好，有言在先，这客栈就改姓沈了！”哪知，进财嘴角一牵，阴阴一笑，说我还没有掷呢，哪能决定输赢？

进财抓起两粒骰子，用嘴吹了口气，捏紧拳头晃了几晃，然后用力一掷。骰子在碗里打旋，待其中一粒转停，居然也是六点，只有第二粒骰子还在滴溜溜转。此时，进财忽然一拍桌子大叫一声：“停！”真是奇了，这第二粒骰子不知怎么碎成两爿，成了七点。沈万三惊得目瞪口呆，只得信守诺言，将一箱钱财双手送给了店主。

其实，在旁边观赌的朱麻子早就看出破绽。就悄悄告诉沈万三，说其中有诈。沈万三淡然一笑，说了句：善有善报，恶有恶报！

沈万三并不为此而懊恼，反正对于他来说，失去一箱钱财犹如牯牛身上拔掉一根毛。第二天，沈万三好像忘却了昨晚的失财，一大早就出门做生意去了。

真所谓“天有不测风云，人有旦夕祸福”。沈万三奔波一天，回来时天已微黑，当他踏进巷口，老远就看见“兴隆”客栈火光冲天，照亮半爿天。沈万三快步冲到店门前，只见熊熊烈火已吞没客栈所有房屋，而店主进财瘫坐在地上，哭天抢地，大声嚎叫：“是哪个杀千刀害我啊，哪会莫名其妙起大火啊！”

沈万三走上前，正想劝慰，不料店主却一把揪住沈万三胸襟，语无伦次大叫：“是你，是你雇人放火，害我家破人亡，你是心有不甘，想报复……”沈万三大度，淡淡一笑，只说了一句话："这叫天火烧!"说毕转身就走。

朱麻子见沈万三如此大度，非常钦佩，心想：此人非是凡人，将来必定有所作为，我如有发迹，定是我的对手。我得记住他!

后来，这朱麻子果然发迹，明开国皇帝朱元璋就是他!

由于当年朱元璋，曾在望亭担肥浇过牡丹花，后人为纪念这段往事，就将此地此村改名为"牡丹村"。

（王水根）

罗大将军

元朝末年，各地农民起义风起云涌，在众多起义军中有张士诚这一支。张士诚（1321—1367年），泰州白驹场（今江苏大丰西南）人，小名九四，出身盐贩。元至正十三年（1353年），与其弟士义、士德、士信及李伯升等率盐丁起兵反元，攻占泰州、兴化、高邮等地。次年正月，在高邮称诚王，建国号大周，改元天佑。高邮曾一度被元大军包围，后因主帅丞相脱脱临阵遭贬，元军自乱，他乘势出击获胜。至正十五年，张士诚率部由通州（今江苏南通）渡江南攻。次年初，攻占常熟、平江（今江苏苏州）、松江、常州等地，并定都平江。张士诚以苏州为根据地，势力最盛时地盘南至绍兴，北达济宁，但是他缺乏一统天下的雄心，只想割据一方做个快活王。朱元璋容不得这个王，发兵二十万，由徐达、常遇春两员大将率领，攻打张士诚。二十万大军将苏州城团团围困，一围就围了三年之久。

张士诚据城固守，怎能坚持这么久的呢？因为苏州老百姓拥戴他，帮助他。张士诚取得苏州后不想挪窝了，固然是他的短视，但对苏州百姓而言，未必不是件幸事。张士诚打算把这个地上天堂建设成他的安乐窝，苏州人就免去了劫掠奸杀之灾，可以放心地继续种他们的庄稼，做他们的买卖。苏州在元末未大伤元气，张士诚是有功的。出身社会下层的张士诚，用人不拘一格，只要有才能，小贩杂役也给官爵。由于张士诚礼贤下士是真诚的，当时许多名士如施耐庵、罗贯中、饶介、苏昌颖、高启、王彝、顾瑛、陈基等人也都乐为他所用。当然，最主要的是张士诚确实行的是善政，非常体恤民生。所以，苏州人不想看到张士诚失败，助其抵御朱元璋也就自然而然了，望亭的罗木将军就是很突出的例子。

罗木是忠良之后，父亲遭奸臣陷害，他和母亲到望亭隐居。罗木善文熟武，惯使大刀，他的一柄大刀乃三代祖传，重一百多斤，可是在他手上舞起来，呼呼生风，只见刀光，不见人影，一桶水泼过去，一滴都沾不到他身上。

罗木武艺如此高强，却从不仗技欺人，与街坊乡邻个个和睦相处，所以，颇受望亭人尊重。

元末大乱，盗贼横行，望亭人为了自保，打算组织地方武装，大家推举罗木做个领头人。罗木一向不愿出头露面，有心婉拒，母亲对他说："儿啊，乱世需英雄，你该挺身而出。何况，当初我们母子避难到此，乡亲并不排斥，有的帮我们盖屋，有的送来柴米，我们才得以安身。现在是你报答乡亲的时候了，你领这个头，义不容辞。"罗木听了母亲的话，接受了"护乡军"首领之位。

乡亲们找了个巧手绣娘，绣了一面大旗，旗上笆斗大一个"罗"字，弹眼落睛。罗字大旗升在高高的旗杆顶，十里外都能看见。风卷旗舞，猎猎作响，很有气势。罗木安排乡勇巡逻，十二时辰不间断，每个角落不漏过，井井有条，严严密密，乡亲们都觉得有了安全感。

农历八月二十一日，一股匪盗两千多人，前来掠抢望亭。罗木带领护乡军迎敌，他一马当先，直取匪首，双方一交手，仅三个回合，罗木手起刀落，匪首的头颅就被他斩于马下。众匪徒见首领丧命，个个胆战心惊，人人丧魂落魄，哪里还顾得上抢劫，只想着如何保命，匪众纷纷忙着逃命，撒开腿拼命往后跑。罗木指挥护乡军紧追，斩杀两百余众。从此，望亭护乡军声名鹊起，罗木威名远扬，四周匪贼再也不敢来犯，望亭在这乱世中保持了安宁局面，百姓和乐。

张士诚渡江南进，占据苏州后，听说了罗木事迹，很是欣赏，便想将他招入麾下。罗木经过一段时间观察，看到张士诚确实待百姓不错，同意把望亭护乡军纳入张营。张士诚大喜，封罗木为将军，人称"罗大将军"，仍镇守望亭，保一方平安。

待到朱元璋发大军攻打张士城，在苏州城被围前夕，张士诚将罗木召去，有事相商。正好这一天朱元璋派遣了一个说客，装作游方术士，来见张士诚。张士诚问："你有什么话要对我说？"说客转弯抹角道："公可知天数么？从前项羽喑呜叱咤，百战百胜，终为汉高所败，自刎乌江，天数难逃，可为前鉴。公以十八人入高邮，击退元兵百万，东据三吴，有地千里，南面称孤，不亚项羽，但是，天数不给你称帝的福分，你何必蹈项羽覆辙呢？"张士诚有点恼火了，却仍按捺了性子又问："事已如此，你有什么良策献给我呢？"说客道："不如早从天命，自求多福。公即去王号，归入应天（今南京，当时朱元璋的大本营所在），尚不失为万户侯。何得何失，愿公早自为计！"按张士诚原来的计划，也只想求个荣华富贵，有万户供他衣食足够了，但是，朱元璋的话能相信么？张士诚太了解朱元璋了，便哈哈大笑说："你并不是局外之人，不要在这里鼓如簧巧舌了。你回去告诉朱大麻子，既然天数让他为帝，他就真刀真枪干，我这里一座大城和一具尸体在等着他！"

尸体当然就是张士诚的尸体，张士诚这句话是大丈夫说的。罗木在旁听了，身上热血沸腾。张士诚逐走了说客回过头对罗木说："大战在即，我不能退，唯有战到最后一刻，死而后已。你不一样，你不是我从高邮带来的，朱大麻子不会把你视为死对头，你若改换门庭，或有一条生路。如果你投靠朱大麻子，我不怪你。"罗木听了，知道张士成是为他考虑，心里甚是感动，但未作表态。

罗木嘴上什么都未讲，但心里拿定了主意，觉得不能对不起张士诚，决定像张士城一样，做个铁骨铮铮伟丈夫。朱元璋大军从南京开赴苏州，必途经望亭，罗木和他的一千多人护乡军，面对二十倍之敌，竟不弃城而逃，而是凭借月城工事，顽强抵抗，坚守了16天之久。最后，终因寡不敌众，月城陷落，罗木和他的千余勇士全部战死。

后人为了纪念罗大将军，在北望亭桥建祠祭祀他。每逢农历正月二十和八月二十一这两天，村民都会不约而同前往罗大将军祠聚集，久而久之，形成了望亭独有的“轧北桥”习俗。

（卢　群）

望亭女城隍

望亭镇下塘街北端，原本有座城隍庙。城隍庙不稀奇，各地都有，稀奇的是望亭城隍庙供的是个女城隍。全国供的城隍都是男的，望亭为啥与众不同、别出一格呢？这里头有啥讲究呢？

说起这尊女城隍像来，来头大得吓人，原来她是大明开国皇帝朱元璋亲下圣旨，建庙塑像，封在这里享受祭祀的。朱元璋封的是何人？是他的母亲陈氏。

元朝末年，天下大乱，民不聊生。朱元璋投奔反元起义军去了，他的父母为躲避官府迫害，从凤阳老家逃了出来，流落四方，乞讨度日。严冬季节，陈氏感染了风寒，连冻带饿，竟至不起，死在了逃荒路上。

朱元璋后来得了天下，当了皇帝。他在日理万机之余，经常会想起自己的母亲。母亲抚育他何等辛苦，可是一天福也没有享到，令他思想起来十分苦恼。虽然他在坐上龙庭第一天，就追封母亲为淳皇后、父亲为仁祖淳皇帝、祖父为熙祖裕皇帝、祖母为裕皇后、大哥为南昌王、二哥为盱眙王、三哥临淮王、大姐为太原长公主、二姐为曹国长公主，但母亲早已不在人世，不能像其他活着的亲人一样享受荣华富贵，封的尊号对于她来说，全说空的，她在九泉之下连知道都不会知道！一天夜里，朱元璋又思念母亲，眼前浮现出一个农妇，破衣烂衫，面容憔悴，右手拄着一根讨饭棍，左手托着一只豁口碗，这就是逃难讨饭时母亲的模样啊！朱元璋越想越心酸，觉也睡不着了，整夜失眠。

一宿未睡，第二天上早朝，朱元璋两眼浮肿，布满血丝，脸色发灰，神情黯然。刘伯温看在眼里，猜测皇上十有八九有了心事。退朝后，刘伯温单独找朱元璋问：“皇上，可还有事交臣去办？”

刘伯温不直接问朱元璋有何心事，因为这是犯大忌的，皇帝至高无上，他的内心世界怎么能让臣子摸到？刘伯温转个弯询问，朱元璋能告诉他，自然会讲，不能告诉他，也可用别的事敷衍,这就是会做臣子的表现。

朱元璋对刘伯温是很信任的,何况思念母亲也没什么不能让人知道的,所以,朱元璋就把自己的苦恼给刘伯温说了。

刘伯温沉吟半晌,说:“皇上,臣冒死进言,淳皇后这个尊号对于已在阴曹地府的人来讲,毕竟是虚的,不实惠啊!皇上你在宫里吃香喝辣,淳皇后在阴间吃不到喝不着,你封了也是白封。”

朱元璋皱着眉头,犯愁道:“刘爱卿说到朕心里了,朕也是想着母亲一辈子受苦,一天福也不曾享到,所以时常难过。可是,朕又有什么办法呢,皇帝权再大,也管不着阎王爷呀,我没法让阎王爷格外照顾她老人家,将她送回阳间享福呀。”

刘伯温说:“阎罗殿虽不归皇上管,但皇上可以封神呀,皇上不妨替淳皇后造座庙,塑个淳皇后像供在庙里,淳皇后千年万代就有供牲吃了。”

朱元璋一听,这个主意好!他虽是皇帝,也有闭眼的一天,当然他可以把皇位传给子孙,但古往今来没有一个朝代千秋万代,大明朝总有一天也会被替代,等到朱家的江山换了主,他的老娘淳皇后谁来祭祀?因此,造庙塑像,让母亲变做地方上一个神,就不怕断祀享了。

朱元璋正待表示赞赏,却又犯起了嘀咕,显得有些迟疑不决,难下决断。刘伯温真不愧智多星转世,略微一琢磨,就猜到了朱元璋犹豫的原因。大明朝立国未久,需要休养生息,朱元璋平时一再强调,不可枉耗民力,奢费国资,现在若替母亲建庙立祀,各地官员必定一窝蜂效仿,以表对皇上的忠心,拍皇上马屁。这个风一旦刮起,只怕刹也刹不住,全国不知将要出现多少淳皇后庙,那得花去无法估量的银两,这不能不令朱元璋慎之又慎。刘伯温其实已有章程在胸,既可为皇上解忧,又无须额外支出。这时,他将自己的算盘敲了出来,说道:“皇上,臣有个想法,只是不敢讲,讲了就是大不敬的死罪……”

朱元璋说:“恕你无罪,只管直说。”

刘伯温说:“皇上如果不怕淳皇后降了格,不妨封淳皇后为城隍神。城隍庙各地都有现成的,淳皇后安置在城隍庙里,各地就没有另建城隍庙的理由了。皇上,臣之愚见尚有一用否?”

朱元璋高兴地说:“此策甚妥,朕采纳了。”

接下来的问题是,供亡母安身的这座城隍庙放在哪里呢?朱元璋想起曾听大哥说过,母亲临断气,嘴里喃喃念叨“望……亭……望……亭……”朱元璋猜不透老太太为何念念不忘这个地方,但既然母亲咽下最后一口气时还在挂念该地,谅必是有特殊意义的,那就顺了母亲的意,就选在望亭镇建一座城隍庙,按照陈氏模样塑尊神像放进去,让百姓岁岁供奉,年年祭祀。

其实,陈氏弥留之际,喃喃说的是“忙……停……”两个字。这两个字,是“不忙呀,停会呀”这句话的缩语。陈氏生命的最后几天,身患病痛,肚里无食,两条腿灌了铅似的,越来越迈不动,她追不上一同逃荒的家人,所以不断说着“不要走得这么忙呀,停一会等等我呀”,因为没有力气,她发出的声音很微弱,大家都未听到。陈氏终于倒下了,处于昏迷状态,对生命的留恋使她在无意识中仍在要求家人别忙赶路,停下来等她,由于已话不成句,因此家人只听到她吐出的两个音。“忙停”和“望亭”音近,朱元璋以为母亲临终前念的是望亭这个地方。

就因为这样的阴错阳差,望亭有了一座城隍庙,供奉的是与众不同的女城隍。

(殷建平　卢　群)

马娘娘编梦

望亭自从有了一座城隍庙,供奉全国独有的女城隍,地方上就增加了一宗负担,那就是繁重的祭祀活动。

城隍是冥界的地方官,守护城池之神。城隍的职权和人世间同级官员相当,都城隍为省级行政区所奉祀,相当于阳间的巡抚,府城隍相当于阳间的知府,县城隍相当于阳间的县令。如此说来,镇一级的城隍就等于是个镇长了。可是,望亭虽是个镇,这个镇的城隍比都城隍还大,因为她是当朝皇帝的亡母、被尊为淳皇后的陈氏。

老百姓称城隍为“城隍爷”,望亭的城隍是位老太太,当地人就叫她“城隍娘”。这个城隍娘背景太大,所以祭祀规格、频率都非同一般,各地都是在城隍生日那天祭祀,清明或中元节城隍出巡一回,望亭城隍娘却是每逢节日都接受供祭,每月十五都要出巡。所谓“城隍出巡”,就是将城隍神的金身抬出城隍庙,全副仪仗,吹吹打打,出巡市街、村庄。其他地方城隍出巡,百姓愿意看热闹的就看热闹,不想凑这热闹的也没关系。望亭不一样,城隍娘一抬出来,全镇无分老幼,不论男女,统统都得到街旁去站着,万人空巷瞻仰神像,表达对皇帝生母的崇敬。没有人敢不加入瞻仰行列,唯恐被官府扣上“大不敬”的罪名,那可是杀头的罪,灭门的祸!

城隍出巡也好,逢节祭祀也罢,都是要花钱的。花掉的钱都要摊派到每户头上,别的地方是一年摊一两回,望亭一年摊二十回,望亭人真是苦透苦透。苦归苦,还不能诉苦,还得强颜欢笑说:“应该的,应该的。当今皇上英明无比,我们百姓都托皇上的福。皇上是女城隍生的,我们理应孝敬她。”

不过,这种漂亮话都是在人前说的,背后就完全是另一种说法了,夜里关起门来,没有一家不发牢骚、不骂山门。望亭人骂城隍娘是个害人精,把这个地方害得不浅,老天爷假如有眼睛,就该看到百姓的苦,让城隍娘替地方造福才是。

这些牢骚话，最终传到了一个人耳朵里。这个人不是别人，是朱元璋的原配夫人马娘娘。马娘娘是朱元璋尚未发迹时嫁给他的，多次解救朱元璋，在朱元璋夺天下的过程中，给了朱元璋很大帮助。朱元璋对马娘娘也很尊重，马娘娘的规劝，他听得进。望亭有个读书人，对乡亲们的苦实在看不下去了，就甘担杀头灭门的风险，将人们的牢骚归纳归纳，写成一篇谏章，上书马娘娘。

马娘娘从小也是苦出身，心地又善良，对民间疾苦很同情，深知百姓不到忍无可忍，总是采取逆来顺受、忍气吞声的态度。现在看到望亭上书，料想当地人如此他们这样怨愤，可见他们实在是憋不住了。马娘娘屈指算算，啊呀，真是不算不知道，一算吓一跳，淳皇后到望亭当城隍已有两年半，给望亭人增添了多少负担啊！马娘娘有心替望亭人减轻这项负担，但又不能改变皇上的旨意撤了望亭城隍庙，或免了淳皇后望亭城隍之职，那是打皇上的脸，万万行不通的，唯有另辟蹊径，给望亭地方一些弥补，才是两全其美。

那么，怎么方能弥补呢？

马娘娘想来想去，想出了一个办法。有一天朱元璋退朝回到后宫，马娘娘见他高兴，抓住时机，说自己昨夜做了个梦，梦见了婆母淳皇后，淳皇后提出要把城隍庙搬到宫里来。

朱元璋觉得这事不好办，在皇宫里替祖宗盖座庙，没有先例。他说："母亲为何要搬家，难道她在望亭城隍庙里，过得不舒服么？"

马娘娘说："我也这样问婆母的，婆母回答：'舒服，年初一、上元节、清明、立夏、端午、中秋、重阳、冬至，四时八节都有祭祀，一个月还抬我的像出来巡游一次，威风得很哩，怎么会不舒服？'"

朱元璋说："既然舒服，母亲为何要离开呢？就在那儿待着得了，比住皇宫自在。"

马娘娘说："我也这样劝婆母的，可是，婆母讲那样讨叨望亭人，心里过意不去。"

朱元璋不以为然道："普天之下，莫非皇土，淳皇后是朕的亲娘，让地方上供着她，是他们的福分，有何过意不去的？"

马娘娘说："我也给婆母讲了这个道理，可是，婆母回答我：'话说这么讲，但是，娘未忘记当年穷困之时，饥荒之年，邻家送我儿半张煎饼，我儿念他的好念了大半年。现在望亭人那样厚待我，我们总得记在心上，要报答人家。'"

这半张煎饼的往事，朱元璋对马娘娘讲过，今天马娘娘重提他小时候这件事情，触动了朱元璋，朱元璋陷入了沉思。

马娘娘见火候已到，便进言道说："婆母的意思其实很明白，她不愿意增加地方百姓的负担。当然，如今天下是皇上您的天下，皇上的娘亲无论多大排场，百姓也不敢说半个'不'字，表面上还会装出自觉自愿、衷心爱戴的样子，可是背地里一定是会咒骂的。皇上大概也不希望娘亲被百姓背地里咒骂吧？"

一席话点醒了朱元璋，他一拍额头，说："是啊，朕替娘造座庙，享份祭祀，也只是尽孝而已。因为这件事,让老娘挨骂名,毁了她名声,岂不是弄巧成拙,好心办了坏事?如是那样,朕倒是大大的不孝了!改改改,务必要改弦更张。”

明洪武二年(1369年)正月,朱元璋下旨封京都及天下城隍神。京都应天府(今江苏南京)的城隍神被封为“承天鉴国司民升福明灵王”,汴、濠、鸠、和、滁等朱元璋“龙兴之地”的城隍亦封为正一品王爵,其他府城隍则为“鉴察司民城隍威灵公”被封为正二品,州城隍“鉴察司民城隍威灵侯”为正三品,县城隍“鉴察司民城隍显佑伯”为正四品,县以下城隍不封爵位,享祭参照县城隍。祭祀活动每年一次,定在城隍生日那天。城隍出巡也是每年一次,定在元宵节。朱元璋还下了一道口谕,命江苏巡抚知会苏州府,派员去望亭宣示圣意,自即日起,望亭城隍按朝廷规定享祭和出巡,不得逾规。

这么一规范,望亭人的负担就大幅减轻了。望亭人不再抱怨城隍娘了,年年按规定给予城隍娘礼遇,直到明朝灭亡。陈氏以城隍娘的身份,在望亭享用了两百多年的祭祀。

(卢　群)

望亭都城庙

望亭镇孟河村,旧时有座都城庙,当地人说,这庙说为纪念张士诚所建。苏州人对张士诚有好感,在望亭建一座庙纪念他,也合乎情理。但是,如果这座都城庙是明朝时候建来纪念张士诚的,那就不符合逻辑了,因为张士诚和朱元璋是死对头,谁要在那时候纪念张士诚,岂不是找死么?

其实,最初这座庙并不叫都城庙,也并非建来纪念张士诚的,而是朱元璋建了安置战殁将士亡灵的。朱元璋得了天下,忙着筹备登基大典,却在一天晚上做了个噩梦,梦见层层叠叠鬼魂围着他的床榻哭号。鬼魂个个破衣烂衫,面黄肌瘦,有的无头,有的断臂,全是血污淋漓,惨不忍睹。朱元璋从鬼魂的嚷嚷中知道,这些都是替他争夺江山而命丧黄泉的将士,前来要求赏赐。朱元璋心想,赏官赏钱赏美女,你们死都死了,赏了也无福受用了,不如封你们为神,享受祭祀去吧。然而,死鬼无数,封不过来,如何是好?朱元璋一动脑筋,有了,不如参考军队编制,五鬼为一伍,设个“五圣”的名号,把他们分到各地享牲。主意打定,梦已醒来,朱元璋立即传旨,命全国各州、县、乡、村集资建造“五圣堂”,由百姓四时八节上供品烧纸锭。而且,朱元璋在这道圣旨中还特地强调,吴地的“五圣堂”,专门祭祀攻打苏州时的阵亡将士。他作这一规定,与张士诚有关。

张士诚,泰州白驹场(今江苏大丰西南)人。元至正十三年(1353年)率盐丁起兵反元,三年后,军发平江(今苏州),据以为都,免欠赋,劝农桑,修水利,行善政,恤民生。朱元璋攻打苏州,苏州人不想看到张士诚失败,助其抵御朱元璋。张士诚兵败身亡,朱元璋恨苏州人心向张士诚，便以横征暴敛来报复，将苏州的赋税暴涨到全国平均税率的十倍。有点良心的地方官觉得太不公平，打报告请求减赋，朱元璋却将这样的官员处死。朱元璋还把包括苏州在内的江南居民十四万户强迁到濠州，让富庶之地的百姓去过苦日子。现在，他又对江南"五圣庙"作出了特殊规定，同样也是出于报复心理。死在苏州城下的明军将士，与助张士城御敌的苏州百姓有仇，这些死鬼定会把地方搅得无有宁日，如此一来，可让苏州百姓多吃些苦头。

既然各地都的建"五圣堂"，望亭也不能例外。望亭的五圣堂盖起来之后，来了五个凶神恶煞，身上挂彩，额头淌血，切齿咬牙，舞刀弄枪。他们擂着大家小户的门，厉声喝叫："都把耳朵支起来，听仔细了，爷是当今皇上马前卒，大明基业先行鬼，奉旨到此坐享祭祀，你们赶紧把好酒好菜预备着，檀香蜡烛要十大捆，锡箔钱粮要廿箩筐。伺候得爷高兴了，也就罢了，胆敢惹爷半分毛，定叫地方不宁、人畜遭殃！"凶神正吼得起劲，突然看见走来一位汉子，喝道："能不能趁你们的心，还得看我愿不愿意。"凶神大怒道："爷也曾砍人如切瓜，你口吐狂言，活得不耐烦啊！"横刀的横刀，挺枪的挺枪，扑上前就要杀人。汉子冷笑一声，徒手迎战，双掌推出，万霆之力，凶神一个个立脚难稳，踉踉跄跄，栽倒的栽倒，仆翻的仆翻。五凶神大惊失色，挣扎起身，组成队形，用刀砍，用枪捅，一心要置对方于死地。谁知汉子四周如有金钟罩，刀枪根本近不到他。五个凶神恶煞这才知晓厉害，连声求饶："爷爷饶命，小的认输，认输！"汉子说："你们乖乖滚出此地，不再扰民，我就放你们一马。滚吧！"五凶神连滚带爬，鼠窜而去，从此再也不敢踏进望亭一步。

五个凶神恶煞心犹不甘，夜间走进朱元璋梦里去告状。朱元璋听罢，叹口气，说："朕已经知道此事了，阻挡你们的，是张士诚的神灵。他死后还丢不下苏州，常在苏州各处巡视，帮助百姓。合该你们倒霉，偏偏给他碰到了。张士诚活着的时候，朕可以攻他，灭他，现在他和朕一个地下，一个人间，朕也没法到阴司去与他较量。算了算了，你们到别处去安身吧，别再来烦朕了。"

这个消息传开，望亭人非常感激张士诚，就将空置的五圣堂改作了都城庙，用来供奉张士诚。为啥起"都城庙"这个庙名呢？因为张士诚曾建立过"大周国"，国都在苏州，现在"大周国"被朱元璋吞掉了，但望亭人心里仍未淡忘昔日都城的繁华，所以，用"都城"来作为庙名，蕴藏着留恋"大周国"的意思。

望亭人这点心思，当然瞒不过朱元璋。朱元璋既然能够夺得金銮宝座，可想而知是个绝顶聪明之人，怎会猜不到看似普通的庙名和张士诚有所关联。按朱元璋的性格，对这种事是绝对不能容忍的，十有八九会大开杀戒，狠狠惩罚望亭的百姓。然而，朱元璋这次一反常态，对"都城庙"充耳不闻，好像根本没有这件事似的。原来，朱元璋年轻时当过和尚，对僧侣寺庙有感情，但凡涉及佛门，他皆网开一面，从宽发落。由于朱元璋高抬贵手，望亭都城庙安然无恙，百姓到庙里进香，怀念张士诚，也没受到追究。这在朱元璋时代，简直可看作是个奇迹了。

（卢　群）

富仁七桥

明代嘉靖二年(1523年),望亭有个富翁沈凝想为地方上做件善事。什么善事呢?造桥。他为什么会想起造桥的呢?说来话长。

沈凝七八岁的时候,祖母种了两棵枣树。祖母先是养了几只母鸡,鸡下了蛋,一个蛋也舍不得吃,攒着,攒了一冬,攒满了两栲栳。春天拿一栲栳去跟人家换了两株枣树苗,另外一栲栳用来请能人,把两株苗嫁接到自家屋前空场地的野生酸枣砧木上。忙完这一切,已是半下午,祖母搬一张长凳,牵着小沈凝的手,双双坐在枣树下,说:“桃三杏四梨五年,枣树挂果在当年。我们也不用那么心急,等到明年六七月,你肯定可以吃到自家的大红枣了。”

小沈凝仰起脸,望着祖母慈祥的笑容,说:“我就不用到人家枣树下拾枣吃了。”

祖母点点头。

祖母种这两棵枣树,目的就是这个。枣树很容易落果,养分不足、水分不够、授粉不良、阴雨暴风、病虫害,都会造成大量果枣掉落,如果管理跟不上,枣树的落果量可达八成。每年夏秋之交,村里小孩子都会跑到有枣树的人家捡落枣吃。有些人家很吝啬,宁肯让枣烂在地上也不许孩子捡,见到孩子捡枣就轰,甚至骂粗。祖母正是为了让自己的曾孙不受这份委屈,才种枣树的。种枣树一般用枣核,但生长期长,须七年左右方能挂果。也可用枣树根部萌生的树苗,三四年就能挂果。嫁接树苗最快,两三年就会挂果了。用第一种方法,省力又省钱;第二种方法也便宜得多,最费事费钱的当数树苗嫁接了;祖母采用第三种方法,是为了让心爱的小孙子早些踏踏实实吃自家的甜枣。

祖母育有三男一女,儿女为她添了孙儿女。在所有孙儿女中,她最喜欢小沈凝。祖母最喜欢小沈凝是有道理的,因为小沈凝在她的第三代小辈里最聪明。小沈凝的聪明不是祖母一个人讲的,村上人都这么说。村上有个驼背也姓沈,别人叫他“沈驼背”,小沈凝喊他“驼背爷爷”,按辈分算是祖母的本家侄儿。有一天,沈驼背碰到祖母,说:“婶婶,你家小沈凝真的聪明,我看全村小囡没有一个及得上他的。”

祖母一听这话,心里像灌了蜜一样甜,嘴上说:“才桌子高的一个小毛头,能聪明到哪里去?”

沈驼背一脸正经,说:“我不是讲好听的哄你开心,我是考过他的。”

祖母问:“你考他点啥?”

沈驼背说:“我用弹弓打麻雀,他要跟我去,我怕不小心伤到了他,就出个题难难他,说:‘你答得让我满意,我就让你当跟屁虫;你答得不对,就赶紧回家。’”

祖母的兴趣给引起来了,问:“你出的啥题目?”

沈驼背说:“树上有十只麻雀,弹弓‘啪’的一响,打下一只,还有几只?”

祖母笑了,说:“我猜你早就拿定章程,不管他怎么答,横竖是个错。小沈凝被你难倒了吧?”

沈驼背说:“他难倒我了。”

祖母诧异道:“你也算是村上脑子灵活的人了,还搞不过一个小毛头?”

沈驼背说:“他的脑子转得比我还快,我只好闷掉。他回答:还剩九只。我说:不对,一只打下来了,其他麻雀都被吓飞了,树上一只不剩了。他说:树上仍旧是九只,因为它们都是聋子。”

祖母哈哈大笑。

沈驼背也笑了,说:“你家小沈凝还甩给我这么一句话:‘驼背爷爷,你想让我上当,我偏不上当。’你说气人不气人?”

祖母问:“你想给他上个啥当?”

沈驼背说:“假如他回答:还剩九只。我就告诉他:错了,树上一只也没有了,都给吓飞了。假如他说:一只也不剩了,都飞走了。我就会说:我又没问你树上有没有,我只问你十只去掉一只还剩多少,你掰指头算算,回答得对不对?”

祖母说:“你不曾料到我家小沈凝脑筋会转个弯,避开了你的陷阱。照这么看来,我家这个小毛头还真是个聪明小囡,但愿他长大了,一直聪明下去。”

从这句话可以听得出,祖母对沈凝这个孙子是寄予很大希望的。沈凝没有辜负老人家的期望,他长大成人后,脑子确实很灵活,他用活灵的脑子经商,发了家,成了望亭数得上的富翁。每当年终盘账时候,看着增加的钱财,他便会怀念起祖母,就会回想起在刚种下的两棵枣树下,祖母抚着他的小脑袋,徐徐吐出的一句话:“小囡啊,记住:要让人家到你树下拾枣,你不要去拾人家树下的枣。”

沈凝经商,一直用祖母这句话告诫自己,能让利给人家尽量让,不要老是想着从人家口袋里多挖钱。沈凝越是这样,愿意和他做生意的人就越多,他的生意越做越大,做到了如今这个场面。

可是嫉妒他的人总是千方百计要说坏他,甚至编出谣言来蛊惑视听。沈凝开始并不在乎,说:“清者自清,浊者自浊。嘴长在他脸上,我又不能把他的嘴缝起来。他爱嚼蛆让他嚼去,又伤不了我一根汗毛。”但时间长了,谣言多了,沈凝也沉不住气了,有道是“三人成虎”啊。

沈凝想来想去,只有用最容易让人看见、天天摆在人们眼前的东西来证明自己不是为富不仁之辈，而是个富有仁义之人。于是，他准备替家乡造桥。造桥铺路，历来被认为是善举，他这么做了，总可以堵住那些闲言碎语了吧。

沈凝一口气造了七座石桥，分别是项路桥、马路桥、伍象桥、四通桥、大通桥、塔平桥和石下桥。

因为沈凝是抱着富了要重仁义的宗旨造的桥，所以望亭有个秀才把这他出全资造的桥统称为"富仁七桥"。

（娄一民）

俞大猷土城战倭寇

嘉靖年间，倭寇不时登陆江南掠掳，百姓苦不堪言，怨声载道。一年，倭寇得知苏州连年风调雨顺，百姓囊中银子甚丰，家中余粮积囤，几十股倭寇商议之后，从东海启航从浙江、山东、福建等地沿长江、运河、太湖辗转至苏州，意欲大肆掠掳一番，弄得个盆满钵满。时任苏州总兵的俞大猷，从探子那里得知这一情报，立马调兵遣将，严阵以待。他觉得单靠麾下三千人马，无法与几十股到处流窜的倭寇相抗，为此在操练驻城兵卒的同时，亲自前去附近乡镇，号召当地民众为保家乡平安，成立乡勇志愿队，抵抗倭寇来犯。

一天，俞大猷带领手下三名士卒来到望亭，见那里百余名乡勇聚集一起，手执铁斧、锄头、木棒等家伙练武，斗志昂扬，甚是高兴。望亭乡勇知道总兵俞大猷武艺高强，十八般兵器样样精通，为此央求他出手施教。俞大猷盛情难却，留了下来连教三天。

几十股倭寇中有个为首的唤山野二郎，此人刁猾奸诈，带领手下一百余名喽啰，驾船直至苏州娄门，见娄门守兵森严，固若金汤，立马掉转船头，至太湖西洞庭岛。当他听说望亭乃江南鱼米之乡，派出密探前往北太湖侦察。当探子返回禀报，苏州总兵俞大猷正在望亭，帮助当地乡勇操练，山野二郎忙问俞大猷带了多少兵卒。当探子说只有三人，他小眼乌珠一转，计上心来，遂对手下道："我们来个擒敌先擒王，只要把俞大猷擒拿到手，到那时我们不但可以扫平望亭，还可以直驱苏城！"此时探子来报：俞大猷于翌日凌晨至望湖湾登船返回苏城。山野二郎乐得呵呵大笑："天助我也……"即便吩咐部下立马前往，设下伏兵。

翌日凌晨，俞大猷带领三名士兵至望湖湾，登船正欲前往苏州，山野二郎手下的百余伏兵一哄而起，操舟包抄过去。山野二郎以为俞大猷会乖乖束手就擒，不想俞大猷与三名手下一点也不惊慌，奋起反抗，于是发生了一场你死我活的鏖战。倭寇自恃人多势众，气焰十分嚣张。俞大猷率三名士兵以一抵十，越战越勇，硬是把倭寇杀得丢盔弃甲，操船逃窜。俞大猷与手下驾船追赶了一阵，看到四周芦苇密密匝匝，并隐约听到窸窣之声，立马大声喝住，即令手下迅速撤离。

果然不出俞大猷意料，奸诈的山野二郎在芦苇丛中伏有十余船只。当俞大猷欲带领部下操舟撤离之时，百余名倭寇“哇呀呀”叫嚣着驾船从两边包抄过去。俞大猷知道中计，指挥手下左冲右突，勇猛相抗，欲杀开一条血路，突出重围。百余倭寇渐渐招架不住，企图夺路而逃。山野二郎心想，如此下去，自己精心策划的一场伏兵擒首之计会前功尽弃，为此声嘶力竭地大喝“弟兄们，谁抓住那个为首的苏州总兵俞大猷，赏金百两！”重金之下必有勇夫，倭寇个个是为财不顾一切的亡命之徒，顿时来了精神，掉转船头，复而向俞大猷的船只驶去，顿时双方刀光剑影，直打得天昏地暗，日月无光。最后，俞大猷终因寡不敌众，激战中，右臂中剑，疼痛难忍，双脚站立不稳。被山野二郎乘机一棒击中，把总兵俞大猷打落船下，“扑通”一声，掉进湖中。

到了湖中的俞大猷知道，如果马上蹿上水面，上面正是倭寇船只，所以一个猛子，钻了十余丈之遥，蹿到了芦苇丛中，才透出水面。他正欲爬上河岸，不想岸边也埋伏着山野二郎手下七八个倭寇。俞大猷刚爬上岸，七八个身强力壮的倭寇扑了过去，把他生擒活捉。

山野二郎乐得“哇呀呀”大笑，对俞大猷说：“只要你吩咐三名手下举手投降，大爷便可饶你一命。”俞大猷嘿嘿冷笑一声，大义凛然：“大爷不识‘投降’两字，你别枉费心机了。”山野二郎于是命手下继续围歼俞大猷三名手下。半个时辰之后，俞大猷手下终因寡不敌众，壮烈尽忠。

一个倭寇举刀欲对俞大猷下手，山野二郎双手乱摇：“蠢货，你们的脑袋进水啦？他可是我们手中之宝啊！有了他这个人质，我们日后可出入望亭，直驱苏城，谁敢与我们动刀舞枪？”倭寇想想也对，住了手，问山野二郎：“哪该如何处理？”山野二郎见俞大猷右臂流血，伤势不轻，便吩咐手下把他囚禁船舱，并安排两名喽啰看守。

俞大猷躺在舱板上，闭着双眼苦思脱身之计。为了麻痹两个看守，他装出奄奄一息模样，唔唔呻吟几声，头颅一倾，佯作昏厥过去。两名喽啰见俞大猷全身湿漉漉，右臂鲜血淋淋，看上去真像一个生命垂危的人，便向主子禀报。山野二郎上前一看，以为俞大猷伤势过重，失去知觉，说了一句：“生死全凭他命大命小了。”

俞大猷纹丝不动地躺在舱板上，不时悄悄睁开双眼，观察四周情况。一会儿，他见山野二郎把木船靠至望湖湾竹丛之中的一条弯弯小浜，拿出酒肉犒劳手下。众喽啰交杯换盏，乐不可支。此时俞大猷趁机从船板上翻身跃起，“扑通”一声跳入河中。倭寇一听跳水之声，“哇啦哇啦”大叫，拿出竹篙四处寻找。俞大猷在水中一个猛子潜至河浜对岸，见岸边柳树干上系着一头倭寇的骏马，三步并作两步奔至，迅速解开绳结，纵身跃上马鞍，两足一夹，策马而走。山野二郎气急败坏即令手下拔箭而射。俞大猷将身紧贴马背，一一躲过，最后消失得无影无踪。

俞大猷知道，自己逃过一劫，山野二郎不会善罢甘休，一定会聚集力量袭击望亭，掳掠百姓财物，所以他一到越干王城土城，即便召集乡勇头目商议对策，为保护百姓财产安全，誓与倭寇决战到底。

山野二郎派出探子去望亭侦察，得知当地乡勇约有百余。山野二郎一听，不屑一顾，他认为这些乡勇虽年轻力壮，但均是无有作战经验的乌合之众。为了攻下土城，他派人联合了九股倭寇，约有千余人马，翌日天一晓亮，即便向望亭进发。

为了保护望亭，俞大猷在土城调兵遣将，令百余乡勇留守土城，另派三十余乡勇巡视各村，发现敌情，即便以放炮仗传递信号。诸事安排妥帖，俞大猷即便坐镇土城。

到了正午时分，俞大猷得到探子来报，山野二郎联络了其他倭寇队伍直取土城。驻扎土城乡勇欲立即放炮仗令巡视队伍汇聚土城应战。俞大猷想了想，立马制止。当大家一脸不解之时，俞大猷说出了自己想法，大家这才作罢。接着，俞大猷吩咐三名乡勇扮作渔民，驾船赶往苏城，向守城参政任环去讨援军。

山野二郎得知俞大猷如今在土城，率领千余倭寇把土城团团包围个水泄不通，尔后呼喊着击鼓攻城。土城内乡勇齐心合力，奋勇反抗。倭寇一时难以攻下土城，只得后撤里许。

夜幕渐渐降临，山野二郎为了不让城中俞大猷与乡勇外撤，遂把千余倭寇分成四股，分别驻扎在土城东南西北。西营偏僻，又有树林掩护，山野二郎自己率了百余倭寇安寨扎营。诸事布置完毕，山野二郎对自己如此得意之作，忍不住一阵窃喜，面对土城一阵阵嘿嘿冷笑："谅你俞大猷插翅难飞！"

俞大猷从探子口中得知，山野二郎收兵之后，把千余倭寇驻扎土城四周，而他自己居于西首，于是经过深思熟虑，作出了一个大胆作战方案，从队伍中抽出三十余名精壮乡勇组成一支敢死队，首先冲入敌营，另有三十余名乡勇紧跟其后，集中力量猛攻西首营寨倭寇。只要扰乱山野二郎，敌人指挥便会失灵，届时通知守城乡勇也从西门出击，百余名乡勇形成内外夹攻形势。为了造作声势，俞大猷同时令乡勇至附近村庄，组织村民手持火把，呐喊助威。

一切安排妥当之后，俞大猷即便率领三十余名敢死队策马直向倭寇西营扑去。

山野二郎正在西营与手下喽啰摆酒庆贺，鼓励大家明日再接再厉，一举攻下土城。正在这时，他听到一阵啰唣之声，不时火光照天，杀声四起，一支队伍杀了过来。他一时弄不清这支队伍是从何而来，立即遣传令兵，通报其他营宅倭寇头目，夜深天黑，没弄清对方部队之前，不得擅自行动。自己放下酒杯，率领百余人马前去迎战。

俞大猷见倭寇主力按兵不动，只有山野二郎率百余人马扑了过来，于是指挥三十余名敢死队呐喊着向敌人杀了过去。山野二郎的百余人马在黑暗中不知来了多少兵卒，很快乱了阵脚。倭寇其他营中士兵意欲出营助战，生怕擅自行动，中了对方声东击西之计，所以按兵不动，眼睁睁看着俞大猷把西营倭寇打得溃不成军。此时，土城四周乡村民众手举火把一齐走出庄，呼声四起："倭寇必败，乡勇必胜……"驻在东南北三个营寨中的倭寇听到呐喊之声，惊恐不安，纷纷走出营寨举目四望，见黑暗中火把熊熊，纷纷夺路逃窜。

守城的五十余名乡勇见到城下四周倭寇大乱，士气大增，手持家伙，呼喊着，打开城门，如潮水似的冲了出去。兵败如山倒，千余倭寇受到两面夹攻，宛若惊弓之鸟，纷纷夺路逃往河边，争先恐后登船逃离。匆忙之中，不少倭寇失足掉落河中。正在此时，苏州参政任环得到总兵俞大猷的手谕，亲率千余士卒驾船赶到，加入了全歼倭寇激战。众志成城，一个时辰全歼了倭寇，活捉了自命不凡的倭寇头目山野二郎。

（张瑞照）

田钵头案中案

况钟（1383 年—1443 年），明朝官吏，字伯律，号龙岗，又号如愚，靖安（今江西靖安）人，初为小吏，永乐中以荐授礼部郎中。宣德五年（1430 年）破格擢升为苏州知府。至任，首诛猾吏数人，并颁布了公文条例：凡侵害百姓者，依法惩处。以其政绩显著，三次守苏十三年之久，史称能吏。

田钵头案，讲的就是况钟揪出猾吏邵昂予以严惩的一个故事。

一天，况钟至长洲县复查重案，发现该县望亭田钵头村民林森犯有谋杀他人之罪，但翻其案卷，无作案动机笔录。于是，他去了狱中询问"案犯"，为何杀了无锡洛社王丽丽。林森一见知府况钟，连声呼冤。况钟斥道："呔！你一口承认自己是杀人凶犯，现在又为何矢口否认？"

林森忍不住冤屈的泪水直挂而下。

原来林森因家中田少，农忙种田，农闲外出筑房打工。一天傍晚，他打工回村，看到有个三十上下年纪的少妇抱着个孩子，步履匆匆。孩子唔唔哭泣，头上披着块白色毛巾。忽然刮来一阵旋风，孩子头上的毛巾吹落在地。少妇径自只管住前行走，似乎全然不知。林森俯身从地上拾起毛巾赶了上去。少妇瞪了他一眼，遂把毛巾接了过去。在这一刹那，林森看清了少妇面孔，白白净净的圆脸，光溜溜的额头上有颗豆大黑痣。林森见过那少妇，她是县衙役班头邵昂的表妹王丽丽。而她手中抱着的孩子两三岁，眼眶含着泪水……林森心想，啊，那不是田钵头村民杨双丰的儿子吗？此时，那少妇也看清了林森的模样，似曾相识。当林森问了一句："双丰的孩子怎会在你怀中？"少妇狠狠地瞪了他一眼："孩子病了，托我送去郎中那里。"径自噌噌地只管往前走，一会儿消失在黑暗之中。

第二天一早，林森上工经过田钵头村的时候，只见杨双丰一家人如热锅上的蚂蚁。林森上前问其缘故，杨双丰说："昨天傍晚时分，我在后院逗孩子玩耍，衙役邵昂前来对我说，准备在家宴请衙役弟兄，托我帮他搬一下台桌，我想这是举手之劳，即便把孩子放在睡床上跟了他便走。可谁知我帮邵昂搬了台桌回到后院，发现孩子踪影全无，找了一个晚上，也无着落。”林森脱口而出：“你儿不是患病，吩咐人送去郎中那里诊治？”杨双丰道：“根本没有这么回事。”此时林森遂把昨天傍晚见到的事说了出来。双丰一听，大惊失色，立马赶去县衙击鼓告状。当天中午，衙役班主带了一帮公差赶来了田钵头村，从林森家后院柴垛堆中搜出一具女尸。当林森傍晚打工回家，邵昂等衙役一哄而上，用铁索往他脖子上一套，带了就走。

当天县衙升堂理案，劈口问林森为何要持刀杀害王丽丽？林森一头雾水，说自己根本没有害人。县令勃然大怒，把林森一顿棒打，厉声斥道：“你与王丽丽共谋偷了双丰的孩子，以后又把她杀了灭口，还不从实讲来？”林森大声叫屈：“王丽丽带孩子出村，也是自己告诉了杨双丰，怎么可能与她合谋偷窃孩子？”县令道：“歹徒贼喊捉贼的事，本大人见得多了，快说你把孩子藏到了那儿？”起初，林森说自己压根儿没有杀人，更没有偷窃杨双丰的孩子。长洲县县令大怒，即令衙丁大刑伺候。邵昂与衙丁如狼似虎，噼噼啪啪把林森打得皮开肉绽。林森疼痛难忍，只得承认与王丽丽合谋盗窃了杨双丰的孩子，还把这孩子出卖给了山东一个商人，自己为了谋利，便将王丽丽给杀了灭口。长洲县县令让他在供词上画了押，尔后把他押往死牢之中，只等上司批复之后，秋后市曹斩首。

况钟听了林森的话后，便问他：“你与衙役班主邵昂可有冤仇？”林森说：“邵昂也是迎湖村人，说来我俩还是穿开裆裤时的小伙伴，他怎么可能陷害小民。”况钟道：“那你以为是谁在诬陷于你呢？”林森想了半晌，摇了摇头：“小民一心向善，无有仇家。”

况钟审问完林森后，在地保的带领下，去了望亭的太湖之畔的一丘土墩，打开了埋葬被害人王丽丽的坟墓，吩咐手下去看额上可有斑痣。公差打开棺木一看，此女脸已腐烂，面目全非。

况钟算了一下，自发生这起案件才三天时间，时逢寒冬腊月，尸体不可能一下子腐烂成如此模样。

况钟问一旁地保：“这尸体是谁出钱埋葬在此？”地保道：“是遵衙役班主邵昂所咐，要是别人，我也不会让他不花一分钱，安葬太湖之畔。”况钟道：“王丽丽家人为何不来领尸，却叫表兄邵昂操办丧事，这于情于理都有悖乡规啊。”一听此话，地保说：“王丽丽家住无锡，丈夫早已患病去世，膝下又无儿无女，所以表兄邵昂出面安葬，也在情理之中。”

况钟返身向迎湖村走去，只见村口站满了村民，人头攒动。一个三十岁左右的男子见了况钟，急步匆匆走了过去，大声呼道：“本人有话要向况大人倾诉……”县衙衙役出手相拦，况钟把手一挥，示意让那男子过来。

那男子一到况钟身边，话未说上一句，“扑通”一声双膝跪下，泪如泉涌：“况大人，你要严惩凶手啊！”

况钟问:“你是何人?”

那人说:“我就是被林森、王丽丽夺走孩子的父亲杨双丰。”况钟双目盯着杨双丰,感到奇怪:“你怎么知道盗走你小儿的是林森和王丽丽所为呢?”杨双丰道:“大人,林森是村上人,我对他了如指掌。他一连生了两个女儿,总想养个儿子,可是事与愿违,今年又养了个女孩。记得有一次,他对我说,愿出二十两银子把我的儿子过继给他,让我再生一个儿子,被我一口拒绝。他死皮赖脸,纠缠不休,还被我老婆狠狠地臭骂了一顿,说他自己不会生儿子,不该动起我杨家的歪主意……”况钟道:“他说这样的话,也不能说他就是盗走了你儿子的罪犯。再说,王丽丽抱走你儿子一事,也是他告诉你的啊!”这时,杨双丰的老婆一旁插言:“我娘家也是无锡洛社,与王丽丽是同村,她啊为了钱,一直在做偷鸡摸狗的勾当。林森为了买孩子,被我家一口回绝之后,他心生怨恨,利用王丽丽把我孩子偷了,尔后……猫哭老鼠假慈悲,也有可能啊!”况钟带着杨双丰妻子,复而去了太湖之滨冢墩,令衙丁打开王丽丽棺木,说:“烦你上前一看,棺内之人可是王丽丽?”杨双丰妻子踏前一步,连连摇头:“王丽丽又矮又胖,而棺木内之人又高又瘦……”况钟道:“会不会你与她多日未见,时间长了,王丽丽长胖了呢?”杨双丰老婆说:“半月之前,我回娘家还看到过她,怎么一下子会瘦了下来哩?”

况钟心想,看来王丽丽并没有死,而是远走高飞了;邵昂为她发丧,只不过是想遮人耳目罢了。可邵昂为什么要这么做呢……想着想着,况钟突然眼前一亮,豁然省悟。

过了三天,邵昂歇息在家,独自小酌,从门外步进两个男子,自称是无锡县衙的公差,到这里来寻找个人。邵昂不耐烦道:“两位要寻找之人是谁?”其中一个胖子左右一望,无有他人,神秘兮兮道:“长洲县的衙役班主邵昂。”

邵昂对两个自称无锡县衙公差的男子从头到脚看了一遍,说:“你们可以去长洲县衙门找他啊。”胖子公差顿呈十分仗义的样子:“俗话说得好,救人一命,胜造七级浮屠。人在江湖,要讲义气,我总不能一开始就把人家往死里整啊,所以我俩特地来乡下找他。”邵昂听了胖子一番话,沉吟了一下,觉得这两人有事相告,便说:“在下就是你俩要找的邵昂。”

此时,胖子公差开门见山地说:“我们在无锡城里抓到了一个名字叫王丽丽的少妇,她准备把一个两岁多的男孩高价出售给人。我们问她为什么卖孩子,她说家里穷,为了讨生活。经过审讯,我们发现这个孩子并非她亲生,这可是犯了大罪。我们正准备送去衙门,进一步审查,她对我俩说,她有个表哥与我们一样,也是衙门当公差的,并且是个班主,他知道她的事后,定会出钱相救……接着她把你的名字和地址告诉了我俩……”

邵昂心领神会,坦言:“我表妹既然落入两位之手,还望高抬贵手,在下一定倾囊中重金酬谢。”瘦个子公差顿时喜笑颜开:“那我俩就不客气了,请你把银子带上,跟我俩去无锡洛社领你表妹吧。”

邵昂在家中取了三十两银子，刚跟着胖瘦两位无锡公差跨步出屋，就被守候在门外的三位长洲县衙公差抓了起来。邵昂一看这三人是自己手下，正欲拉下大脸训斥，一旁走出况钟和长洲县县令，到了嘴边的话，咽了下去，耷拉着脑袋，默不作声。

到了长洲县衙，长洲县县令还未动刑，邵昂就交代了伴同王丽丽盗人幼童买卖赚钱之罪。

原来事情是这样：前些日子，王丽丽听说无锡有个做丝绸买卖的商贾，膝下没有孩子，为此长吁短叹。王丽丽自告奋勇，愿意成全他的夙愿。商贾乐不可支，许诺只要看中，愿意重金三百两酬谢。王丽丽于是四下寻找。一天，她无意之中看到田钵头村有个孩子长得白白胖胖，活泼可爱，心想，如果把这孩子弄到手，那个商人肯定眉开眼笑，于是与邵昂相商如何下手。邵昂于是说出了自己把杨双丰支开，让她乘机下手。不想王丽丽抱了孩子匆匆行走之中，给打工回家的村民林森撞个正着。王丽丽生怕败露立马转身返回，把这件事告知邵昂。邵昂一不做二不休，在办案中，把一个自杀身亡的妇人乘林森不备，背入林家后院稻垛之中，嫁祸于他，使清白无辜的林森锒铛入狱……

况钟根据邵昂交代，把隐藏在无锡城中的王丽丽缉拿归案，并根据王丽丽交代，从无锡丝绸商贾那里找回了被盗的孩子……

据传，以上这个故事曾被编成戏文演出，颇受观众赞许。惜乎，时至明末清初，战事连连，戏被停演，从此这个故事只在百姓口中相传。

（张瑞照）

“吴中四才子”雅集望湖湾

明代正德十五年（1520年）季春的一日，“吴中四才子”唐（伯虎）、祝（枝山）、文（徵明）、徐（祯卿）雇了一只船，来到了望亭镇。

望亭镇上，街沿运河而筑，大运河以西称上塘，大运河以东称下塘，商铺都集中在上塘，下塘则是当地人居住和各类农贸交易的地方。“我们不去镇上了，去望湖湾，就在北太湖畔，附近有个古村落，名叫‘宅基’，村里有家茶馆，很有特色的。”文徵明边说边命船家继续划船，然后声明道：“今日我来做东。”

船儿穿过镇区市河，快速划行来到望湖湾，选中一只码头，唐、祝、文、徐四人相继弃船上岸，沿着通往村里的乡间小道逛去。一路上，他们东看看西瞧瞧，聊聊山海经，还时不时插诨打趣，煞是悠然自得。

“祝兄，最近你和唐兄去丹阳的？”文徵明问走在旁边的祝枝山。

跟在后面的徐祯卿全然不知内情，于是问道：“你们做啥去的？”

"是的。是丹阳严庄的孙育老弟邀请的,上巳节(俗称三月三)那天我们还去长江边'修禊'的。"祝枝山不紧不慢地介绍起严庄的情况,"严庄大得不得了,里面有个七峰山,孙家祖先在此建起了一座七峰山房园林。七峰山群西端有座山峰,名叫石壁峰,十几丈高,屹立在滚滚东去的大江之边,千年的自然造化,鬼斧神工,使整座石壁峰平整如墙。前年的四月二十七日,孙育曾约请德高望重的大学士杨一清在石壁上题诗。今年他请我们去,一起去赏读了两年前镌刻在摩崖上的诗文。巨大的石壁,尚留下不小的一片空白,孙育请大家留下诗作。伯虎题了首诗,还画了幅画呢……"

没等祝枝山把话说完,文徵明和徐祯卿就急着叫唐伯虎把诗念出来。

"献丑,献丑。"唐伯虎谦言一番后,在众人的催促下,吟诵了他题写的《石壁题名》:"七峰山上多石壁,虎踞龙蹲兼卧立。有时斜叠波涛文,藓固苔封半干湿。主人乘兴恣登临,不速长携三五客。台阁山林半相襟,一时热浪皆文墨。梯高蹑险不肯辞,淋漓每洒加扛笔。深镌浅刻动锥凿,从此长年费功力。我也从旁记姓名,太岁庚辰年正德。虽然汗漫一时事,百年转眼成旧迹。试听夜深风雨中,应有鬼神惊且泣!"

祝枝山接着又说道:"那天,孙老弟在七峰山房园林的'抱瓮园'里设宴招待我们,伯虎在饮酒时又即兴赋了首诗。"

徐祯卿又催他快点念出来。"不要急,唐兄刚刚念过一首,让他喘口气,到茶馆里去坐停当再念吧。"文徵明边说边走在前面,不一会儿就把三人带进了茶馆。

茶馆临湖而居,多种经营,既卖茶水,又供应各类茶点,种类繁多,以苏式点心为主。四人进店,找了张靠窗的空桌,依齿序按方位坐下。祝枝山坐北朝南,唐伯虎坐东朝西,文徵明坐西朝东,徐祯卿坐南朝北。店小二按照吩咐,殷勤地端上一壶沏好的明前碧螺春,递上四个小茶杯,摆上八碟瓜子、糖果、水果之类的吃食,继而恭恭敬敬地给四人一人倒了一杯茶:"四位客官,请慢用!"说完,托着空盘走了。

唐伯虎呷了一口茶,嗑了几粒西瓜子,开口道:"那天,我在抱瓮园,见到梨花大开,于是即兴赋七律一首,请诸位不吝赐教。"接着,唐伯虎富有表情地吟诵起来:"漏寂长门九十春,月溶芳苑万枝银。园东蛱蝶迷游子,墙里秋千笑丽人。钻火绿榆寒食近,插天青旆酒家新。酷怜浅红巫山面,梦里襄王恐未真。"

话音刚落,文徵明、徐祯卿就一起击掌称道:"好诗!好诗!"

此时,坐在上首的祝枝山眯着双眼,用右手捋了捋胡须,宣布道:"今日我们在此雅集,不谈论诗词书画,还是接着上回漕湖雅集的话题,每人出几个谜语,大家猜猜玩玩。"他端起茶杯,先熏一熏两只眼睛,再用鼻子闻一闻,然后呷了一口说:"我先来出一个,诸位听好了:'口儿玄,肚儿玄,足儿玄,上下都玄,玄之又玄。'猜一物。"

"是不是'彭祖弄瓦'啊?"徐祯卿假装猜不出,故意问道。

此时,文徵明还没有反应过来,却责怪徐祯卿:"不认真听,瞎猜一通。"祝枝山忙打圆场："你不要责怪他，他已经猜出来了。"

"猜出来了？"文徵明懵了，"你猜的是啥？"

"是'鼞'，腌咸菜的鼞。"徐祯卿狡黠地笑笑。

"好，现在轮到我来出题了。"唐伯虎说，"刚才过望亭的时候，我看到镇上下塘的集市上有对夫妻骑着一匹马。我就以'两口子骑在马上'作为谜面，请诸位猜一个字。"

没料到文徵明听后，脸腾地一下全变红了。"唐兄，即使我错怪了徐兄，你也不作兴'骂'我啊！"原来，他已猜出谜底，所以在为刚才的言语举止感到不好意思。

唐伯虎连忙为他解围："刚才的不算，不算！重新来，重新来！"他端起茶杯，呷了一口，用茶水清了清喉咙道："听好！谜面是首诗：'惊见元禽故态非，霜翎玉骨世尘稀。越裳雉尾姬周化，瀚海乌头汉使归。误入梨花惟听语，轻沾柳絮欲添衣。朱帘不隔扬州路，任尔差池上下飞。'猜个鸟名。"

文徵明抢先报出谜底："是'白燕'。"坐在一旁的徐祯卿一言不发，两眼直愣愣地盯着对面的祝枝山。文徵明以为他受刺激了，急忙打招呼："全是我不对！我不对！徐兄啊，消消气，不要气坏了身子。"

"谁有气啊！"徐祯卿转动了一下眼珠说，"我在想谜题。"

祝枝山挪一挪身子，说："那就出题吧。"

"我排在文兄后面的，等一会。"

"那么我来出谜，"文徵明用手抚摸着茶杯说，"你们听清楚了：'上一玄，中一玄，下一玄，身儿又玄，玄之又玄。'猜一个苏州人生活中常用之物。"

祝枝山喊来店小二，问道："你们店里有没有'行灶'啊？"店小二赶紧回答："有的。"祝枝山指指文徵明，对店小二说："你带他去看看。"唐伯虎、徐祯卿见状，晓得祝枝山在拿已猜出的谜底戏弄文徵明，情不自禁地放声大笑。

接下来轮到徐祯卿出谜了，他的谜面也是一首诗，内容是："风暖池塘得意春，水芹烟草一回新。傍花掠羽差差影，冲雨归巢煦煦亲。眼底兴衰王谢宅，楼中思怨绮罗人。闲追往事如相话，只有侬家似旧贫。"谜底也猜一个鸟名。

唐、祝、文三人几乎在同一时间内报出谜底："燕子。"

徐祯卿未曾料到，这么快就被猜出来了，而且三人全中鹄。"那么我再出一个。"他主动提出，大家点点头。"这是个字谜，谜面是：'一字四笔，无横无直。有谁似他？依人而立。'"唐、祝、文三人开动脑筋，思索起来。片刻工夫，谜底被文徵明抢先报出。原来徐祯卿的谜是猜一个"以"字。

不知不觉间，已到晌午。四人要了几壶酒，点了几个苏帮菜，还选了春卷、烧卖、虾饺、蜜糕、叉烧包、小笼包、玉兰饼等特色小吃，桌上摆得满满的。他们边饮酒聊天，边品尝美食，一个个吃得心满意足。祝枝山还专门添了一碗鲜肉小馄饨，徐祯卿则比别人多吃了碗红汤爆鳝面。待到日夕时分,已是酒足饭饱的唐、祝、文、徐,这才踉踉跄跄走回到停船的地方,一上船就各自找了个位置和衣躺下,不一会儿就进入了梦乡,全然不知何时开船打道回府的。

许多年过去了,茶馆的后人在茶馆旁边盖了个供人休息、停宿的亭子,起名为“诗亭”,以寄托对“吴中四才子”的敬慕之情。

(诸家瑜)

祝允明使计惩奸商

明正德年间,皖南来了个名字叫范锦的商人。在大街上置了十几间屋,取名裕丰粮行,做起了大米买卖。每到丰年,他筹钱囤积居奇,到了荒年灾月,他在经营大米中,从木斗上动脑筋,克扣客户斤两。更为可恶的是,他为了多赚几个钱,搜索枯肠,在大米里掺杂泥沙、注水……达到了丧心病狂的田地。

有的客户去裕丰粮行上当受骗后,去与他理论,范锦有时装聋作哑,有时矢口否认。有的客户去长洲县衙告他在经营大米中的欺诈行为,长洲县汪县令因事先受了范锦之贿,不是以证据不足不予立案,就是轻描淡写,大事化小,小事化了,不了了之。

祝允明(1460 年—1526 年)听人说范锦是个为了银子,什么伤天害理的事都会做的奸商,起初不信,认为这兴许是民间口头相传,以讹传讹。一年,新米上市,他吩咐家人去望亭进米五担,买回家中慢慢享用。可当家人把米买回了家,拿着大秤一称,发现短少了五十斤之多,一问家人,这大米真是在范锦裕丰粮行购得的。

没过几天,文徵明的女儿出嫁至望亭,邀请祝允明参加婚宴。当他途经裕丰粮行,对着掌柜范锦说:“你这么做生意,总有一天会被县衙公差把屁股打得肿起来。”范锦不认识祝允明,仗着自己与汪县令有私交,盛气凌人:“你这个人嘴巴放干净点,我做生意是我的本领,你见人家发财,眼红了吧。你再胡言乱语,我告你诬陷罪,把你的屁股打肿才是。”祝允明长叹一声:“我是好言相劝,不想你是执迷不悟。”言罢,抽身就走。

范锦气咻咻地朝着祝允明的背影大骂:“你真是吃饱了撑着,竟敢与我作对!”一旁有人认识祝允明,对范锦说:“你别小觑了刚才那位先生,这人是苏州有名的文豪祝允明。”范锦大言不惭:“姓祝的,算老几,总有一天,我要他跪下来向我求饶。”

范锦的话祝允明听得清楚,心想这个奸商实在狂妄,应该上告至县衙汪县令那里。可在与文徵明饮酒闲谈中,祝允明得知,长洲县汪县令爱财如命,雁过拔毛,不仅不时借机敲诈百姓钱财,并与裕丰粮行掌柜范锦称兄道弟。范锦靠粮行行商赚了钱,每年年底,前去汪县令那里“孝敬”,所以范锦与汪县令虽一个经商,一个当官,却是一丘之貉。

听了文徵明的话，祝允明为了求证一下，从家里取了一面铜镜，用块绸绢包了之后，去了县衙。汪县令一听苏州文豪祝允明前去拜访，而且见他拿了一样包有绸绢的东西往台桌上一放，乐得嘴也合不拢，连连说："我们都是读书人，何必如此破费？"

两人到了里面客厅，汪县令打开绸绢包裹往里一看，是面锈迹斑斑的镜子，立马沉下大脸，冲着祝允明说："你用这个来戏弄本官，安的是什么心？"祝允明开门见山道："望亭来了个皖南奸商范锦……"汪县令还未等祝允明把话说完，说："你要向本官告状，送礼不送礼，我不在乎，你又何必用这破铜镜来戏弄本官，岂有此理！"

祝允明见汪县令一本正经，解释道："汪大人，你有所不知，我送镜子是有其道理。你已为官多年，想必早已家财万贯，囊中根本不缺银两，所以我考虑再三，送你铜镜一面，为的是要大人为官公正，断案如神，如同明镜……"汪县令一听祝允明话中有话，恨得咬牙格格，说："姓祝的，你无非是要本官惩罚粮行掌柜范锦。为百姓办案，讲的是证据，没有证据，只凭你无中生有的指控，弄不好会造成冤假错案……日后，本官一旦离开长洲，百姓会指着我的后脑门骂娘！"言罢，他说了声"送客"，即便丢下祝允明，径自拂袖而去。

祝允明望着汪县令的背影，知道通过告官来惩办奸商范锦，此路不通，只能另想别法。

一天，祝允明途经长洲县衙，见衙门里面搭起了红红绿绿的彩排，进进出出的人衣冠楚楚，有的手中提着系结彩带的礼篮，有的挑着贴了红纸的礼箱……他感到好奇，上前一问，原来是汪县令给父亲做六十大寿。

祝允明看到汪县令如此大张旗鼓为父庆寿，无非是循敛财之道，不由心生一计。

当天，祝允明与家人乘航船去了望亭，并在范锦开的裕丰粮行隔壁的天天酒店坐了下来，约了当地几个文人，一起饮酒谈天。谈着，谈着，祝允明见裕丰伙计走了过来，突然台桌一拍，说出了一件事："今天，县城发生了一件丧事，不少当地达官贵人先后前去……不知诸位可要前往？"

几个文人便问祝允明，是谁操办丧事，如此兴师动众？祝允明道："汪县令的老父昨晚不幸撒手人寰……"那几个文人于是你一言、我一语说开了："我们才不会送给这狗官一分银子哩。"祝允明见旁边裕丰粮行的伙计竖着耳朵在听，解释道："汪县令老父去世，去不去送丧，任凭各位……"

裕丰粮行那伙计听到这里，撒腿进得内厅报告范锦。范锦一听，认为这可是巴结汪县令的好时机，立即吩咐伙计去备了一份厚礼，挑选了四男四女八个伙计，乘船进城。

上了河埠，范锦吩咐手下八名伙计穿上孝衣，抬着丧葬礼品，吹打起哀乐，前往县衙走去。一进大门，范锦双膝跪地，号啕大哭。他家中几个伙伴见状，先后也"扑扑"跪地，干号起来。

范锦哭声最响，哭了一会，唱起了送丧山歌：

"汪太爷你撒手去天堂，我心里难受泪儿淌。祝你黄泉路上步走好，阴曹地府也是荣华富贵好风光。”

县衙公差见来者一进门跪地就哭，接着又唱起送丧山歌，而且哀乐声声，掉头拔腿去报告在后庭歇息的汪县令。汪县令气得面孔一会儿红、一会儿白，心想是哪个混帐王八蛋，前来寻衅闹事，难不成吃了熊心豹子胆？为此他大喝一声“升堂”，吩咐公差把闹事的一伙人押去大堂。

范锦见公差来抓他和家人，一下子呆若木鸡，弄不清楚是怎么回事。

长洲县县衙审理裕丰粮行掌柜的事一传十，十传百，很快传开了。大家感到奇怪，纷纷前去看热闹。祝允明也挤在人群之中。

大堂上，汪县令怒火中烧，心想，范锦这家伙想做人，却生了一副狗心肺，他过去在大米买卖中一直犯事，自己不时出面给他顶着，今天自己父亲做寿，却带了人来扰局，真是“恩”将“仇”报。想到这里，汪县令惊堂木一碰，厉声斥道：“姓范的，本官孝字当先，给家父做六十大寿，你带了人来县衙哭丧，还唱起了哭丧山歌，居心何在？”

范锦张口结舌，不知所云。

祝允明一见汪县令训斥奸商范锦，高声言道：“大老爷啊，你不可心慈手软啊，对这种人渣，应该打，狠狠地打！”

一旁群众议论纷纷：“对，要打，不然他脑子不会清醒！”

范锦觉得起哄人声音耳熟，抬目一看是祝允明，气得两眼发白，大气直喘。

汪县令这次顺乎民意，说：“姓范的，你竖起耳朵听听大家的声音，看来不打你不足以平民愤。来人，先打他个三十记大板！”

公差把范锦揿倒在地，剥去了他的裤子，“噼噼啪啪”一顿揍打，直打得范锦像杀猪似的嗷嗷惨叫。然而，汪县令还不解气，把范锦带上桎梏、枷锁，打入大牢，反省三日。

看热闹的百姓见一向趾高气扬的范锦受了惩罚，出了胸中一口怨气，齐声叫好，津津乐道。

祝允明此时想到了什么，从怀里取出一锭银子，对汪县令说：“汪大人，你今天公正执法，真是海瑞投胎，包公再世。为了以儆效尤，本人想买下刚才执法责打奸商范锦的那根板子，以为如何？”

汪县令第一次听到有人说他是公正不阿的清官，乐不可支，当祝允明要买下这根板子，一口应诺。

祝允明拿了这根板子，悬挂于市，百姓见了，无不欢欣鼓舞。

（张瑞照）

唐伯虎做媒

唐伯虎自称“江南第一风流才子”，后人大都误解了，把“风流”两字理解为“放荡”“好色”“追女人”，并由此杜撰了许多浪漫韵事，说得有根有据，其中最有名的当数“唐伯虎点秋香”，故事编得有声有色、脍炙人口，世人津津乐道，遂成百世经典。更有传说，唐伯虎年纪轻轻，一生娶有九个老婆，个个国色天香、人人文才出众，真是羡煞人也。其实，这都是编者的妙笔生花、述者的口吐莲蕾。如若不信，说件趣事，看看唐伯虎的前几位老婆是何等样女子。

据说，当年唐伯虎娶了四个老婆之后，终于尝到了“苦果”。四个老婆整天打打闹闹，无端生事，惹得唐伯虎头痛不已，常躲在书房里闷头写诗作画，以讨得些许清静。唐伯虎的许多名画都是在这个期间所作，可创作越多，糟蹋得也多，为啥？毁就毁在他的几个老婆手上。

那天，唐伯虎紧闭书房门，正在全神贯注创作《十鹿图》，因为先前已经完成得意之作《十鹤图》，他想鹿鹤相配、寿禄双全，何等吉祥。就在画到最后一只鹿时，他有些犹豫，这只鹿到底放在什么位置呢？唐伯虎左思右想，忽地放下画笔，想去看看挂在客厅里的《十鹤图》，以求两幅画相配和谐。他推开书房门，踏进客厅，只见四个老婆围桌而坐正在打麻将。怪不得这么安静呢，他暗自一笑。

唐伯虎轻手轻脚走到《十鹤图》跟前，仔细一看，大吃一惊。十只鹤呢？怎么只有九只？再凑近一瞧，其中一只鹤的头被挖掉了，唐伯虎再也忍不住，大吼一声：“这，这鹤的头呢？！”那个老三嘴角一牵，不屑一顾地从桌上摸过一只麻将牌，手一扬，说：“在这里呢，麻将牌少一张幺鸡，老四聪明，就将鹤头剪了下来，贴在废牌上，充幺鸡呢。”

唐伯虎差点吐出血来。他踉踉跄跄一步一步走回书房，却又猛见麻将桌的一只台脚下垫着一本书，凑近细看，是《唐寅诗集》。唐伯虎简直要疯了，他抽出诗集，举双拳大叫：“我把你们都休了！”四个老婆大惊失色，面面相觑。

唐伯虎闷闷不乐，关在书房里独自生气。就在这时，家人来报，说是表弟金鼎鼎来访。唐伯虎甚是开心，要紧出门迎接，并请进书房。两人久未见面，相谈甚欢。寒暄一番后，唐问及今日何事上门，金鼎鼎叹一口气，接着缓缓说出原委。原来，这金鼎鼎自幼学画，只可惜虽有长进，却得不到客人认可，所以过着贫穷生活，至今还是光棍一条。今天是老着面皮，来请表哥做媒人。

唐伯虎听毕，也叹口气，慢慢说：“你要讨老婆，当然是人之常情，不过你要眼睛张张开，讨个贤惠妻子才好啊！”唐伯虎说的是心里话。

金鼎鼎一听，以为有希望，要紧施礼先谢：“谢谢表哥肺腑之言。”

唐伯虎思索良久，对金鼎鼎说：“这样吧！你明天到相城找沈周，让他给你做个媒，一定会成功。”金鼎鼎千多万谢，感激不尽。

翌日，金鼎鼎一早赶到相城，将书信交给沈周。沈周细看后，便说：“我有个远房亲戚的千金，人长得漂亮，又读过很多书，能吟诗作对，是不可多得的才女、美人。只可惜，是个住在望亭的乡下女子，否则……”

金鼎鼎听到这里，直立地立起来，连说：“还望老兄成全，乡下女子又何妨？”沈周有些为难，说我那亲戚到苏州去了，家里只有他女儿，恐怕不便。金鼎鼎迫不及待，拉了沈周就走。

两人急匆匆赶路，约两个时辰就到了望亭附近北太湖的下圩田。沈周带路，来到亲戚家门口，张口就喊：“阿娇，阿娇！”沈周回首对金鼎鼎关照：“阿娇就是我亲戚的女儿，不瞒你说，我还是小时候见过，她恐怕不一定认得我了。”

阿娇家境贫寒，她正在院里喂猪，忽听到有人喊叫，要紧出门，一见是两个陌生人，刚想问话。哪里晓得金鼎鼎见到如此美艳的村姑，早已按捺不住，没待阿娇开口，就直指那挡人的栅栏，摇头晃脑，吟出四句话来：“入户无门一空房，来员大将把身藏。有人猜是楚霸王，有人猜是关云长。”

进门就出谜，来者不善。楚霸王是项羽，关云长是关羽，阿娇又是何等聪慧，早就猜出了这个字谜。她见出谜者赶路累得满脸是汗，忙拿来一把扇子递到他手中。金鼎鼎接过扇子，着实一惊，禁不住脱口赞道：“好一个才女，果然名不虚传！”

阿娇满脸绯红，要紧拿来两只小凳，请坐。接着便极有礼貌地询问：“请问，两位是……”说着，两只水汪汪的眼睛偷偷打量金鼎鼎，心中暗想：好一个才貌双全的才子。“哈哈，”沈周大笑，指着阿娇说，“小丫头变成大姑娘啦！连我也认不出了啊！我就是你堂伯沈周啊！”说着又介绍：“这位是苏州城里的唐伯虎的表弟金鼎鼎啊！”阿娇大惊，连忙重新施礼，再道万福。沈周呵呵笑道：“阿娇啊，你也请坐。”

三人聊着，阿娇忽然问：“伯伯，这次来乡下有何事情托办，只管吩咐。父亲到苏州去了，今天回来很可能要半夜了。”

沈周瞟了一眼阿娇，露出狡黠的眼神，“呵呵”一笑，慢条斯理地问金鼎鼎：“怎么样啊？可是称心？可是心仪？”金鼎鼎被问得脸红耳赤，语无伦次，连说：“好，好，好！”阿娇不解，也问：“伯伯，你们在说什么？”沈周笑出声来，说：“阿娇，我是来提亲的！”一句话，说得阿娇满脸红云。

到底是姑娘家，阿娇心里又羞又喜，赶忙立起身进屋拿了只木桶，在院子里淘起米来，嘴里说：“伯伯，今天就在这里吃便饭。”

阿娇在木桶里淘米，金鼎鼎立起身踱到阿娇身边，对她说了一句：“有木便为‘桥’，无木也念‘乔’，去木添个女，添女变成‘娇’；我真爱阿娇！”

如此直白，阿娇更是难为情，将头沉得更低，只顾淘米。未几，阿娇开口，声如银铃：

“有米便为‘粮’，无米仍读‘良’，去米添个女，添女便为‘娘’；奴愿为……娘子。”

正在这时，阿娇的父亲突然回来了，脸上挂满笑，朗朗说：“好好好，我都听见了。怪不得，我今天出门到苏州，哪想在村口碰到几只喜鹊，盯着我叫，嗨，我晓得有喜事进门，就回来了。哈哈，真是不出意料，双喜临门，老兄弟做大媒，新女婿上门来！”

没有多久，两个有情人终成眷属。

（王水根）

佳鹃与易木

明嘉靖年间，北太湖望亭迎湖村的乌鹊渡有个贤惠媳妇，名字叫佳鹃，是书画家文徵明的小女儿。她是怎么下嫁至乌鹊渡，以后又引出寻找婆婆故事，曲折感人。

佳鹃姑娘长得高挑靓丽，她父亲文徵明善诗文书画，为吴中才子，所以前去给佳鹃做媒说亲的人络绎不绝。因一连介绍了十多个对象，都没成功，为此有人问文徵明：“你要招怎样的女婿？”文徵明坦然言道：“只要女儿满意就行了。”以后，有个媒婆介绍了个父亲京城做官，善文善字、长得又帅气的小伙子给佳鹃。佳鹃看也没看，一口回绝，为此媒婆懵了，不知所措。

起初，文徵明对女儿佳鹃的婚事一点也不着急，凭着女儿的亭亭玉立、光彩照人和心地善良、为人贤惠，定能嫁个如意郎君。光阴如箭，转瞬之间，佳鹃成了二十六七岁年纪的大姑娘，还是单身一个，这下文徵明表面上尽管泰然自若，心里着实急了。他问小女儿终身大事，不想佳鹃回答了四个字：宁缺毋滥。

一天，佳鹃闺蜜做儿子五周岁生日，邀请佳鹃前去赴宴。她途经阿黛桥，看到有个高个子老人上桥时不慎脚下一滑，“扑通”一声跌倒在地，呻吟不已。路人见了，生怕老人使诈，避之丈三之遥。佳鹃前去搀扶，老人身高马大，且长得肥胖，一个弱女子，一时不知如何是好。

正在这时，有个五短身材年轻后生走过，一见倒地的白发老人临危，二话没说，驮在背上，拔腿便往附近郎中那里走去。当郎中把老人抢救过来，年轻后生得知老人家住地址，又送老人回家，而后径自悄悄离去……

自此以后，佳鹃一直把这事记在心里。她想这个五短身材的年轻后生真好，自己日后能嫁这样郎君，此生无悔。所以，佳鹃当一个人的时候，就会不由自主地去阿黛桥转悠，她希望能再次看到那个年轻后生。然而，一年之后，她还是没见那个年轻人再现的踪影。佳鹃觉得要见到那个小伙子，看来今生无望，此时她后悔当初没有问一下他的尊姓大名。

一次，文徵明托人给小女佳鹃做媒。媒人听说前些日子有人给佳鹃介绍个读书人，被一口回绝，为此这次媒婆介绍了个在伍的校尉。这个当兵小伙五大三粗，家中拥有万贯家财，脾气豪爽，文徵明看后十分满意，便去征求小女意见。佳鹛把头摇得如同货郎鼓，文徵明一头雾水。此时，佳鹛才说出去年在阿黛桥上遇到的那个年轻后生之事，末了，她说："小女要嫁就要嫁这样的郎君。"

一天，文徵明的朋友欧阳山请喝年酒。欧阳山听说他小女儿至今尚未婚配，为此要见识一下。佳鹛不愿前去，文徵明说："你小时候，他见过，当时你调皮，给他留下很深印象。"听了父亲这么解释，佳鹛于是随着父亲去了欧阳山家。

欧阳山是个商人，家前三间屋子摆放着各式各样的家具，一个五短身材的年轻后生正在聚精会神地修理八仙台桌。她觉得这个年轻后生好生熟悉，仔细一看，激动得心都快要跳出来。那人正是去年在阿黛桥上出手相救倒地老人的年轻后生。

在酒席宴上，欧阳山向文徵明问起小女佳鹛的终身大事，文徵明如实相告。欧阳山此时说："我父亲有个救命恩人，名字叫杨易木，年届三十，至今尚未有意中之人。此人慈悲为怀，乐于助人，侄女是否一见？"佳鹛双手乱摇，连连说："谢谢叔叔美意，小女自有主意。"欧阳山嗔道："你尚未见那后生，怎会看不中呢？"言罢，吩咐家人唤出一个年轻男子。

佳鹛举目一看，那年轻男子正是刚才在欧阳家修理家具的木匠。文徵明见了，认为女儿一定不会相中，连连摇头。不想佳鹛立马把父亲拉至一旁，说出了这个男子正是自己意中之人。

文徵明对女儿笑道："这正应了'踏破铁鞋无觅处，得来全不费功夫'这句老话。"返身，他把小女佳鹛的事是长这短地告诉了欧阳山。欧阳山欣喜不已，对文徵明说："要知道这位年轻后生出手相救的那位老人，此乃小弟高堂！"

原来那小伙子在阿黛桥救了欧阳山父亲之后，悄悄离去。欧阳山老父便对儿子欧阳山说："你无论如何要把此人找到，让我当面说声谢谢。"欧阳山一次请了个木匠，回家修理家具，白发父亲一眼认出了此人正是自己救命恩人。

文徵明听了，对欧阳山道："这正应了'好事多磨，无巧不成书'这句老话。"

文徵明通过欧阳山很快了解到这个年轻后生名字叫杨易木，北太湖望亭迎湖人，是个孤儿。文徵明于是请欧阳山做媒，给小女佳鹛向杨易木说亲。有情人终成眷属。

杨易木与佳鹛成亲后，在文徵明家附近租了间小屋栖身。

俗语说知足常乐，杨易木因是个孤儿，知道自己与佳鹛小姐结婚不易，十分珍惜。他白天在外做木匠，回家有妻佳鹛问暖嘘寒，悉心照顾，如蜜如糖。时间一长，佳鹛发现，丈夫杨易木不时显露忐忑不安之态，到了晚上睡觉，老是做梦。有一天，易木在梦里呼唤："爸妈，孩儿不孝……"呼声呼着，泪水儿一会儿盈满了眼眶。佳鹛是个有心人，她把自己发现的情况告诉了父亲。文徵明蹙眉沉思了一下，说："听说苏州乡下有个规矩，子女结婚，如果父母亲已经过世，小夫妻俩得去坟前祭祀一下。可能易木认为自己是个木匠，羞于启口，一直闷在心里，所以入睡后说起了梦话。”

一天晚上，佳鹃请父亲家中吃饭，席间她终于开口：“易木，听说你们乡下，儿子或女儿结婚，如若父母不在人世，婚后小两口要到父母坟前祭祀，是吗？”杨易木机械地点了点头。文徵明顺水推舟：“那你为啥不说呢？”易木没有作声，佳鹃算了一下说：“后天是黄道吉日，我俩前去祭拜一下两位老人家。”

那天一早，佳鹃备了几只小菜、几样点心、几只水果和一些纸钱、香烛，与易木雇了条船，前往北太湖望亭迎湖村。

到了北太湖畔，小船靠了岸，易木与佳鹃至一堆土坟前。佳鹃把事先准备好的毯子铺摊在地，一样一样整整齐齐地把祭品放好，香烛点燃，纸钱烧起，然后一起下跪，叩了三个响头。易木念念有词：“爸，妈，儿子对不起你们啊。”佳鹃接着说：“爸，妈，儿媳向二老叩头了，我会照顾好易木的，你们安息吧。”易木听了，心儿一酸，忍不住热泪盈眶。

易木带着新婚妻子佳鹃回村祭拜父母之事，给村里的乡亲们看到了，一传十、十传百地传开了。这时有个驼背的老妇拄着拐杖，在一旁高墩上呆呆地望着易木和佳鹃，望着望着，忍不住流下两行热泪。佳鹃看到后惊愕不已，问他：“这人是谁啊？”易木支支吾吾，轻轻回答：“她是我们村上的一个孤寡老人……”话虽这么说，可脸上一会儿红，一会儿白。

回到家中，佳鹃把祭祀遇到的事如此这般地告诉了父亲，并说出了自己心里的想法。文徵明点头赞同。佳鹃于是当易木去无锡给人做家具之际，只身去了丈夫易木老家望亭乌鹊渡。她先是拜访了那里的地保，打听易木家里的事。地保支支吾吾，答非所问。佳鹃说明来意，只求把易木的身世告诉自己。地保见佳鹃真诚、善良，又知道她是文徵明的千金，自己不能用谎话欺骗。再说，世上没有不透风的墙，或许说清楚是帮易木做了件好事，于是，他把易木家的事一五一十地说了出来。

原来杨易木家有半亩自留田，父亲患病过早离世，母亲把他与兄长俩拉扯大，贪早摸黑。因家里贫穷，兄长无钱娶妻，去了邻村牡丹入赘，做了上门女婿。易木与母亲相依为命，只因田少，尽管辛勤劳作，生活还是捉襟见肘。后来，易木看到有人学木匠手艺能赚钱，于是农闲拜师学艺。由于他勤奋好学，三年之后，不但能独当一面，给人做各式家具，而且举一反三，经他做出的家具美观大方。因为母亲年老体弱，只有两间破旧草屋，二十好几，从没有姑娘到他家相过亲。后来易木他母亲花三两银子送了村上花嘴媒婆，央求她给儿子牵线搭桥做媒，花嘴媒婆还是一脸不悦。易木他娘说：“要是说媒成功，再给你十两花银酬谢。”花嘴媒婆这才勉强答应一试。经过花嘴媒婆走东村跑西村的游说，终于有个姑娘答应前去乌鹊渡相亲。可当姑娘一看杨家两间又小又矮的草屋，家中有个老态龙钟的残疾母亲，木凳子还未坐热，就托词而去，头也不回。

母亲杨氏为了易木的婚事愁白了头，躲进了大儿子家。然而大儿子不久挑稻柴时跌了一跤，卧床不起，为此她只得复而回到小儿子身边。为了小儿婚事，母亲叫来了地保，做小儿工作，要他对外说自己是孤身一人的单身男子。小儿子坚决不答应，说：“自己就是光棍一辈子，也不说这个谎话。”老母亲一横心，悄悄离开。后来易木答应了，老母亲才复而显身……

听着听着，佳鹃忍不住泪流满面。末了，她拜求地保做易木母亲的工作，回到小儿身旁。当地保答应了，佳鹃才如释重负。

佳鹃回到家把这件事告诉了父亲，文徵明听了十分感动。父女俩商量之后，把空关的一间闲屋装修了一下，然后，佳鹃与父亲雇船去了乌鹊渡，拜访了地保，与地保一起去了杨家。

易木去无锡做了半月木匠回到苏州出租屋，佳鹃见了，也不唤他进屋歇息，而是把他拖了往外就走。走了百步之后，她在一间屋前停了下来。易木丈二金刚摸不到头脑。当佳鹃推开门，向屋内喊了一声：“妈，你来看，谁回来了？”话刚说完，屋内步出一个支着拐杖驼背老妇。易木一看，顿时呆若木鸡，好一会儿才喊出“妈……”双膝一软，跪倒在地，泪水儿扑簌簌直流而下，一会儿湿了一大片衣襟。

以后，杨易木做木匠生意越来越好，有了钱，他退掉了城里两间租屋，回家乡乌鹊渡造了五间瓦屋，并把母亲杨氏和妻子佳鹃接了过去。

（张瑞照）

申时行授计揭骗局

明代申时行(1535 年—1614 年)，字汝默，号瑶泉，晚号休休居士，长洲(今苏州)人，嘉靖年间状元，官至吏部尚书，建极殿大学士。

申行时为官清廉，公正不阿，而且善于辨别真伪，为百姓排忧解难。晚年，他曾多次至望湖湾游览，书写诗篇，抚今忆昔。一次，他至望湖湾宅基村，返回路上，忽听一旁竹丛之中有啼哭之声，循声前去一看，一男一女两个年轻人正相拥而泣，便问为何事伤心不堪。

两位年轻人是附近迎湖村民，男的叫许诚，女的唤娇婷，是新婚宴尔。只因许诚误伤他人，无力资助医疗，面临受害人状告，不久将打入大牢。夫妻俩从此分离，何年何月再度聚首，实在难料，为此，两人决定跳湖自尽，以此向受害者谢罪。

申时行听了，遂道：“既然已知有罪，何不去衙门投案，兴许可以轻判，却为何选择轻生？”

这对新婚夫妻举目望申时行这位老者慈眉善目，似欲一究到底，于是你一言，我一语，把如何伤及他人，落得一贫如洗的事一五一十地讲了出来。

原来许诚的父母亲是渔民，过早撒手西去，给他留下了两艘七桅渔船和望亭街上一家渔行,所以家庭经济殷实。

前不久,地保做媒,给许诚介绍了个邻村迎湖的姑娘矫婷。两人初次见面,一见钟情,并商量准备在年底择日结婚圆房。

一日,风和日丽,许诚与矫婷两人去望亭街上买布,而后去祥记裁缝店量身做衣,当兴冲冲回家步至市梢的一条弄堂口,许诚便与矫婷分手。许诚才走了百步之路,忽听得身后传来未婚妻矫婷呼救之声。他立马转身拔步赶去一看,只见一个衣衫褴褛的中年人正拦着矫婷。仔细一打听,原来矫婷与自己分手之后,往村里走去,在转弯处步出一个手持瓷钵的中年男子,两人撞了个满怀。那中年男子叫鲍狗子,至望亭不久,在一家茶室打工,应客人所求,去面馆买面。因与矫婷相撞,手上的瓷钵失手,掉地摔得粉碎。男子立马张开双臂拦住矫婷,要求赔偿。矫婷一摸口袋,囊无分文,为此解释,日后相遇,一定双倍价格赔偿。不想这个男子死皮赖脸地纠缠矫婷不放,说:“你有钱不赔,实在气量忒小。”矫婷好比秀才遇着兵,有理说不清,只得呼声求救。

许诚心想这只瓷钵,估计最多值二枚铜钱,所以从怀中掏出十枚铜钱递了上去:“这些钱足够你买五只瓷钵了吧?”中年男子接过钱,往口袋里一塞,口中依然喋喋不休:“你当爷是叫花子啊,只给十枚铜钱就想打发了。这瓷钵可是我上代传下来的,一代一代传到我这一代,已经是十八代了,你想以十枚铜钱搪塞了事?”许诚与他论理,鲍狗子充耳不闻,径自历数瓷钵的珍贵。

正在这时,不远处奔来个矮胖年轻人,自称叫李昌。李昌问到底发生了什么事,此时鲍狗子说鲍狗子的理,许诚说许诚的理,争得脸红耳赤。李昌听了半晌听不出谁对谁错。此时矫婷站出来说了话,李昌方始恍然大悟。李昌对鲍狗子道:“那你要多少钱才能善罢甘休?”鲍狗子伸出了三根又短又粗的指头。李昌道:“是三个铜钱,还是三两银子?”鲍狗子摇摇头,狮子大开口:“三十两银子,一两也不能少,否则我没完没了。”李昌返身对许诚道:“为了息事宁人,我看你就给他吧。”不想许诚犟得像牛:“他分明是使诈,敲我竹杠。我已给他十个铜钱,要想多一枚也不行。”一旁的鲍狗子一听此话,勃然大怒,对李昌说:“你劝也劝了,看来这人是有钱不肯花的守财奴。他既然不肯给你中间人面子,我就给他点颜色瞧瞧。”言罢,飕的一声,从怀中拔出一把匕首,向许诚刺去。李昌见状,抢前一步,三下五除二,从鲍狗子手中夺过匕首。不想李昌一个不慎,脱手掉下,落在许诚身边。许诚生怕被鲍狗子夺去,俯身拾起。鲍狗子见状,对李昌道:“你这人怎么护着姓许的,把矛头对着我这个穷汉子?”言罢,不顾一切向许诚扑去。许诚出手相挡,不想突然鲍狗子“哇啦”一声惨叫,趔趄几步,跌倒在地。

李昌与许诚、矫婷移目看去,立马被眼前发生的一幕惊呆了,只见鲍狗子双目紧闭,口吐白沫,胸口的鲜血不断往外直冒,一会儿湿了衣襟一大片。矫婷脸如土色,不知所措:“那怎么办……”许诚一脸沮丧,念念有词:“我杀了人了,杀了人了……”李昌对许诚、矫婷道："听说两位正在筹备婚事，立马要成为新人，快快走吧，要是给他人看到，可就走不掉了。"许诚道："那鲍狗子受了伤怎么办……"李昌眼珠转了一下，道："让我背去郎中那里抢救。一点小伤，不会有事。"许诚、矫婷鸡啄米似的连连点头，几乎是异口同声："那全仰仗你李先生了。"许诚拖着矫婷走了几步，又转过身来说："要花多少钱，你只管来我家……"不想李昌对许家了如指掌，道："你是望亭镇上渔行掌柜，谁人不知，哪个不晓？"许诚点了点头，即便携着矫婷拔步就走。

三天过后，许诚正在家中准备婚事，忽然家人来报，说有人找他要事相商。许诚正忙得不亦乐乎，便对家人道："还有比结婚更大的要事？你对那人说，改天再来，至于我在忙什么，你懂的。"那家人道："我已这么说了，可那人说，我知道许先生正忙，但这件事非他出面不可。"许诚双眉一皱，说："此人是谁？"家人说："他自我介绍，木子李，昌盛的昌。"许诚心想，这个人是自己失手误伤，关键时刻，他应勇于担当，想到这里，他二话没说，噌噌直奔门外。

李昌愁眉苦脸候在门外，见到许诚从门内匆匆走出，迎了上去："许先生，你终于来了，可把我给急坏了。"许诚道："李师傅，你有事进屋再说，多日未见，别来无恙。"李昌连连摆手，把许诚一把拉倒一旁墙角，欲言又止。许诚心领神会，遂从口袋里掏钱："上次你把那个名字叫鲍狗子的送去郎中那里，花了多少钱？"李昌轻描淡写地说了一句："不多，才三两银子。"许诚立马掏出十两银子递了上去："那天多亏了你两肋插刀啊。"

李昌迟疑了一下，收下银子，往口袋里一塞，正要从一旁口袋寻碎银，许诚倒也大肚，连连说："还有些钱，权作给你杯茶喝。"李昌也不推辞，但没有动身走路的样子。许诚见过世面，便问："还有什么事吗？"李昌终于开门见山："许先生，今天我与你打开天窗说亮话，那个被你刺伤的鲍狗子如今生命垂危，如果不及时送去城里请高手郎中医治，看来活不了三天，届时……"许诚一听，急得直搓双手，心一横，正要与李昌赶去看望鲍狗子，李昌出手把他拦下："你要是离家走了，府上一摊子事谁去做主？鲍狗子的事，你也别管了，还是让我为你操心吧，你难道不相信我李昌？"许诚唯唯连声："我知道你是热心人，当然相信！"言罢，从口袋里复而又掏出了二十两银子的银票，递了过去："一切仰仗你李兄了。"

李昌接过银票看了看，心里像灌了一杯蜜糖一样，喜形于色，连连说："许先生，你去忙吧，那我把那人送去城里郎中那里了。"言罢，屁颠屁颠走了。

自此以后，许诚再也没有太平日子，李昌隔三岔五去他家要银子。为了息事宁人，许诚每次总是把李昌所要的银子如数给他。过了三个月，李昌又来了，许诚以为他又来要银，可这次出乎他意料。李昌说："经过城里高郎中精心医治，鲍狗子的伤势终于稳定，转危为安。"许诚与新婚的妻子矫婷听了，搁在心头的一块石头终于落了下来，连连向李昌道谢。

李昌一脸谦和："为朋友应该鼎力而为，两肋插刀，不然还算什么朋友？"可过了一会，李昌眼珠儿一转，道："有句话我当着你朋友的面不得不说，虽说鲍狗子的伤治好了，但落下了后遗症，给人打工谁要这一身有伤的残疾人，为此他要我向你提出帮他解决一笔银子，让他在城里开家小店，混口饭吃，以了此生。我向他说，许先生为了你的病已花掉了白银二百两，你还没完没了？但我仔细想想，他提出的这个要求也不无道理。我看你就一次性给他一笔钱，这叫花钱消灾，你以为如何?"许诚与妻子矫婷立马又拿出了二十两银票给李昌。

李昌顿时眉开眼笑，往怀里一塞，转身就走。

许诚、矫婷夫妻俩以为此事总算了结，谁知才过了半月，李昌又来了，对许诚说鲍狗子老伤复发，又去郎中那里治疗，并扬言，如果许诚不花银子给他治疗，他横下一条心，决定去官府击鼓告状。许诚与妻子矫婷家中已无几个钱，只得说望能宽恕几天，即便卖了两条七桅船和一家渔行，得来的二百两银子悉数给了李昌，说："如今我已家徒四壁，这点银子权作给鲍狗子的最后补偿了。"

李昌拿了二百两银子，胸脯拍得噗噗直响："鲍狗子再来要钱，也没有了，他总不能没完没了。"许诚道："如果他再来要钱，我只能主动去官府投案了。"当李昌一走，许诚对矫婷说："古有一失足酿千古恨之说，现在想来，确是句至理名言啊。"夫妻俩相拥，泪珠儿扑簌簌往下掉。末了，两人觉得去坐牢，还不如一起投河自尽，了此残身。

申时行听到这里，仰天一笑，说："你上当了。"许诚如坠入五里之雾之中。申时行继而言道："李昌接二连三向你要钱，我敢断言，这是一场有预谋的骗局。"许诚半信半疑："那天，我是误伤了那个叫鲍狗子的。李昌知道我正在操办婚事，见义勇为，背着受伤的鲍狗子去了郎中那里，这难道会假?"申时行道："是误伤，还是预谋，不如驴背上看皇历，走着瞧。"接着如此这般地给许诚交代了一番。

不出申时行所料，李昌、鲍狗子两人确是苏州城里的混混；他们年轻力壮，整天游手好闲，吃喝玩乐，一旦囊中少银，想方设法诈人钱财。前些日子，两人在石路诈钱栽了跟头被抓，释放之后，李昌与鲍狗子臭味相投，到了望亭街上见机行骗。当他俩听人说迎湖村有个叫许诚的年轻人，有两艘七桅渔船，街上又开了家渔行，富得流油，于是两人一搭一档，故伎重演。如今李昌听到许诚家榨干了油水，回到望亭的出租屋，对鲍狗子说："明天我俩打道回府，只能另择对象了。"鲍狗子不解："怎么啦，难道我俩骗术已被姓许的识破?"李昌摇摇脑袋："那倒不是。姓许的已被我俩榨得油干灯草尽……听说，前几天为了支付你的治伤之银，已卖掉了两只渔船、一家渔行，小夫妻俩差点去投湖自尽。"鲍狗子狡黠一笑："你真是菩萨心肠。你可知瘦死的骆驼比马大。我听望亭街上居民说，那个姓许的在迎湖村还有十多亩良田。"李昌眼睛一亮，一拍大腿："对，我怎么忘了哩。过二天我们就再……"鲍狗子点点头，嘿的一笑，说："这回，我们要狠狠敲他一笔，然后再另找'客户'。"言罢，从怀中掏出一包东西，往台上一丢。李昌一看，说："又是一个狗血包子，"鲍狗子奸诈一笑："不出此狠招，许诚怎会乖乖掏出囊中之银，"

两天过后，李昌扶着耷拉着脑袋的鲍狗子来到了许诚家中，说："你看他老伤发作，已活不了几天，你就给他几个钱，让他好好享上几天福，也算是你许先生积德行善。"许诚一脸无奈："如今我是双手空空，给人打工为生了，哪来的银子……"一旁的鲍狗子哼哼呻吟，护住胸口；"痛……痛死我了……"李昌望了鲍狗子一眼，叹了口气，苦口婆心："看来不给他几个钱，他是死不瞑目，你就行行好吧。再说，他落下这样的胸痛，也是由你引起。"许诚说："我也想资助他一把，可是我是顶着石臼做戏，力不从心。"

李昌沉吟了一下，终于说："许掌柜，听说你迎湖村还有十几亩良田，你就别拿着金饭碗做乞丐，装穷了。"

许诚按照申时行的吩咐，沉着头不响，良久叹了口气："这可是我许家祖上传下的活命田。"还未等许诚把话说完，李昌说："鲍狗子连命也快没了，你倒好，还在念这是什么田。"鲍狗子此时仰起头，硬着颈子道："你许掌柜既然不肯给我钱疗伤治痛，我也不会让你有好果子吃！让我在这里一死了之。"言罢，遂从怀里拔出一把匕首。

许诚见状，连声呼道："不可，不可，千万不可！"抢前一步，夺过鲍狗子手中的匕首。此时，鲍狗子像疯了似的大叫一声"不想活了"，不顾一切扑了过去。突然，他"哇啦"惨叫一声，趔趄几步，"扑通"一声，跌倒在地，遂把手伸向内衣口袋……

"嘎吱"一声，大门洞开，闯进两个手执钢刀的县衙公差，从鲍狗子衣衫里掏出一包东西，往台桌上一丢。众人移目望去，小包破裂，流出一股污血，都大惑不解。此时，申时行与长洲县县令跨步进屋。长洲县县令一见台桌上一小黑包里流着血，惊讶不已："这是什么东西？"申时行鄙夷地一望，告知县令："诓人的狗血。"

申时行的这句话逗得大家笑弯了腰，李昌与鲍狗子知道事情败露，吓得面如土色，先后"扑扑"下跪，连声求饶。

（张瑞照）

申时行智破二案

明代重臣申时行（1535年—1614年）告老回乡之后，一天至北太湖望亭亲戚家做客。

申时行的亲戚名字叫马熹，在街上开了家客栈，晚上，申时行住在那里。深夜，几只老鼠作怪，叽叽喳喳，闹得他辗转难眠。翌日一早，他起身对马熹说："你何不治下屋中之虫？"马熹说："我家老猫刚逝，新猫尚未上任，想不到才两天，小鼠肆无忌惮……"两人说着说着，忍不住相对仰天大笑。

马熹知道申时行喜吃太湖三白（白鱼、白虾、银鱼），尤其是银鱼，更是情有独钟，所以吩咐家人去渔行买了两斤，送去饭店让厨师烹饪之后，拿回家放在厨房，只等中午与申时行小酌时品尝。

吃了早餐，申时行在房中阅读，客栈的女佣阿娟进门说，长洲县冯县令如今在望湖湾宅基村，有事讨教，是否要去，县衙公差在屋外候复。

申时行心想，如今离正午时间还有两个时辰，自己正闲着，所以应诺一声，遂与县衙公差坐了马车去了宅基村。

原来冯县令与当地地保在审理一件大驴失窃案，正一筹莫展。地保告诉冯县令，昨晚申时行来了望亭，正在老街客栈歇息。冯县令心头一喜，立马吩咐公差前去请来相助。

申时行见了冯县令与地保，打了个揖，道："我这一来，岂非妨碍了你们操办公事？"

冯县令一见申时行，忙与地保起身，迎了上去，指着一旁的中年汉子说："他是宅基饭店掌柜房大荣，他家大驴失窃，晚辈听说你在望亭，为此特请前辈指教。"

申时行与冯县令、地保等各自坐定之后，寒暄了几句，立马转身问房大荣大驴失窃之事。房大荣想了想，如此这般地说了出来。

房大荣在望亭经营饭店，兼营糕团、面食，所以自磨米粉、麦粉，家中有转磨，并养了一头大驴。前天一早，伙计惊慌失措地跑去告诉掌柜，后院牲畜棚中大驴不见。房大荣心想，会不会昨晚绳子没系牢大驴给跑了，所以吩咐家人一起寻找。从前屋跑到后院，又从后院跑到前屋，尔后出屋，去了集市，从上塘寻到下塘，又从下塘寻到上塘，连寻了三个圈子，不见大驴影子，所以去地保那里报了案。地保吩咐手下书写了十多张寻找大驴的告示，四下张贴，然而两天下来，杳无音讯。当听说冯县令至望亭巡视，于是携房大荣去冯县令那里报了案。

末了，房大荣说："冯县令听了我的报案，问我，你的大驴有什么特征？我道：我家的大驴就是驴样，还有什么特征？冯县令开导我，你的大驴是母是公、是大是小、是瘦是胖……此时我想了想，才说，三年前的一日，倾盆大雨，牲畜棚顶掉下一块大砖，砸在大驴背上，大驴顿时血流如注，后来经过我的精心护理，终于痊愈，现在落下了一个铜板大小的伤疤。"

附近的村民听说冯县令至宅基村办案，而且把原在朝廷身居吏部尚书、建极殿大学士的申时行申大人也请了来，纷纷前去看热闹，一传十、十传百，村民越聚越多。

申时行听了房大荣的话，大家以为他会拿出出奇制胜的锦囊妙计，所以竖起耳朵恭听。然而，申时行听了房大荣的申诉之后，双手一摊，说："房掌柜，你自己找了两天，无有音讯，我初来乍到，当然无能为力。"房大荣见申时行一口拒绝，长叹一声，怏怏而走。

看热闹的村民议论纷纷，有的说："房大荣自己找也找不到，叫官府去找，官府又不是未卜先知的神仙……"有的甚至说："都说申时行申大人破案如神，现在看来只是徒有虚名罢了……"

待房掌柜和看热闹的村民走后，申时行把冯县令拉至一旁，说："大驴是大动物，家有此大动物的少得屈指可数，所以如果要把这样大动物藏匿起来绝非易事，为此老夫认为，盗贼如果偷了大驴之后，不可能把它喂养在家，一定会在短时间内把这头驴出手。把这头驴出手的方法有两种，一是牵到畜牧市场出卖，二是杀了之后出售驴肉。到市场上出卖大驴，可能性小，因为在买驴时，卖者要问其驴从哪里而来，是自己的还是替人代买，非要一究到底，弄个一清二楚，这样，一旦说了假话，就会露出马脚……"冯县令听了，说："申前辈，你是认为驴已被人杀了？"申时行点了点头："老夫以为很有这个可能……"冯县令道："这头大驴如果被盗贼吃到肚子里，此案也就石沉大海……"申时行摇摇头，道："大凡作案者在作案中都会留下蛛丝马迹，只要我们顺藤摸瓜，总会找到作案窃贼……"言罢，轻声与冯县令耳语了几句。冯县令听了，频频点头。

申时行告辞冯县令，径自返回马熹家中。他至大庭上，见马熹铁板着脸，而恭立在一旁的七个伙计和两个女佣，耷拉着脑袋，一声不吭。

申时行便问马熹："何故闷闷不乐？"马熹指着旁边一只大碗，气咻咻说："原来是满满的一碗银鱼，现在只剩半碗。我问他们，谁吃了碗中之物，可伙计们你望我、我望你，最后大家垂着头，默不作声。"

申时行惊讶不已，说："马熹，你说的是真的吗？这可要出大事啦，因为昨晚我听到你家客栈老鼠叽叽喳喳，窜来窜去，今天我见厨房有碗东西，所以在里面放了些毒鼠药……想不到被人吃了一半，这怎么得了？这鼠药毒性，一个时辰内吃了还有药可救，要是两个时辰，就是华佗再世，也难把此人从奈何桥上拉回……"申时行刚把话说完，站在一旁的女佣阿娟浑身哆嗦，脸如土色，"扑通"一声，双膝跪地，对申时行哭喊着说："先生，你可要救救我啊……我的儿子尚小……这碗里的银鱼是我偷吃的啊……"说着，说着，泪珠儿直挂而下。

其他伙计也急了，望着吓得瘫坐在地的阿娟，一时慌了手脚。

马熹听了申时行在银鱼里放了鼠药，丈二和尚摸不着头脑，不知如何是好。当见申时行忍不住"哇哈哇哈"笑弯了腰，愣了一下，尔后恍然大悟，也跟着大笑起来。

原来申时行根本没在银鱼里放毒鼠药，而是略施小计，查出偷吃银鱼之人。

再说冯县令从望湖湾坐船返回县城之后，即令手下在长洲县县城内外、人多的集市、交通要道张贴广告：奉上司之令，因疆场战事频发，急需大量驴皮，如若家中藏有驴皮者送至县衙，征收价格从原来每张银子 10 两上升至 20 两……在这同时，冯县令又吩咐地保通知饭店掌柜房大荣至县衙，换上衙役衣着，混在公差之间，帮助检验送上门来的驴皮。

一连三天，无有人抬驴皮至县衙出售。正在大家心急如焚的时候，两个身穿黑衣的中年汉子抬着一张驴皮气喘吁吁走了进来。衙门公差把驴皮铺在地上，让房大荣前去检验。

房大荣对驴皮检验十分仔细，左面看、右面看，上面看、下面看，正面看、反面看，尔后又看颜色、皮毛……当他看到这块驴皮上有个铜板大的疤痕，心头一阵紧张，揉眼仔细看了三遍，遂返身急步匆匆进得内屋，对冯县令说："今天送来的那块驴皮，正是我家那头大驴上的……"

冯县令立即带着八个手执钢刀的公差冲了出去，"哗"的一声，把两个黑衣男子团团包围，尔后绳捆索绑。

经过审讯，两个中年男子一五一十交代了作案经过。原来这两个黑衣男子前几天乘着夜色，潜入房大荣家后院偷了大驴回家之后，正如申时行所说，就把这头大驴给杀了。第二天又把驴肉拿去城里卖掉。后来他俩看到县衙贴出收购驴皮的告示，心里疑惑：会不会官府设下圈套，引人上钩？当他俩听人说，县衙因此案已长达三天且又无证据，难以勘查，已经撤案，于是抬着那张驴皮去了县衙……

房大荣十分感激冯县令，直言不讳说："多谢你冯大人没有听申时行老人之言，要不然，这两名黑衣案犯至今仍逍遥法外。"冯县令连连摆手，说出真相："恰恰相反，本大人是听了申时行老先生之言，才设下收购驴皮之计，让两案犯自投罗网，绳之以法。"

房大荣恍然大悟，下跪对天拱手："恕草民无礼，在这里谢谢申时行老先生……"

（张瑞照）

迎湖寺旁猜谜歌

迎湖寺是座千年古寺，建于西晋永宁元年（301 年），与金墅莲花寺、无锡静慧寺并称为苏南三大名寺，坐落在长洲县望亭镇的迎湖村内。古寺东边空地上有棵大树，树下就是村上歌王吴嫂的露天豆腐作坊。

一日，正在长洲县望亭一带采集吴地民风的褚人获来到迎湖村。小船刚刚划进村内，就听到从古寺方向传来一阵阵悦耳动听的歌声："两片磨儿天成就，当初只道你是个老石头，到如今日久分薄厚。只因你无齿，人前把你修。断一断明白也，依旧和你走。磨子儿，两块儿合成了一块。亏煞那铁桩儿拴住了中垓。两下里战不休，全没胜败。一个在上头，不住将身摆。一个在下头，对定了不肯开。正是上边的费尽了精神也，下边的忒自在。"

"歌王又在唱了。"船家对褚人获说。

"歌王是谁啊？"

"就是迎湖村的吴嫂。"船家告诉褚人获，吴嫂是他家远方伯父的大媳妇，以做豆腐为业，娘家在宅基村，小时候也读过几年私塾，后因家道中落而辍学在家学做女红，16 岁那年嫁到了迎湖村吴家。吴嫂心灵手巧勤劳能干，聪慧伶俐性格开朗，在迎湖村的人缘亦好。她天生有副好嗓子，平时做事情总是歌声朗朗，会唱许许多多流行的民歌，最拿手的就是会唱谜歌，就是一种隐含谜语的民间歌谣，而且还能即兴创编。“适才你听到的歌，就是她改编的两首隐‘磨子’的谜歌，是用‘挂枝儿’曲调唱的。”

小船划到迎湖寺前的石驳岸处，褚人获登上岸，循声望去，但见大树下，一个中年妇人正在磨豆浆，推磨子的动作十分优美。她弯着腰左右开弓，右手掌控着石磨的上扇，不停地做着逆时针转动的动作；左手拨动着堆在上扇上发“胖”的黄豆，颇有节奏地将它们一点点送入磨眼内。黄豆一拨一拨滚入磨膛，被磨得粉身碎骨，之后变成乳白色的糨糊状，从两扇磨的夹缝中缓缓地淌到石磨盘上。

船家系好小船，上岸后上前打招呼：“大阿嫂，忙啊？”

“兄弟，送客人来迎湖寺玩啊？”吴嫂抬起身子，问道。

“嗯！”船家点点头，“大阿嫂，我来介绍一下，这位书生姓褚，衣字旁加个长者的‘者’，苏州城里人，喜欢搜集民歌小调。他会猜谜语的。”

“刚才听您兄弟讲，您是歌王，最拿手的是会唱谜歌。”褚人获接过话茬，“吴嫂，您能不能给我唱几只？”

“好啊！”吴嫂爽快地答应了，“但有个条件，就是我唱你猜，接受吗？”

褚人获颔首微笑。

吴嫂狡黠地对褚人获笑了笑，说：“你听好了！‘我的肚皮压着了你的肚皮，你的肚肠放进了我的肚里。’猜猜看，是啥东西？”

“嗯？好耳熟啊。”褚人获听后，想起最近搜集到的那则“磨”谜，内容与吴嫂说得极为相似，只不过个别一两个字有点变动。“就是它！”褚人获指指石磨。

“看不出，真的会猜的！”吴嫂翘翘大拇指，“那么我来唱首谜歌，你再猜猜是啥东西。”她清了清嗓子，开口唱了起来：“紫竹儿，本是坚持操，被人通了节，破了体，做了箫，眼儿开合多关窍。舌尖儿舔着你的嘴，双手儿搂着你的腰，摸着你的腔儿也，还是我知音的人儿好。”刚唱罢，褚人获就报出了谜底：“是‘箫’。”

吴嫂接着又唱了一首：“只为两文钱，做虚头，一线牵。浑身装裹些花毛片，撇人在眼前，卖俏在脚尖。翻来覆去一似风前燕，这身边方才着脚，又到那身边。”褚人获未多思索，已报出了答案：“毽踢。”

“我再唱一首给你猜猜。”吴嫂又唱了起来，“奴本是热心人，常把冤家来照顾。谁教你会风流抛闪了奴，害得我形销影瘦真难过。心灰始信他心冷，泪积方知奴泪多。我为你埋没了多少风光也，你去暗地里想一想我。”褚人获听得入了神，两眼直愣愣地看着吴嫂，良久才说出谜底“蜡烛”。

“再给你猜猜。”吴嫂有心想难倒面前这位思维敏捷的白面书生，于是就把肚肠角落里的一首谜歌搬了出来：“我看你骨格儿清俊，会揩磨能遮掩收放随心，摇摇摆摆多风韵。你一面儿对着我，谁知你一面儿又对着人。为你有这个风声也，气得我手脚俱冰冷。”

谁知，这回吴嫂唱毕，褚人获没有直接报谜底，却是拉开嗓门唱了起来：“飘扬扬你好魂不定，要拘管你，下跟头箭个钉，相交中偏怪你有炎凉性。冷时就撇下了我，热时又温存。亏我情长也，耐得你热和冷。”

吴嫂惊诧地问道：“小兄弟，我叫你猜谜语，你怎么唱起歌来了呢？”

“我唱的也是谜歌，谜底和你是一样的。”褚人获笑了笑，解释道，“我是在试着学学吴嫂您即兴编谜歌的本领罢了。”

吴嫂想了想，恍然大悟，原来褚人获出的谜题也是猜“扇子”。

“既然如此，我再给你露一手。”吴嫂又唱了起来，“三百六，棋路儿，分皂白，先下着，慢下着，便见高低，有双关，有扑跌，须防在意，被人点破眼，教人难动移，不如打一个和局也，与你两下里重着起。”

“尧造而丹朱善之也。”褚人获不直接报出答案。

吴嫂一听，知道他已猜出谜底是“围棋”，心里甚是佩服。原来，褚人获的回答出自先秦典籍《世本》：“尧造围棋，丹朱善之。”

“今天就唱到此地，我要去做豆腐了。下回你来，我再多唱几首。”

“谢谢吴嫂，您忙吧！”褚人获告别吴嫂，在船家的陪同下，往迎湖寺里走了进去。

（诸家瑜）

康熙画扇

清康熙二十三年（1684 年），康熙帝首次南巡。

清政府定都北京后，经过长期的征战，直到康熙继位，才彻底消灭了南明政权，镇压了李自成、张献忠农民起义军残部，讨平了三藩之乱，收复了台湾，清朝为巩固政权而进行的大规模军事行动才告结束，它对全国的统治才得以巩固。但由于明末清初以来长达半个多世纪的战乱，造成了人口大量减少，土地大片荒芜，经济萧条，迅速恢复和发展生产，是战争结束之后的首要任务，为此，康熙帝决定出京巡视，到江南走一走，看一看，他把这当作治国安邦的一项重要措施。

那么，康熙帝为什么对江南特别青睐呢？上有天堂，下有苏杭。江浙一带是中国著名的鱼米之乡、丰饶之地，是清政府的主要“粮袋子”和“钱柜子”，维系着朝廷的经济命脉。在当时，江浙缴纳的粮赋占全国的 38%，税银占全国的 29%，关税占全国的 50%。当时盐课银是仅次于田赋的第二大财政来源，盐课银的 60% 以上来自江浙。京城每年需要的 400 万石粮食，三分之二从江浙漕运进京。牢牢控制江浙，是康熙帝下江南的主要考量。

要稳住江南，首先要争取民心。可是，这个目的太难达到了，因为江南人民不会忘了

"扬州十日""嘉定三屠"。

清朝顺治二年(1645 年),由于当时南明将领史可法在扬州对清军的殊死抵抗,阴历四月二十五日,清军攻占扬州后,在扬州城内进行了大屠杀,为期十天,事后被收殓的尸体超过 80 万具。同一年,清军颁布剃发令,嘉定百姓拒不从命,逐走清廷委任的知县。清军屠城一天,杀 3 万余人,三天后第二次屠城,又二十多天,因有零星抵抗,清军第三次屠城。这两次屠杀,震惊寰宇,天怒人愤,江南人一提起此事,都咬牙切齿,怨恨难消。康熙帝知道,要想抚平此等创伤,实在不易,一路上他脑子里想得最多的,就是怎样方能找到个法子,让江南人不再耿耿于怀,能够认可如今的朝廷。

康熙帝出京前,就宣布南巡是为了"巡察社会利病,省观民隐,体念黎民疾苦,问俗观风,以资勤求治"。途经山东曲阜,在文武百官的陪同下,康熙帝特意来到孔庙祭祀孔子,向孔子像行三跪九叩的大礼,并在祝文中称颂孔子:"仰惟先师,得侔元化,圣集大成。开万世之文明,树百王之仪范;永言光烈,罔不钦崇。"身为九五之尊,康熙帝如此谨守礼数,尊师重道,主要是做给天下读书人看的,让江南的士子心里舒服些,愿意被他笼络。"士"是社会精英,赢得了士人的心,舆论就会倾向于朝廷了。康熙帝在途中撰写了《南巡笔记》,提到自己"夜坐舟中,与侍臣高士奇谈论古今兴废之迹,或读《尚书》《左传》及先秦两汉文数篇,或谈《周易》,或赋一诗,每至漏下三刻不倦,日以为常"。他让臣下将这段话提前散发出去,使士人把当今圣上看作"圈内同道",以拉近彼此间的距离,这是打的感情牌。南巡到江宁,康熙帝选拔一批读书人充任宫内的书记抄写人员,这些人员直接为皇帝服务,将来晋升的机会较多,这是给江南士子的恩典。而且,他还增加江浙一带入太学的名额,表示对江南书香之邦的奖励。康熙所做的这一切,收到了显著效果,据密探呈报,江南各地的士人对皇帝和朝廷的抵触情绪大大降低了,很多人开始考虑出山入仕了。

同时,密探也报告说,普通百姓反应远不及士人热烈,百姓对朝廷依旧心怀宿怨。这也难怪,屠城死难者,大多是无权无势的小老百姓,即便现在朝廷给些恩惠,也落不到他们的后人的头上,怎么才能让普通百姓也感恩戴德呢?最有用最直接的办法是减免粮赋,但这种办法只能用在一时一地,如果长期普施,遍地开花,朝廷财政忍受不了。康熙帝需要一个既节省又速效的办法,可惜,这样的办法他想破了脑袋,也未想出来。

九月下旬,南巡船队到望亭。康熙帝每到一地,都爱微服私访,这次他也是一身教书先生打扮,由一班大内高手暗中保卫着,踏上望亭街闲逛,眼观四处景,耳听八方音。在一个街角,康熙帝看到一位老妇人,面黄肌瘦,破衣烂衫,跪地求乞。周围人脸上都露同情神色,却无人投一文小钱。康熙帝觉得奇怪,便向旁边一名老者打听。老者叹口气,说道:"这位客官你是外地人吧?凡是本地人都知道,她的丈夫在本朝大军杀到江南之时,在太湖组织抗清,事败被擒,枭首示众,她就成了大逆匪首的家眷,田产房屋充公,衣食无着,欲待做个佣人糊口,也无人敢雇她,唯恐官府追查。所以,这些年来,她只能乞讨,我们也不便明里施舍，少数胆大的在夜晚偷偷丢点吃的在街旁待她来取，也是提心吊胆的，万一给官府抓着，那就糟了。”

康熙帝听了，脑中灵光一闪，对了，何不在这老妇人身上做做文章，让百姓知道，朝廷已不再揪住过去那些事不放，你们也就放下往日恩怨，踏踏实实过日子吧。主意打定，他向街边店铺借了笔墨，在随身带的素白折扇上寥寥画了几笔，盖上印，对老妇人说：“你拿这把扇子到长洲县衙去，那知县欠我银两，见了此扇，会给你银两的。从此你不用再乞讨，好好度过余生吧。”

一天之后，一个消息轰动望亭，说的是老妇人持扇到县衙，长洲知县认出折扇扇面上盖的是当今皇上的一方闲章，当即香案供奉，并妥善安排老妇人生活。又过了一天，街上贴出告示，上书皇帝口谕，大意是：朝代鼎革，难免伤及生灵，朕每念及此，心内不忍，如今四海太平，军民人等不可不珍惜，朕不愿再看到如那老妇人一般的心酸场面。

这件康熙南巡小插曲，飞快地从望亭传出去，传到了江南每个角落，产生了巨大影响，百姓都说：皇帝所言极是，我们是应放弃仇恨，好好珍惜太平岁月。

（卢　群）

鹤　溪

清雍正年间，望亭一度改称“鹤溪”。据说这次改名是雍正皇帝的意思，其中有着深刻的政治内涵。

雍正皇帝爱新觉罗·胤禛（1678 年—1735 年），康熙第四子，是清朝第五位皇帝，清军入关后的第三位皇帝。雍正在位期间，实行了一系列有利于国计民生、拓疆固边的政策，应该算个不错的君主。如“摊丁入亩”，将丁银摊入田赋一并征收，改变过去按人丁、地亩双重征收标准，减轻了无地和少地农民的负担。“耗羡归公”，清初沿袭明制，各地征收钱粮，加收“火耗”（碎银加火铸成银锭时的折耗，亦称耗羡），官员任意加派，一两可加数钱。因不在上缴正额之内，官员从中任意侵贪，成为官场公行的陋习。雍正改为火耗一分为三，一份给地方官养廉，一份弥补地方亏空，一份留地方公用。这样，既增加了财政收入，又有助于廉政。“重农”，雍正鼓励开荒，在他一朝，全国田地从 735 万顷增至 890 万顷，疏浚卫河、淀河、子牙河、永定河，修建黄河、运河堤岸、江浙海塘工程。“蠲免钱粮”，雍正在位十三年，免了十二年灾区的赋税和一些地区的漕粮。“废除贱籍”，雍正元年，山西、陕西因明建文末年未依附朱棣而被编入“乐户（官妓）”籍的后代，一律摘除其“乐户”籍，列入民户籍。同年九月，绍兴曾反对朱元璋的人的后代，从“惰民”籍改为民户籍。雍正五年四月，免除粤东“疍户”籍，使其成为民户。“重用汉臣”，雍正一朝最受宠信的四位臣工李卫、田文镜、张廷玉和鄂尔泰，除鄂尔泰，其余三位均为汉人，占了四分之三。“改土归流”，在西南少数民族地区取消了土司，改派由中央任免的官员，此举对减轻少数民族地区人民的压迫和剥削有帮助，对清朝实施全国性的统治和国家的统一有重要意义。平定罗卜藏丹津之叛，青海完全归入大清版图。与俄国签订条约，划定了清俄中段边界，稳定了清俄边界局势，促进了清俄边界地区的经济发展和贸易。此外，还值得一提的是，雍正非常勤于政事，平日除却睡觉，其余大部分时间都在批阅奏折，每天睡眠时间不到四个小时，经他朱批过的折子，有360卷之多，实在是个极其巨大的工作量。

然而，在许多人印象中，雍正名声不太好。人们诟病雍正，主要集中于两件事，一是篡位，二是对待一辈兄弟很残忍。篡位之说，唯一依据是雍正篡改了康熙遗诏，把诏书上“传位十四子”的“十”字添加了一横一勾，变成了“传位于四子”。这种说法荒诞不经，须知清朝的诏书，都是用满、汉两种文字书写，纵然改得了一个汉字，满文却改不了，只有脑子进了水才想得出这种馊主意！何况，当时“于”常写作“於”，怎么改？

至于迫害兄弟，倒是事实。康熙皇八子胤禩被雍正削去宗籍，高墙圈禁，并被改名为“阿其那”，满语“狗”的意思；康熙皇九子胤禟发配西宁，随后也被削宗籍、圈禁，并被改名为“塞思黑”，意为“猪”；康熙皇三子胤祉、皇十子胤䄉、皇十四子胤禵被圈禁；康熙皇十二子胤祹被降爵。如此看来，雍正是够残忍的，但我们需要指出，这几位皇子，明里暗里与雍正较劲，反对、阻挠雍正定下的方针大计，结党拉帮，图谋争夺帝位。封建时代，皇帝宝座之争从来都是血腥的，如果他们中的任何一位取代了雍正，康熙第四子胤禛的下场决不会好半分。

雍正知道自己与兄弟间的残酷斗争，将在历史上记一笔，成为他永远抹不掉的污点。他是皇帝，但皇帝也是人，他也有和普通人一样的苦闷，也想倾诉。又因为他是皇帝，不能直白地把苦闷倾诉出来，而要找个委婉的方式，让世人相信自己内心并不愿意手足相残，他的这几位兄弟之所以落到这个下场，完全是咎由自取。雍正苦思冥想，却始终想不出一个好方式。一天，雍正翻阅唐诗，白居易一首《感鹤》引起了他的注意。诗是这样的：“鹤有不群者，飞飞在田野。饥不啄腐鼠，渴不饮盗泉。贞姿自耿介，杂鸟何翩翾。同游不同志，如此十余年。一兴嗜欲念，遂为矰缴牵。委质小池内，争食群鸡前。不惟怀稻粱，兼也竞腥膻。不惟恋主人，兼也狎乌鸢。物心不可知，天性有时迁。一饱尚如此，况乘大夫轩。”意思是仙鹤本应卓尔不群，无论何时何地都应保持高洁的品行和节操，可是，有一些鹤中败类，经不起稻粱腥膻的诱惑，变得卑鄙可耻，丑态百出。雍正从这首诗受到了触动，心想，鹤在中国文化中有崇高的地位，是长寿、吉祥和高雅的象征，常被与神仙联系起来，故而称为“仙鹤”。胤禩、胤禟之类，出身天胄之室，本应是鹤中之魁，但他们不自尊重，甘愿堕落，成了鹤中败类，他身为皇帝，只能忍痛清除。雍正决定将这层意思宣告天下，这样，他就站到了道德制高点上，他对这几位兄弟的惩罚就是英明之举了。

正巧各省奉旨编绘的地图呈送皇帝御览，雍正在江苏地图上看到望亭的形状酷似一只展翅飞翔的仙鹤，当即传旨给江苏巡抚，将望亭改名为鹤溪，并写下长长一大段御批，大谈一通对鹤的诠释。雍正认为采取了这项措施，便可消除臣民的猜忌了。他这么做的效果究竟如何，我们不得而知，我们知道的是望亭镇在历史上多了个别名。

（卢　群）

望亭河汆出个“水利部长”

唐武则天万岁通天元年（696 年），析吴县西北部分置长洲县，两县同城而治，皆隶苏州府。长洲县得名于望亭的古长洲苑。望亭境域属长洲县。清雍正二年（1724 年），由于长洲县人口、赋税繁多，分出其南部设立元和县（苏州东南），与吴县（苏州西南）、长洲县（苏州东北）三县同治于府城内，同为苏州府的附郭县。宣统三年农历十月初四（公历 11 月 24 日），民国临时政府裁苏州府及长洲、元和、吴三县，设苏州市。直到此时，作为行政区划的长洲县历史才告结束。

苏州在清代又是省城，江苏省的最高行政长官江苏巡抚的行辕就设在苏州城内。望亭离苏州城不远，所以，巡抚行辕有时也会关注望亭一些具体事情。雍正九年（1731 年），江苏巡抚尹继善就直接主持过望亭的河塘修筑。

尹继善（1695 年—1771 年），满洲镶黄旗人。其父尹泰，康熙时官至国子监祭酒，因病致仕，回盛京（今沈阳）老家休养。康熙六十年（1721 年），雍亲王胤禛受命祭三陵，途中遇雨，宿尹家。闲谈时，胤禛问尹泰：“你有儿子当官么？”泰对回答：“第五子继善在京城，准备参加会试。”胤禛说：“你带个讯给他，让他来见我。”这话里就有准备扶持一把的意思，尹泰写信向尹继善传递了这个信息。换了别人，能攀上雍亲王是求之不得的事，尹继善却不急于去见，想等到会试过后再登雍王府门，免得考中了让人误以为他走了门路。次年，尹继善赴试毕，打算遵父命拜谒雍亲王，因恰逢康熙去世，胤禛继位，此事就搁下了。雍正元年（1723 年），尹继善成为进士。引见时，胤禛一见其人，即对其才识风采赞不绝口，说：“你就是尹泰的儿子么，果然大器也！”雍正对风度翩翩、才华横溢的尹继善十分器重，接见后就令其充日讲起居注官，随侍左右；雍正五年（1727 年），迁为侍讲，再迁户部郎中；雍正六年（1728 年），即令署江苏巡抚，尹继善时年 32 岁。仅 6 年时间，尹继善就升到了封疆大吏位子上，且还这么年轻，在官场真算个奇迹。

尹继善火箭式上升，固然有雍正帝胤禛格外恩宠的因素，但主要还是靠他的才干和担当。康熙及雍正初年，江苏征收赋粮，积弊多端，有的地方官以脚费为名，一斗只准作六七升，另外还巧立名目，盘剥百姓。尹继善就任江苏巡抚，上《厘剔漕事疏》，建议漕粮每石征收漕费六分，一半给旗丁，一半给州县，为办漕之用。实行这一办法后，借口"耗损"的陋规尽行禁革。比如，以前差役在量谷时故意晃动粮斗，将谷子晃出斗外，谓之"斛边遗粒"，不成文规定归差役所有，尹继善名令"斛边遗粒"由纳粮户自行扫去，任何人不得刁难。这样一来，"斛边遗粒"现象就绝迹了。尹继善还密行查访，将玩法之兴化知县等严参。经此一番整理，百姓负担大为减轻，此后继任的江苏巡抚如陈宏谋等均沿尹继善法规，故而清代文学家赵翼称赞说："（江南）漕务肃清者凡四十余年，皆文瑞（即尹继善）之惠也，宜吴人思公至今犹不置云。"

一天，尹继善出巡，行至近望亭，闻听得有阵阵哀哭之声，便吩咐停轿询问，原来是一名七岁幼童，在河边玩耍，不小心脚下一滑，跌入河中。本来这条河并不太宽，这男孩生活在河边，会游水，扑腾几下或能游上岸来。因前两天连降暴雨，河水漫溢，河面宽了几倍，孩子毕竟力气小，挣扎了一会，离陆地还差几丈，力竭下沉，丢了小性命。小尸体现已打捞上来，父母姐妹围着小尸体痛哭，甚是凄惨。

尹继善由此想到，这条河是枫桥至望亭的重要水道，平时沿线百姓从它得益多多，可是一发大水，危害不小，作为一方大员，理应操心此事，替两岸民众打造一条安全水道。于是，尹继善向皇上上了一道奏折，要求批准给这条河修筑塘岸，今后再有洪水，可拦在河道里，沿线百姓生命财产可望无虞。雍正帝批复同意，并拨下银两，用作筑塘专款。

自枫桥到望亭的河塘竣工后，尹继善将它命名为"长洲河塘"。河塘完成不久，雍正帝的圣旨就到了，迁尹继善署河道总督。原来，雍正帝一直在物色一员统管水务的大臣，心内属意尹继善，但不知他是否有这方面的业务能力，恰好尹继善请筑河塘的奏折来到，雍正帝迅速批准，目的就是借此测测他的治河本领。测试下来，很是满意，雍正帝就将协调、统筹、治理、利用全国水路的重担压到了他肩上。因此有人说："望亭一条河，氽出了一个大清水利部长。"

（卢　群）

乾隆题皇亭

乾隆帝对皇爷爷康熙帝非常崇拜，处处事事有意无意加以模仿，乾隆帝对皇爷爷最大的模仿是南巡，皇爷爷六次南巡，他也要南巡六次。乾隆十六年（1751 年），他首次南巡，乘船沿运河南下，经扬州、镇江、常州、苏州、嘉兴至杭州。然而，有一点乾隆帝不学他的皇爷爷，那就是康熙帝南巡力主简易，他则极尽奢华。乾隆南巡，扈从如蚁，妃嫔蝶拥，仪仗车马，数不胜数，岸上车队，水上船队，浩浩荡荡，长若巨蟒。尤其他乘坐的龙舟，穷工奇巧，备极靡丽。龙舟前面，有一对大船并肩而行，不紧不慢，不疾不徐，始终保持着同速，这两条船上搭着戏台，戏台上鼓瑟奏鸣，演着一出出戏文，乾隆帝观时演，不观时也演，昼夜不停。

御舟经过之地,地方官吏在码头跪迎跪送,自不必说,又驱动百姓,万人空巷,无分老幼,统统聚集在河道两旁,头顶香案,匍匐于地,山呼万岁,惊天动地。沿途官吏深知皇上讲究排场,便争相逢迎,布置行宫,陈设古玩,采办各种名肴特产,库银流水般哗哗哗往外淌。龙舟将至镇江,遥遥望见岸上有一枚桃子,硕大无朋,颜色红翠可爱,乾隆帝正觉诧异,忽然烟火大发,光焰四射,蛇掣霞腾,几炫人目,俄顷之间,巨桃怦然开裂,桃内竟然搭着一只大戏台,戏台上有数百艺人,向乾隆帝献演特地赶排的新剧《寿山福海》。行至常州,乾隆帝上岸暂憩,常州知府安排皇上进了天宁寺。因乾隆帝喜谈禅理,知府重金聘了通晓佛典的文人,剃了光头冒充和尚陪皇上闲谈,果然哄得龙心大悦。苏州知府更有心计,早在皇上南巡的上一年,就预做布置。待乾隆帝到达苏州,登上灵岩山,春光明媚中,回头一望,望见山脚下一大片田地,青的是麦苗,金黄的是油菜花,油菜花长得有横有竖,有撇有捺,细细一看,赫然"天下太平"四字。这四个金黄的巨字镶嵌在碧青的底版上,格外勾人眼球。乾隆帝大喜,哈哈大笑,连连赞道:"天下太平,正是天下太平,朕的江山,这四个字最是贴切!"

仅此几例,便可知南巡沿线地方官为取悦皇上,不惜耗费民脂民膏,个个别出心裁,极尽争奇斗异之能,只博君王一哂。乾隆帝对这样的奉承献媚,不仅不加阻止,反而予以奖励;凡建有行宫的,赏银两万两,讨得皇上欢心的,优叙录用,升官晋级。

望亭是个小地方,本来乾隆帝是不会在这里停留的。望亭驿官更是个不入流小官,相当于今天的接待处长,原本是不可能受到皇帝接见的。可是,凡事不可一概而论,望亭居然留住了乾隆帝,而且乾隆帝还见了望亭驿官,勉励了一通,赏了个从六品官。这是怎么回事呢?

话要从上一年说起。苏州府有个差役,姓马,是望亭驿官的妹夫。上一年的一天,马差役到望亭走亲戚,和大舅子望亭驿官一张桌上喝茶。驿官问:"妹夫,你最近在忙点啥?"马差役炫耀说:"蒙府台大人看得起,交给我一桩重要差事,这件差事办好了,府台大人升官是当然的,我也可以跟着弄个衙役班头当当。"驿官再往下问,马差役不肯说了。驿官心想,这里头肯定有名堂,若能套出他的话来,说不定自己也能从中分一杯羹。驿官吩咐妻子在家里备了丰盛的酒菜,死拉活扯把马差役弄到家中,将他灌到八九成醉,马差役管不住自己舌头了,将苏州府台设计"天下太平"这个秘密透露了出来。

驿官心中一动,妙啊!府台大人这马屁高级啊!假如我也能提前布这么一个局,还怕皇上不对我另眼相看么?可是,他一个管理驿站的角色,哪来权力调动大批差役、大量资源?鸭吃砻糠鸡吃谷,各人自有各人福,自己能与府台比么?莫要痴心妄想了。

但是,他还是不死心,晚上睡不着,翻来覆去想,想了一夜,给他想出了一条路径,他相信通过这路径,可以接近皇上,引起皇上对自己的关注。原来,前些年,江南遭灾,乾隆帝曾下旨减免苏州赋粮，望亭士绅刻了块碑纪念此事，碑竖在上塘大运河畔，人称“纪恩碑”。驿官决定在这碑上做文章，他倾尽家财，替这碑盖了一座极其气派的亭子，亭额却空着。等到乾隆南巡行程定下，驿官算准皇上到江苏的日子，赶到南京，向两江总督递了一份呈状，要求总督代为恳请皇上路过望亭时，上岸看一看纪恩碑，为亭子题额，以慰士庶万民感念天恩之心。

事涉皇上爱民亲民的形象，总督也不敢怠慢，在乾隆帝到达南京当日，就把这份呈状转了上去。乾隆帝看了，满心欢喜，说：“难得百姓有这样的知恩感恩之心，朕不妨就去看看。”龙舟经过望亭，乾隆帝果然吩咐泊岸，上岸去看了纪恩碑，对亭子也赞了几句。当他得知亭子是望亭驿官变卖家私建造的，大为赏识，宣驿官进见，给了赏赐，还应其要求题了“纪恩碑亭”的匾额。

（卢　群）

徐大椿巧治积食病

清乾隆帝下江南，乘龙舟沿古运河途经苏州望亭。当他听说望亭原名御亭，为吴先主孙坚所题，且那里有个望湖湾，湖岸林茂竹翠，郁葱之中有座面向太湖的长洲亭，春秋时期公子光与伍子胥在此商讨夺位大计。乾隆帝听到这里来了兴趣，对侍臣和珅道：“前往望湖湾。”

当地官吏一听乾隆要去望湖湾，拿出当地横泾烧酒和太湖三白盛情款待。

苏帮菜太湖三白（白鱼、白虾、银鱼）和横泾烧酒闻名遐迩。乾隆帝尽管下江南一路天天山珍海味，但是一见到太湖三白和横泾烧酒，还是忍不住胡吃海塞。一连三天如此，第四天他感到身热烦躁，目赤口疮，咽喉牙龈肿痛，肚子阵阵发胀。

乾隆帝下江南随身太医有七八人之多，但这些太医平素趋炎附势，攀龙附凤，对大病颇为重视，而对小毛小病，认为不足为奇，听说皇上不舒，配了些消炎的草药给乾隆饮服。乾隆吃了药，不见好转。一时又找不出病源，太医这下急了，搓着双手，不知所措。后来七八个太医绞尽脑汁，给了乾隆配了几味补药，不想非但不见皇上龙体好转，反而更趋严重，为此急得如同热锅上的蚂蚁。

有个姓杨的地方官吏见了，立马向侍臣和珅献策：苏州吴江松陵镇上有个名字叫徐大椿的郎中，曾医治好不少疑难杂症，不妨请他前来给皇上医治？和珅见乾隆躺在床上呻吟不断，几个太医又束手无策，于是连连说好，还许诺：如若医治好了皇上之病，定然重赏。

当天，和珅在杨吏陪同下，与皇上侍卫，驾着马车去了吴江。

和珅等人到了吴江松陵镇徐家，见大门紧锁，一问乡邻，得知徐大椿举家去了木渎五峰山采集中草药去了，一时三刻不会返回，于是调转马头，直奔木渎五峰山。

五峰山，山环山、山套山，峰峦叠翠，林泉丰盈，和珅等人费了九牛二虎之力，终于在五峰山麓的一个山坳之中找到了正在采集中草药的徐大椿。徐大椿一听前来请自己给一个重患病人医治，遂问患者症状。和珅如此这般，作了一番介绍。徐大椿听罢，返身欲回五峰山庄。和珅以为徐大椿回屋取药，出手相拦："如今患者病情严重，火烧眉毛眼前急，你别去屋里了，在那里东南西北草药都有……"徐大椿连连摇手："既然是重症病人，贫医务须回山庄取件东西。"和珅拗不过徐大椿，只得跟着他去五峰山庄。可令和珅哭笑不得的是这位郎中到了山庄之后，从自己的租住屋中取了一幅挂在墙上的工笔画。

到了望亭长洲苑，徐大椿看到了乾隆帝。他见患者身穿锦衣，长相不凡，不时对手下呼吆喝六，料定此人非富即贵，斟酌了一下，开口询问病情。乾隆正欲作答，和珅宛若背书似的说了一遍，言罢，遂把目光移向一旁太医："本人说的可有漏了？"当太医点头称是，众人把眼光移向徐大椿。

从这些人的称呼中，徐大椿方才知道，患者是当今皇上。

徐大椿小心翼翼对乾隆看了个仔细，见他双目发火，两腮绯红，张开嘴巴一看，口腔内有几粒米大的火疮，而且牙龈肿胀。一问伺候皇上的太医，昨晚大便秘结、痔血，他心中有了数。徐大椿正要给皇上展纸磨墨书写药方，乾隆用疑虑的目光审视了一下他，问道："你是何方人氏，敢来给朕治医？"

一旁的和珅见徐大椿嘴唇嚅动一下，不见回答，勃然大怒："快说，若有半句谎话，当心脑袋不保！"

徐大椿双膝跪地，镇静了一下，如实相告："小民姓徐，名大椿，原名大业，字灵胎，因信道，号洄溪道人，吴江松陵人。祖父徐釚，康熙十八年（1679年）鸿词科翰林，任检讨职，纂修《明史》。父徐养治，精水利之学，曾聘修《吴中水利志》。本人自幼习儒，旁及百家，因家人多病而致力学医，悬壶济世……"乾隆一听此人先辈为朝廷命官，家父又是地方才子，遂点了点头。

和珅一旁插言道："皇上龙体欠佳，治愈自有重赏。"乾隆眉头微微一皱，和珅立马报了一个微笑，退至一旁。

此时太医七嘴八舌，上前对徐大椿问这问那，一个为首的太医道："你在诊治时，可要三思而后行，切不可凭一时之陋见，信口胡断。"话中有话。徐大椿听了，顿时觉得肩上担子如有千钧之重。

乾隆闷头不响，这无非是告诉徐大椿，太医之言就是皇上要说的话。

徐大椿复而审视了下乾隆的神色，看了他一下舌苔，搭了下脉搏，然后道："皇上龙体无恙，只是真水不足，龙雷之火上越而已……以上为小民之见。"他想了想，继而言道："为保皇上龙体强盛，小民今晚去家取来仙池清泉，明天皇上喝了，即便可以康复如初。"接着再三叮嘱："为皇上龙体之安，小民建议晚上独居一室，四下点上火烛，众人在外，不得入室打扰皇上歇息。"言罢，遂从包裹里取出一幅画，摊开后挂之墙壁："为解皇上寂寞之苦，小民带上此画，供皇上观赏……"。

乾隆帝觉得这个土郎中给患者治病与众不同，遂命和珅把徐大椿送回吴江松陵，翌日送来仙池清泉。

当晚，乾隆帝遵照徐大椿吩咐，独居一室，并把徐大椿的画挂之墙上。

那幅画是冬景：大风凛冽，雪花飘舞下有座农家山庄，几间茅屋旁有株冬梅，花儿热烈开放。透过茅屋窗户往里看去，台桌上有盆果梅……乾隆看了，从头到脚感到寒气逼人。再往下看茅屋里的那盆果梅，使他油然想了酸甜可口的滋味，口中唾液津津，再也不感到口干舌燥了。

这天晚上，乾隆因四周灯火通明，辗转难眠，不时去看画，一看到画，感到浑身透凉。到了深夜，他忽然感到肚子咕咕作响，奔去方便返回，一身轻松。此时，雄鸡啼叫，乾隆感到有些倦意，解衣上床，酣然入睡。

再说和珅率侍卫快马加鞭把徐大椿送回了吴江老家。徐大椿到了家中，抓了几味草药，磨成粉末后放进一旁烧开的温水之中，然后装入药葫芦，复而坐上马车，急匆匆赶至望亭长洲苑。此时天已晓亮。他听太医说，皇上便后才睡，徐大椿听了频频点头。

日上三竿，乾隆方始醒来。大家一看，见乾隆脸上气色比昨天好了许多。乾隆一见徐大椿，想到了什么，说："你的这幅画画得逼真，朕昨晚看了，感到周身透凉，浑身舒服。"

徐大椿道："此乃皇上洪福。"接着，把带来的葫芦打开，递上前去："这便是仙池清泉……"

乾隆接过葫芦，朝里闻了闻："清泉怎么会有中药之味？"徐大椿望了望一旁太医，说出实话："皇上，小民用的是黄连、大黄、黄芩等合成的中药，放在烧开的清泉中浸泡，当然有股药味。喝了仙池清泉，皇上就会康复如初。"老太医一听这几味药浸泡的水，连连摇头，厉声斥道："呔，你这刁民，这些草药，我们早已给皇上服过，因为不见效才请你出奇招治疗皇上龙体，可你兜了个圈子，用我们的老药方忽悠圣上！"

老太医这话一说，顿时气氛紧张起来。众太医于是七嘴八舌，纷纷指责徐大椿。老太医怒容满脸："在你眼中，把我们当作什么了，是可忍孰不可忍！"

徐大椿不慌不忙，一五一十解释："皇上南下，见到江南政通人和，心中高兴。各地官吏，悉心呵护，盛情招待，使万岁吃的山珍海味超量，导致了皇上火毒血热，体热烦躁。鉴于以上情况，如果头痛医头，脚痛医脚，不能治愈龙体。"

和珅开口问道："那按太医的药方医治，怎会一无疗效啊？"

徐大椿道："尽管我和太医用的药一样，但在方法上截然不同，所以得出效果也不一样。贫医认为，治身宛若治国，用药如同用兵——君、臣、佐、使四个角色，缺一不可，同时还要注意适度。就像部署兵力，打头阵的是谁，兵力多少，打掩护的是谁，兵力多少，搞接应的是谁，兵力又是多少……用兵（用药）只有周密部署，方能克敌制胜。捉贼容易放贼难，病气就像贼，不能捉，只能用赶、驱、逐、排，病气出不去，日久必会酿成大病。对待邪气、病气，要像大禹治水，疏浚为要。要对浊气找出路，比如'吐''下'的方法，通过吐痰排出肺中的病邪、病气，呕吐吐出胃中的邪气，微微地出汗，使全身的器官排毒。最重要的'下'，通大便、清膀胱，清理人体病邪、病气……"

徐大椿侃侃一番言词，听得太医频频点头。老太医此时说："那万岁的病几时才能康复？"徐大椿说："昨天小民对皇上望、闻、问、切、听之后就说，龙体无恙，此乃是龙雷之火上越而已。当天我给了他一画，皇上看了大雪冰冻之画，全身发凉，看到梅果以后，口中唾液大流不止，这是天地之水，皇上这水不断下咽，浇灭了身上龙雷之火，所以皇上龙体渐愈。今皇上半天静心养神，再喝小民为他配制消火解毒之药，再过一天，便可大安。"

乾隆帝忍不住乐得呵呵大笑，便问徐大椿："你这种治病方法真是别具一格。"徐大椿道："人处天地之间，凡目有所见，耳有所闻，都会使人心有所思，情有所变，这种利用外物刺激使人体产生各种有益变化医疗，中药上叫作移情妙治法。"

乾隆移目望了望众太医，众太医满脸惭愧，连连说"是"。

以后，徐大椿曾两度奉诏赴京，第一次为乾隆二十五年（1760 年），因为他讲话直言质朴而得到乾隆帝嘉奖，原拟留职京师，但徐大椿坚辞放归隐居苏州画眉泉。第二次乾隆三十六年（1771 年），此时徐已 79 岁，自知不豫，携子徐爔同行，到京后三日卒。死后自拟墓对联曰："满山芳草仙人药，一径清风处士坟。"

（张瑞照）

拒霜花艳芙蓉酥

乾隆皇帝下江南，到了镇江以后，打算要去苏州。他问镇江知府，从镇江到苏州沿途要经过哪些地方？知府回禀："沿途有丹阳、洛社、无锡、望亭。"乾隆皇帝说："我要在望亭上岸看一看。"知府回报的四个地方中，就是望亭镇地方最小，皇帝为什么偏偏要去那里看一看呢？

原来望亭在东汉末年的时候，吴先主孙坚在这里建造守一座非常漂亮的亭子，所以当时这个镇名叫御亭。后来唐朝的李袭誉看了御亭很有感触，并根据南朝梁庾肩吾诗中"御亭一回望"之句，改御亭为望亭。

乾隆皇帝要上望亭看看，可见是有道理的，因为乾隆皇帝读过庾肩吾的诗。

镇江知府为了乾隆皇帝去望亭，连夜派人到苏州府报信。苏州知府得到消息后，马上到望亭做接驾的准备。一方面叫香山木匠修理亭子，一方面把全镇糕饼师傅集中起来，命令他们在5天之内做出有地方特色的糕点来。苏州知府知道乾隆皇帝每到一个地方，都要吃当地的名特食品，如果没有，地方官员就要受到责备，所以苏州知府才下了这道紧急命令。

真是“官吏一个屁，百姓一台戏”。糕饼师傅只好日夜不停地试做各种糕饼。一眨眼，5天过去了，限期就要到了，还没有做出满意的糕饼。大家急得六神无主，害怕得要命。这时，有一姓杨的师傅对大家说：“各位师傅，看样子在劫难逃了。你们上有老、下有小，吃官司犯难。我反正光棍一条，天南地北都一样。你们弄些原料给我，让我试着做一样糕点去应付应付。要是应付不过去，问罪下来，你们就全往我身上推。”其他师傅对杨师傅为了保全大家，自己承担一切的想法非常感激，因此，尽量拿出上好的原料给他。拿来的有糯米粉、白糖、麦芽糖、猪油、桂花、炒米等。杨师傅将这些东西配好，做成了一块长方形的糕。到了期限那天，苏州知府一大早就来到望亭，查看一切接驾事务是否准备妥当。杨师傅把自己做的糕送到知府面前交差。知府一尝，大声道：“好！有特色！”这时杨师傅才松了一口气，压在大家心上的石头也落了地。

知府问道：“这叫什么名字？”

杨师傅说：“还没想出名字来呢。”

知府道：“那你赶快想出个名字来吧。”

杨师傅抬头一看，池塘边的拒霜花——木芙蓉还在开放。心想，你们这些当官的真像摧残百花的寒霜，百姓就像霜打不死的木芙蓉。想到这里，便脱口而出：“叫芙蓉酥，好吗？”知府称赞道：“好名字！”

后来乾隆皇帝路过望亭，果真上了岸。苏州知府殷勤地献上芙蓉酥。乾隆皇帝品尝了一下很满意，一边吃一边说：“这芙蓉酥既酥又脆，既甜又糯，不仅有桂花的清香，还有饴糖的鲜美，真是再好不过了。”

乾隆皇帝的称赞，乐得苏州知府那张嘴像木鱼一样合不拢了。从此，芙蓉酥便成了望亭特产。

（李洲芳）

纪晓岚巧对乾隆

清乾隆四十九年（1784年），年已74高龄的乾隆皇帝第六次下江南，驻跸长洲县望亭镇。一日清晨，他和纪晓岚换上便服，装扮成一主一仆，雇了一只小船，来到了地处望亭境内的望湖湾。

朝来新火起新烟，湖色春光净客船。波光潋滟的望湖湾，呈现出生机勃勃、太平盛世的繁荣景象。乾隆侧身依着船舷，欣赏着北太湖里的风光。此时，湖面上出现了一只白鸥，正迎着小船游过来，乾隆大喜，随口说了声："一鸥游。"纪晓岚掌握乾隆的习性，只要一高兴，就会赋诗、猜谜、出对子，现在在出联题，说明他兴致上来。纪晓岚赶紧四周观察，发现在花丛中有两只蝴蝶在边飞舞边亲热，急中生智回答："两蝶斗。"

乾隆微微一笑，又吟道："湖上一鸥游。"纪晓岚随即接答："花中两蝶斗。"

船靠上岸，主仆二人弃船登岸，一前一后。乾隆见岸边有个池塘，池中一朵朵亭亭玉立的荷花，形似拳头，正待怒放，于是再次吟道："池中荷花，攥红拳打谁？"

纪晓岚见路旁种有蓖麻，麻叶很像手掌，便立即以问对答道："路旁蓖麻，伸绿掌要啥？"

乾隆指指前面坡地上的树林，说："半边林靠半坡地。"纪晓岚环顾周围，见到一个牧童牵着一头牛，牛角上挂着一卷书，于是灵机一动回答道："一头牛同一卷文。"

乾隆忙说："我出的是谜联，要猜一个字的。"

纪晓岚急忙解释："我对的也是谜联，也是猜一个字，而且与主子的谜底合起来，就是唐代一位杰出的诗人、散文家的姓和名。他就是'杜牧'。"

"是啊！'清明时节雨纷纷，路上行人欲断魂。借问酒家何处有，牧童遥指杏花村。'就是他的一首传世诗作。"乾隆哈哈大笑，夸赞一番后接着说："我再出一个谜联：'黑不是，白不是，红黄更不是，和狐狼猫狗仿佛，既非家畜又非野兽。'"

纪晓岚忙问："几个字？"

乾隆竖起一个指头，纪晓岚马上回答："猜！"

乾隆点点头。

"我对'诗也有，词也有，《论语》上也有，对东西南北模糊，曾是短品也是妙文。'"纪晓岚也效仿乾隆竖起一个指头，"也猜一个字。"

"谜！"乾隆没作思考，脱口而出，继而又说，"我再出个谜联，还是猜一个字。你听好了：'东生木，西生木，掰开枝丫用手摸，中间安个鹊窝窝。'"

"是攀桂的'攀'字。"纪晓岚说，"我对的谜联也猜一个字：'左绕丝，右绕丝，爬到树尖抬头看，上面躲着白哥哥。'"

这时，乾隆没有正面揭开谜底，而是饶有情趣地说道："那是古之'五声八音'啊！"

何为"五声八音"？原来，在我国古代是以五声八音为乐的。五声为音阶，即宫、商、角、徵、羽；八音为器乐之分类，即埙、笙、鼓、管、弦、磬、钟、柷。其后，印度和西域等地之乐传入我国，五声乃加变宫、变徵而成七声，乐器种类亦有增加。精通楹联之律、擅长猜谜之道的乾隆，以"古之'五声八音'"揭开谜底"樂(乐)"字，纪晓岚佩服之至，诺诺连声："主子一言中的，所言妙哉！"

这时，迎面走来一个挑泥的汉子，乾隆见之，若有所思，顷刻吐出“一担重泥问子路”七个字。纪晓岚一听，知道乾隆出的对子是在讲明朝时的一个民间故事传说——“秀才问路”。

相传，有个秀才进京赶考，走到一个三岔路口迷路了。他见到有个农民挑着一担泥从一个岔口走出来，于是上前问路。谁知，那个农民却要秀才对对子，并开玩笑地说“对不上就不告诉你”。秀才心想，一个泥腿子会有多少学问。他自视满腹文才，就应允了。于是，农民就用双关语出了“一担重泥问子路”这个对子，结果秀才没有当场对出来，羞愧不已。见此情景，农民忙作解释，并告诉了他进京的路。可是秀才觉得很丢脸，狠下决心要对出来后再去赶考。他一连七天不吃不睡，结果没能想出来反把小性命给搭了上去。数年过后的一天，有位钦差大人坐船路过此地，在三岔路口的河边停泊歇夜，听到有人在讲“一担重泥问子路”的故事，一问当地渔民，才知道这“秀才问路”死于“绝对”之事。第二天傍晚，钦差大人见到河堤两岸挑着筐、掮着锹的农民们有说有笑地往村里走去，于是触景生情，心有所悟，对上了这一绝对：“两岸夫子笑颜回。”

纪晓岚将这则民间传说故事娓娓道来，乾隆颔首赞其“记忆过人”。

主仆二人，一个出上联，一个对下联，不知不觉来到一座桥上。此桥造型别致，宽而不长呈方形。乾隆站在桥上，望了望桥，然后望着湖上，兴致勃勃地吟道：“四方桥，桥四方，站在四方桥上望四方，四方四方四四方。”

纪晓岚细细一辨，内有七个“四方”，要对上来极为不易。他思忖良久，突然“扑通”一下跪在了乾隆面前，双手合十，虔诚叩首并吟道：“万岁爷，爷万岁，跪倒万岁爷前喊万岁，万岁万岁万万岁！”他一连用了七个“万岁”对七个“四方”，不仅对得工整严谨，而且又吹捧了乾隆，这使得乾隆十分高兴，连连赞道：“纪爱卿才思敏捷，真不愧为天下名士啊！”当即从腰间解下一块苏工浅浮雕“福在眼前”玉佩赏赐给了纪晓岚。

游毕，乾隆和纪晓岚回到船上，品尝着船家精心烹调的太湖水鲜，告别望湖湾折返望亭。

（诸家瑜）

唐“半仙”破奇案

清乾隆年间，望亭浪沙浜有个名字叫唐半仙的年轻人。

唐半仙自出娘胎，两眼只能看到咫尺之距的东西。他父母亲为了百年之后，自己的儿子不至于挨冻受饿，当唐半仙成年之后，高价请了个江湖算命先生教其算卜之术，还给取了个“半仙”的名字。唐半仙入门之后发现，给人算卜是骗人钱财，拒不给人算卜。当他得知村上人在望亭街上开了个家悦来客栈，于是上门去求职。悦来客栈掌柜见他虽然眼睛半瞎，但心地善良，为人正直，而且手脚勤快，为此一口答应，雇佣他在店中生火做饭，打扫卫生。

一个秋日的傍晚，天色阴沉沉，似大雨将临，路人行色匆匆。在望亭镇外的一条大道上，走来两人，一个名叫王庆魁，一个叫文正发。这两人是布贩子，是从苏州贩布到河南去卖，只因这次生意做得非常顺利，赚了好大一笔钱，所以两人心情愉快，有说有笑。王庆魁看看天色，对文正发说："一路劳累，天要落雨，我们就在望亭歇一夜吧。好好吃顿夜饭，踏踏实实睡一觉，明天精精神神回家，好吗？"文正发笑答："蛮好蛮好。我晓得进望亭镇就有一家'悦来'客栈，蛮清爽的。"

两人前行，忽见路边一个身材壮实的大汉，正在左顾右盼，看到两人迎面而来。要紧打招呼："两位大哥，就近可有客栈？"王庆魁心直口快，忙答："进望亭镇就有。正好我们也要住店，跟我们一起走吧！"大汉赶紧谢了，挑起两只大箱子跟着就走。

一路上，三人讲讲说说，互通了姓名。大汉自称名叫李四，老家在山西乡村，一直在外面做生意，今接到口信，说老父病危，所以要紧赶回去。想想老家穷得叮当响，就准备了两大箱杂七杂八东西，急匆匆往家赶。王庆魁两人听得唏嘘不已，少不了安慰几句。

没多久三人来到"悦来"客栈，因是一路进店，便被店家安排在有三张床的大房间住宿。李四热情，感谢引路，就请王庆魁两人吃了顿小老酒，三人愈加热络。

却说，住在三人贴隔壁的有两个人，一个是卖瓷碗家什、带修补的江西人，因为苏州一带有句歇后语，叫"江西人钉碗——自顾自"，所以都叫他"自顾自"，另一个就是住在客栈的伙计"唐半仙"。

自顾自听说唐半仙虽然眼瞎，但算命特别灵验，因此吃过夜饭就七搭八搭闲扯一会后，缠着要唐半仙免费替他算命，唐半仙推说："实话跟你说，算命都是骗骗人的，你不要相信。"自顾自有点恼，反唇相讥："我不相信，否则哪会有这么多人来请你算命？你就是小气！"说着从怀里摸出几个铜钱，将台子拍得应天响，气呼呼说："我就是要算，喏，钱给你！"唐半仙一笑，摇摇头，将钱退回自顾自，连说："好好，免费替你算一算。"唐半仙像煞有介事摸了摸自顾自的手和脸，又问了生辰八字，用手指掐了半天，就说："贵人，贵人相，将来必定发达、后半世荣华富贵。"话刚出口，自顾自大笑，连说："骗人，真的是骗人，刚才所说生辰八字是假的，我都六十岁了，还有后半世，哈哈，骗人……"唐半仙恼了，也针锋相对："我说的也是假的，你的后半世是穷到底，苦到死……"

两人争争闹闹，一直到后半夜才感到身心疲惫，自顾自先下台阶，连说："跟你瞎子也说不清，又讲不过你，哎，睡觉吧，明天还要走街串巷呢！"说着倒头便睡。唐半仙也准备睡了，因为心里还有点气恼，一时半会儿也睡不着。

未几，就在唐半仙迷迷糊糊之际，突然之间隔壁大房间里传来一阵古怪的轻微的响动，瞎子的听觉特别灵敏，被这声音一打扰，觉得不对劲，就轻轻翻身起来，把耳朵贴在隔壁墙的板壁上细听，这一听不要紧，他听出了名堂，轻微的“呼呼”声，好像是斧子在空中挥舞的声音，接着又是不易觉察的呻吟声！跟着是一阵奇怪的响动，再听，就什么声响都没有了。

唐半仙吓出一身冷汗，晓得大事不好，要紧摸到自顾自床前，悄悄推醒他，附在耳边轻说：“不好了，出大事了，隔壁房间里出了命案！”自顾自先是大吃一惊，继而不信，自语：“不，不会吧！”唐半仙坚信自己的判断，小声说：“我们两人假装吵架，声音弄得越大越好，以便观察隔壁大房间里那三人的动静。”说着，他让自顾自点上灯，然后捧起五只碗狠狠地砸到地上，“哐啷啷”声音刺耳，又加上吵骂声，弄得整个客栈的客人都被吵醒，纷纷跑出房来看个究竟。只见两人在大吵大闹，自顾自说：“他砸掉我的碗，要赔钱！”唐半仙说：“我丢了钱，一定是你偷的！”说着两人还扭打起来，这时隔壁大房间里的三个人也走了出来，好言相劝，说到最后，那个大汉李四竟然说：“出门在外，和气为贵，你们两个到底损失多少钱？要不我来赔付？”两人不听，仍然不依不饶。

就在这时，望亭镇的镇官接报后来了。镇官名叫杨亭清，此人官虽小，却办事公正，智慧过人。杨亭清到达客栈后，先听老板将事情大致说了一遍，他又逐个询问住客，大家说的基本差不多。当问到自顾自时，自顾自背对众人，语无伦次，不住地牵嘴巴，眨眼睛，示意要问伙计唐半仙。

镇官多少聪明，晓得事有蹊跷，连忙叫瞎子过去，带到一间小房间，细问事由。唐半仙将整个疑问说了一遍，最后还说：“不会错，我的耳朵从来不会出差错。”

镇官踏出房门，吩咐四个跟班跟随左右，厉声说：“搜查李四房间！”进房间后，又大声呵斥：“打开箱子！”

此时，李四等三人已是汗如雨下，脸色转白。镇官大喝：“开箱！”李四再也忍不住，企图夺路而逃。四个跟班眼明手快，将三人死死按住。镇官亲自打开箱子，里面是几个沾满血污的油纸包，解开一看，竟是两具肢解尸体。

原来，李四挑着的两个大箱子里藏着他的两个同伙，半夜里等两个布贩子睡熟以后，他们从箱子爬出来，手持利斧将布贩子砍死在梦乡里，然后肢解后放入箱子，准备等天未亮时离店。因为住店时是晚上，出店时天未亮，其中两人的相貌无人注意，即使注意了匆忙之中也分不大清，更重要的是，住店是三人，出店也是三人，人数相符，不会引起怀疑。

三人被镇官绑走，有人赞曰：路见不平，拔刀相助，瞎子都如此见义勇为，实为楷模也！

（王水根）

赤心待友两工匠

清朝的时候，在望亭镇大街上的东头，贴隔壁住着两个工匠，一个姓赵，都叫他赵木匠；一个姓钱，人称钱皮匠。两个人从年轻时就做邻居，你来我往，相处几十年，互帮互敬从来没有红过脸，胜似一对亲兄弟，两个老实人，做生意从来就是实实在在，既不坑蒙拐骗，更不以次充好，在望亭镇口碑极好。可惜的是，两人做生意太老实，因而赚不了大钱，只是苦度光阴，直到年过半百，才各自娶了个半老徐娘。

如此，又过了十多年，两个胜似亲兄弟的苦命人已是年过花甲，成了垂垂老者。

那年，春节将临，除夕之夜，大雪纷飞，赵木匠将钱皮匠两口子请到家里，说我们弟兄两家聚聚过个团圆年吧！钱皮匠高兴之极，连忙带了熟菜来到隔壁。两人坐定。生了一只火盆，烧些木屑柴梗之类，倒也暖融融、红火火。

两人开了一瓶高粱酒，你一杯我一杯对着干起来，几杯酒下肚，话就多起来，各自吹嘘开了。赵木匠拍着胸脯，说："做人就要讲良心。我一生一世从来未骗过人，只有你老弟晓得我的为人……"钱皮匠满脸通红，抢说："我，我当然晓得你老哥的为人，不过我也是老实一世，苦了一生，老哥啊，来，为我们两个苦命人干一杯！"老哥老弟吃得兴起，举杯一饮而尽。

未几，赵木匠眼睛里充盈泪水，又深情地对钱皮匠说："老弟啊，真是年岁不饶人哪，我们都白发满头了，老啦！也不晓得哪一天上气不接下气，当中横里就断气，就此阴阳两分离……"钱皮匠听到这里，立即打断话头："老哥啊，马上要过年，莫说触霉头的话，我们还要长命百岁呢！"赵木匠马上转为笑脸："对对对，长命百岁，恭喜发财！"两人笑着又对干一杯。

之后，赵木匠一本正经又说："老弟啊，我不是触自己霉头，说实话，人总归要走这条路的。"钱皮匠点点头："说得也是。"赵木匠呷了口酒，又说"你我深交一场，胜似兄弟，今天老着脸皮，哥想拜托你一件事。"钱皮匠一口答应："只要我办得到，一定照办。请讲。"

赵木匠又抿了口高粱，说："老弟你常走陕西去内蒙古，给人家缝了几十年皮袄，也替我选点好皮毛做件衣服。唉，年龄不饶人哪！往年我从来不知道什么叫冬天，一做生活就是一身汗，冷天两件单衣就能过。可，这两年不行啰，天一冷，背心凉气就喘……唉！"

钱皮匠听毕，"呵呵"一笑，说："老哥啊，我当什么大事呢，行，小事一桩。过些天我替你缝件御寒皮袄。"赵木匠开心得连声称谢。钱皮匠话锋一转，接着说："你也不用谢我，我也有事相托呢！"赵木匠连忙接口："你说，你说。"钱皮匠说："老兄啊，你刚才讲得好，人总归要走那条路。也请哥替小弟我准备一个入土为安的'家'啊！"赵木匠要紧点头，回答："应该的，老哥一定放在心上。"

两人一言为定，讲讲说说，异常开心，直到天放亮，外面爆竹声声，已是新年来临。

没几天，钱皮匠叫徒弟送来一件皮袄给木匠。赵木匠开心得不得了，要当面去谢老弟。徒弟说，师傅出门了。赵木匠接过皮袄，左右前后仔细看了三遍，心里就有点不悦。原来，这皮袄做工确实精细，但整件衣服却是由巴掌大小的碎皮子拼凑起来的。他嘴上不说，心里嘀咕：唉，这老弟，弄了些破碎皮子来糊弄我，未免太小气了吧。赵木匠摇摇头，就将这件皮袄随手丢在外屋的粮堆上。

过了三天，赵木匠打好了一口棺材，就让两个徒弟抬到隔壁，交给皮匠。钱皮匠一看棺材也是老大不悦，虽然说做工地道讲究，却是又薄又小。钱皮匠肚皮里做文章："老哥啊，你是不作兴的啊，你我交往几十年，胜似兄弟，你竟如此吝啬，那棺材单薄不说，还不够尺寸。"钱皮匠心里有点不舒服，但还是往好处想。他依然热情招待木匠两个徒弟吃饭，哪知这两个徒弟贼头贼脑、挤眉弄眼，不知在搞什么名堂。等到酒席摆好、菜上齐、请入座，却少了一条红烧鲫鱼和一碗白米饭。钱皮匠不便多说，心里却更加多了层疙疙瘩瘩。

时间匆匆，一晃就过了三个月，天气开始热起来。

那天，钱皮匠来木匠家闲聊，因为送了皮袄之后，赵木匠从来没有提过是好是坏，所以今日特地来问问。哪料到木匠很随便地说："放在粮堆上，还没穿过呢！"皮匠听如是说，连忙抢过话头："啊呀，不好。一冬天了，粮食肯定发芽，那东西太热了。"木匠慌忙到外屋提起皮袄一看，果然皮衣下的粮食发出了白生生的嫩芽来。他大为惊异，忙把皮袄拾起来，方才知道这皮袄实在是贵重之物。钱皮匠说出原委，原来，皮袄上的每一小块皮子，都是火狐身上最保暖的一部分，这小块皮子是钱皮匠几十年积攒起来的，为了老哥，才忍痛割爱给了木匠做皮衣的。

隔天，木匠主动要到皮匠家里做客。临近中午，木匠来到皮匠家，刚一进门，就嚷着说肚皮饿了。皮匠慌忙让老伴去做饭，还特地关照："老哥欢喜吃鱼，烧一条红烧鲫鱼。"老伴应着，刚想转身，赵木匠伸手拦住，说："有饭有菜，不用做了。上次我叫徒弟送寿材来时，特地关照悄悄留一条鱼和一碗米饭，就放在小弟的寿材里面，你端出来给我就是了。"皮匠一听，才似有所悟，端出来盘碗一看，米饭雪白，色泽如新；鲫鱼鲜亮，香气依旧。皮匠这才知道这棺材也非普通木料制作。赵木匠"呵呵"一笑，道出根底，原来，这也是老木匠做了几十年的木工活，选的是一种具有防腐功能的名贵稀有木料，本打算给自己打寿材，因钱皮匠提起，就给老朋友用了，就料而做，因此就小巧了一些。

老弟兄心照不宣，两双手紧紧握在一起，都咧开嘴笑出声来。

（王水根）

画扇振军威

清咸丰九年(1859年)十月,太平天国忠王李秀成率兵万余攻破万寿桥,清将和春从望亭逃往浒墅关自缢身亡。太平军攻占新安、望亭。

李秀成驻扎望亭,加强战备,操练兵马;肃整纪律,严治歪风,随时准备抵抗来犯之敌。

可事与愿违。几天下来,李秀成听到的皆是不利风传:有报当差的欺负老实人,百姓苦不堪言;有报当差的眼红钱财,常敲诈勒索;更有说,当差的不顾民生,扰乱百姓安居乐业……李秀成听得郁郁闷闷,心想如此下去,将军不成军、官不像官,其后果不堪设想。那么,该如何整治呢?李秀成心里烦恼,一时无措,只有唉声叹气。

一天,李秀成推开窗户,望着窗外春光明媚,桃红柳绿,一片好风光,却怎么也高兴不起来,只是凝神思索。就在此时,他发现窗台外面有只蜗牛在往上爬,心里一动:这"笨手笨脚"的生灵也想上进,身负重载还在努力攀登,岂不值得一画?李秀成迅速取了把素白光面扇子,作起画来。画毕,又瞥见窗外花间飞着一只蜜蜂,心想:这蜜蜂忙于采蜜,有益于人,更值得一画。李秀成画兴大发,又从蜜蜂联想到流萤,别看萤火虫光亮不大,但它并不自卑,夜夜到处飞奔照明取悦于人,一定要画上它。李秀成抬头四望,猛见檐下有个蜘蛛正忙碌地织网:这蜘蛛结网不怕风雨作对,百折不挠,精神可嘉,也就一并画了。

李秀成画好扇面后,左看右看,一声苦笑摇了摇头,不觉郁闷又涌上心头,就将扇子随手丢到桌上,又站到窗口,深深叹了口气。

此时,一个名叫王彪的贴身侍卫踏进屋内,收拾桌上一应杂物。他忽然看见扇面上的画,出于好奇心,就仔细端详起来,好一阵后,不解其意,便问李秀成:"大王,您画这四样小虫想表达什么意思啊?"

李秀成转过身,看看扇面,望望王彪,笑说:"什么意思也不表达,心中烦躁,信笔一画而已。"

王彪倒是顶真起来,一本正经说:"不,大王,您这画寓意很深,能瞒过别人可瞒不了我这跟随您多年的侍卫啊?"

李秀成一愣,随后即问:"哦。寓什么意啊?说来我听听。"

王彪不慌不忙指着扇面上的画娓娓说道:这蜗牛背着个大酒葫芦爬行,显然是个嗜酒之徒、贪杯小人;这蜜蜂在花蕊里逛荡,明显指它贪花好色、无所事事;这萤火虫深夜不眠,打着灯笼到处转悠,不用问它是想捡点意外宝贝,是个贪财之辈;这蜘蛛鼓着个大肚子,时时生气,是个小肚鸡肠的庸者。大王,您这画的寓意是告诫人们要做一个正人君子,切忌酒、色、财、气四个字,对吧?

李秀成听王彪这一解说,大感意外,嘿嘿,真是冬瓜缠到茄门里,南辕北辙啦!我只是心中烦闷,随手一画根本无此寓意,哪料被侍卫王彪给"寓"上了。而且还寓得贴切、新鲜、有趣。李秀成一高兴，当即就把画扇折起来递给王彪，说："好，拿去吧，赏给你。"王彪喜出望外，接过扇子，千多万谢。

王彪开心得又蹦又跳，一路小跑。直奔到伙房的小房间，去将喜事告诉他爹。王彪的父亲跟随太平军多年，一直当个火头军，如今已是班头。

王彪一踏进门，就大声报喜："爹，快来看啊，大王赏了我一把扇子，扇面上的画还是大王亲自画的呢！"

他爹听如是说，也高兴得跳起来，双手在围裙上擦了擦，接过画扇，左瞧右看，一时不解，就问儿子："这是什么？四只虫子，怎么画上这些玩意儿？"

王彪得意地说："别看是四样小虫，还各有寓意哩，爹，你见多识广，眼力又高，猜猜看，是什么意思？"

儿子要考老子？他爹心里有点不悦，心想，小子哎，你爹吃的盐比你吃的饭还多呢？想难倒我啊？没门！今天非要拿点真本事让你瞧瞧，别以为火头军就没有将才！

他爹又对着扇面仔细端详，他搜肠刮肚，浮想联翩，终于开了窍，突然一拍巴掌兴奋地滔滔而说：彪儿，你看，这蜗牛老实无能，是说老百姓像蜗牛那样老实，当差的不能看它老实就想欺负人家；这蜜蜂呢，是说百姓像蜜蜂那样辛勤劳作，当差的要体谅黎民之苦；这萤火虫光亮点点，是说百姓家财极少，当差的不能老盯着百姓口袋里那些少得可怜的钱，使着法子去敲诈勒索；蜘蛛结网，异常辛苦，它是靠着结网过生活，顽童看着好玩，硬是用竹棒给网戳破，毁了蜘蛛一家。彪儿，我看此画是说百姓屡遭天灾人祸，苦不堪言，当差的当官的务必维护百姓生计，保障百姓安居乐业，使得民居安逸、民生可乐。

王彪听毕老爹一席话，惊得目瞪口呆，想不到平时笨嘴笨舌的爹，竟然一口气说出如此一番道理。王彪顿觉眼前一亮，情不自禁伸出大拇指，连声夸爹。

王彪思索良久，不知画意是不是像爹所说一样，为了弄清究竟，他赶回衙门，再见李秀成，将他爹对画的看法原原本本说了一遍。

李秀成听毕，着实感到意外，心想，我不过信笔一画，不想画者无心，观者有意，真是见仁见智，竟有如此不同赏识和理解。李秀成大喜过望，居然有点忘形，猛地一拍桌案，大声说："好，好，好，你爹评画，果然不同凡响，堪谓独具慧眼啊！"当即传令王彪，速按班头人数购买扇子，都要素白光面的。

王彪得令，迅速办妥，按长官发放，人手一把。扇面上由李秀成画上这四样昆虫。而且还题上四句韵语：蜗牛头上莫砍棍，蜜蜂尾部别拔针。流萤飞过休沾光，蜘蛛网下存善心。

据说，自此以后，李秀成的军队纪律严明，爱护百姓，与民共乐，军威大振。

（王水根）

高脚馒头和破布底鞋

清同治年间，望亭有个姓王的寡妇，一天到庙里去烧香，把自家蒸的几个高脚馒头供在佛台上，刚想叩头，见佛台下面伸出一只又枯又瘦的小手，要抓馒头。原来佛台下躺着一个讨饭的小男孩，七八岁年纪，衣不蔽体，皮包骨头，气息奄奄，一看就知道已经几天没吃东西了。王寡妇见这小孩实在可怜，也顾不得供品是孝敬菩萨的，从佛台上取下一只馒头就塞给了小男孩。小男孩一双脏兮兮的小手捧着馒头，三口两口就吞下了肚，两只小眼睛还直勾勾瞅着佛台，一个劲地咽口水。王寡妇叹口气，又取下一只馒头给他，小男孩狼吞虎咽吃完，两眼仍死死盯着佛台上的馒头。王寡妇又叹口气，索性把剩余的四只馒头都取了下来，统统给了小男孩。小男孩风卷残云，一会儿工夫就全吃光了，地上有一点儿馒头屑，他也拾起来放进嘴里。

王寡妇看了心酸，问："小囡，你姓啥？叫啥名字？"

小男孩摇摇头。

王寡妇说："人生下来就会起个名字，你怎么不记得自己姓啥叫啥了呢？平时你爹娘是怎么唤你的？"

小男孩哭道："我爹娘都死了。人家都叫我小叫花。"

王寡妇问："你爹娘怎么死的？"

小男孩说："给官兵杀死的。"

王寡妇不再问了，心里已猜到了八九分。这年头闹太平军，官兵打不过太平军，又要向朝廷报功，常有杀百姓充"长毛"的事发生，大概小男孩的爹娘也是这么丢了命。王寡妇心想，如果撒手不管，任由这个孩子去流浪乞讨，十有八九他会饿死冻死。我常到庙里来烧香拜菩萨，为的什么？还不是有心向善，做个善心人！常言道：救人一命，胜造七级宝塔。这个小孩我就带回家去吧，收他做义子，他获救了，我也有后了。

主意打定，王寡妇摸摸男孩的小脑袋，亲切地说了声："跟我走吧，从今往后，我就是你的娘。有我一口吃的，就饿不着你；有我盖的，就冻不着你。"牵着小男孩的手，回到了她简陋的屋子。因为小男孩说不清姓名，王寡妇就让他随了自己的姓，替他取名叫王勇。从此，孤儿寡妇相依为命，虽然贫困，但日子过得还安稳。这小孩最喜欢吃高脚馒头，王寡妇就经常做给他吃。

王勇长到十三岁，太平军在望亭和清军打了一场大仗。率领太平军打这一仗的是李秀成，李秀成是太平天国忠王。这个忠王的确是忠，忠到洪秀全亲笔书赠"万古忠义"四字。这四字的后面是怎样的辛酸血泪，一般人是很难想象的。洪秀全一面使用他，一面猜忌他，甚至不放他离开天京(今江苏南京)，怕他一出京就会鼓动部下夺位。史料显示，李秀成为了救天国，必须打破天京被围困的局面，他不能不外出去调动各路部队。于是，李秀成将老母、儿女当人质押给洪秀全，才获得了进军江南的应允，才得以从战略意义上完成他的“苏福省”构想，使洪氏太平割据王朝苟延了若干年。李秀成称得起是太平天国最优秀、最有头脑、最苦心经营的一个人才。可惜，李秀成没有碰到一位“明主”，洪秀全实在太让人失望了，然而即便如此艰难，李秀成仍旧竭尽全力取得了击破清江南大营，解除天京之围的大捷，并一路追杀，在望亭全歼了江南大营溃退到此的残部，江南大营的统帅逃到浒墅关，上吊自杀。

李秀成对百姓很爱护，包括当时的地主乡绅，他也采用比较温和的怀柔政策，所以，即便不识字的老百姓，都口口相传李秀成的许多动人的故事。有个故事叫“忠王赔了颗金人头”，讲的是一位老学究被李秀成一个部下错杀了，李秀成问部下：老学究并未反对我们，为什么要杀这个人？部下振振有词，搬出洪天王的教条来，说这个老学究教的是“四书五经”，洪天王钦定“四书五经”是妖书，传授妖书就该杀。李秀成非常生气，把这个部下处死了，但老学究的命是无法赎回来了，连他的脑袋也不知弄到哪里去了。李秀成只好找了个高明的金匠，用纯金锻打了一颗人头，安在老学究的无头尸身上，厚殓了这位屈死的老人。

所以，百姓都很拥护李忠王。望亭居民受清朝官吏压迫太久，早已不满，现在太平军来了，居民都欢迎，认为这是替穷人打天下的队伍，许多年轻人就报名参加太平军。王勇也想去，却又舍不得娘，王寡妇知道了养儿的心思，鼓励他说：“去吧，勇儿。听说有的地方太平军撤走，官兵回来，第一桩事情就是大开杀戒，不分青红皂白，见人就杀，理由是附逆。看如今的局面，难保官兵不会重新占领望亭，与其到时候被官兵冤枉杀掉，不如你跟忠王走，立了功当了将军，有能力保护乡亲。”王勇没了顾虑，就投入了李秀成兵营，成了一个少年太平军。

太平军在望亭休整了一阵，要开拔了，要去打仗了。临走，王寡妇给养儿做了不少高脚馒头，让他当干粮，还拿出一双用细麻扎的破布底鞋，说：“将来再要见面，我怕认不出你，你就拿这双布鞋作凭据吧！”

王勇年纪不大，但跟了大部队行军打仗，从不掉队，还走得比别人快，打仗特别勇敢，立了不少功劳。

一日，李秀成挑选一队太平军扮了清兵去偷袭清营，王勇也被挑选上了。这次长途奔袭路很远，要赶一天路程才能到，每人身上要带标记，免得自己人和清兵分不清。王勇提了个建议，李秀成采纳了，命火头军多蒸点高脚馒头，发给每个突击队员，供他们行军充饥，还让大家全部换穿破布底鞋，作为标记，这一仗打得非常顺利，杀了许多清兵。

以后，大家觉着高脚馒头又好吃，又耐饥，行军携带方便；破布底鞋又结实，又轻便，就经常做了高脚馒头，穿了破布底鞋行军打仗。

高脚馒头和破布底鞋，就这样流传开来了。要说这两样东西的源头，应出自望亭。

（娄一民）

火烧红莲寺

都城庙有个别称，叫“红莲寺”。这个别名，来自一朵特别的红瓣睡莲。为什么说它特别呢？首先是这朵红莲长的地方很不一般。都城庙两边有两条小河，东边那条叫“东寺浜”，西边那条叫“西寺浜”。两条河浜水清清，都适宜莲花生长，可是红莲不选在河里落脚，却跑到了一口古井里。这口古井，位于都城庙大雄宝殿前面，到底有多古老，谁也说不清，但有一点是肯定的，都城庙建成前古井就已存在了。当地人都听到过一个传说，说都城庙准备建造时，缺木柱木梁，眼看就建不成了，忽然，井里冒出一根粗大的木头来。众人把木头拔出井来，井底又冒出一根，再拔出来，紧跟着冒出了第三根……一根又一根，众人拔呀拔，拔出了不知多少根，木头忽然停止冒了，众人一清点，不多不少，拔出的木头恰好是建庙所需柱梁的数目。

就是这口神奇的古井，有一天清晨，突然从井底又冒出一样东西来，不是别的，正是一朵莲花，鲜红花瓣的莲花。刚冒出来的时候，只是一个花苞，花苞冒到水面上，舒展开来，花瓣摊开，成了巴掌大一朵红莲。这朵红莲的花瓣不停地长，到了傍晚，长到了蒲团大，这才停止再长。蒲团大的红莲卧在古井里，从明朝直到清朝，两三百年时间，一直那么鲜艳，也是个很稀奇的事。因为这朵红莲，所以人们将都城庙又叫作“红莲寺”，渐渐地，红莲寺这个名称盖过了原名，方圆百里提起都城庙，皆称红莲寺。假如不曾出了一桩意外事件，说不定红莲寺这个庙名就会流传到今天呢。

意外事件发生在清朝同治年间。一年，望亭流言四起，说红莲寺和尚不守清规，私挖地下室，藏匿妇人，昼夜淫乐。流言传到地保耳中，地保不敢大意，迅速报与县衙，县官派出差役，到红莲寺查勘，并未发现异常。按理流言应该平息了，谁知非但没能止住，反而越传越玄乎，说和尚有妖术，差役来时，和尚施出障眼法，故而差役一无发现；待差役一走，和尚撤掉法术，地下室便现了出来，照常使用。

这时镇上接连失踪两名妇女，家人寻访多日，杳无音信，悬赏寻人，也无效果。于是，又一波流言涌起，直指红莲寺，说和尚设下机关，妇人进庙烧香，跪在拜垫上磕头，倘这妇人有几分姿色，被和尚贼眼瞄中，便会启动机关，拜垫翻转，妇人便栽入地下室，供淫僧玩弄，直到奸死，偷偷埋掉了事。

这可是大案子了，地保慌忙报官，县太爷亲自出动，率衙役三班赶到望亭，将红莲寺团团围住，角角落落搜了个遍，毫无所获。但流言仍旧汹汹，一来人们相信和尚故伎重演，又是靠着障眼法过了关，二来两名妇女至今不知所踪乃是事实，两名大活人人间蒸发，活不见人死不见尸，怎不让人联想浮翩？

望亭人对红莲寺和尚恨得牙痒痒的，不用谁号召，大家不约而同采取一致行动，都不再到这个庙里烧香。这样一来，红莲寺断了香火钱，没了收入，和尚们的日子就苦了，勉强维持一日两餐稀粥，顿顿咸菜下饭。大家以为和尚过不了这种苦日子，很快就会熬不下去，卷铺盖滚蛋。和尚一走，万事大吉，女眷就不用提心吊胆，男客也可以高枕无忧。可是，和尚偏偏不走，坚守在红莲寺，丝毫没有外出云游的迹象。和尚为什么不肯离开呢？又有流言传开，说是别处寺庙哪里容得这等犯色戒的淫僧，也只有望亭这个地方的人吞得下苍蝇，咽得下蟑螂，竟然与淫僧相安无事，真是丢脸丢大了！

望亭人怎受得了这等羞辱，也不知是谁大喊一声："要脸面的乡亲跟我来，今日非得逐走这辈污毁佛门的秃驴！"又不知谁问："秃驴死活不走，怎么办？"立即有人说道："干脆烧了这座淫寺，不怕他们不挪窝！"众人一齐喊道："对对对，就这么办！"

众人情绪激愤，纷纷回家拿了稻柴，一人一捆，百人成堆，红莲寺山门被稻柴堆堵住。有人点起火来，一会儿火焰就蹿上了半空，噼噼啪啪，一阵阵爆响，火借风势，向里卷去，大殿也烧着了。全寺大小和尚七八个，慌忙翻墙逃命，眼睛一眨工夫，逃得一个不剩。放火的，看热闹的，一齐拍手叫好，大家觉得无比痛快。

红莲寺就这么给焚毁了，那些和尚再也没有回来。人们在烧成一片废墟的庙基上挖掘寻找，想把地下室找出来。掘遍寺内寺外，地皮地下都是实实的，连个老鼠洞也未掘到。和尚们都逃之夭夭了，也不可能再有谁施障眼法了，怎么仍然找不到藏女人的地下密室呢？会不会是红莲寺根本就没有什么地下室？如果是这样，岂不是冤枉和尚了？

若干年后，人们终于明白，红莲寺烧得真是冤枉。真相是当地有个土豪，一心想将红莲寺夺为己有。在他看来，寺庙是棵摇钱树，只要吸引来香客，不愁香火钱不滚滚而来。这可是无须本钱的生财之道，土豪怎肯放过？土豪挖空心思，想出一计，就是搞坏和尚名声，让和尚在望亭站不住脚，红莲寺一旦没有了和尚，土豪打算去招几个野和尚来，自己暗中掌控，藉以敛财。要搞臭和尚，最快速的一招无疑说他们贪色宣淫，那些流言便是土豪制造、散布的。至于失踪的两名妇女，也是土豪拐卖到外地娼门去的。土豪机关算尽，却未算到望亭人激于义愤，一把火烧了红莲寺，他最终落了个竹篮打水一场空。

这桩公案搞清楚了，但余波还有，后来有些文人听说了这件事，觉得很有戏剧性，于是改头换面，添油加酱，写成小说，编成剧本，甚至还拍了电影，弄得天下皆知。电影是香港出品的，剧名就叫《火烧红莲寺》。所以，望亭人说，"火烧红莲寺"的出处要到望亭来找。

（卢　群）

尼姑桥

清光绪年间，望亭牡丹港旁有个永福庵，庵里供奉的观音菩萨据说很灵验，前去求子的人，只要虔诚，基本上有求必应。因此，永福庵的香火越来越旺盛。

有个张员外，娶了一房正妻、两个小妾，可是年已五十出头，却还没有一儿半女。前几年，妻子就劝他到永福庵去求观音，他怕惹人讥笑，一直未答应。现在沉不住气了，主动对妻子提出要去永福庵进香。妻子问："你怎么不怕人家笑你生不出儿子，对着菩萨乱磕头了？"张员外无奈地说："我虽称不上家财万贯，却也要地有地，要房有房，富甲一方。我死后这些家当传给谁？想起这点，给人笑话几句就算不得什么了。"

张员外催妻子赶紧备齐供品，明天就去永福庵。妻子说："你呀，要么大象屁股推不动，要么说着风就扯篷。这么些年都过来了，也不差这一天两天，你让我定定心心准备，好不好？"张员外说："我都什么岁数了，再拖延，观音肯给张家送子，只怕我也没这个劲道了。明天去，明天就去，不可耽搁。"

妻子犟不过他，只好带着两个小妾，指挥男女仆佣，连夜大起忙头，杀猪宰鸡蒸糕团采办香烛，忙到快天亮，总算统统办齐。接着，张员外和妻妾又都香汤沐浴，换上崭新衣裳，然后让仆人挑着担子，前往永福庵。

张员外恭恭敬敬摆上供品，点燃香烛，朝观音塑像磕拜完毕，许下大愿："若我得子，定为菩萨重塑金身。"也不知真是观音被他的诚心感动，还是凑巧了，张员外永福庵进香两个月后，他的一个小妾怀了孕，十月过后，生下了一个大胖小子。

张员外的高兴劲就甭提了，高兴之余，他要做的第一件事就是到永福庵还愿。张员外对永福庵当家师太说："观音菩萨像全身重新装金，费用不管多大，全部我来负担。"

按理，有施主出手如此大方，当家师太是会马上接受的。可是，这位当家师太并不欣然笑纳，却说："本庵自创建以来，观音大士像一直是一袭白衣，所以，装金就免了吧。"

张员外着急了："这怎么行呢？我在观音菩萨面前许过愿，生了儿子要替她重塑金身，如果我不做到，是会有报应的。"

师太笑道："不会的，不会的，观音如果计较这些，还算菩萨么？观音菩萨是胸怀最宽广的，不可能与你一般见识。"

张员外说："观音菩萨大度大量，这说大家都知道的，她可以不在乎，她的底下人就难说了。万一他们不高兴，要我好看，我怎么吃得消？师太，算我求你了，你就高抬贵手，让我把这尊观音像装金了吧。"

师太摇摇头。

张员外说："我替观音像装金，总不是坏事吧？出家人慈悲为本，师太你就成全我吧。"

不管张员外怎么好说歹说，当家师太硬是不松口。

张员外垂头丧气，咕哝道："你这个师太真是少见，别的庙里就怕化缘少，你倒是有钱送来还要推出去，你嫌钱多呀？"

师太说："我也嫌钱还不够多，正发愁怎么完成观音的嘱托呢。"

张员外的好奇心给引起来了，问："观音菩萨有事嘱咐？"

师太说："是啊，一年前，我做了个梦，梦见观音对我说，牡丹港上缺座桥，要我想法子造一座石桥。这一年多来，我把香火钱功德钱都攒着，一个小铜钱也舍不得花，不过，靠我这么攒，只怕攒到我圆寂，也攒不够造桥的钱。"

张员外问："师太，观音菩萨真的给你托了这个梦？"

师太说："出家人不打诳语。阿弥陀佛！"

张员外试探地又问："假如有人肯出钱造这座桥，观音菩萨会怎样保佑他呢？"

师太说："观音托梦时给我时说了，假如有这样的善人，保他三代无病无灾。"

张员外心中盘算，花一座石桥钱，我儿子就可以健康长大，一生无恙，合算！心里一激动，脱口而出："这座桥，我来造。"

其实，永福庵当家师太师略施小计，让张员外心甘情愿将准备替观音像装金的钱改作造桥。师太天天看到庵门前这条河上因为缺座桥，行人很不方便，早就有心想要募化一座坚固的石桥，结果真的实现了。

由于这个缘故，人们就把这座桥叫作"尼姑桥"。

（娄一民）

孔昭晋教顽童

清宣统二年（1910年）孔昭晋在望亭下塘办了一座私塾。孔昭晋原在礼部当官，因眼看清朝已走到末路，不愿再在京城白白耗费生命，便回到家乡，做些实实在在的事情，这座私塾就是在这个指导思想下产生的。

孔昭晋的私塾，招的都是贫困人家孩子。这些孩子，家长拿不出钱来供他们上学，现在孔昭晋租了刘宅一幢大房子，非但不收学费，而且，如果孩子要住在学馆里也可以，孔昭晋管饭。世上竟有这样的好事，那些穷人家争先恐后把儿女都塞了进来，学生人数大大超过了孔昭晋的招生计划。孔昭晋见学生来了这么多，非常高兴，按孩子的年龄分了几个班，自己一个人教不过来，便又聘请了几位先生。原本他打算只简单地教学生认些字，现在也作了改变，除了语文，还教数学。孔昭晋办的这个学馆，虽然仍称为私塾，其实和新式小学也相差无几了。

可是，令孔昭晋伤脑筋的事马上来了，以前，这些孩子一天到晚在外玩要，大人忙于生计，无时间、精力管他们，所以，他们都很贪玩，不爱学习，讨厌约束，上课坐不住，下课到处窜，吃饭吵闹，睡觉鬼叫，真令人头疼。孔昭晋为了提高他们的学习兴趣，想了不少办法，效果都不大，愁得他整天眉宇打结，唉声叹气。

一天，几个逃学的学生被他抓住了，欲待严加训斥，又一转念，以前也曾有这种情况，他训也训过，斥也斥过，并无作用，不如换个方式试试。孔昭晋按下心头恼火，和颜悦色说道："你们常往外溜，到底干什么去了？如果不是在外胡闹，我不责罚你们。"

一个学生说："我们没有胡闹，没有闯祸，我们只是到猜谜语的地方玩去了。"

孔昭晋问："谜语就这么吸引你们，连课都可以不上？"

另一个学生说："谜语有趣，课文枯燥，我们管不住自己的腿。"

孔昭晋又问："你们去猜谜的场所，光是旁观么？"

那学生大着胆回道："我们也参与猜的，太难的猜不出，有时也能猜中几条。"

孔昭晋心想，猜谜是要动脑筋的，他们参与猜谜，可见并非不肯用脑，只要肯用脑子，孺子总还可教。想到这一层，他的脸上浮起了笑容，温和地说："你们今天可曾猜到什么谜，说来我听听。"

几个学生起劲了，争着炫耀，这个说猜到了藕，那个说猜到了火，还有一个说猜到了树。孔昭晋问道："这些都是谜底，谜面是怎样的？"

猜到藕的学生一脸得意，说："嫩白肌体，躲在塘底，不断丝儿连到底，未开的窍儿裹着皮。"

孔昭晋点头道："倒还切合。火的谜面呢？"

猜到火的学生一脸骄傲，说："红彤彤，一大蓬，见风它就逞凶狂，无嘴能吃天下物，单怕雨水不怕风。"

孔昭晋道："也可。树又怎么说？"

猜到树的学生一脸兴奋，说："冬天光着头，春夏长绿发。就有一只腿，小鸟喜欢它。"

孔昭晋道："这又更通俗了些。你们既然都喜欢猜谜，我也有几条谜语，看你们谁能猜到谜底？"

这几个学生一齐拍手嚷嚷："好好好，我们来猜，猜不中不罢休！"

孔昭晋说："你们听清楚了，头一条是：弯弯一座拱桥，高高挂在天腰。七彩颜色都有，雨后天晴才到。第二条是：一颗星，两颗星，天上星星数不清。它能给你指方向，满天星星它最明。第三条是：有时像面镜子，有时像把镰刀。镜子不能照人，镰刀不能割稻。若问哪里去找，有时挂上树梢，有时落在山腰。第四条是：飘来飘去在高空，有时淡来有时浓。要是生气一变脸，不是下雨就刮风。第五条是：它出来天变明，它一走黑沉沉，万物无它长不成。"

几个学生时而皱眉苦思，时而小声商量，约半个时辰光景，有个最大的学生代表小伙伴说道："我们猜出来了，头一条谜底是虹，第二条是北斗星，第三条是月亮，第四条是云，最后一条是太阳。"

孔昭晋夸道："聪明！可是，你们猜中谜底还不稀奇，谁能讲出日月星辰云彩是怎么来的，才是真本事。"

这几个孩子顿时变成了哑巴，个个脸上爬上了不好意思的神情。孔昭晋问："我来告诉你们，你们想不想听？"学生们使劲点头，一双双眼睛里都射出了渴望的目光。

孔昭晋给他们讲了"盘古开天辟地"的传说。在那遥远得难以想象的太古时期，宇宙一片混沌，唯有虚空与黑暗。就在这无垠黑暗中，悬着一枚巨蛋。也不知什么时候，什么缘故，巨蛋中心孵出了一个人来，名叫盘古，不饮不食，不呼不吸，俨然石像，屈膝而坐。盘古这一坐，坐了整整一万八千年，才呼出了第一口气。这口气一旦呼出，他就开始生长，一日长一丈。随着盘古的生长，巨蛋给渐渐撑开，两爿蛋壳化成两股气。一股清气，一股浊气，清气轻浊气重，清气上升，浊气下沉，这就分了上下，上为天，下为地。盘古日长一丈，天日高一丈，地日厚一丈，日复一日，日日如此。从第一日算起，盘古不间断地长，又过去了一万八千年，天高得难测其高，地厚得不知其厚，最后天地定型，就有了我们今天看到的天空与大地。

天是天，地是地，天地既定，盘古睁开眼来，打算看看自己置身于怎样的一个世界。呈现在盘古眼前的世界，仍是个黑暗的世界，唯有寂寞与孤独，因为世界之大，仅他一人，其他什么也没有，非但没有生命，连一丝光亮也没有。盘古长叹一声，慢慢地躺卧下来。就在他躺下的一刹那，他叹息的余音变成了雷声。就在这震天撼地的隆隆雷声中，他的左眼飞上天空变成了太阳，右眼飞上天空变成了月亮，眼泪撒向天空，变成夜幕上万点繁星；他的汗珠变成了地面的湖泊，血液变成了奔腾的江河；他的毛发变成了草原和森林，四肢骨骼变成了一座座高山；他呼出的气体变成了清风，体温弥漫变成了云雾。

几个学生听得入了迷，眼瞪得像一颗颗铜铃，嘴张开了合不拢，有个年纪最小的口水都流出来了也不发觉。好一会，有个孩子叹口气，说："要是我也能讲这样的故事，大家也会钦佩我了。"

孔昭晋说："其实这也不难，我也是小时候在学馆里听先生讲的。这样的知识在书中还有好多好多，你们只要好好学，认真学，长大了，都能成为让人钦佩的人。"

他面前的几个学生久久沉默着，脸上都现出了与他们年龄不相称的沉思表情。

后来，学馆风气变了，学生们不再打打闹闹，不再逃课。孔昭晋打听下来，得知是那几个孩子劝说、影响了其他学生，他很高兴。

后来，这些学生中，有不少成了有用之才。

（卢　群）

猛将的传说

传说很久很久以前，吴越之地有一户姓包的人家，主人在朝为官，因与朝中权贵不和，一气之下便告老还乡，隐居青龙山。包家有四子三女，家有万贯家私，生活得十分清闲、逍遥。谁知平地起风波，包家年轻美貌的三女儿竟与佣人刘山相爱。父亲认为女儿败坏了包家门风，把三女儿和刘山赶出家门。

包氏（三女儿）与刘山一直靠乞讨为生。一日来到陆泥水桥，他们就在此伐木建房，开荒种地，定居下来。一天夜里，包氏在梦中见天上乌云翻滚，突然红光一闪，显出一神，头戴金冠，身穿红袍，手持青锋宝剑，自天而降。包氏十分害怕，大叫一声，醒来顿觉腹中疼痛，不久便产下一子。只见小孩虎头虎脑，很是招人喜爱，取名为猛将。

一晃十年过去，包氏由于劳累过度，得病身亡。包氏死后，刘山又娶萧氏为妻。萧氏为人刁钻，对小猛将百般虐待，小猛将经常受萧氏鞭打。

一天，小猛将放牛路过一桥。他望着河中涓涓的流水，想起母亲包氏，便放声大哭，觉得现在这种生活不如死的好。主意已定，他大喊一声："母亲，孩儿猛将来也！"纵身跳入河中。猛将投河自尽，惊动了河神。猛将是天上奉旨下凡的神仙，怎么能死呢？于是，水神托起猛将，逆流而上，来到青龙山。此时正值老包访友返家，忽然听到："包大人，你外孙在此。"老包回头四望，身边除了僮儿之外别无他人，便想继续赶路。这时耳边又响起："包大人，此时不救，更待何时！"老包十分奇怪，问僮儿是否看见有人，僮儿说："没看到。"刚说完却惊叫起来："老爷快看，河中有人！"老包顺着僮儿手指的方向望去，果真看见一个十一二岁的小孩浮在河中。老包心想我外孙怎么会浮在河里，于是大声发问："你是人是妖，如果是我外孙就翻一下身子。"刚说完，河中小孩果然翻了一下身子。老包连忙和僮儿将小孩从河中救起。猛将被救上岸以后，感谢老爷救命之恩。老包问起小孩家世，这才想起小孩原来是十几年前被赶出家门的三女儿和女婿刘山所生。知道女儿已死，外孙落到如此地步，顿生怜悯之心，把猛将领回家中。猛将见过四位舅舅，可四位舅舅一个也不肯收留小猛将。消息传到小舅妈那里，小舅妈读过《孝女经》，通情达理，觉得猛将十分可怜，便把他留在自己家中，让他干一些杂活。

一天，村里人下田干活去了，村尾有户人家突然失火，火光冲天，里面传出了凄惨的呼救之声。猛将听到之后，毫不犹豫，冲进了屋，在熊熊烈火之中救出了瘫卧在床的身残老头。有一年春节，猛将穿了件新衣走亲戚，一个小女孩不慎掉进了臭水阴沟里，千钧一发之际，被途经的猛将看到了，他来不及脱衣就跳下去，救起了小女孩，而他的新衣不但变成了脏衣，而且被岸边的荆棘扎破了个洞，成了破衣。小女孩于心不忍，自己又赔不起，看着看着哭了。猛将安慰小女孩："命重要还是衣重要？当然是命！生命比什么都重要，一件衣服在生命面前，算得了什么？"这话说得这个女孩破涕为笑。猛将见义勇为，助人为乐，奋不顾身像员猛将，受到村民交口称赞。

猛将善于观察天气的变化，日久以后，能预测天气变化，一天早上，碧空如洗，万里无云。舅舅见天这么好，就对小猛将说："今天你把麦子晒晒。"小猛将说："舅舅，今天中午要下雨，就不要晒了。”舅舅喝道：“小赤佬，你贪懒，怕赶鸡，就说天要下雨。”硬是要猛将把麦晒了出去。中午时分，只听一声雷响，天上顿时乌云密布，片刻一场倾盆大雨，将一场小麦全部淋湿。

猛将平时锻炼身体，人小力大。小伙伴与他比手劲，一一败于他的手下。过了几年，猛将在附近也小有名气了。这年，包家打造了一条大船，在船下水之前，杀猪宰牛，请来乡亲帮忙，要将大船推下水，唯独没有请猛将。可是不管众人如何推拉，大船就像生了根似的，一动不动，众人感到十分奇怪。这时一位木匠师傅忽然想起什么，忙问：“包老爷，今天可曾请你们村上的一位能人猛将。”包老爷说：“没请，这小子有什么能耐？”木匠师傅听完笑着说：“老爷你可曾记得鹅飞上天的事吗？那是猛将作法，他将鹅吃了，便把鹅毛往天上一抛，那鹅毛竟成一只鹅飞上天。”这时老爷也想起了这件事，但他还是将信将疑。他吩咐家人把猛将找来，可是找来找去，就是找不到。后来一位帮忙的邻居发现猛将躺在大船中，忙把他叫了下来。老爷叫猛将把船推下去，猛将笑道：“要大船下水，这有何难，只要您重宰猪牛，重做糕点，单请我猛将一人。”老爷照办了，只见猛将吃饱以后，来到大船旁，轻拍船头，同时用手轻轻一推，大船便下水了。

又过了几年，猛将已长大成人，他看到别人都有母亲，唯独自己没有母亲，心中十分悲痛。他就用泥塑了一个母亲像，但刚做好，一场大雨将塑像冲得七零八落。猛将很是伤心。他继续挖泥准备重新塑像，谁知竟掘出一只朱砂龙盒，打开一看，里面有一只金冠、一件红袍、一把青锋宝剑。后来他又把盒子重新埋于土中，做上标记。

一晃又是几年过去了。这一年天气非常炎热，各地蝗虫成灾，稻苗、青草、树苗均被蝗虫吃个精光，百姓无法生活下去了。皇帝知道以后，便派人在各地张贴皇榜，招纳驱赶蝗虫的能人。一天，猛将来到镇上，见一张纸贴在墙上，便把它揭了下来，带回家中给外公看。外公一看竟是一张驱赶蝗虫的皇榜，心中十分害怕，埋怨猛将不该如此鲁莽。猛将听说是驱赶蝗虫，便笑道：“外公您不必害怕，外孙去好了。”说罢他赶到山上，取出朱砂龙盒。第二天他身穿红袍，头戴金冠，腰佩青锋宝剑，跟着钦差一起来到京城。天子见猛将英俊威武，便命他即日启程，前往蝗虫灾区驱赶蝗虫。

猛将来到了灾区，手持青锋宝剑，一路砍杀，将那蝗虫统统赶到东海大洋。天子因猛将驱赶蝗虫有功，拯救了天下生灵，便封他为长天王，专职驱赶蝗虫。

后来，人们只要发现蝗虫或防止蝗虫为害，便抬猛将老爷塑像到田间、村头走一走，蝗虫便不敢飞来为害。由此，形成了抬猛将的风俗。至今望亭等地仍有此风俗流传。

（殷建平　许志祥）

心不贪，“芦花白”

仙界有个赤脚大仙，生性漫散，一年到头在凡间游荡。一天，他逛到了苏州，想起与“和合二仙”久未谋面，心中生出了几分牵挂，便跑到寒山寺拜访老朋友。

拾得外出传经去了，寒山坐镇寺院，趁闲打他的草鞋，打好了送给买不起鞋的人。赤脚大仙说：“上回我路过这里，看见你在打草鞋，相隔十多年再来望你，你还在打草鞋，你怎么打不完的草鞋？”寒山说：“世上苦人多，我多打一双，就少一份没鞋穿的苦。”赤脚大仙说：“如果人人都像我，无论热天冷天，都不用穿鞋，就可以减掉你这份辛苦了。”

寒山听他这么说，不由笑道：“当真人人如你，这人世恐怕就不成人世了。”赤脚大仙问：“此话怎讲？”寒山说：“你一袭破袍遮身，常年无须穿鞋，仍可冷暖不侵。饭食有也好，无也罢，你凭借道行，反正饿不死。所以，你能够到处云游，不事生产。如果世上之人都如此了，还有耕织之辈么？这世界将是个什么样子！”赤脚大仙点头道：“这倒也是。不过，你我都不必担忧，人世绝不可能变作仙界，因为世人皆是生而性恶，怎成得了仙？”这下轮到寒山发问了：“你说人的本性恶，依据何在？”赤脚大仙说道：“我在人世行走多年，多少人见到我大雪天也赤脚，却从无一人脱下脚上的鞋袜施舍给我，难道还不说明问题？”

寒山又笑了，说：“大雪纷飞，你单衫赤足，却是满面红光，身冒热气，人见人奇，只道你非神即仙，膜拜还来不及，怎会想到你还要人家施舍。”赤脚大仙承认寒山所言有理，但仍固执地说：“人之初，性本恶，我的看法错不了。”寒山说：“人之初，性本善，这才是人之根本。”一个坚称人性恶，一个力主人性善，两人辩了半天，谁也说服不了谁，最后决定找个人试试。

到哪儿试去呢？赤脚大仙提出去望亭。为什么偏偏选望亭这个地方呢？原来，赤脚大仙上一回下凡，路过望亭，口渴难忍，便向一位老好婆讨碗水喝。老好婆正在井台上吊水，便舀了一碗井水给他，顺手在旁边箩筐里抓了一把砻糠撒在碗里。赤脚大仙看看浮在碗面上的一层砻糠，摇摇头，水也没喝，走了。因这件事，赤脚大仙留下了望亭人心不善的印象。寒山是个高僧，文殊菩萨的化身，能掐会算，一算就算到了赤脚大仙为何要到望亭试人心。其实寒山知道，当时是大伏天，赤脚大仙满头大汗，老好婆怕他猛然一碗凉水入肚，会激出病来，所以撒一把砻糠，用意是让他吹开砻糠才能喝到水，这样喝水就不急了，不会生病。可惜赤脚大仙将人家的好意当作了戏弄他，误会至今。寒山也不去点穿他，心想，世上毕竟好人多，他要到望亭就到望亭，让事实教训他。

寒山和赤脚大仙一起驾起祥云，来到望亭上空，降下云头，等了不多一会儿，远远走来一对中年夫妻，男的扛着一张犁，女的牵着一头牛，看样子是要下田去耕地的。赤脚大仙说：“你看你看，牛是一头老牛，他还让它做重活，人心还不恶么？”寒山说：“不见得。我看见的是，他为了让老牛省些力，替牛扛着犁，心很善。”赤脚大仙说：“到底怎样，我马上让你见分晓。”说罢，伸出一指朝老牛点了一下，牛顿时脚步踉跄，直喘粗气。只听那男的说：“怪了，出门还好好的，怎么变这样了？”女的说：“它这样子怎耕田，误了农时怎生是好？”赤脚大仙听到这里，得意地对寒山说：“十有八九，他们要不顾老牛死活，鞭它干活。可想而知，人心有多恶。”寒山笑笑，说：“且往下看。”只见那男的将牛拴在田头树上，自己拉起犁来。女的叹口气，默默在后扶犁。寒山意味深长望望赤脚大仙，赤脚大仙脸红到了脖子根。

赤脚大仙还不想服输，跑到夫妻俩面前，解下腰间一个小布袋，说：“我看你们辛苦，送点财给你们。你们把袋里的稻种倒出来，种在自家田里，来年就能收获珍珠，够你们一世享用。不过，你们也可以把稻种撒到各处，以后这方圆一片，年年稻米丰产，只是你们失去了发财的机会。”说罢，驾一朵祥云，转眼无影无踪。夫妻俩看他破衣赤脚，原当这是疯子说疯话；待到见他驾云而去，方知遇到了神仙，激动得不行，耕田也没心思了，赶紧回家商量去了。

夫妻两人商量来，商量去，商量了一整夜，第二天一早出门，四处抛撒布袋里的稻种。果然，以后这一带的稻子长得特别好，产量高，轧出的稻米，粒大香糯，成了稻中名品。这种名稻有个非常好听的名字，叫作“芦花白”。

历史上，望亭是水稻大镇，培育出了很多优良品种，“芦花白”是其中之一。由于盛产稻米，望亭以前米市十分繁荣，曾在上海挂牌，标明望亭米价，可见其影响甚大。

（卢　群）

青篁姑娘

江南苏州的望亭草席、浒关草席名扬中外，它们最初名叫“青篁”。为啥叫“青篁”呢？传说古时候，西太湖边山沟村有个姑娘，名叫青篁。七岁那年，她的阿爸姆妈就死了，幸亏张家给口饭，李家给件衣，才活了下来。

青篁姑娘十六岁了，长得十分标致，干活也很勤快。大伏天，黄狗热得吐舌头，她还到山上割草。有一天，她割满了一筐羊草正要往回走，忽然隐隐约约听到老人的呻吟声。四周望望没有人，只见山峰上有一棵青草，长得特别高大，在微风吹拂下，左右摇摆，好像向她招手。青篁姑娘走近一看，那棵青草在热辣辣的毒日烤逼下，已经受不住了，似乎马上就要枯萎。青篁姑娘觉得它样子十分可怜，想给它浇点水，但是四周没有池塘和河。她放下草筐，一步一步沿着荆棘丛生的羊肠小道，往山脚下的太湖去取水。荆棘划破了她的手，血流出来，染红了她的衣服，尖石戳破了她的脚，血染红了鞋了，她都不顾。她双手捧着水一次又一次一滴一滴地浇在这棵青草上，眨眼间，这棵青草活过来了，并且很快就长高了。青簟姑娘正感到奇怪,身后忽然传来“哈哈哈”的笑声。她转过头一看,只见一个身披青色蓑衣的白发老翁站在前面。老翁说:“我叫百草老人,是你刚才用太湖的清水救活了我。”说着他便从蓑衣上拔下一根和山峰上那棵长得一模一样的青草给青簟姑娘。姑娘正要说声谢谢,面前冒出一缕青烟,百草老人不见了。

那根青草又长又细,青簟姑娘回家后,把它放在窗口的桌子上。一阵风吹来,把草吹落地面,霎时地上长出一排青草。青簟姑娘见了,忽然大开灵性:何不把这草编成铺在床上的席子,送给乡邻,让他们躺着既凉爽又舒适。心灵手巧的青簟姑娘一个晚上就把凉席编织好了。她刚把它铺到床上,忽听屋外传来啼哭声。青簟姑娘走出去一看,一个老婆婆抱着奄奄一息的孙子在哭泣。青簟姑娘走上前问情由,老婆婆说:“姑娘,我孙子的阿爸姆妈先后病故了,于是我与他相依为命。谁知近来天热,孩子身上长满了热疮,要是他有个三长两短,叫我这个老太婆日后依靠谁呢?我能不哭吗?”

“可怜的老婆婆,我的阿爸姆妈也是这样死的啊!”青簟姑娘伤心极了,“您快抱小孙子到我屋里来歇歇吧。”

老婆婆将小孩抱进屋内,青簟姑娘把孩子放在铺了草席的床上。孩子甜甜地睡了一觉,醒来时,热疮全无,鲜蹦活跳。老婆婆高兴极了,千谢万谢抱着小孩子走了。

这个消息很快传开了。传到了当地恶霸施强的耳朵里,施强立即带着一帮狗腿子,闯进青簟姑娘家,把这条草席抢去了。施强将草席铺在床上,美美地睡了一夜,醒来时,身上皮肤滑溜溜。他想,这确是一件宝贝东西,献给皇上,包有乌纱帽戴。于是他跑到县城里,贿赂了县太爷三百两银子,请县太爷把这条草席当贡品送往京城。皇帝听说这条草席有这种神效,也在草席上睡了一夜,果然不假,这席子又凉快又舒服。皇帝不禁龙颜大悦,发下赏给县官花银三千两,同时传下一道圣旨:限三七二十一天内,再献上九九八十一条草席。

县太爷回到县衙,就把施强传去,对他传下皇上的旨意。这时的施强可真是母猪钻篱笆,进退两难,只得把青簟姑娘叫去,威胁说:“三七二十一天要交出九九八十一条席子,到时交不出货,要你好看。”

青簟姑娘回到自己的茅屋里,越想越气,但自己势单力薄,又斗不过恶霸施强,怎么办呢?想着想着,她迷迷糊糊地睡着了。睡梦中忽然听见有人轻轻地喊她,睁眼一看是百草老人。青簟姑娘正要向他诉说,百草老人却先开了口:“今天我给你一颗种子。这颗种子种下地立即会长出千株万株‘凉草’,可以解你燃眉之急。”说完不见了。青簟姑娘醒来,见手掌心果真有一颗金光闪闪的种子。她非常高兴,忙把这好消息告诉邻居们,打算到外面山坡上把它种下去。她刚要起身,突然门“砰”的一声被踢开了,施强带着一帮狗腿子挽袖捋臂扑上来,要抢这颗种子。青簟姑娘无法脱身,一时性急,把种子往嘴里一塞,咕咚一声咽下了肚。一眨眼工夫,青簟姑娘化作一股青烟从门里飞了出去。施强一见,想到自己二十一天交出九九八十一条凉席的事办不到了，皇上决不会轻易饶他，顿时吓死了。

青簟姑娘化作一缕青烟走后，变作了无数颗草子散落在西太湖边肥沃的土地上，很快长成一根根又长又细又柔又牢的青草。这种草，人们就专用来编织草席，而用这种草编织的草席，大家就把它叫作青簟。

（张瑞照）

第九章　太湖山歌

望亭地处北太湖畔，依傍大运河。自古以来，种田的农民、养蚕的蚕民、捕鱼的渔民，以及各行各业的手工业者，日出而作，日落而息。特定的江南水乡地理环境和生产生活方式，使他们学会运用山歌这种原始的表达方式，记录生活，抒发内心的情感，寄托美好的愿望。

引歌

山歌弗唱忘记多

山歌弗唱忘记多，好地弗种稗草多。快刀弗用黄锈起，河滩弗上出蒿芦。

山歌越唱越心欢

山歌越唱越心欢，柿子经霜蜜样甜。冬瓜经霜似白肉，青菜经霜味道鲜。

田里山歌闹盈盈

黄秧落水转了青，田里山歌闹盈盈。远听好似鹦哥叫，近听好像凤凰鸣。

耘 稻 歌

耘稻要唱耘稻歌，两腿弯弯泥里拖。眼看六棵棵里白，玉手弯弯耘六棵。

耘稻要唱耘稻歌

耘稻要唱耘稻歌，两腰弯弯泥里拖。今日汗水滴入土，秋后稻谷堆满库。

山歌好唱难起头

山歌好唱难起头，木匠难打雕花楼。铜匠难打双簧锁，铁匠难打钓鱼钩。

辣辣豁豁唱一场

新打快船柏木香，一船胡椒一船姜。胡椒打翻姜船里，辣辣豁豁唱一场。

暂时来到贵乡村

暂时来到贵乡村，山歌弗敢乱开声。楼外有楼天外天，还有高明胜比我。

暂时来到贵乡村，山歌弗敢乱开场。野菱角触脚难行步，多谢各位领路行。

暂时来到贵乡村，山歌弗敢乱开场。孔夫子面前难出对，百客人前难出相。

盘　歌

哪搭碰着唱歌郎

哪搭碰着唱歌郎？哪搭碰着贩桃郎？哪搭碰着种田郎？哪搭碰着捉鱼郎？

上桥碰着唱歌郎，下桥碰着贩桃郎，田角里碰着种田郎，西太湖碰着捉鱼郎。

阿送啥格唱歌郎？阿送啥格贩桃郎？阿送啥格种田郎？阿送啥格捉鱼郎？

送本小书唱歌郎，送只耕篮贩桃郎，送双草鞋种田郎，送块丝网捉鱼郎。

问：送本小书阿数版？送只耕篮阿数眼？送双草鞋阿数轮？送块丝网阿数头？

送本小书十八版，送只耕篮十八眼，送双草鞋十三轮，送块丝网起十二个头。

东天日出啥云起

东天日出啥云起，啥云遮？四海团团阿有几枝花？倷阿晓得长江里大船有几大油灰板嘘？一机麻布阿有几根纱？

东天日出横云起，巧云遮，四海团团两枝花，长江里大船千大油灰千块板嘘，一机麻布末万根纱。

啥人对倷说冬天日出横云起、巧云遮？啥人对倷说四海团团两枝花？啥人对倷说千大油灰千块板？啥人对倷说一机麻布万根纱？

太白金星对我说冬天日出横云起、巧云遮，游方僧对我说四海团团两枝花，香山匠人对我说千大油灰千块板，织布娘对我说一机麻布万根纱。

倷阿晓得太白金星是哪搭人？倷阿晓得游方僧住勒啥州啥县啥乡村？倷阿晓得香山匠人住勒浪啥场化？倷阿晓得织布娘住格啥地名？

太白金星是天浪人，游方僧住在各州各县各庙门，香山匠人住勒香山村，织布娘是我伲望亭人。

倷买点啥格送拨勒天浪人？倷买点啥格送拨游方僧？倷买点啥格送拨香山匠？倷买点啥格送拨织布娘？

买对香烛送拨勒天浪人，买个木鱼送拨勒游方僧，买把纯钢斧头送拨勒香山匠，买只沉香梳子送拨勒织布娘。

啥个地头滴溜圆

啥个地头滴溜圆？啥个桥底下弗行船？啥人一年到头末弗困觉啊？啥人立勒浪弗脚酸？

跑马厅生来滴溜圆，火车站码头旱桥底下弗行船，城隍庙老爷一年到头弗困觉啊，黄浦滩铁人立勒浪弗脚酸。

啥个虫子飞来像盏灯

啥个虫飞来像盏灯？啥个虫飞来像只钉？啥个虫飞来人人怕？啥个虫飞来要叮人？

萤火虫飞来像盏灯，蜻蜓飞来像只钉，胡蜂飞来人人怕，蚊子飞来要叮人。

啥个花开来节节高

啥个花开来节节高？啥个花开来像双刀？啥个花开勒青草里？啥个花开勒太湖梢？

芝麻开花节节高，扁豆开花像双刀，荠菜开花勒青草里，水红菱开花勒太湖梢。

啥个花开来花里花

啥个花开来花里花？啥个花开来泥里爬？啥个花开来弗结果？啥个花结果弗开花？

棉花开来花里花，长生果开花泥里爬，慈姑开花不结果，无花果结果不开花。

啥个鸟做窝节节高

啥个鸟做窝节节高？啥个鸟做窝半中腰？啥个鸟做窝门头浪？啥个鸟做窝着地跑？

白头翁做窝节节高，喜鹊做窝半中腰，燕子做窝门头浪，野鸡做窝着地跑。

啥个鸟叫来唧铃铃

啥个鸟叫来唧铃铃？啥个鸟叫来凤凰声？啥个鸟叫来招人怪？啥个鸟叫来喜人心？
游乡叫来唧铃铃，鹁鸪叫来凤凰声，老鸹叫来招人怪，喜鹊叫来喜人心。

啥风吹来雨乒乓

啥风吹来雨乒乓？啥风吹来暖洋洋？啥风吹来懊糟热？啥风吹来顶顶冷？
东北风吹来雨乒乓，东南风吹来暖洋洋，西南风吹来懊糟热，西北风吹来顶顶冷。

啥个尖尖尖上天

啥个尖尖尖上天？啥个尖尖在水面？啥个尖尖手里用？啥个尖尖在姐门前？
宝塔尖尖尖上天，红菱尖尖在水面，毛笔尖尖手里用，绣花针尖尖在姐门前。

啥个圆圆圆上天

啥个圆圆圆上天？啥个圆圆水滩边？啥个圆圆郎手里用？啥个圆圆勒姐身边？
月亮圆圆圆上天，荷叶圆圆水滩边，铜钿圆圆郎手里用，油棉拓圆圆勒姐身边。

啥个弯弯弯上天

啥个弯弯弯上天？啥个弯弯水滩边？啥个弯弯姐手里用？啥个弯弯勒郎手边？
月亮弯弯弯上天，水牛筋草弯弯水滩边，木梳弯弯姐手里用，镰刀弯弯勒郎手里边。

山歌好唱口难开

山歌好唱口难开，樱桃好吃树难栽，白米饭好吃田难种，鲜鱼汤好喝网难扳。

啥人说山歌好唱口难开？啥人说樱桃好吃树难栽？啥人说白米饭好吃田难种？啥人说鲜鱼汤好喝网难扳？

唱歌郎说山歌好唱口难开，栽桃郎说樱桃好吃树难栽，种田汉说白米饭好吃田难种，捉鱼郎说鲜鱼汤好喝网难扳。

哪哼能就是唱歌郎？哪哼能就是栽桃郎？哪哼能就是种田汉？哪哼能就是捉鱼郎？

白面书生唱歌郎，弗长弗短栽桃郎，黑扑落笃种田汉，蓬头赤脚捉鱼郎。

哪搭碰着唱歌郎？哪搭碰着栽桃郎？哪搭碰着种田汉？哪搭碰着捉鱼郎？

竹丛中碰着唱歌郎，树丛口碰着栽桃郎，田角落里碰着种田汉，望湖湾碰着捉鱼郎。

𠲎啊买啥拨唱歌郎？𠲎啊买啥拨栽桃郎？𠲎啊买啥拨种田汉？𠲎啊买啥拨捉鱼郎？

买本小书送拨唱歌郎，买只竹篮送拨栽桃郎，买双草鞋送拨种田汉，买斤生丝送拨捉鱼郎。

一本小书阿有几化版？一只竹篮阿有几化眼？一双草鞋有几斤绳？一斤生丝有几化根？

一本小书十八版，一只竹篮倒有千只眼，一双草鞋倒有四斤绳，一斤生丝倒有万万根。

啥人就是唱歌郎？啥人就是栽桃郎？啥人就是种田汉？啥人就是捉鱼郎？

张良就是唱歌郎，沈七哥就是栽桃郎，神农就是种田汉，姜太公就是捉鱼郎。

啥个短来啥个长

啥个短来啥个长？啥绳扯起乘风篷？啥绳相对童男子？啥绳相对好姣娘？

缆绳短来纤绳长，料脚绳扯起乘风篷，牛绳相对童男子，红头绳相对好姣娘。

倷唱山歌弗算师傅老先生

倷唱山歌弗算师傅老先生，倷阿晓得苏州到常熟有几条荡？上荡阿有几个弯？下荡阿有几个兜？第几个兜里出犀牛？犀牛头对啥个州？脚踏啥个州？尾巴弯弯到啥个州？早上啥皇收，夜里啥皇收？啥皇打仔铁耙铁勺钩？啥皇牵到虎丘山吃仔几口龙须草？如今龙须草阿转头？啥皇牵到海滩上吃几口清水？如今清水在哪首？啥皇牵到皇帝后门口？一角挑坍几层楼？打碎几个花瓦盖？撇坏几个金鸡玉榫头？喊几个香山匠人来修理？几个梅香来送茶？倷只山歌重重叠叠对还我，我背仔衣包马上上杭州。

唱山歌要算我师傅老先生，苏州到常熟只有一条荡，上荡三个弯，下荡四个兜，第四个兜里出犀牛，犀牛头对徐州，脚踏徐州，尾巴弯弯到常州，早上张皇收，夜里李皇收，耙平皇打仔铁耙铁勺钩，草头皇牵到虎丘山上吃仔三口龙须草，如今弗转头，海龙王牵到东海滩上吃仔三口清水，如今弗转头，盘大皇牵到皇帝后门口，一角挑坍九层楼，打碎一百四十四个花瓦盖，撖坏两百四十四个金鸡玉榫头，廿四个香山匠人来修理，廿四个梅香来送茶，我只山歌重重叠叠对还倷，倷快点背仔衣包上杭州。

劳动山歌

打 席 歌

井架席机堂上放，婆媳两人打席忙。婆婆打席快又轻，媳妇添草添得忙。乘着天晴把席晒，饭米还在席机上。草头白来草梢青，万根草来百条经。阿哥挡扣要细心，小妹添草根根情。和合草席定胜图，哥哥的媒人我来做。来年哥哥娶了我，你勤我俭日脚过。

调 经 歌

月亮高挂当盏灯，姑嫂两人比调经。丝丝麻线添得勤，调得满满一车经。放下生活去困觉，公鸡已经在啼鸣。打席娘子多辛苦，富人困席弗知情。

捕 鱼 歌

网船娘子船头坐，两腿圈盘拣蛳螺。五六岁小囡在摇橹，光着背心赤屁股。蛳螺虽鲜捉鱼苦，风里来勒雨里过。唉世人生无法变，归世里再弗渔民做。

锄 草 歌

拿起锄头锄野草呀，锄去野草好长苗呀，咿哑嗨，哑化嗨，锄去野草好长苗呀，哑化嗨，咿哑嗨。

长工歌

樱桃好吃树难栽,白米饭好吃田难种。六月里太阳似火烧,满身大汗像水浇。东家娘娘乘风凉,长工只能立在田里厢。寒冬北风呼呼叫,长工身上呒棉袄。东家在家把火烤,长工还在绞牛料。前世作孽今世苦,归世决不把长工做。

采红菱

头戴红巾划菱桶,妹妹采菱在湖心。鲜红菱肉白如玉,情郎吃到嘴里甜到心。感谢妹妹送红菱,哥哥时时记在心。你有情来我有意,来日方长结同心。

采花歌

墙内开花墙外香,情哥走过采茶香。妹妹有意把门开,情哥快快走进来。采枝花儿给妹戴,喜在眉梢心花开。妹妹叫声情哥哥,托人快把媒来做。

插秧歌

手握秧苗站水田,哥哥在前妹在后。巧手播出行行绿,退步原来是向前。

洗衣歌

对河有个俏姑娘,两条辫子长又长。立在水中洗衣裳,哗哗河水翻波浪。侧着身体在偷望,喜得我心中永远不会忘。妹妹是否有情意,我愿做你的好情郎。

采浆梅

隔河看见小妹妹,下水过来采浆梅。扎坏衣裳啥人赔?你不赔来我不赔,赔你三斗三升乌浆梅。

郎喊山歌山河动

郎喊山歌山河动，走路好比虎出洞。泥担如同走马灯，肩上扁担像面弓。

仪式歌

民间风俗歌

正月半，闹元宵，二月二吃撑腰糕。三月初三正清明，祭扫坟墓在市郊。四月十四轧神仙，大家白相神仙庙。五月端午划龙船，六月西园荷花俏。七月七来是七巧，牛郎织女会鹊桥。八月中秋斋月宫，大小百家香斗烧。九月重阳登高去，野宴吃块重阳糕。小春引来十月朝，纸作寒衣坟前烧。十一月里冬至节，冬酿酒，家家沽。腊月廿四要送灶，人人吃点糖元宝。蜡梅花开香十里，富家踏雪邓尉跑。除夕讨债把门敲，穷人躲进赖债庙。

十二个月半

正月半，猫猫小狗镬里盘。二月半，锄头铁锴架田岸。三月半，咚咚打鼓开香船。四月半，掮车扛轴由头转。五月半，黄秧落水大一半。六月半，夏天六月摇蒲扇。七月半，耘耥头里要合伴。八月半，糖酿麦饼镬里熯。九月半，叫花子冷得团团转。十月半，牵砻舂米出身汗。十一月半，大囡小女吃得像个勃罗汉。十二月半，前门讨债后门蹒。

十二个月名花

一

正月里梅花开动头，湖州原出细绵绸。龙衣龙袍万岁着，名班好戏出苏州。

二月里杏花白堂堂，台湾原出白砂糖。青皮甘蔗塘栖出，三节头嫩藕出斜塘。

三月桃花瓣瓣飘，丹阳原出细凉帽。杭州香檀果然高，溪口芋艿特别好。

四月里来是蔷薇，大翔原出大雄鸡。绍兴小鸭勤生蛋，江北河豚果然肥。

五月里来是石榴，狮子灵岩对虎丘。虎丘山上原出一盏灯，少林独出狠拳头。

六月里来是荷花，双凤原出大西瓜。沙角头野菱金桥出，紫塘原出甜西瓜。

七月里来是凤仙，山东水梨果然甜。湖南蜜枣常山出，湖北水梨重半斤。

八月里来是木樨，细砂头茶壶出江西。茶壶钵头宜兴出，大焦山石头各处去。

九月里来是重阳，昆山韭菜各处行。白沙枇杷东山出，树山杨梅真吃香。

十月里来迎小春，五香冬菜出嘉兴。漂白布原是东亭出，绛丝绸子在南京。

十一月里茶花开，新鲜荔枝云南来。带须萝卜湖南出，红心山芋乍浦来。

十二月里雪花飘，西湖景致六条桥。各色百样鸟名在观前街，五龙桥阿姐劈灯草。

二

正月梅花白迷迷，吴国名将伍子胥。鞭尸楚王三百儿，要将楚国踏平地。要将楚国踏平地，鱼场人说退伍子胥。专诸腊笃刺王僚，后来要离刺庆忌。

二月杏花开满园，七国之中英雄汉。孙膑、庞涓共苏秦，各投其主掌兵权。各投其主掌兵权，鲁国军师孙膑专。六国封相是苏秦，七国分尸是庞涓。

三月桃花赤堂堂，并吞六国秦始皇。焚书坑儒防后患，后来荆轲刺秦王。后来荆轲刺秦王，大事不成自家伤。漆身吞炭难豫让，一片忠心刺赵襄。

四月蔷薇开花多，西汉皇帝汉高祖。军师就叫张子房，祖辈丞相是萧何。祖辈丞相是萧何，三千立法蒯彻作。不斩萧何律不正，韩信死在未央宫。

五月花开是石榴，东汉君王是刘秀。白水村上粜年米，杀脱王莽去报仇。杀脱王莽去报仇，河北道上吃苦头。十大功劳是姚期，姚能独占草桥头。

六月里来是荷花开，三国之中是刘备。桃园结拜刘、关、张，曹操奸雄不应该。曹操奸雄不应该，当阳长坡大逃难。张飞守住长坡桥，赵子龙救出小主来。

七月凤仙花瓣稀，晋朝出了司马懿。神机妙算诸葛亮，葫芦谷里去用计。葫芦谷里去用计，曹操奸贼真瓮中。就叫一报还一报，司马懿里面去逼宫。

八月桂花香满园，提起六朝刘智远。马鸣王庙里偷鸡吃，面南背北久不长。面南背北久不长，磨坊产子李三娘。窦老儿送子进京去，名字就叫咬脐郎。

九月里来菊花同，沙滩救主小秦王。薛仁贵百日两头双救驾，杀脱番将盖苏文。杀脱番将盖苏文，后来大破摩天岭。猩猩丹来红满满，杀得也笃呒脚本。

十月芙蓉闹小春，宋朝天子赵匡胤。走关东来闯关西，结拜兄弟郑子明。结拜兄弟郑子明，打瓜园遇着陶三春。高平关上借头转，后来就要坐龙廷。

十一月来茶花开，元朝鞑子杀进来。吞金灭宋来登基，白也陀保驾十三岁。元朝天子坐龙廷，萨登丞相不应该。若然能得脱脱在，不怕明朝百万兵。

十二月来蜡梅开完成，朱太祖做客来到襄阳城。眇着一目伍先生，得着军师刘伯温。得着军师刘伯温，徐达拜帅一仗成。胡大海手托千斤闸，血扫涂红常遇春。

十三个朝代唱完成，再唱清朝起头情。李闯造反十八年，吴三桂出外借清兵。吴三桂出外借清兵，顺治皇帝坐龙廷。马豹张荫吴三桂，韩退一计灭三城。

十二个月时令歌

正月初一吃圆子，二月里放鸢子。三月清明买青团子，四月里看蚕宝宝上山做茧子。五月端午吃粽子，六月里摇扇子。七月上帐子，蒲扇拍蚊子，八月中秋炒南瓜子勒西瓜子。九月里打梧桐子，十月朝就剥橘子。十一月踢毽子，十二月年底搓圆子。

结婚喜歌

（以下用于结婚前三请新郎、新娘）

锦堂春色满庭芳，玉女传言入洞房。嘹亮歌声喧几席，步入蟾宫贺新郎。

（奏乐初请）

阳春佳节值千秋，换罢衣冠整仪容。正是新郎赴会时，轻步欲移下云地。

（奏乐二请）

仙娥初出广寒宫，鹊桥衔结在河东，早趁良辰并吉日，桃源洞口喜相逢。

（奏乐三请）

红锦尽缠绣花仙，南北东西礼是先。琥珀顶平香烛下，将来披在贵人肩。

（用于圆面）

福星光耀华堂前，福纳家声拥金眠。福德无疆同地居，福缘余分与天连。

（初请新娘）

禄重如山彩凤鸣，禄受四海永长春。禄添万斛堆金玉，禄享千钟与子孙。

（二请新娘）

寿花娇艳吐祥光，寿酒香浓满画堂。寿筵喜遇三星照，寿增夫妇永成双。

（三请新娘）

（以下用于结亲、拜堂）

自从盘古判阴阳，天理昭彰立四方。人间虚空喜见察，对天行礼贺新郎。

家堂香火满画堂，花烛成双照洞房。二位新人参拜后，肩并福禄寿绵长。

祖宗家业喜相传，喜得儿孙福庆绵。二位新人参祖后，流芳百世子孙贤。

（以下用于合卺，又称堂前花烛）

手执金钗按四方，先贤湖下遇新郎。从今一掠青丝发，百年夫妻永成双。

掠发前，手攀丹桂金阶前。掠发后，翁姑堂上增福寿。掠发左，新郎容貌如花朵。掠发右，和合成双天长久。

（以下用于坐床、喝交杯酒）

十二杯中百宝帐，万年富禄永成双。今宵共饮状元红，销金帐里贺新郎。

（撒帐）

帐撒东西南北中，洞房花烛喜相逢。嫦娥今宵良辰夜，学士贵人步蟾宫。

祝寿歌

引：金殿紫阁重，掌上玉芙蓉，天子朝元日，行车降六龙。

唱：寿星骑鹿出仙宫，手捧蟠桃旭日红。身穿一领万寿袍，后面跟随鹿鹤童。但只见：青沉沉古柏参天茂，绿茵茵乔松透碧空。羽翩翩彩鸾青云舞，翱翔翔白鹤飞正空。水潺潺沟壑波涛响，叠巍巍顽石叠玲珑。高耸耸牌坊白玉造，毕文文寿对妙无穷。上一联：阆苑蟠桃红几个；下一联：瀛洲春海碧千峰。老寿星正在看景致，福德星君正九重。请问寿翁何处去？共祝蟠桃到堂中。福寿二星闲谈时，禄易星君倏地逢。禄星是，身穿道袍全喜字，手中怀抱小孩童。此孩童本是麒麟种，送与积善之家做寿翁。三星便把蓬莱山出，八仙巧遇彩云中。张果老浩然骑颠倒，汉钟离袒出肩胛露出胸。韩湘子玉笛吹出《秋江怨》，蓝采和花篮之中万年红。铁拐李葫芦放出天全福，吕纯阳拔剑斩黄龙。曹国舅手执一副阴阳板，何仙姑献上金莲蓬。众仙齐齐云端立，王母娘娘把手拱。请问众仙何处去？特到府中祝华封。众仙齐齐驾祥云，一路来到寿堂中。众仙抬头细观看，寿堂之中闹融融。寿烛对对光灿烂，寿香缭绕透九重。寿面条条长寿禄，寿糕盘盘叠玲珑。寿桃只只仙山物，寿花朵朵万年红。寿茶盏盏时时献，寿酒杯杯状元红。寿果圆圆抛世界，寿菜碗碗味道浓。寿轴一顶中堂挂，寿对两联分西东。上联是：福如东海千年秀；下联是：寿比南山不老松。众仙三祝华封寿，愿斋主长生不老寿无穷。

造屋歌

一、平　礎

甲：手拿礎板方又方，恭喜主家砌新房。墩子做得圆正正，新造楼房排成行。今日礎板来安定，四时八节保安宁。要我做来听我言，主家富贵万万年。

乙：一块礎板方又方，玉石墩子配成双。开工安礎康乐地，竖柱上梁都吉利。喜福降临主家门，砌墙粉刷保太平。平磉正逢三星照，五福临门万代兴。

二、封　山

甲：新砌山尖新又新，公子骑马到东京。京城科举第一名，状元及第进朝廷。

乙：新砌山尖高又高，八仙过海齐来朝。八洞神仙鲁班造，一代更比一代好。

三、烘　梁

甲：金草玉楷配成双，万点祥火烘正梁。太上老君从此过，寿又高来福又长。

乙：金丝麦草银芝楷，主家喜送神火来。红光引来神仙笑，千年春光万年财。

四、挂红绿布

甲：红绿生来千根纱，亲朋买来送主家。左边飘来灵芝草，右边赛过牡丹花。灵芝草，牡丹花，江南号称第一家。

乙：一顶披罗一顶纱，光照九州香万家。招财童子前引路，嬉笑和合送财来。

丙：红绿绸缎挂成双，押稳楠木紫金梁。仙鹤神鹿群起舞，金龙玉凤祝安康。

五、叉梁（即上梁）

甲：上梁先上头，好块五香老木头。上梁慢上梢，世世代代束金套。

乙：手拿千里长，叉上万年梁。一叉叉到半虚空，摇摇摆摆像金龙。要问金龙哪里去？今日安到老龄宫。

丙：系梁系到半虚空，摇摇摆摆像金龙。今日金龙哪里去？一心要登紫禁中。

六、安　梁

甲：金龙安在木龙身，柱竖直来桁放平。东海红光送财来，西山云彩福降临。

乙：金锤敲在木龙中，好似八仙在半空。神仙赶来贺好家，荣华富贵长兴隆。

七、浇　梁

甲：手擎银壶亮堂堂，请来师傅到府上。瓦木师傅带喜来，正遇吉祥又浇梁。

乙：满怀先敬天和地，今日浇梁四方利。再敬太公笑颜开，在此百无禁忌来。

丙：又敬张班和鲁班，张鲁祖师来观看。开工巧遇吉祥天，完工喜逢红运时。

一杯酒来亮铮铮，丁财两旺代代兴。上有银桁招财喜，下有金砖铺美地。

二杯酒来正梁东，东西南北都相通。砌房造屋都富贵，红光高照万代红。

三杯酒来正梁后，年月日时都吉利。男女老少都欢喜，添财添寿添福气。

四杯酒来亮汪汪，浇梁逢喜又逢双。主家喜福常临门，四方邻居都安宁。

五杯酒来亮晶晶，先造楼房后造厅。左右造起金银库，前后再造玉府门。

前有五杯百花香，后有五杯浇正梁。凤凰落在有福地，祥龙飞来迎吉祥。

银壶酒浇木龙头，代代做官砌高楼。银壶酒浇木龙眼，官袍玉带楼万间。

美酒从外浇到里，添福添寿添财喜。

八、登　高

甲：脚踏有宝凤凰地，面对楠木紫金梯。龙飞凤舞鹤来朝，王母娘娘把手招。主家好比沈万三，金银财宝满箩挑。

乙：手扶金梯步步高，一步高，两步高。芝麻开花节节高，祝贺主家千年富，儿孙满堂红光照。

九、接　宝

甲：脚踏兴隆地，手摆紫金梯。脚踏凤凰台，严敬紫金台。

乙：一阵风来一阵香，王母娘娘出来开宝箱。开出宝箱有绿绢，红绿绢里有八股镶。上有狮子盘龙糕，下有一对鸳鸯来接宝。

甲：手拿包袱方又方，恭喜主家砌新房。新房造得平又稳，永保安康万年春。

乙：一块包袱拿在手，半天金银往下流。快把锦缎来分开，金银财宝一齐来。

甲：上有仙桃在龙旁，金龙吐丝将宝降。下有鸳鸯来接宝，夫妻恩爱配成双。

乙：一对仙桃放光彩，仙桃自有天上来。王母娘娘献仙桃，主家世代洪福来。

甲：二对仙桃香天下，好比当初苏老家。为国为民立功劳，赤胆忠心保天下。

乙：三对仙桃圆正正，好比当初宋如真。状元及第是宰相，喜福降临贵府门。

甲：四对仙桃亮冲冲，好比当初唐三松。四子丞相撑国柱，享受富贵受皇恩。

乙：五对仙桃红又蓝，好比当初燕宝山。五子登科官来做，家有财宝乐开怀。

甲：六对仙桃竹叶青，好比当初孟丽君。官居一品高位坐，儿孙又去满朝廷。

乙：七对仙桃新又新，好比当初程咬金。今生寿高一百年，子孙代代做公卿。

甲：八对仙桃祝长生，好比当年高老彭。夫妇高寿如彭祖，高寿欢乐福满门。

乙：九对仙桃兰花黄，好比当初郭汾阳。七子八婿坐高堂，为官公正天下扬。

甲：全对仙桃乐悠悠，好比当初文自后。百年夫妻共欢乐，和气恩爱福常留。

乙：十一对仙桃黄又黄，鲁班流传作抛梁。开工年年安乐地，砌造日日兆吉祥。

甲：十二对仙桃六对双，留在主家富贵梁。竖柱日日多欢乐，上梁时时得安康。

乙：十三对仙桃牡丹香，百无禁忌你府上。王母娘娘微微笑，八仙过海坐中央。

甲：十四对仙桃亮晶晶，天上降下文曲星。子孙来把清官做，国富民强保太平。

乙：十五对仙桃白如银，后头跟来武曲星。文武双全何方出？贵子出在你府门。

甲：十六对仙桃荷花香，一国天下把名扬。主家好比沈万三，金银财宝用斗量。

乙：十七对仙桃桂花开，嬉笑和合送宝来。神仙送来千车宝，收留家中发万代。

甲：十八对仙桃香喷喷，金鸡报喜凤凰鸣。凤凰落在有宝地，贵人出在你府门。

乙：十九对仙桃四季春，人财两旺代代兴。上梁喜逢黄道日，接宝巧遇紫微星。

甲：廿对仙桃大有用，东西南北都相通。造屋年年多富贵，完工代代长兴隆。

乙：廿一对仙桃梅花开，添福添寿又添财。儿孙满堂欢乐多，快把包袱收起来。

十、抛　梁

一

脚踏兴隆财源地，手托花木彩云梯。口出千年多富贵，手托珠玉万年粮。

脚踏云梯步步高，手扳花树采仙桃。采得仙桃将何用？瑶池王母献香桃。手托金盘进屋来，和合刘海两分开。招财利市分左右，八仙庆贺过海来。

脚踏凤凰基，背靠紫金梯。三声高炮飞上梁，手提金壶上正梁。上起长梁万万年，手抛馒头五味香。

抛梁先抛中，当中一对紫童红。童红接着千年发，手扶南山万年松。

抛梁抛到东，东方日出满天红。日照高堂来上梁，主家洪福乐无穷。

抛梁抛到南，山河只托喜团圆。南极仙翁来送寿，瑶池王母在云端。

抛梁抛到西，云端日出凤凰啼。低声啼得锦鸡唱，高声引得金龙飞。

抛梁抛到北，起造高堂富贵屋。四面一道生千福，四季长年保平安。

二

一抛东方太阳升，百无禁忌福降临。招财童子到南海，和合送宝进府门。

二抛南方到南海，观音娘娘送子来。先送一子女秀才，后送南京科举来。

三抛西方日落山，主家好比沈万三。万三有棵摇钱树，金银财宝满间堆。

四抛北方放光彩，四方邻居带喜来。八洞神仙开口笑，福禄寿星送宝来。

五抛中间新楼房，亲朋好友满府堂。抢了馒头回家走，回家也造新楼房。

六抛东方甲乙木，仙桃主家留一对。全家老少都欢乐，添财添丁又添福。

七抛西方庚辛金，添福添寿又添丁。财喜两旺代代兴，步步脚脚踏金银。

八抛南方丙丁火，大小门户富贵多。福又大来财又多，阖家欢乐笑呵呵。

九抛北方壬癸水，峨眉老君笑满面。寿比南山不老松，福如江海水长涌。

抛梁抛到处处有，四时八节喜悠悠。主家量大福气大，八方美名传佳话。

十一、插金花

甲：一对金花两边摆，春夏秋冬四季开。一年四季十二月，月月香飘云天外。

乙：一对金花两边黄，紫金楠木落凤凰。金凤招来玉龙舞，千年幸福万年长。

十二、做屋脊

甲：新做屋脊两头翘，今日万福又来朝。恩光降下千年富，运气东来今又到。

乙：屋脊新做像条龙，荣华富贵多兴隆。二龙抢珠争上下，金鸡凤凰迎东风。龙飞凤舞兆吉祥，主家世代保安康。

十三、开新门

甲：八字大门朝南开，神仙笑脸迎进来。恭喜主家福分好，开门就见送宝来。

乙：新开大门亮堂堂，文武双全你府上。今日开门金鸡叫，明日开门遇凤凰。

丙：新开大门日日新，主家日夜见金银。开门看见摇钱树，进门又遇聚宝盆。摇钱树来聚宝贫，荣华富贵万年春。

十四、砌新灶

甲：新砌灶头亮光光，两只金锅坐中央。外锅炒菜香喷喷，里锅烧饭发发长。

乙：新锅新盖新灶头，酸甜香辣对胃口。老老小小都欢喜，省柴省草省粮米。

丙：新砌灶头亮正正，烧饭炒菜香满门。百叶炒得白如银，柴草如山米满囤。

十五、上　楼

脚踏楼梯步步高，八仙过海浪滔滔。我问神仙哪里去？今日楼上齐来朝。

情　歌

姐在园里拗木香

姐在园里拗木香，郎在外头张勒张。

姐：张勒不张一个样，快点转去织布做佣生。

郎：我偏要张勒偏要张。佴倷姆妈答应我嘛亲上亲，佴倷爹爹答应送拨勒我嘛雪花银。佴倷大哥答应送拨勒我嘛三桶浓黄酒，佴倷大嫂答应送拨勒我嘛一朵珠花金上金。

姐：几时伲姆妈答应倷亲上亲？几时伲爹爹答应倷雪银花？几时伲大哥答应送倷三桶浓黄酒？几时伲大嫂答应送倷一朵珠花金上金？

郎：俚倷姆妈三月十三嘛答应我亲上亲，俚倷爹爹四月十四答应送我雪花银。俚倷大哥五月十五答应送我三桶浓黄酒，俚倷大嫂六月初六答应送我一朵珠花金上金。

姐：三月十三伲姆妈在娘家做清明，四月十四伲爹爹在庙里轧神仙。五月十五伲大哥在虎丘山上对百草，六月初六伲大嫂在荷花楼上晒衣裙。

情妹生来真弗错

情妹生来真弗错，人人看见人人夸。走路好比风摆柳，坐勒浪好比出墙花。

路边桃花二月开

路边桃花二月开，一想情妹歌就来。走过田岸越过山，踏破草鞋成双对。

新打菱桶只只新

新打菱桶只只新，朝朝起来采红菱。隔着窗棂甩只红菱姐尝鲜，姐吃着红菱报还恩。做件衣衫送郎君，件件衣衫有交情。

私情路上重重山

私情路上重重山，郎想姐妮要翻山。翻过后山爬到前山望望眼前还有一座山，郎想姐妮隔重山。

月半十六两头红

月半十六两头红，太阳月亮喜相逢。你有情来我有意，为啥要一个西来一个东。

天上乌云追白云

天上乌云追白云，地上白马追将军。长江里前浪追后浪，小奴奴阿浪追郎君。

六月里露水弗经霜

姐倚门槛郎倚窗，一心想俫小妹郎。板壁上蓬尘终弗空思想，六月里露水弗经霜。

月儿高高像盏灯

月儿高高像盏灯，小奴奴过桥寻郎君。白天等郎身着火烫脚游水来虚，夜里寻郎只见桥下水里星。

郎唱山歌响铜铃

郎唱山歌响铜铃，姐拿茶碗出来听。左脚立在上街沿，右脚立在下街沿。小脚伶仃，伶俚伶仃，打碎江西窑里格只龙凤细茶碗，才是唱歌郎格害人精。

影相伴

树绕藤来藤绞树，两相情切影相伴。只要阿哥心意真，妹妹像藤贴树身。

桥头会

妹哩河边汏衣裳哎，哥哩桥上走过来哎。妹啊妹，哥想你哎情妹妹。

哥阿哥哎，要想妹夜头来。

妹啊妹哎，怎么进得你家来？

哥啊哥哎，等到三更五时从后墙翻过来。

妹啊妹哎，惊动你婆婆，丈夫怎么办？

哥啊哥，你放心好哉哎，婆婆去仔亲眷家，五更时丈夫像头死猪猡哎。

妹啊妹，你家要把门开，等我情哥哥上门来哎。

我的情哥哥呀！我的情妹妹呀！切莫忘了三更五时光哎！

对　歌

男：想妹好比望星星，弗知几时落红尘。倘若落到哥手里，生同苦乐死同坟。

女：妹若与哥定终身，只怕阿哥弗称心。天星跃进银河里，银河水深难攀登。

男：山谷有着长流水，泉山浇草滋润心。妹是水来哥是草，水浇青草万年青。

女：阿哥如果似妹心，萤火虫也能变成灯。只怕你心口不相应，水流花落误终身。

私情对歌

男：结识私情勠结识大小娘，结识大小娘私情不久长。男家拣仔好日好时讨仔去，好像只黄豆小鸡死脱娘。

女：结识私情要结识大小娘，结识大小娘私情也久长。男家拣仔好日好时讨仔去，奴假扮娘舅抱外甥。

男：结识私情勠结识楼上楼，楼上楼私情最难偷。滚水里蒲面难下手，青石上雕花难起头。

女：结识私情偏要结识楼上楼，楼上楼私情也好偷。滚水里蒲面掺冷水，青石上雕花只要看丝缕。

男：结识私情勠结识远绰绰，为仔倷私情夜夜跑。迷露里起仔浓霜里转，伤风咳嗽自家熬。

女：山歌越唱越好听，堂锣越敲越高声。甏里陈酒越好吃，私情越长越恩情。

合：山歌弗唱忘记多，大路不走草盘窠。纯钢白刃不用要起生黄锈，私情路不起会冷疏疏。

十送郎

黎星起，晓星行，七族星翻身转五更。

黎里串串送郎行，一送送到踏板头。头上金钗钱二分，我送郎去仔转来赎。

送郎送到房门口，脚上花鞋踢着盐甏头。娘问女儿啥格响？老鼠偷油呀甏口响。

送郎送到灶脚头，脚上花鞋踢着火夹头，娘问女儿啥格响？灶界老爷吃酒上西天。

送郎送到天井口，脚上花鞋踢着新砖头。娘问女儿啥格响？蛇盘田鸡后门头。

送郎送到客堂口，脚上花红鞋踢着板凳头。娘问女儿啥格响？家堂菩萨吃酒豁拳头。

送郎送到门口头，脚上花鞋踢着门闩头。娘问女儿啥格响？门神公公使双刀。

送郎送到场当中，脚上花鞋踢着牛桩头。娘问女儿啥格响？蚊子叮牛撞墙头。

送郎送到滑塔桥，滑里滑塔滑塔桥。叫我小脚伶仃哪亨好过桥？我买三十六副大钱粮，桥神土地搀过桥。

送郎送到木樨棚，搭倷情哥再商量。小妹十指尖尖玉手弯弯拾只橄榄你吃，问你橄榄凉弗凉？

送郎送到橄榄棚，搭倷情哥再商量。小妹十指尖尖玉手弯弯拾只橄榄你吃，问倷橄榄甜弗甜？

送郎送到大船边，小妹身边挖出二吊钱。一千给你情哥盘缠钱，一千给你点心钱。问你情哥几时来？正月弗来三月来，三月弗来我好比六月荷花塘塘开。

东天日头西天雨

东天日头西天雨，难见奴郎啥情意。落雨起风日出就放光啊，覅日出雨落笑嘻嘻！

十二月打船娶新娘

正月打船娶新娘，船上阿哥请仔格雕花匠。前舱要雕梅花开来迎新春，后舱雕得塘鳢鱼眠勒茭草旁。

二月打船娶新娘，船上阿哥请仔个雕花匠。前舱要雕杏花开来白如霜，后舱雕得鳜鱼懒窝清水坑。

三月打船娶新娘，船上阿哥请仔格雕花匠。前舱要雕桃花开来满树红，后舱雕得甲鱼缩头泥里藏。

四月打船娶新娘，船上阿哥请仔格雕花匠。前舱雕得蔷薇开来白洋洋，后舱雕得鲥鱼成群赶春涨。

五月打船娶新娘，船上阿哥请仔格雕花雕。前舱要雕石榴开来红似火，后舱雕得白鱼排阵翻作浪。

六月打船娶新娘，船上阿哥请仔格雕花匠。前舱要雕荷花开来朵朵鲜，后舱雕得鳊鱼游水呆木相。

七月打船娶新娘，船上阿哥请仔格雕花匠。前舱要雕凤仙开来叶子青。后舱雕得鳗鱼出水肥又壮。

八月打船娶新娘，船上阿哥请仔格雕花匠。前舱要雕木樨开来喷喷香，后舱雕得鲃鱼吐泡漂勒水面浪。

九月打船娶新娘，船上阿哥请仔格雕花匠。前舱要雕菊花开来遍地黄，后舱雕得鲫鱼入污尾巴晃勒晃。

十月打船娶新娘，船上阿哥请仔格雕花匠。前舱要雕芙蓉开来迎小春，后舱雕得草鱼食草沙啦沙啦响。

十一月打船娶新娘，船上阿哥请仔格雕花匠。前舱要雕水仙开来节节高，后舱雕得鲢鱼透气嘴巴张勒张。

十二月打船娶新娘，船上阿哥请仔格雕花匠。前舱要雕蜡梅开来雪花飘，后舱雕得青鱼追逐池中央。

聪明阿姐听格清

郎唱山歌响铜铃，顺风吹拨姐妮听。聪明阿姐听格清，木婆阿姐听格音。

小娘生来黑里俏

小娘生来黑里俏，玄色布包头兜得没眉毛。鼻梁里俏痧常常有，绣花褟裙束仔腰。

六月里日头似火烧

六月里日头似火烧，情哥勒田里耘稻苗。拜谢乌云要披满仔情哥背，当掉罗裙去买香烧。

无心无意望花流

一条河水绿油油，有朵梅花顺水流。妹妹有心捞花起，无心无意望花流。

弗知哪日才相逢

新绣荷包分两边，一面狮子一面龙。狮子上山龙下海，弗知哪日才相逢。

日头弗落唱弗停

郎唱山歌唱私情，句句唱动姐妮心。倷好唱，俚好胜，对对山歌比输赢。姐姐听了笑开言，唱歌就怕难收兵。山歌唱给知音听，日头弗落唱弗停。

只为想倷想得多

只为想倷想得多，面前有凳弗会坐。走路弗知高和低，吃饭弗知少与多。

鞋绳线儿两丈长

鞋绳线儿两丈长，手纳鞋底思情郎。三月三日分了手，思思想想面皮黄。

哥妹两人搭花桥

隔河望见一朵花，有心看花水挡道。郎搬石头妹搬土，哥妹两人搭花桥。

青莲衫子藕荷裳

青莲衫子藕荷裳，不装门面淡淡装。标致阿妹不擦粉，大白藕出勒乌泥塘。

山歌唱给知音听

太阳一出红喷喷，满天都是五彩云。我唱山歌响铜铃，山歌唱给知音听。

千金难买一个愿

弗顾爷娘弗怕官，纺织娘结识放牛倌。千金难买一个愿，呒吃少穿我心愿。

一心一意对情哥

转眼分别三年多，妹妹杀鸡待情哥。心肝肠肺烧一碗，一心一意对情哥。

摇一橹来扭一绷

摇一橹来扭一绷，追着前头姐妮一同行。前头姐妮弗是孟姜女，后头郎哥弗是万喜良。

五月韭菜蛮寻常

五月韭菜蛮寻常，割掉一刀一刀长。我搭情妹结私情，千刀万刀割不光。

只怕闲人闲话多

田边遇见情哥哥，到处闲话有几大箩。有心一一从头说，只怕闲人闲话多。

不怕山高水又深

姐与哥哥结私情，不怕山高水又深。山高自会寻路走，水深也有摆渡人。姐有心来郎有意，不怕爹娘规矩紧。千重门来好说话，万重大门也锁不住我格心。

菖蒲草，青又青

菖蒲草，青又青，私打蒲鞋露真情。阿哥砍柴前脚走，阿妹跟去拜观音。

花鞋未收怕落霜

黄昏狗咬叫汪汪，定是情哥来把我张。开仔扇门娘骂我，“娘啊，我花鞋未收怕落霜”。

小妹妹推窗望星星

小妹妹推窗望星星，妈妈一口说我有私情。姆妈为啥都晓得，莫非姆妈也是过来人！

拆坏篱笆娘要骂

姐在园里采枇杷，郎在外头拆篱笆。郎啊郎，要吃枇杷送拨倷，拆坏篱笆娘要骂。

姐在房中笑呵呵

姐在房中笑呵呵，郎在田中插六棵。风又大来雨又大，不听见我郎唱山歌。

心思大来事体多，哪里来心思唱山歌。我家有八十岁老娘要吃饭，还有二十岁弟弟要老婆。拍声背来叫声哥，你定心定意唱山歌。家中还有三石六斗老米拨倷老娘吃，我十八岁妹妹拨倷弟弟做老婆。

哪怕头顶击五雷

青石磨刀不用水，真心实意不用媒。你有情来我有意，哪怕头顶击五雷。

情愿水干鱼也死

郎是清河水，妹是水中鱼。情愿水干鱼也死，弗愿水存死了鱼。

结识私情隔顶桥

结识私情隔顶桥，我为倷私情夜夜跑。三根木头剩仔两根牢，跌落港里啥人捞？

结识私情东海东

结识私情东海东，郎骑白马姐骑龙。郎骑白马沿江走，姐骑乌龙行江中。

结识私情东海东，路程遥遥信难通。正要路通花要谢，路通花谢一场空。

结识私情讲讲开

结识私情讲讲开，碰到落雨弗要来。场上踏仔脚印娘要骂，闲言闲语我难理睬。

结识私情讲讲开，就是落雨我也来。三个铜钿买双蒲鞋颠倒着，只见过去不看见来。

郎搭姐妮情意长

郎搭姐妮情意长，头顶露水脚踏霜。田横头沟边踩成仔路，窗下平地踏成塘。

铜脚炉闪闪亮

铜脚炉，闪闪亮，半夜三更烘衣裳。寒露过了霜降到，只怕情哥着了凉。

姐姐独等情哥来

蔷薇花儿靠墙栽，隔墙出生花朵来。姐姐采花头上戴，蜜蜂见仔飞上来。蜜蜂好似梁山伯，鲜花好比祝英台。梁山伯与祝英台，姐姐独等情哥来。

五月初五是端午

五月初五是端午，箬叶糯米粽子裹。一串粽子挂在牛棚里，情哥肚皮不能饿。

糠饼虽粗情意重

南天落雨北天晴，白头巾包块青糠饼。糠饼虽粗情意在，情哥吃仔点心长精神。

大伏里日头像蒸笼

大伏里日头像蒸笼，阿哥热得昏咚咚。十七八只喜鹊来报信，俏妹妹手抄竹篮香茶送。羞答答一把阳伞遮面孔，笃悠悠一路小跑快如风。太阳不晒谷不结嘘，情不碰头意不拢。

姐在田里敓荸荠

姐在田里敓荸荠，敓着一个大荸荠。汏脱烂泥剥脱皮，轻轻塞到郎嘴里。问倷郎啊啥滋味？赛过山东甜水梨。

郎卷水草在湖中

郎卷水草在湖中，来如潮水去如龙。有心劝他歇歇劲，又怕误了他的工。

鲜鱼成双能容易

姐在河滩汏席忙，一双鲜鱼游拢来。鲜鱼成双能容易，小姐妮成双能犯难。

唱支山歌心里甜

芝麻花开肩并肩，扁豆花开面对面。妹割牛草哥莳秧，唱支山歌心里甜。

采红菱

姐勒河边汏菜心，郎勒对河采红菱。采仔红菱上街卖，丢只红菱姐尝新。

多谢你情哥一片心，吃仔你红菱曾回敬。别样末事呒啥送，送你三尺七寸一块花毛巾。

多谢你小妹一片心，拿仔你毛巾曾回敬。别样末事呒啥送，送你三绞丝线四绞经。

多谢你情哥一片心，拿仔你丝线曾回敬。别样末事呒啥送，就拿仔丝线绣双拖鞋送郎君。

多谢你小妹一片心，拿仔你拖鞋曾回敬。别样末事呒啥送，送你头上金钗钱八分。

多谢你情哥一片心，拿仔你金钗曾回敬。别样末事呒啥送，等到将来青纱罗帐报你恩。

说报恩来就报恩，旧年六月喊我到如今。十二月里格茶壶独出一张嘴，蛀空格杨柳弗爆青。

说爆青来话爆青，你落里晓得爷娘管得我紧腾腾。房门浪四九三十六扃生铜双簧锁，床上还挂响铜铃。

汏菜心

姐勒河里汏菜心，只撩红裙弗撩身。拨勒摇船哥哥来看见，重重三橹湿红裙。湿仔红裙立起身，暗暗里调笑骂郎君。倷有铏讨我家里为夫做，倷呒铏勠来戏我小娘身。情哥听见把篙撑，我问倷小妹几月里生？奴奴金盆里滗浴奴十七，菜花落地四月生。四月里生来四月里养，要亲口问爹娘。还要问书房里大哥厢房里嫂，细芽茶叶定娇娘。吃郎茶，是郎妻。我问声倷家中种田格啥都圩？高田种勒高山浪，低田种勒太湖西。吃郎茶，是郎妻，问声倷牛马啥多有？我三百六十个长行的听用啊，七十三只花船常罱泥。吃郎茶，是郎妻，问声倷牛马啥多有？黄牛、水牛无其数，红鬃白马满山遍。

山歌唱给知音听

太阳一出红喷喷，满天都是五彩云。我唱山歌响铜铃，山歌唱给知音听。聪明阿姐听格情，木婆阿姐听格音。小妹殷殷送香茶，情哥哥伸手要拨俚头浪一朵茉莉花。俚身子闪闪眯眯笑，自家泼仔一身茶。

倷叫我唱歌就唱歌

姐在房中笑呵呵，郎在田中插六棵。风又大来雨又大，不听见我郎唱山歌。

心思大来事体多，哪里来心思唱山歌。我家有八十岁老娘要吃饭，还有二十岁弟弟要老婆。

拍声背来叫声哥，你定心定意唱山歌。家中还有三石六斗老米给你老娘吃，我十八岁妹妹拨你弟弟做老婆。

倷叫我唱歌就唱歌，小妹啊：我心里烦闷事体多，日高三丈冬双白米饭无人烧拨我吃，日落西山啥人跑出墙门来望我？

叫倷唱歌就唱歌，倷覅心里烦闷事体多。日高三丈冬双白米饭我小妹来烧，我小妹跑出墙门望阿哥。

倷叫我唱歌就唱歌，我心里格烦闷事体多。朝倷小妹话："四季衣衫着破啥人替我补？出外小方头鞋子啥人做？"

叫倷唱歌就唱歌，倷覅心里烦闷事体多。倷四季衣衫着破我小妹来补，出外小方头鞋子让我小妹来做。

六月荷花出水鲜

六月荷花出水鲜，荷花爱藕藕爱莲。荷花爱藕满身苔，藕爱荷花出水鲜。

出水鲜来话水鲜，去年想你到今年。去年想你真正苦，今年夫妻甜又甜。

只为想倷想得多

只为想倷想得多，面前有凳弗会坐，走路弗知高和低，吃饭弗知少和多。

一心一意对情哥

转眼分别三年多，妹妹杀鸡待情哥。心肝肠肺烧一碗，一心一意对情哥。

一只花船摇进浜

一只花船摇进浜，四面花窗亮澄澄。提起金锣敲三记，娘房里小姐哭三声。娘叫囡囡覅哭哉，再歇三年抱外孙。回头爹爹声，大红裙子绿飘带。回头姆妈声，坐桶脚盆坐外孙。回头哥哥声，千朵桃花一树开。回头嫂嫂声，青菜秧，白菜秧，种勒园里不久长。回头隔壁小姑娘声，拆散淘伴呒心相。黄昏戌时勒浪娘房里，半夜子时路浪行，日出卯时拜家堂。

回娘家

大船接，接弗转，小船接，接弗转，廿四只龙船接到居。爹爹看见囡囝居，掮起拐杖赶雄鸡。姆妈看见囡囝居，拉着罗裙揩眼泪。阿哥看见妹妹居，带转纱窗着象棋。嫂嫂见仔姑娘居，关紧房门园东西。弟弟看见阿姐居，大红海青顶倒披。

历史传说歌

唱山歌先要安四方

唱山歌先要安四方，东方日出红堂堂。甘罗十二为丞相，姜太公八十遇文王。安仔东方安南方，孔夫子打扮坐学堂。教仔七十二个贤公子，个个出众状元郎。安之南方安西方，个个出众状元郎。安之南方安西方，西洋女国爱风光。西洋女国有口八角井，只照女儿不照郎。安之西方安北方，北方堂里原出杨六郎。杨六郎养格伲子就叫杨宗保，十六岁拖抢救主皇。

十只台子

第一只台子四角方，岳飞枪挑小梁王。武松手托千斤石，姜太公八十遇文王。
第二只台子凑成双，辕门斩子杨六郎。诸葛亮要把东风借，三气周瑜芦花塘。
第三只台子桃花红，百万军中赵子龙。文武全才关夫子，连环巧计是庞统。
第四只台子四角平，吕蒙正落难破窑蹲。朱买臣山上樵柴买，何文秀落难唱道情。
第五只台子是端阳，莺莺小姐烧夜香。红娘月下偷椅子，勾引张生跳粉墙。
第六只台子荷花放，阎婆惜活捉张三郎。宋公明杀奔梁山上，沙滩救驾小秦王。
第七只台子是七巧，蔡状元起造洛阳桥。观音弄雨来作法，四海龙王早来朝。
第八只台子只只好，狄青英雄世间少。文断阴阳包文正，张飞喝断灞陵桥。
第九只台子菊花黄，王婆照顾武大郎。潘金莲结识西门庆，药杀亲夫见阎王。
第十只台子唱完成，唐僧西天去取经。孙行者领路前头走，山中独是怪妖精。

十字写

一字写来像金枪，赵匡胤千里送京娘。京娘送到京城里，还送哥哥八百里。

二字写来是弟兄，秦叔宝相对尉迟恭。征东征西薛仁贵，小秦王落难献金龙。

三字写来三划长，桃园结拜刘关张。三字军师诸葛亮，杀尽曹操八万将。

四字写来四角平，韩信提兵斩霸王。霸王自出王家口，小小泥马驮康王。

五字写来大肚皮，秦桧下界害岳飞。害得岳飞三代将，后来活捉长舌婆。

六字写来散分分，李元霸原是狠将军，虽然年纪七八岁，白相铜锤八百斤。

七字写来是七巧，蔡状元起造洛阳桥。观音龙女来作法，四海龙王连三朝。

八字写来像眉毛，张飞喝断灞陵桥。喝断陵桥再造好，割断私情最难熬。

九字写来像秤钩，朱太祖落难去看牛。三九廿七挑盐卖，四九卅六岁坐龙廷。

十字写来十足仙，武大郎托盘卖烧饼。潘金莲结识西门庆，武松杀嫂不容情。

八仙歌

铁拐李先生道行高，汉钟离磐石把手摇。吕洞宾肩背青锋剑，张果老骑驴过仙桥。曹国舅手执云阳板，韩湘子云中吹玉箫。何仙姑手执金莲蓬，蓝采和花篮献蟠桃。

太平军颂歌

人人称颂太平军，重义气来讲良心。看见财主弗放过，看见穷人笑盈盈。满村锣鼓声声响，龙灯舞来狮子跟。穷苦百姓都庆贺，大军带来太平春。阿爹七十做生日，杀只大鸡肥又嫩。阿爹弗肯尝一块，双手捧去送天军。日头出来亮又明，伲搭来仔太平军。财主作恶受捆绑，推去杀头快人心。

迎忠王

黄秧叶子绿油油，忠王是个好领袖。地主见了两脚抖，农民见了点点头。

怀忠王

长江里水向东流，我伲日夜都发愁。千愁万愁不愁别，愁你一去不回头。喜庆建起东珊县，忠王大军到洞庭。太湖改建东珊县，载歌载舞迎义军，运粮运草一片心。

十字古人

一字写来一画长，肩背琵琶赵五娘。雪娘刺死汤勤，莫成替主莫泰昌。

二字写来二弟兄，秦叔宝相对尉迟恭。小秦王跳涧显金龙，薛仁贵跨海去征东。

三字写来三画长，刘备、张飞、关云长。曹操看得龙驹马，战鼓三通斩蔡阳。

四字写来四角方，韩信点兵斩霸王。霸王自刎乌江口，韩信功劳一大桩。

五字写来像云天，秦桧奸贼害岳飞。害了岳家父子三条命，到后来活捉长舌妻。

六字写来散纷纷，杨继业写本未到京。严嵩做官无道理，假传圣旨斩忠臣。

七字写来一脚挑，关老爷上马手提刀。赵子龙杀出军百万，张飞喝断灞陵桥。

八字写来像眉毛，杨五郎出家做和尚。五台山上会师父，弟兄相会杨六郎。

九字写来一脚钩，朱太祖落难去看牛。一九、二九、三九、四九三十六岁坐龙廷，一统江河定太平。

十字写来穿背心，武松打虎称英雄。潘金莲结识西门庆，武松杀嫂去充军。

刘猛将

家住申江上海县，青龙岗上长生身。父亲就是刘三叔，母亲包氏称院君。正月十三亲生日，取名佛官极聪明。面上有粒朱砂痣，七岁之时克娘亲。后娶晚娘朱三姐，日夜拷打受苦情。前亲晚后难过日，磨片压沉河中心。二弟怜惜来相救，外公家里去安身。自幼生来能勤俭，看鹅看鸭过光阴。大宋末年兵荒乱，连年干戈弗太平。三年大水三年旱，三年蝗虫共九年。神人传授遁甲法，腾云驾雾件件能。施法赶去蝗虫害，舟船下水戏玩弄。种秧割稻施妙法，一夜完工喜万民。东洋倭奴刀兵乱，抢劫沿海众渔民。清廷总兵刘荣福，灵神显法救军民。杀退倭奴迷雾散，刘王字旗在天空。清军奏凯回朝转，奏本皇上受御封。敕封普佑上天王，青龙岗立庙到如今。连泗荡立庙多灵感，迁移西昂立庙门。今日香火还神愿，保佑众姓永太平。十二月有花花弗开，徐天哥哥打扮一个换糖担。他一心要想偷牌位，牌位偷弗着，回到屋里摆只空灵台。

孟姜女

正月里来是新春，家家户户点红灯。别人家夫妻团圆聚，我家丈夫造长城。
二月里来暖洋洋，燕子双双在屋梁。燕子飞来飞去成双对，孤孤单单女孟姜。
三月里来是清明，桃红柳绿正当春。家家坟上飘白纸，孟姜女家坟上冷清清。
四月里来养蚕忙，姑嫂双双去采桑。桑篮挂在桑枝上，抹把眼泪采把桑。
五月里来是黄梅，黄梅时节雨水来。家家田中黄秧莳，我家田中草成堆。
六月里来热难当，蚊虫飞来叮胸膛。宁可叮奴千口血，莫叮我夫万喜良。
七月里来七秋凉，家家窗前裁衣裳。桃红柳绿都裁到，孟姜女家中是空箱。
八月里来雁门开，孤雁脚下带霜来。闲人只说闲人话，哪有相送寒衣来？
九月里来菊花黄，重阳好酒菊花香。满满筛出我不吃，等待我夫万喜良。
十月里来稻上场，牵砻做为纳官粮，孟姜女家里人抵粮。
十一月里来雪花飞，孟姜女千里送寒衣。前面乌鸦来领路，到了长城冷凄凄。
十二月里忙过年，杀猪宰羊闹喧喧。家家忙得多热闹，孟姜女寻夫长城边。

儿歌

一个小宝宝

一个小宝宝，覅哭覅哜嘈。要吃白蒲枣，阿哥望仔树浪跑。阿姐拿仔棒来敲，一敲敲仔三栲栳，青格多来红格少。

光头囡囡快活多

光头囡囡快活多，出门唱只响山歌。手里拿仔金弹子，百花园里打鹦哥。打着雄格烧来吃，打着雌格当做上家婆。

太阳公公起得早

太阳公公起得早，它怕宝宝困懒觉。趴到窗口看宝宝，宝宝已经弗见了。

摇船摆渡

摇船摆渡，摇到外婆家。外婆问倷几时嫁，初三初四嫁，初五初六还是一个小娃娃。阿姨长，阿姨短，阿姨头浪有只碗，碗里有块萝卜干，吃煞吃弗完。

小明小华弗要哭

小明小华弗要哭，肚皮饿么吃冷粥。吃仔冷粥还要哭，俚笃姆妈拿起捧柱来，吓得小明小华跳起来。

萤火虫，夜夜红

萤火虫，夜夜红，游来游去捉青虫。青虫捉弗着，倒拔菱角触仔脚。到荷花塘里去讨膏药。膏药讨弗着，一烂烂脱仔半只脚。

摇 摇 摇

摇摇摇，摇到外婆桥上跌一跤。外婆就买团子就买糕，娘舅买条大鲫鱼。啥人烧？舅姆烧。烧得头弗熟来尾巴焦，放勒碗里隔河跳。吃仔三碗白米饭来鱼汤浇，再来摇。

摇摇摇，摇摇好宝宝，覅哜嘈。奶奶已吃饱，可以困觉了：停歇末，抱倷轿子湾头去买糖元宝，包倷宝宝吃到嘴里眯眯笑。

摇摇摇，摇到昆山水磨桥。水磨桥上呒人走，一个姑娘勒浪跳。跳勒跳，跳仔河里去，叫声摇船公公救一救。摇船公公弗肯救，问声姑娘阿里人？百家湾里第三家，前头一棵高粱红，看底一个木香棚，木香棚底下一根烂草绳，送拨倷摇船公公做根橹绷绳。

摇摇摇，摇到昆山水磨桥。水磨桥浪跌一跤，又买团子又买糕。外孙吃仔快点摇，一摇摇到外婆桥。娘舅出来请吃茶，舅姆出来请吃饭。盛碗饭，冷冰冰，拔双筷，水淋淋，掼碎外婆家一只毛粗碗，三年不上外婆格老大门。

摇摇摇，摇到外婆桥，外婆对我眯眯笑。买条鱼烧烧，头弗熟，尾巴焦，盛勒碗里蹦蹦跳。猫吃仔，眯眯笑，狗吃仔，甩虎跳。

亮月亮，竹铛铛

亮月亮，竹铛铛，家家小囡出来兜白相。拾着一个铜钿，买个爆仗，乒乒乓乓放到大天亮。

阿花眯眯

阿花眯眯，明早初二，买斤荸荠，送拨阿姨。

风凉笃笃

风凉笃笃，咸鸭蛋剥剥，咸菜嘬嘬。

拍拍胸

拍拍胸，三年弗伤风；拍拍背，三年黄米吃不坍。

先生先

先生先，屁股尖，骑勒马上颠勒颠。跌下来没牵勒牵，拔根胡子吃筒烟。

康铃康铃马来哉

康铃康铃马来哉，隔壁大姐转来哉。买点啥个小菜，田鸡搭仔老鸹。老鸹关亡，关着和尚。和尚念经，念到长洲县里。隔壁阿二扫地，拾到一只金挖耳。

亮月亮

亮月亮，作钖钖，家家小人出来白相相。荡缸、荡缸，荡缸荡缸，一荡荡到里床。里床一只缸，缸里一只蛋，蛋里有个黄。黄里有个小和尚，嗯啊嗯啊要吃绿豆汤。

排排坐，吃果果

排排坐，吃果果，爹爹转来割耳朵。称称看，两斤半，烧烧看，两大碗。吃一碗，剩一碗，门角落里斋罗汉。罗汉弗吃荤，豆腐面筋囫囵吞。

杂 歌

十稀奇

一稀奇，红婴小姐着地飞。二稀奇，麻雀踏杀老母鸡。三稀奇，三岁弟弟出牙须。四稀奇，尼姑庵里讨女婿。五稀奇，烧火婆娘跌勒烟囱里。六稀奇，六十岁公公困勒摇篮里。七稀奇，七石缸炖勒酒怀里。八稀奇，八仙桌放勒袋袋里。九稀奇，黄牛沉杀脚盆里。十稀奇，瞎子双双去看戏。

五炷香

第一炷清香七寸长，小娘烧香瞒仔娘。一修修仔三年零六月，一根木头变檀香。

第二炷清香七寸长，绕过北巷搭烧香。闲人问我落搭去，我老来关心录窝场。

第三炷清香直苗苗，蔡状元去造洛阳桥。一六二六六六三十六只观音殿，只只庙里去烧香。

第四炷清香一蓬烟，上经蜡黄下经天。三斤土地四斤水，修得自身福寿长。修得亲生父母长清健，修得代代晚生接香烟。

第五炷清香滴溜圆，我要念佛了心愿。一了了仔心头事，一年之间保平安。

一桌酒菜

一桌酒菜冰冰瀴，二道点心呒不心。三只冷盆才是筋，四只清汤清打清。五只大菜弗连牵，六只炒菜一点点。七弗老牵一道上，八仙桌上坐仔九个人，实在忒少吃得干干净，说来话去老板太黑心。

实在呒不吃

一升胡桃，二斗栗子，三级橄榄，四喜肉，五香排骨，乐得吃，切切子孙糕，剥剥长生果，清炖九头鸟，实在呒不吃。

名山景致真锦绣

名山景致真锦绣，金山浜里闹稠稠。看见无数山蛮子，一日到夜凿石头。

名山景致真锦绣，石湖里向也要游。行春桥上人千万，打拳船上出风头。

名山景致真锦绣，上方山上也要游。十七夜里看串月，师娘多得呒亲头。

名山景致真锦绣，木渎钱园也要游。现在卖与严家里，严园如今有名头。

名山景致真锦绣，灵岩山上也要游。有个痴汉等老婆，弗知等到啥时候。

名山景致真锦绣，穹窿福地也要游。开山祖师施真人，七世童男修得透。

名山景致真锦绣，玄墓山里也要游。正月里向看梅花，清、奇、古、怪树名头。

名山景致真锦绣，范坟山上也要游。天生五虎喙羊地，“万笏朝天”到出秀。

名山景致真锦绣，观音山上也要游。三月十五琵琶会，转藏殿只要气力有。

名山景致真锦绣，湖山浪向也要游。狮子山出仔毛筋竹，狮子回头望虎丘。

名山景致真锦绣，虎丘山上也要游。虎丘山上十八景，个个景致有名头。

说虎丘来话虎丘，七里山塘一直走。文种范蠡斟酌桥，青山绿水桥名头。

虎丘景致真锦绣，两只眼睛水溜溜。当中一块蚂蚁石，鸳鸯坟墓在西首。

虎丘景致真锦绣，断梁殿一只在里头。新造一只冷香阁，“拥翠山庄”声名有。

虎丘景致真锦绣，“憨憨泉”一口在旁首。东首一块试剑石，西边一条大蜒蚰。

虎丘景致真锦绣，“千人石”大得呒亲头。下首有块点头石，血河池里红吼吼。

虎丘景致真锦绣，“二仙亭”里点点头。万丈剑池深得极，双吊桶桥在上头。

诸君白相二仙亭，一副对联细看清。上联：黑暗不知暗；下联：一明到处明。

虎丘山上去游玩，二仙亭对联须要看。上联：梦中说梦原作梦；下联：元里长元便是元。

虎丘景致真锦绣，“五十三参”望上走。后山两扇石隔子，御碑亭一只可古留。

虎丘景致真绣，七级浮屠光休休。东首一只望苏台，四面观音千只手。

说虎丘来话虎丘，虎丘景致天下传。天上有个蓬莱岛，人间要数伲虎丘。

搅浑河水捉虾

扇子大格尾巴，脚匾大格水花。跳进河里作啥？搅浑河水捉虾。

从前有位老伯伯

从前有位老伯伯，年纪已经八十八。早上起来八点钟，乘仔八角班。来到八仙桥，吃碗八宝饭，铜钿用脱八千八百八十八元八角八分八厘八。

白鼻头格白猫

伲养一只白鼻头格白猫，隔壁白伯伯笃也养一只白鼻头格白猫。伲只白鼻头格白猫搭隔壁白伯伯笃只白鼻头格白猫相咬，看弗出伲只白鼻头格白猫咬仔隔壁白伯伯笃只白鼻头格白猫，还是隔壁白伯伯笃只白鼻头格白猫咬仔伲只白鼻头格白猫。结果是伲只白鼻头格白猫咬仔隔壁白伯伯笃只白鼻头格白猫，隔壁白伯伯笃只白鼻头格白猫拨伲只白鼻头格白猫咬脱一口白毛。

第十章　革命烽火

望亭不仅是一座美丽的文化古镇和一片灵秀的江南水乡，同时也是一方具有光荣革命传统的热土。无论在反对外来侵略的抗日战争中，还是在与反动派斗争的解放战争中，望亭人民在中国共产党的领导下，抵抗外来入侵、救亡图存的爱国热情，一浪高过一浪，大家同仇敌忾，前仆后继，勇往直前。

暗度陈仓支援抗日

郑四观，又名郑国彰，1944年农历正月至九月任三民乡乡长。郑四观明里是伪乡长，暗里却帮助、支援新四军太湖游击队抗日。

是年农历五月初五端午节，太湖游击队薛永辉司令要在仁巷（今太湖村）犒劳军队，传信给郑四观，要他准备好酒菜。郑四观接信后时间已晚，已买不到菜，他便杀了自家的猪，设法备齐酒菜，由侄子郑明忠送到仁巷去慰劳新四军（由新四军付钱）。新四军缺军粮，郑四观四处活动，先后在里河乡、望亭潘晋升米行以及顾王乡、三民乡、华阳乡等处筹集公粮1700多担，支援太湖游击队。

郑四观积极为新四军办事，日伪军恨得咬牙切齿，为此他们派出六七个伪密探严密监视他的活动，以搜集证据，严加惩处。

要除掉密探汉奸。郑四观将情况报告太湖游击队，得到指示：对顽固分子绝不手软，杀一儆百！太湖游击队还允诺积极配合行动。

郑四观他们几经研究，决定将其中作恶多端的密探汉奸惠土泉（绰号惠小瘌痢）作为首除对象。

可是，很奇怪，这几天惠小瘌痢却突然失踪了，四处寻觅，毫无影踪。几经侦察，方才得知，也不知怎么走漏了风声，惠小瘌痢躲藏起来了。郑四观冷静处置，认为不要瞎撞，先要找到惠小瘌痢究竟藏在哪里。郑四观不动声色，派出几路人马，打听惠小瘌痢下落。三天后，终于有了确切消息，说是惠小瘌痢躲在妓院里，身不露影，足不出户，而且还有四名保镖守护，很难接近。

郑四观又派出一名亲信，去妓院摸清情况，关照一定要查清惠小瘌痢藏在哪个房间。当夜，亲信去了一趟名叫“翠竹楼”的妓院，天亮后回来报告，说惠小瘌痢藏在二楼东面最后一间名为“兰香阁”的房间里，看守很紧，楼梯口两个保镖把守，楼上“兰香阁”也有两人看守，且都有手枪，而况二楼全部包下，闲人根本上不了楼。

郑四观得知情况后，当即向薛司令作了汇报。薛永辉略为思索后，面露笑容，当下说出四个字：瓮中捉鳖！

翌日，傍晚。翠竹楼灯火辉煌，煞是热闹。站在门口几个招揽生意的女人，穿得花枝招展、妖形怪状，手里挥着手绢，不住地发出嗲声：“先生，来玩玩吧！”“先生，你好久没有来啦。请进请进。”拉进门的客人都被安排到楼下房间，若有人要上楼，两个保镖就会呵斥：楼上全部包掉了，不能上。

正在这热热闹闹之际，忽然进来两个当兵的，大概是喝多了，摇摇晃晃直往里闯。老鸨要紧拦住，说军爷，楼下请。当兵的骂骂咧咧，用手一推老鸨，吼说：“老子要上楼，把……把最漂亮的送过……过来，玩玩……”说着硬是要往楼上闯，老鸨拦也拦不住。当兵的走到楼梯口，刚想踏上去，两个保镖用手一挡，大声吆喝：“干什么的?!走走走，不能上楼，要玩就在楼下!”两个当兵的更横，居然拉下背着的长枪，对准保镖，大叫：“你们是什么东西，敢拦老子上楼！走开，要不然我开枪啦!”两个保镖也不好惹，竟然也从腰里拔出两把匕首，骂道：“也不长长眼，看看我们是谁？快走!”当兵的依然蛮横，定然要上楼；两个保镖，就是不让，双方你推我攘，谁也不服谁。

就在此时，楼上又走下两个保镖，其中一个端着枪，叼着烟，冲到楼下，就吼叫：“吵什么吵!”说着对其中一个当兵的当胸就是一拳，又吼说：“是活得不耐烦了，知道我们是谁?告诉你们。我们是宪兵队的人，在执行公务。你他妈是哪个部队的，到这里来找死啊!”两个当兵的被唬住了，连忙讨饶。那保镖对当兵的飞起一脚，又骂道：“快滚，否则我要开枪啦!”两个当兵的背起枪灰溜溜跑出门。

老鸨见那个保镖如此威风，不由得奉承起来，拍着他背，连说：“长官，你好神气啊！待会儿我好好招待你。”那保镖好不得意，点一点头，扬一扬手，说：“嘿嘿，小事一桩。”保镖返身向楼上走去。

就在这时，这保镖忽然似想起了什么，一愣之后，丢掉烟头，直往楼上冲去。你道为什么？原来，这保镖是四个人的组长，他负责楼上安全，保护惠小瘌痢。现在他下楼解围之后，突然感到事有蹊跷，会不会是“调虎离山”之计。他要紧冲上楼，敲了敲“兰香阁”的门，并无声响。保镖晓得情况有异，立马推门而进，奔到床前，仔细一看，大叫一声：“天哪，中计了!”只见惠小瘌痢躺在床上，身首异处，血流如注。而靠外墙的窗户却直直地洞开着。

惠小瘌痢被杀，震慑了日伪军，再加上时局骤变，风云突起，那些日伪密探、汉奸走狗再也不敢造次。

郑四观信心大增，更积极地投身于抗日。是年 9 月在冲山突围中薛司令受伤，在望亭治疗，郑四观在医院看护，直到薛司令伤愈出院。望亭自卫队获悉有新四军游击队在仁巷活动，即派兵前去搜捕。郑四观得知消息后，立即暗中通知薛司令，薛司令带领战士乘船下太湖，使自卫队扑了空。

这年，郑四观与徐友仁(已参加新四军)父亲商量，决定在朱家桥(今孟河村)旁办一所“新民小学”，作为新四军联络点，郑四观专程去上海购买黑板等教学用品。

1946 年，望亭自卫队的张慧芝带人捕捉郑四观，郑四观闻讯后逃往上海隐居。

鲍甲里巧妙除叛徒

赵茂是西华(今镇湖)人。抗战胜利后,参加太湖县民兵组织,在国民党"清剿"中被俘投敌,供出西华群众积极分子45人,成为可耻的叛徒。后又加入国民党中统特务组织,任谍报组情报员,专门刺探太湖县地下党和武工队的活动情报。为此,武工队决定除掉这个十恶不赦的叛徒、特务,并组建了"除奸小组",组长由望亭的朱阿林担任,另有司机王阿祥等共4人。

1947年12月,天气渐冷。一天上午9点模样,除奸小组正在为赵茂不见影踪而发愁时,突然王阿祥气喘吁吁冲进屋内,激动地报告说,久未露面的赵茂,正在打点行装,好像要带老婆出门,而且有一辆轿车接送。朱阿林顿时一阵惊喜,认为这是难得的追杀机会,再也不能错过。当即召集组员,携带武器,租了一辆轿车,直奔赵茂住地。

没多久,当朱阿林的车子离赵茂住宅还有百米时,他远远看见赵茂和老婆已经上了一辆大轿车,且以极快的速度绝尘而去。朱阿林手一挥,急说:"追!"

两车相距越来越近,朱阿林已经能清楚看到前面车内坐着的赵茂,而且发现赵一直在回头张望,似乎已经觉察到有人跟踪。朱阿林一阵欣喜,他知道只要一过道口,便进入郊外,那里远离闹市,人迹稀少,是除奸行动的最佳地方,再者即使事发报警,待警方赶到起码半个钟头,那时早已人去车空。朱阿林想到这里,当即命开车的王阿祥:"紧紧跟上,一过道口,立即加速,超过赵茂车子,等待我命令,制裁叛徒!"

此时赵茂已完全确定,后面紧随的车子来者不善,早吓得额上沁出黄豆般的大汗珠。他结巴着对司机说:"快,以最快速度直开!"司机应命,再加油门,车子如飞直冲道口。朱阿林见状以为擒敌易如反掌,故再次令王阿祥:"快追,看这叛徒能逃到哪里去!"同时,他又命令其他武工队员,子弹全部上膛,随时听令射击。众组员将所有车窗打开,手持手枪和手榴弹,只要一声令下,枪弹齐发,瞬间便能致前方车毁人亡。

两车紧随,冲向道口。可是,哪里料到,就在赵茂的大轿车驶过道口后,瞬间交通讯号灯转换,绿灯变成红灯,挡道栏杆迅速放下。王阿祥始料不及,一个急刹车,差点人仰车翻。更无奈的是,当火车驶过,绿灯亮起、栏杆升上时,那辆租来的轿车居然再也发动不起来。

叛徒赵茂侥幸逃过一劫。之后,他更加谨慎小心,整天提心吊胆,防范着朱阿林的除奸小组。一个月后,赵茂左思右想,认为还是走为上策,他便偷偷窜到无锡地区藏匿起来。直到1948年8月,锡南武工队才侦悉赵茂在鲍甲里的行踪。

8月的天气依然炎热,傍晚时分,更是闷热得令人喘不过气来,人们大多在空旷场地上乘凉、吃饭、聊天。在无锡城郊处鲍甲里,有一个乘凉场,亦是如此,待到太阳一落山,乡民们便纷纷走出家门，聚集在场上，摆开台凳，开始边纳凉，边吃夜饭，一时间热热闹闹，人声鼎沸。其中有一只小台子，四周坐着四个人，正在吃老酒、吹山海经。内当中一个朝南坐的中年男子，此人就是叛徒赵茂。赵茂有个远房亲戚就住在偏僻的鲍甲里，自从他投奔亲戚后又是送礼又是给钱，亲戚十分开心，晓得赵茂做官发财，所以热情招待。赵茂又谎说身体不好，需要静养一段时间，亲戚满口答应，说只管吃住、安心养病。

起先，赵茂深藏在屋里，不敢出门半步，处处小心。后来，过了一天又一天，太平无事，赵茂就大胆起来，再加上天气炎热，就出门乘凉。几天下来，和乡邻们混熟了，便愈发无所顾忌，尤其是几杯老酒下肚，更是天南地北瞎吹起来。

今晚，赵茂已经吃了三杯白酒，脸色通红，舌头发僵，说话含糊不清，可还是不停地东拉西扯。

说着说着，不知怎么想起了两个月前死里逃生的情景，他禁不住吹嘘起来。赵茂立起身，拍着胸脯，口吐横沫，大声说："我……我赵茂，就是命硬，那么多人想杀我，都……都没有成……成功。你们想想，连……连红绿灯都帮我，连'癞蛤蟆'都暗中帮……帮我。啊？什么是'癞蛤蟆'，连这都不懂，真是乡……乡巴佬，不见世面。告诉你……你们，'癞蛤蟆'就是小轿车。这小轿车样子像癞蛤蟆。懂了吧！嘿嘿，我赵茂，现在是今非昔比，现在是要什么，有什么！什么钞票，什么房子、美女，都不在话……话下。我今天要告诉你们……"

赵茂说到这里，似乎有点清醒，他忽然拍拍脑袋，连说："喝多了，喝多了。胡说，胡说，对不住，对不住。"说着便起身要走。哪知刚跨两步，就被一双脚绊了一下，赵茂踉跄之后一个"狗吃屎"，跌倒在地。

此时，两个壮实的年轻人连忙踏上一步，一左一右将赵茂扶了起来，其中一个还说："当心当心。即使你命硬也要当心，因为这里没有红绿灯，也没火车可以帮你忙。"赵茂脑子"嗡"一响，此话何意？他抬头一看，又惊出一身汗冷，两人都是陌生面孔，赵茂语无伦次问："你……你们是谁？"两人回答，一个说："太湖县苏西武工队朱阿林。"另一个说："锡南武工队陆惠良。"

赵茂听到这里，晓得末日来临，不过还想垂死挣扎。他对朱阿林说，我跟你们走，让我去穿件衣服。朱阿林"呵呵"一笑，附耳轻说："死到临头，还穿什么衣服！"赵茂听到这句话，竟然"呃"的一声，昏了过去。

朱阿林和陆惠良将赵茂押到公路边，说了声"代表人民代表党"，就地处决了可耻的叛徒。

何杏生血洒双白桥

1944年,望亭新埂村农民何杏生在中共地下党员钱茂林的教育和引导下参加抗日工作,担任秘密联络员。他经常冒着生命危险活动于无锡梅村、后桥湾、唐家桥和吴县苏西北地区,为地下党和游击队传递情报和信函。抗日战争胜利后,他按照党组织的指示,继续留在苏西北地区。

1946年6月,国内战争爆发,国民党军队在吴县实行"清剿"。何杏生在中共地下党组织领导下,与敌人展开针锋相对斗争,配合苏西北武工队,镇压和打击地痞、流氓、恶棍及反动的国民自卫队。为此国民党当局恨之入骨,把他视作眼中钉、肉中刺,扬言要捉拿何杏生,除掉何杏生。

何杏生年纪三十余岁,身手机灵,思维敏捷,当他得知已成国民党反动派抓捕对象后,凡是行动就更加谨慎、格外细心。

那天,望亭火车站的候车厅,乘客熙熙攘攘。一个在兜售香烟的老头四处张望,嘴里不停吆喝着:"阿要买香烟,老刀牌香烟,哈德门香烟……"卖烟老头边喊边沿着候车长椅的夹弄慢慢走着,待走到长椅末梢,一个穿着长衫的年轻男子扬手一招,喊道:"来,买包哈德门。"卖烟老头应了声"哎",就从背在肩上的箱子里拿出一包烟,递给男子。男子摸出一张钞票给老头,说一声:"不用找了。"老头说声"谢谢",就将钞票塞到口袋里。

这一过程非常自然简单。其实,这是在传递情报。那卖烟老头就是何杏生,今天他特地化了装,贴了胡须,还戴了一顶鸭舌帽,外表已是判若两人。说来也巧,那个买香烟的男子,长相有点像何杏生,只不过少了下巴处的胡须,他就是中共地下党员钱茂林。两人递送完情报,相视一笑,何杏生带着重要情报就匆匆离开。

就在何杏生将要踏出候车厅的时候,突然听到背后传来一声厉喝:"何杏生,不许动!你被捕了!"何杏生一惊,心想难道被敌人认出来了?他非常冷静,仔细一辨,声音好像在背后远处。他慢慢转过身,嘴里依然喊着"阿要买香烟",两只眼睛盯着看。原来,是钱茂林在进站检票口被拦住了,两个警员抓住他,大喊:"何杏生,往哪里逃!"钱茂林不慌不忙,摸出证件,递给警员,笑说:"长官,你们认错人了。"警员仔细核对证件,确定是搞错了,悻悻挥挥手。钱茂林脱险,走出车站。

何杏生长长舒了口气。虽然,因警员认错人而误抓同伴,但他明白,自己已被严密监视,随时随地都可能出现险情。他警告自己:一定要严加防范。

当夜,何杏生将在白天碰到的险情报告了党组织。组织上研究认为,何杏生很有可能已经暴露,敌人正在四处抓捕,近期应该停止一切活动。除非有特殊情况、迫不得已时才能谨慎行事,而且绝不可再化装成卖烟小贩。

与此同时，国民自卫队也在商讨抓捕何杏生的办法。因为钱茂林侥幸脱险后，火车站守卡警员向自卫队汇报，说是当天对照照片曾抓住一个相貌酷似何杏生的男子，后因比对证件发现误抓，就放了，但记录了证件内容。自卫队非常重视，就联手警局进行查证，结果却是四个字：查无此人。男子所用证件是假的。

自卫队当即召开敌情研究会，会上多条线索汇总，渐渐地将线索指向那个常在火车站候车厅的卖香烟老头。有队员反映，曾有一次看到卖烟老头在厕所对着镜子粘胡子，而且看到有人来很是慌张；也有队员反映，自从误抓那个男子后，卖烟老头就再也没有来过……一切情况表明。那个卖香烟老头就是何杏生，只不过是化了装。

自卫队队长当即作出决定，将队员撒开去，寻找卖烟老头，而且要举一反三，什么擦皮鞋的、卖糖葫芦的、摆地摊的，都要仔细辨认，一旦可疑要紧盯不放，跟踪其后，查实老窝，一举消灭共产党据点。

面对如此大范围的追查，何杏生消失了许久。直到 1947 年 10 月初，何杏生再次出现，原因是他得到情报，国民党军队在近期要实行大规模“清剿”，尤其是苏浙一带。所以，他要在最短时间内汇报上级党组织。

当时，情况紧急，他坚持要去送情报。可是党组织坚决反对，说外面敌情不明，表面上看来风平浪静，实则是处处险象环生，暗中波涛汹涌，稍有不慎，就有可能损失惨重。何杏生急了，说明天就是接头日子，如错过机会就要再等一个月，时间来不及了；再说，你们放心，我自有办法……众战友紧握他的手，祝何杏生顺利完成任务。

翌日，火车站候车厅门口，盘坐着一个和尚，双手合十，口口声声：“阿弥陀佛，行善积德！”这时走过来一个中年妇女，一边说：“阿弥陀佛！”一边递上一张纸币，同时接过和尚送上的开光观音相片。两人相对合十，道过：阿弥陀佛！分别离开。

这两人就是何杏生和钱茂林。万万没想到，这次两人中计了，何杏生被跟踪，查实了住地。

当年 10 月 7 日，望亭自卫队向望亭火车站国民党驻军密报了何杏生的住处。当夜，敌人偷偷潜入何杏生住地，将其团团包围，并且狂呼：“何杏生你出来，你已经跑不掉了！”何杏生知道自己单枪匹马，已无法冲出去，为了不连累房东及左邻右舍群众的生命和财产，他昂首挺胸走了出来。残酷的敌人将他押到双白桥旁后台基上，何杏生高呼：“中国共产党万岁！”倒在敌人的枪口下。

李子仪脱险记

1941 年深秋，一个乌云密布的傍晚，在无锡新安溪西村附近的沙墩港河道边，停靠着一条带篷的小船,船在水中晃摇,船夫焦急地张望着。不一会,一位身背医药箱的男子匆匆走来,他50岁上下,精神抖擞、步履轻健,三步并两步跳上船,连喊:“天要下雨了,快走!”船夫应了声,就去解缆绳。

就在这时,突然从隐蔽处冲出十几个日伪军,荷枪实弹,将小船团团包围,领头的是个胖胖的汉子,他上身穿一件日本军服,手中拿着一把“龟壳”枪,朝天“砰砰”开了两枪,口中狂喊:“李子仪,不许动,动一动就叫你上西天!快上岸!”那个背药箱的男子随即转过身,踏上岸,满脸堆笑说:“呵呵,是许乡长啊,是找我吗?”

许乡长叫许振华,是个死心塌地跟随日本侵略者的走狗,一直以来奔走于伪军和日寇之间,为其忠实效劳,后被“提拔”为乡长。由此,许振华更加卖力,成天将狗鼻子伸得老长,东嗅嗅、西闻闻,妄想帮反动派寻找抗日分子,邀功请赏。现在,他就是根据蛛丝马迹,认定李子仪是个危险分子,借着行医为名,东奔西走,实则是暗地里为新四军、江抗(中国共产党领导的新四军江南抗日义勇军的简称)部队的伤病员送医送药。

此时,许乡长横着脸,用枪指着李子仪的胸口,声嘶力竭叫着:“好你个李子仪,我不找你谁找你?看看你蛮老实,表面上行医治病。我问你:你在为谁看病?为谁治伤?我已摸得清清爽爽,你是在为新四军看病!你是在为‘江抗’分子治伤!是在与日本皇军唱反调!你说,该不该抓你!”

李子仪不动声色,依然笑着答:“许乡长,你可不能瞎说,这是要掉脑袋的……”

“哈哈,”许振华奸笑:“你也怕掉脑袋啊?好,只要你老老实实交代,我保你活命!”

“许乡长,我可是个医生,只知行医送药……”

“好,带回去,看来你是不见棺材不掉泪!”许振华一挥枪,几个伪军奔上前,将李子仪绑了就走。

那么,许振华所说李子仪所为,是否属实呢?其实,一点不假。

李子仪,无锡新安溪西村人,早年肄业于无锡西医专科学校,1937年在望亭创办西医院。时值日寇侵华时期,江抗和地下抗日游击队奋战在抗日第一线,与日寇浴血奋战。江抗的爱国之举激发了李子仪的爱国热情,他决心用自己的医术为抗日服务。于是,李子仪又在后宅(今属无锡)开了一家医院,仍挂望亭医院的牌子,专门救治新四军太湖游击队和江抗部队伤病员,是一所地下抗日医院。无数伤病员经李子仪的精心治疗,伤愈后重返抗日第一线。

为了方便到新四军各驻地出诊,李子仪还自备了一条小船停靠在沙墩港,经常暗中去太湖冲山、西华、宜兴等驻地为新四军送医送药。

由于经常坐船外出行医,终于被伪乡长许振华有所察觉,苦于没有确切证据,因此他想用“通匪罪”来逼供,以达到目的,再说也许能借此发一笔横财。

李子仪被五花大绑,押至大牢,他昂首挺胸,冷对敌人。许振华先来个下马威、将李子仪吊在梁上，皮鞭抽打，打得他血肉模糊、鞭痕累累。可李子仪毫无惧色，翻来覆去只说“我是医生，只知道治病救人……”

许振华又使出残忍手段，将日本军惯用的刑具一一搬来，又是上老虎凳，又是灌辣椒水，将李子仪折磨得奄奄一息，摧残得内伤重重。三天过去了，李子仪依然没有屈服、没有低头。

这倒急煞了许振华，他在想：李子仪如此嘴硬，会不会真的什么都不知道，是冤枉他了？再说，一味用刑，要是真出了人命，岂不是鸡飞蛋打?！该怎么办呢？他穷思极想，如何两全其美地收场……

也正是巧，此时管家禀告，说是无锡商界名流等十余人求见许乡长。许振华一听，哈哈，果然是财神爷们来，连忙请进。

来者领头的自称姓荣，说是无锡商界派来的代表，因为李子仪是荣家的远房亲戚，深知此人为人老实本分，只会行医，别无邪路，恳请乡长高抬贵手。许振华连连点头，口中喃喃：“好说好说，荣家担保，当然可以……”说毕两只眼睛滴溜溜转。

来者自然明白，连忙走上一步，双手捧上十根金条，笑眯眯道：“请笑纳，谢谢乡长高抬贵手！”

许振华开心大笑：“用不着的，用不着的。好，你们将李子仪带回去吧！”

你道这十来个人是谁？真是荣家远房亲戚？真是来求情的？不，原来这些人是太湖游击队和江抗部队组成的营救李子仪小分队，他们今天上门，都身藏武器，先来软的，实在不行就动武营救。幸好，这许振华见财动心，才逃过一劫。

李子仪获释后，依然回到望亭医院行医，不久又与薛永辉（太湖游击队司令）取得联系，继续为新四军救治伤员。1944 年太湖冲山突围战后，李子仪不顾生命危险，亲自带上药品去薛司令驻地为战士们治伤，并多次在经济上、药品上资助太湖游击队。

中华人民共和国成立后，李子仪经薛司令介绍，任苏州市康福医院院长，专门救治志愿军归国伤员。

直到 1983 年，李子仪旧伤复发，因病逝世，享年 80 岁。

李子仪逝世后，省、县领导送了花圈。薛永辉专程发来唁电，称：昔日在抗日战争时期，子仪同志冒着艰险，为我们游击队战士治病医伤，作出了卓越贡献，其爱国爱民的精神，将在我们心中永志不忘。

擒敌夺枪英勇本色

1940 年 6 月的一天，驻扎在西景村（今望亭巨庄村）的太湖游击队司令部内，薛永辉司令正在召开会议，商量如何打击日伪军分散下乡抓民伕的行动。大家议论纷纷，一致认为应主动出击，打击敌人嚣张气焰。众战士摩拳擦掌，个个请战，人人争先。

正当众人激情高涨时，一个通讯员踏进来报告，说新四军望亭地下联络员王根男前来送情报。薛司令“呵呵”一笑，说一声：“来得及时，快请。”通讯员应了声“是”，当即转身，将王根男领了进来。

王根男踏进屋内，见正在开会，有点不好意思，说：“薛司令，打扰了。”薛永辉立起身拉过王根男，忙问：“根男，是不是有什么情况？敌人进乡了？”王根男说：“是！”“快说。”薛永辉迫不及待。

王根男报告说，驻守在望亭的日军指派伪军四处下乡抓民伕，伪军害怕在“金北”（通安金墅以北地区）一带活动的薛司令太湖游击队，于是化整为零，派了三个班分别到三个乡，以便在万一有意外时相互增援。可能因为军力不足，其他两个乡都是一个班十个人，唯有顾王乡只有六个人，现驻在顾王乡乡长陆根泉家中。

薛司令听毕，台子一拍，立起身，大声说：“好！就打顾王乡！”众战士纷纷请战。薛司令在地图前看了一会，突然转身，发出号令：“王根男，我命令你，带三个战士，前往顾王乡，擒敌夺枪！务必马到成功！”

王根男“噌”地立起身，声音洪亮应答：“是！保证完成任务！”王根男又问：“司令，什么时候行动？”薛司令手一挥，斩钉截铁答：“事不宜迟，乘其不备，立即行动！”“是！”王根男应了声，转身离去。

王根男带了周惠生等三名战士，化装成农民，前往顾王乡。当他们赶到顾王乡，已是临近中午。

王根男很是警惕，并不贸然进乡。他关照周惠生等人在村落附近的一片小树林里隐蔽，自己独自进乡侦察。此时，艳阳高照，热风扑面，王根男一面用毛巾擦着脸上的汗水，一面双眼睁大，观察着四周。街上很是冷清，路人稀少，王根男慢慢走到乡长陆根泉家的门口时，忽见门口围了七八个人，在看什么，而乡长家的大门紧闭着。王根男四周瞟了一眼，并无动静，于是他紧跨两步挤到人群里，原来这些人是在看墙上贴的告示。王根男凑近细看，告示上写着：每户应出劳力，支援皇军修工事、建堡垒，如有不出，即抓无疑……王根男看着看着，心里升起一股怒火，竟一时忘情，脱口骂了声：“混账！”看告示的百姓先是一吓，后来转过头望着王根男，伸出大拇指，露出赞许的眼光，有几个还拍起手来，连声叫：“好，骂得好！”

这时，陆乡长家的大门忽然“咿呀”打开，探出一个圆滚滚的脑袋，嘴上油露露，脸上笑嘻嘻，开口就说：“乡亲们，告示看到了吧，大家都说好，一定是好。你们想想，出劳力非但有吃有喝，还有工钱，哪有这样的好事！大家都准备准备，下午就跟长官走。”乡亲们怒目相视，无人吭声。陆乡长踏出一步，站在门口，又对众人大声说：“去吧去吧，都去准备吧，每户一个劳力，带上工具，傍晚就走。"

陆乡长说毕，转身想回屋。就在此时，他猛地看到王根男，此人并不认识，是生面孔。陆乡长顿时起了疑心，又走出门，手指王根男，问道："你是谁？不是我乡的人吧？"王根男一愣，搪塞着说："我是望亭人，来看亲戚的。"乡长紧追不舍："亲戚？哪家是你亲戚，说出来听听，这个乡的人我都认识。"

就在这危急时刻，突然从背后传来一个声音："啊，根男，表哥呀，你怎么来啦？是来看我表弟的吧！"说着将一只手搭到王根男肩上，显得特别亲热。王根男回头一看，笑了，原来是顾王乡地下联络员王阿毛。他心领神会，马上拥抱拍背，连说："阿毛啊，表弟啊，我是来看看你，一来望望，二来想托你帮忙寻点事体做做。"王阿毛也是心灵乖巧，转换话题，对陆乡长说："乡长，我表哥是个好劳力，拜托你说说好话，让他去做劳工吧！"陆乡长一听是主动来要做劳工的，喜得乐不可支，连答："好说，好说。"王阿毛双手一拱："谢谢乡长，我带表哥去吃饭，回头送过来，"陆乡长开心，忙说："蛮好，蛮好。"王阿毛挽起王根男胳膊，拉了就走。

路上，王阿毛舒了口气，问："根男，你怎么来啦？有任务？"王根男将薛司令的命令一五一十告示阿毛。王阿毛当即告诉根男，伪军一共来了六个人，一个看样子是班长，身背一支短枪，还有五个士兵，每人一支长枪。现在都在乡长家里喝酒吃饭，已有个把钟头了，看来已是差不多了。另外，乡长家有个后门，最好从后面摸进去，可保万无一失。

许金狗连连点头，说："好，就这么办！"王根男关照王阿毛速速回去隐蔽起来，切莫就此暴露了。王阿毛迅速回避，转身而去。

王根男到小树林里叫过周惠生等三名战士，如此这般关照一番后，就悄悄摸到陆乡长家的后门口。好在后门敞开着，进门后从窗户里看到，那六名伪军已经酒足饭饱，正在吃西瓜。乡长不住地劝说："来来来，吃点西瓜，消消暑，回头好干正事。"

王根男仔细一望，只见班长斜背一支短枪，另有五支长枪靠在墙上。机不可失，许金狗当即布置，命周惠生埋伏在后门麻地里、手握手榴弹以防不测。他拔出短枪带领两名战士冲进屋里，大喊"不许动！"一名伪军想抓枪反抗，被战士一枪击倒，其余五人束手就擒。

王根男打了个漂亮仗，不到五分钟，他们就胜利完成任务。缴获手枪一支、长枪五支，俘虏五名伪军。

人小志坚智斗敌顽

1946 年下半年，国民党反动派对苏西地区实施全面"清剿"，坚持留守斗争的太湖县苏西武工队队员白天隐蔽在秘密宿营点和联系户家中，晚上外出活动。望亭仁巷（今太湖村）周生元家是武工队队员经常住宿的一个联系户，常来住宿的有秦水根、钱志良、王祥元等人。

周生元与武工队队员秦水根是同村人，秦水根经常给他讲战斗故事，宣传共产党为劳苦大众求解放的革命道理。在秦水根的启发教育下，周生元积极帮助武工队送信件、送情报、收军米、收捐税。

时间匆匆，两年过去了，周生元虽然还是个十六七岁的孩子，却已锻炼成为一名老练的地下通讯员。

由于活动频繁，周生元的革命之举被敌人察觉。1948 年 7 月，国民党金墅保安队以周生元“通共”“通匪”的罪名将他抓去，想“敲竹杠”，从他家里捞点油水。他们穷凶极恶，全然不顾周生元还是个大小孩，将他打得皮开肉绽、浑身是伤，还罚他做苦力。后来家人凑足了 80 石米，托人才将他保了出来。

周生元并没有被敌人的抓捕刑罚吓倒，反而激起了更昂扬的斗志。他回家后马上找到秦水根，请求投入对敌斗争。秦水根向他转达了上级指示：周生元这次意外被捕，表现不错，体现了一个革命战士的高尚品质，希望在今后的战斗中更勇敢，更机智。周生元听毕，热泪盈眶，当即表示：紧跟共产党，将革命进行到底。

秦水根关照周生元，现在你虽然被保了出来，但保安队并没有放下对你的怀疑，因此目前暂停一切活动，除非有特殊情况方能联系。秦水根所说自有道理，因为据可靠情报，保安队队长“独眼龙”是个非常狡猾的人，他表面上收了一笔钱放了周生元，但实则是想“放长线钓大鱼”，所以，凡事都得动动脑子，千万不要轻易落入圈套。

周生元毕竟是个大小伙子了，变得成熟了，他听秦水根一番话后，连连点头。

日子飞快，周生元回到家一个星期，整日无所事事，闲得发慌。老母亲常常拉着他手，老泪纵横，说：生元啊，我知道你从小就心地善良，不会做坏事，但你要防小人啊！上个月你被保安队抓去，硬被敲去 80 石米，唉，作孽，都是亲戚凑起来的。生元啊，你也年纪不小了，我看还是早点成亲，娶个老婆，守在家里，安逸过日子。

周生元一笑，回答母亲：“知道了。”

真是无巧不成书，周生元的“老婆”送上门来了。那天傍晚，天下着淅淅沥沥的小雨，周生元正在田里忙活，突然听到“呯”一声枪响，只看见一个姑娘拼命跑过来，后面老远有几个兵在追，并大声叫着：“抓住她、抓住她……”姑娘踉踉跄跄跑到周生元跟前，声音发抖地说：“大哥大哥，救我……我是武工队……”话未说完，眼睛一闭，倒在田里。

周生元将姑娘抱在怀里，在她脸上抹上泥巴，将头发弄乱，还顺手拉下蓑衣披到姑娘身上。

此时，两个穿军装的兵正好赶到，他们举着枪气喘吁吁，问：“有没有看到一个姑娘跑过来？”周生元用手向另一面指：“刚从这里跑过去。”一个当兵的疑问：“你怀里抱的是谁?”周生元火冒三丈:“这是我妈!被你们开枪吓晕了……”“对,对不起。”两个兵悻悻离开。

周生元将姑娘背回家,母亲好生奇怪,问:“这是谁啊?”周生元悄悄答:“她说是武工队的。”母亲热心,连忙打水给姑娘清洗。等到梳理停当,母亲惊呆了,连说:“啃,啃,这姑娘好漂亮啊!来,生元,看看。”周生元踏过来仔细一看,这姑娘确实生得标致,一双大眼睛,笑起来两个小酒窝。呵呵,想不到武工队还有这么漂亮的姑娘。母亲笑眯眯对儿子说:“生元,怎么样……”周生元脸一板,说:“妈,你别瞎想!”

当晚,吃夜饭。三人各有心思:周生元想赶快同秦水根联系,这姑娘是不是武工队的,如是就快点领回去;周生元母亲想,千方百计要留住姑娘,当媳妇;姑娘怎么想:杀千刀的独眼龙,叫老娘来“钓鱼”,真是苦煞我了,这种饭菜好吃的啊!

三人各想各的,也各说各的。

周生元:“姑娘,吃好夜饭,趁黑你就赶紧回去吧!”

周生元母亲:“别瞎说,让姑娘多住两天,讲讲说说,看看阿有缘分。”

姑娘:“我是要早点回去。大哥,麻烦你去找一下秦水根,带我回去。”

周生元听到这里,心里“咯噔”一跳。这句话分明就是“钓鱼”的鱼饵,只要周生元答应一声“好的”,就上当了,就好认定秦水根与周生元是熟悉的,就好吃准秦水根常来这里。那么依次推断,周生元一定晓得武工队的活动行踪。

周生元惊出一身冷汗,晓得来者不善,一定是保安队的密探,以此计来探听情报,进一步加害武工队。

周生元一拍台子,怒目圆睁,立起身对那姑娘说:“你还是趁早走吧!你不要来害我,秦水根是我同村人,但走的路不一样……你快点走吧!”

姑娘晓得话讲错事情穿帮,只得起身走路。

就在第二天,周生元又被国民党青年军202师抓去,关押在苏州钱万里桥。敌人指控他小小年纪就“通匪”“通共”,武工队住在他家为什么不报告,要他交待武工队的行踪。周生元在敌人面前毫无惧色,巧妙地与敌人周旋,丝毫未透露武工队的情况,敌人无法从他口中得到任何线索,关押16天后不得不将他放回。

孰不可忍怒打“荣军”

“荣军”,顾名思义,光荣军人,荣誉军人。可事实恰恰相反。

中华人民共和国成立前夕,无锡第十一临时教养院第五队国民党“荣军”(伤残军人)七十多人在望亭休养。他们分散居住在镇郊的鹤溪城隍庙和居民家中。这些伤兵自恃致残有功，在望亭横行不法，肆意敲诈民众。他们有的在镇上强占民房，开赌场、店铺，聚众赌博，盘剥乡民；有的贩卖烟土，牟取暴利；有的以金圆券限价为由，随意定价在镇上各商号、店铺强赊强买货物；有的经常窜到农村掠夺农民财物，“买”一头羊只付1元银洋，谓之“一洋换一羊”，甚至分文不付；有的任意调戏侮辱妇女。真是奸淫掳掠，无恶不作。

望亭民众深受其害，怨声载道。“荣军”的种种恶行扰乱了望亭的社会秩序，也触犯了地方势力的利益，更激起了民众的反抗情绪。

终于，一件伤天害理、灭绝人性的惨祸，触发了久藏在民众心中的怒火。

1948年初秋，临近中午，一个白须老汉步履蹒跚在街上匆匆行走。这老汉姓黄，只因家中贫寒，所以显老，其实他只有五十多岁。黄老汉之所以走路匆匆，是因为女儿昨晚发高烧，他要紧到药房去买些退烧药。黄老汉东张西望寻找药店，看见马路对面正好有一爿中药铺，便赶紧向马路对面走去。

就在这时，黄老汉猛看见一个腋下支着拐杖的“荣军”闯了过来。黄老汉想避让，已经来不及了，那“荣军”直直地撞过来，只听见“哐啷”一声，一只玻璃瓶落地，砸得百粉四散。黄老汉晓得闯祸，赶紧打招呼、赔不是，连说：“军爷军爷，对不住，对不住。”哪料到，这位“军爷”捡起一爿碎玻璃片，竟然号啕大哭起来：“啊呀呀，我的命完了，这是我的救命药水呀，这是进口的外国货呀，好不容易才觅来的呀……”黄老汉一听，急了，不知所措。

此时，围观的人越来越多，大家七嘴八舌，议论纷纷，有的说这是故意的，有的说明摆着是敲竹杠。一位穿着整齐、戴眼镜似有文化的中年人问：“军爷，你这药水叫什么名字？是吃什么病的？”这位“军爷”一愣，眼珠一转，脱口说：“这药叫‘普特兰采’，专治百病，可以起死还生……”话未毕，四周发出一片哄笑。那戴眼镜的中年人笑得前仰后合，指着“军爷”说：“哪来这种药啊！我看啊，你这药可以翻译成中文，叫‘破脱来财’，对吧，打破了就来钱财，哈哈哈……”又引发哄堂大笑。

那“荣军”恼了，板起面孔，对黄老汉大吼：“赔我钱，十元大洋！要是不赔，嘿嘿……”说毕，他打了呼哨，顿时从四周涌来五个“荣军”。众围观者，一看苗头不对，纷纷离开。黄老汉心知肚明，今天碰到“荣军”敲竹杠，此关难逃。他含泪从口袋里摸出两块大洋，嘴唇抖抖地说：“我，我只有两块，是给女儿买药的……”那“荣军”猛地抢过两块大洋，狠狠地说：“拿来吧，算老子倒霉，只有两块钱，嘿！”说毕，转过身，手一挥，对众“荣军”说：“走，弟兄们，喝酒去！”六个人嬉笑着，扬长而去、

黄老汉仰天长吼：“天哪！这是什么世道啊！”黄老汉踉踉跄跄一路向家走去。真是祸不单行，当他刚走近自家破房子门口时，忽地看到屋前围了许多乡邻，而且还传出老伴呼天抢地的哭声：“好女儿啊，你死得好苦呀，杀千刀的荣军……”黄老汉一听，急得直冲到屋里，连问老伴：“怎么啦？我女儿怎么啦？”老伴见黄老汉回来，哭得更是伤心，一把鼻涕一把眼泪，断断续续说出原委。

原来。黄老汉前脚出门到镇上去买药，后脚就闯进来两个“荣军”，他们似乎早已摸清情况，冲进来就将大门关死，又将老伴绑了。两个“荣军”硬把黄老汉年轻漂亮的女儿拖到房间里，就大发兽性，将她糟蹋了。女儿遭此凌辱，一时想不开，就用菜刀抹了脖子……等到老伴挣脱绳索，一切都晚了，女儿睁大眼睛，倒在血泊中……黄老汉再也承受不了如此打击，竟然“呃”的一声，跌倒地上，一命呜呼……

黄老汉的悲惨遭遇，很快传开了。望亭百姓群情激愤，同仇敌忾，从心底发出共同怒吼，要为黄老汉一家报仇雪恨！

1948年11月3日夜，望亭头面人物和自卫队负责人在顾维康家开会商量，决定发动民众打“荣军”，将他们赶出望亭。参加会议的有国民党县政府参议员潘政纲，自卫队队长黄文英、顾良溪，六乡大队长薛水元及李建三等人。他们决定次日凌晨开始行动，由薛水元召集农民进镇打“荣军”，自卫队负责警戒，约定以鸣钟为动手信号。

11月4日（农历十月初四，星期四），天刚亮，望亭四乡农民数百人手持扁担、木棍、船桨等器具从四面八方向镇内汇集，镇上各商店、摊贩也悄悄准备家什。这时“荣军”也纷纷上街。天蒙蒙亮，行动的钟声响起，愤怒的民众举起手中的扁担、木棍向毫无戒备的“荣军”打去。“荣军”抱头鼠窜，有的跳进大运河中，游来游去无法上岸，有的逃进店铺、居民家中，有的磕头作揖、讨饶求生，有的垂死挣扎、负隅顽抗……顽抗的“荣军”被民众当场殴毙街头，愤怒的民众捣毁了“荣军”开设的赌场、店铺，并分头把躲进居民家中的“荣军”一一搜出。而后把死伤的荣军二十余人分入2条船，声称送他们去医院救治，后来据说船至太湖中，将死伤的“荣军”全部倾入湖中。其他“荣军”则带着眷属灰溜溜地离开了望亭。

事发后，潘政纲、黄文英、沈耀清等人被国民党当局通缉，镇长丁义生被羁押。后经望亭各界人士和地方政府与军界进行调停，并由望亭赔偿“荣军”3000担米价的钱款（相当于当时黄金450两）才平息了此事。

王汉章智勇闯三关

1944年的春天，大江南北处处百花齐放，阳光灿烂，苏浙、苏南军区的新四军更是欢欣鼓舞，精神倍增，多年来的英勇抗战，终于迎来了胜利的曙光。在这与侵略者搏战的关键时刻，日寇与伪军的反扑更加疯狂，他们妄图切断江南运输通道，以封锁军用物资流向苏北根据地。而两军区也针锋相对，建立了一条地下秘密运输线。

也就是这个春天的一日，有两个年轻小伙子，手拎两只大皮箱，落落大方地走进上海火车站。走在前面的叫王汉章，跟在后面的叫朱学祥，年纪都在30岁左右。两人边走边聊，似乎漫不经心，但从表情可以看出，两人都很紧张，尤其是跟在后面的朱学祥，更是紧张得东张西望。王汉章悄悄提醒朱学祥："莫要紧张，只管上火车。"两人检票上火车，找到座位，坐停下来，将皮箱塞到椅子下面。直到此时，两人才长长舒了口气，相互望了一下，露出会心一笑。

未几，火车"呜呜"一声长鸣，开始启动，不一会列车发出"咔嚓咔嚓"有节奏的声响，向前驶去。大约两个小时，火车快到昆山。这时，朱学祥对王汉章说，想上个厕所。王汉章回说，去吧，留心观察。朱学祥应声而去。

可哪里想到，就在此时，火车突然来个急刹车，乘客们冷不及防，有的跌翻在地，有的喊爷喊娘。王汉章非常警惕，晓得情况有疑，要紧向后一节车厢望去。这一望，王汉章着实吓了一大跳，只看见远远的朱学祥在缓缓走过来，后面跟着四个日本宪兵。王汉章一惊，知道今天巧了，正碰着日本兵突击搜查。好在老远看见朱学祥微微摇了摇头，心里才略为定心。可他知道，日本兵要是来搜查，那两只大皮箱肯定过不了关。

要出事了。王汉章眼珠一转，当机立断，拎起两只箱子，快速向前面的包厢走去，他是想到那里再见机行事。王汉章踏进包间车厢，只见走廊里空无一人，他心里一急，匆匆穿过走廊，没有办法，只得往回走，就在快走到头时，突然听见背后一声喝："站住！"王汉章头上冒出冷汗，心想完了。背后那人慢慢走上前，拎过两只箱子，"嘿嘿"一声阴笑，又说"转过身来"。王汉章无奈回过身，只见那人40来岁，相貌堂堂，西装革履，脸上带笑。那人也不多言，将皮箱放到地板上，"啪啪"打开，又"嘿嘿"一笑，从箱子里拿出一只望远镜，阴阳怪气说："这是法国造的军用望远镜吧！"那人从箱子里边取东西边说："这是血管钳，这是眼科手术器具……呵呵，都是军用物资，违禁品啊！"

王汉章晓得再也无法隐瞒。他果断地将手伸进口袋。就在这千钧一发之际，那人突然说出七个字："月落乌啼霜满天。"王汉章一愣，随即激动地伸出双手，说："夜半钟声到客船。"那人一笑，淡淡说，这两只箱子先放在我包厢里，到苏州还给你。说毕拎起箱子转身就走，进到一间包厢。

王汉章长舒一口气，回到车厢，与朱学祥相视一笑。

原来，包厢里穿西装的那个人，是军区派来的侦察员，他的任务就是保护秘密运输线工作人员的安全，确保物资万无一失地送到新四军根据地。

王汉章建立的地下秘密运输线通道，是以上海为起点，采办物资经苏州到望亭出太湖，再通往根据地。而苏州的联络点设在观前街西脚门对面的伟成粮行内。一般来说，王汉章只要将所采办物资送到伟成粮行内即算完成任务。

王汉章两人走出苏州火车站，各人手里拎了一只大皮箱，笃悠悠漫步在广场。王汉章看了看表，时间还早，要到下午三点才能在观前街接头。王汉章对朱学祥说："肚皮饿了，先吃点点心吧！"两人走进一爿馄饨店，要了两碗馄饨、两只白馒头。两人慢笃笃吃起来，说说笑笑。这时，走进来两个军警，大声吆喝，说是要检查证件，王汉章又是一惊，心想，今天怎么这么倒霉。不过，他见多识广，这种军警无非是想捞点外快。果然两个军警走到王汉章面前，开口就说要检查箱子，看看有没有违禁品。王汉章熟门熟路，笑嘻嘻答话，说：“长官，辛苦了，我们是做小生意的，请多关照。”说着，从怀里摸出两块大洋，塞到军警手里。军警接过大洋，一笑说：“快走吧，这两天查得紧，拎两只大箱子多显眼。”王汉章连说“谢谢”，拎了箱子就走。

王汉章两人出店门，看看时间差不多，就喊了两辆黄包车直达观前街西脚门。王汉章和朱学祥四周看了看，就要穿过马路向伟成粮行走去。刚跨三步，突然王汉章低声说：“慢，有情况。”

有什么情况？原来，他们事先有约定。只见伟成粮行楼下的丽华绸布店门口，有个老汉独自在门口喝茶，一只小台子上一把茶壶、一只杯子，而那茶壶盖是反着盖的。这就是约定的暗号：有危险，千万不能上楼！

王汉章略一思索，果断作出决定直接到望亭。就这样，王汉章险闯三关，将物资安全运抵解放区。

王汉章他们为了民族的利益，提着脑袋搞军运，哪怕牺牲自己的生命也在所不惜。这条通往解放区的秘密运输线的安全畅通，离不开当地革命群众和爱国志士的大力支持和帮助，他们的功绩将永载史册。

知己知彼夜袭望亭

1941 年 7 月初，新四军十八旅五十二团决定化整为零，开展“反清乡”斗争，同时抽调 50 名精干的战士组成武工队深入“反清乡”第一线。同时决定，先拿望亭敌伪军据点开刀。

武工队队长是个年富力壮的小伙子，长得熊腰虎背、剑眉豹眼，他叫林泰旦，对敌战斗经验丰富，智勇双全，战士们都戏称他叫“林大胆”。

林队长接受任务后，就将队伍集中到鸿山脚下，召开党员会议和青年突击队会议，进行战前动员。战士们个个热情高涨、摩拳擦掌，纷纷表决心，一定要打好这一仗。

林队长并不急于出击，而是强调要攻下望亭据点，重要的是“知己知彼”，因此决定先深入虎穴，摸清敌情，再拟定作战方案，做到“百战不殆”。林队长当即点名，要卫生员王玲玲配合，与他一起化装成夫妻，进镇侦察。

翌日清晨，通往望亭镇的大路口，走来一对小夫妻，男的英俊魁梧，女的貌美清秀，两人肩并肩缓缓走来。待走到关卡前，只见两个守卡伪军，懒懒散散地游走着，有时向熟识人打个招呼，有时对陌生人盘问几句，看样子并不那么严厉。

这对小夫妻就是林队长和王玲玲，他们环顾四周后相视一笑，就直向关卡闯进去。这时一个年轻伪军用手一挡，问："干什么的？到哪里去？"王玲玲笑得很甜，嗲嗲地回说："我回娘家，小宝宝满月了，今天回娘家派红蛋。"林队长踏上一步，从挎着的竹篮里摸出三只红蛋，塞到伪军手里，笑说："老总，我生了个大胖儿子，今天来发红蛋，大喜事，红红火火。"伪军开心地接过红蛋，连说："同喜同喜，谢谢谢谢！"同时，他还招手叫来同伴，林队长也给了三只红蛋。

此时，林队长笑着又问："老总，辛苦啦，你们一共几个人？麻烦你把红蛋带给他们。"那个伪军倒很老实，说我们这里总共两个班，20 个人，除了站岗值班，其余都在营房里，要不你们自己去送蛋，营房就在火车站东面的房子里，旁边还有个碉堡……

那个年纪稍大的伪军冲了上来，连声喝住，对年轻的伪军训斥："话多干什么?!"又转身对林队长手一挥，说："去吧、去吧！"

林队长并未挪步，而是从口袋里摸出一包烟，塞到年长伪军手里，笑说："老总，丈母娘叮嘱，说是这红蛋一定要送到每个老总手里，日后也好诸多照应。"王玲玲也凑上来，说，老总帮帮忙，是我娘再三关照的，今后经常要进出镇，也算是一回生、二回熟。

年长伪军被纠缠得不好意思，转身吩咐年轻伪军，你陪着去一趟吧，快点回来。

年轻伪军领路，不到十分钟，就到了路边的碉堡附近。这伪军很热情，也很嘴快，他一边走一边指着告诉："这碉堡里住一个班，还有一挺机关枪，这机关枪很是厉害，只可惜子弹不多……"伪军说到这里似乎感到话多了，就赶紧刹了车。林队长装作不经意，很自然的随口说："老总，麻烦你带我们进碉堡去发红蛋。""这，这……"伪军有点犹豫。

正在这时，碉堡里的伪军发现有陌生人走过来，就要紧喊话："小金，你带的是谁啊？怎么不站岗守卡，跑到这里来干什么?"这个姓金的伪军已听出喊话的是班长，有点心虚，就说了个谎："班长，这两个是我的表哥表嫂，他们生了个大胖儿子，特地来送红蛋的。"班长听得是熟人，就拉开嗓子喊："那就领进来吧！"

金伪军领着林队长两个走进碉堡，伪军班长得知来人是手下士兵的亲戚，倒也蛮客气，笑脸相迎。林队长仔细观察，碉堡里乌烟瘴气，总共十个人，有的围着桌子赌钱，有的靠在床上休息，正面对准路口的枪洞处架着一挺机关枪……此时，林队长摸出一包香烟，四面一撒，连说老总们辛苦啦！那些伪军煞是开心。王玲玲又将红蛋派到每个人手里，众人更是乐不可支。

林队长趁机四面察看，又从枪洞里向外张望。正在这时，突然从床铺上竖起一个人，肥头大耳，嘴唇上留一撮小胡子，指着林队长大吼："喂，什么的干活，快快地出去，去去去！"林队长心里一惊，怎么碉堡里还有日本人？这倒是新情况。林队长一时不知所措，此时，伪军班长出来打圆场，对日本兵连打招呼："自己的朋友，朋友。"日本兵又吼："军事重地，快快，出去。"林队长打着哈哈，与王玲玲走出碉堡，离开望亭。

林队长摸清了敌情,制定了周密的作战方案。

7月3日,深夜,万籁俱寂,伸手不见五指。林队长带领队伍绕村庄、走小路急速前进。子夜时分,到达望亭火车站附近。"准备战斗!"一声令下,战士们分三路向敌据点包抄过去。200米,100米……离敌人越来越近了。敌人的哨兵似乎听到了什么,胡乱打了几下手电筒。借着手电筒光,战士们看清了敌哨兵的位置,悄悄摸了过去。20米,10米……哨兵又打起了手电筒,发现突击队员的身影,大叫一声:"哪一个!"接着打出一梭子弹,与此同时,战士们的手榴弹也在哨位上炸响了。突击组抢先占领了敌军械库,其他各路战士如猛虎下山一般直扑敌碉堡。正在赌钱的伪军纷纷举手投降,全部被擒。一个鬼子正想顽抗,被战士一刀捅进胸膛。

武工队仅用了15分钟就结束了这场战斗。

朱剑波孤身入"虎穴"

解放战争开始以后,共产党员朱剑波奉包厚昌之命,离开主力部队,与妻子陆惠芳一起经上海转道到望亭秘密潜伏,他的任务是广交朋友,发动群众开展"三抗"(抗丁、抗租、抗捐)活动,发展党员,壮大革命力量。

1948年11月4日,望亭发生打"荣军"事件后,中共苏锡县武工委(12月改称中共苏锡县工委)获悉国民党望亭镇副镇长、工商自卫队队长顾良溪因参与打"荣军"而被当局通缉的情报后,便派武工委委员陈锡昌到望亭下达指令,要求朱剑波利用敌人内部矛盾,策反顾良溪弃暗投明,组建望亭地区武装组织。

朱剑波接到上级指示后,当晚就开始策划起来,他与妻子陆惠芳反复商量,决定冒险入"虎穴",伺机实施策反。

却说顾良溪自从打"荣军"被通缉后,就带了工商自卫队十余人隐蔽在一条小巷的老屋里,打算避避风头、看看形势再说。哪知道,当局还是紧追不舍,丝毫没有放松的意思。顾良溪有点着急,整天唉声叹气,他是个重义气的人,担心跟着出来的十来个兄弟今后怎么办。再说他们生怕被别人发现,所以不敢白天外出,只能到夜里时偷偷出来买些粮食菜蔬,因此日子过得很是艰苦。

那天上午,几个自卫队员烟瘾上来了,一商量,决定派绰号叫"猢狲"的悄悄溜出门去买香烟。"猢狲"戴了顶大帽子,遮住半个脸,就溜达到巷口,他左右一望,哎,巧了,就在巷口东面有一个卖香烟的小贩迎面走来。"猢狲"喜出望外,要紧喊住:"喂,卖香烟的,来,买五包老刀牌香烟。"小贩开心,做着一笔大生意。钱、烟两清,"猢狲"正要转身离开,忽然被卖烟的一把拉住,脱口而说:"啊唷,你不是'猢狲'吗?怎么在这里?""猢狲"仔细一看，并不认识，他顿时警觉起来，忙问："你是谁?"烟贩笑出声来："你原来可是住在横街上的啦，从小长得骨瘦如柴，人家都喊你'猢狲'，阿对啦！我是横街上三好婆的孙子呀，叫阿四，可记得吗?""猢狲"听这么一说，细一想，依稀记得老家里隔壁的隔壁是有个三好婆，是有个叫阿四的小孩。可，眼前的小伙子和印象中的阿四对不上号啊？他眨巴着眼睛，盯着卖烟的看，似在寻找记忆。卖烟的又笑，说："照辈分我要叫你老伯伯呢，想想，二十多年了，你倒变化不大，我是从小人长到大人啦！是要认不得了。"几句话，把"猢狲"说得糊里糊涂。"对对对，说得不错，是应该你认得我，我不认得你。走，到我家里去坐坐。"

卖香烟的就是朱剑波。他化装成烟贩已经在巷口守了两天，今天总算等到了"猢狲"。其实，朱剑波根本就不认识"猢狲"，而且在侦察前做足了准备，查看了大量翔实资料、照片，并熟记于心，所以今天一眼就认出了"猢狲"。

"猢狲"很热情，还顺便在街角处买了些熟菜和几瓶老酒，就领了朱剑波在小巷里兜了几个圈子，然后迅速闪到一扇小门处。门推开，进客堂，"猢狲"环顾四周感到有些奇怪，怎么一个人也没有？正在疑惑时，突然从暗处窜出七八个人，手持长枪，大喊："不许动！举起手来!"

"猢狲"举起双手，急喊："弟兄们，不要误会，这位是我老乡邻，叫阿四……"

这时，从里屋走出一个中年汉子，手中端着一把短枪，踱到"猢狲"跟前，又将手枪直指朱剑波脑袋。"猢狲"大叫："队长，队长，不能开枪……"队长就是工商自卫队队长顾良溪。原来，顾良溪被当局通缉，只得逃窜暂避，因为风声紧，所以处处小心，刚才派"猢狲"去买香烟，他不放心，因而又派另一个跟踪。果然，"猢狲"行为异常，领了陌生人回家，跟踪者立马抢先回来报告。顾良溪布置好一切，专等"陌生客"。

顾良溪围着朱剑波转了一圈，突然提高喉咙问："你到底是谁?!"朱剑波不慌不忙、冷静回答："'猢狲'的老乡邻，小名阿四。"顾良溪又问："你究竟是干什么的?!"朱剑波答："卖香烟的。"忽然，顾良溪仰天大笑："哈哈哈，你当我是三岁小孩啊？你也不想想，卖香烟要到戏院门口、书场里边，哪有在小巷子里转来转去。我看你在这里转了两天了，是在找人吧?"

沉默，许久。朱剑波头一仰，双眼直视，平静地说："不错，我是在找人?""找谁?"顾良溪又问。

朱剑波环顾四周，淡淡一笑，说："请队长先将枪放下来，让我慢慢告诉你。"顾良溪眼睛一瞪："你怎么知道我是队长?"朱剑波笑出声来，手一指："刚才'猢狲'不是叫你队长吗?"顾良溪摇摇头，随即令众人放下枪。

顾良溪问朱剑波："究竟是找谁?"

朱剑波朗朗有声："我在找一位老百姓心中的英雄，我在找一位顶天立地、富有正义感的好汉，我在找一位疾恶如仇痛打'荣军'的壮士，他的名字叫顾良溪!"

顾良溪想不到来人煞费苦心，要找的就是自己。他内心很激动，可表面不动声色。顾良溪对朱剑波产生了好感，请坐让茶后，又细问："你是谁？找顾良溪有什么事？"

朱剑波又进一步说穿："顾队长，你听我慢慢讲。"

朱剑波反复宣传全国解放战争的形势，共产党必然胜利，国民党必然灭亡的道理，指出其目前处境十分危险，应尽快为自己找出路，建议他投奔共产党武工队。

一席话，说得顾良溪频频点头，他觉得朱剑波直率而诚恳，很是够朋友，又很关心自己，沉思良久后，他答应考虑考虑，三天后再联系。

经过认真思考，顾良溪终于在1949年1月18日，率望亭工商自卫队十余人，携步枪十余支、短枪2支，向武工队投诚。

第十一章　文物古迹

望亭历史悠久，出土文物丰富，文化底蕴深厚。位于望亭镇月城遗址、小华山遗址出土的釜、鼎、豆等生活陶器，镰、刀、砺、锛等石制生产工具为马家浜、崧泽、良渚时期遗物，距今6000年—7000年，间接证明了望亭为新石器时代母系氏族繁衍生息之地。镇内现存古桥、古庙遗址多处，望亭地志馆内收藏了大量境内出土的各时期的文物。

出土文物

石器时代文物

石器时代的文物主要有肖家浜、鲇鱼口、寺前村、旺家墩、前溪港等处出土的大量石斧、石锛、石凿、石钺、陶鼎等。

石斧：采集到5件，磨制较精细，器形上下呈扁平长方梯形，两面磨刃，断面成菱形，器身上部有两面钻成的圆形穿孔。

石锛：收集到7件，器形较小，磨制尚精，多数作扁平长方形，直胸，弧背有脊棱，单面磨制而成。最大的尖头凿长17.5厘米，最小的长5.5厘米。

石钺：大小共29件，用于耕地石器，大者长16厘米，小者仅6—7厘米。形状有斜柄和竖柄两种，以斜柄为多。一般器身磨制粗糙，体厚而重，刃部均有使用伤痕。

石刀：有7件，其中一件较完整，器身扁平，两端作圆形，单面刃口，有使用痕迹，上部钻有两个小圆孔，可作系绳携带之用。最大的刃洞直径13厘米。

耘田器：1件，磨制较精，器身薄，平面为半月形，两面磨刃，刃口有使用伤痕，精柄厚身，前端成形，显系经常使用的农具。

陶鼎：采集到5件，为夹赭褐陶，以羼细砂为主，含石英较多，烧成的火候甚高，陶质颇为坚硬，敲击有清脆声，鼎足有扁平三角形、椭圆形和长条鼎字形等。

罐、盂、执把：采集不多，陶质有夹砂红陶和泥质红陶两种，形状有宽扁鸭嘴形和圆形上翘鸭形等。

春秋战国文物

春秋战国时代文物主要有旺家墩遗址采集到的几印何纹硬陶碎片，这些碎片有回纹、方格纹、麦叶纹、席纹等，陶质坚硬，一般呈赭褐色。还采集到青铜剑、青铜箭、陶弹丸、石弹丸。还在沙墩港上发掘出大量独木棺墓等。

青铜剑：采集到3件（其中2件流失），仅存1件。剑身长31厘米、宽3.7厘米，柄残长8厘米，柄宽2厘米，总残长39厘米，通体修长，断面呈菱形，造型似越剑，而不同于剑首尖窄，是剑身较宽的典型吴剑。

青铜箭：采集到6枚，身残长2—3厘米，中间有凸棱或有翼，断面呈菱形。上述青铜器的合金质量相当高，埋在地下水位相当高的滨湖平野土层中数千年，仍能抗拒锈蚀而保存得相当完好。

陶弹丸、石弹丸：发现较多，直径一般为3—4厘米，出土地点在太湖沿岸一带。弹丸是古代太湖地区先民狩猎的利器之一。

独木棺：在濒临太湖出口沙墩港上发掘到二十余座独木棺墓群，独木棺的形制首端成尖状，与常州市淹城河中出土的独木舟相仿，尾部断截，断面呈“U”形，长约2米余，其控削巨木内部的块状痕迹十分明显，外部则平滑无痕。

汉代文物

在望亭月城古遗址发掘到汉代釉陶器、筒瓦、板瓦、陶井圈、空心砖等文物。

釉陶器：有几何印纹釉陶器，其中两只完整的硬陶缸，形制较大，高约30厘米，盘口、鼓腹，往下逐渐内收，最大直径20厘米，陶质坚硬，呈赭褐色，为生活用储存器。在夏禹奠遗址发掘出圆形瓦当，有窗格纹饰和菊瓣纹饰两种。

筒瓦：长34.5厘米，沿长3厘米，外径长14厘米，瓦厚2厘米。

板瓦：长19.5厘米，宽20厘米，瓦厚15厘米，表面粗糙，饰横斜纹。

空心砖：表饰菱形纹，长36厘米，宽18厘米，厚5厘米。

陶井圈：在古月城内发现密集陶井圈二十余口，井的砌结以陶井圈层层叠叠而成，在井圈的相对方向，各开有2个小圆孔，以作诱水的孔隙。井深度为5米左右，井内出土汲水用陶壶和细砂砺石及兽骨等。

铁剑：总长度45厘米，剑身长25厘米，柄长13厘米，剑宽3厘米。

六朝、隋、唐文物

六朝砖：六朝砖在望亭发掘较多，砖坚实厚重，长36.5厘米，宽19厘米，砖厚5厘米，砖面饰有凸形太阳形。

青瓷器：六朝青瓷器有碗、钵等。

莲花纹瓦当：瓦当上有莲花瓣，浑厚丰腴，为唐代典型风格。

宋代文物

砖井：在古月城内此井遗址较多，平面呈八角形，井砖顶端都有凹凸榫槽，互相楔紧，每层的砌结，又互相错缝，颇为牢固。井内还发现众多汲水器，群众称韩瓶，因相传为韩世忠军队的军壶而得名。

瓷器：白瓷盏、碗等器皿，其中一只白瓷碗，胎壁甚薄，瓷质晶莹，似为宋代定窑器。还有一件青瓷茶盏托盘，四边有花瓣形浮雕，釉色翠而滋润。白瓷执壶一件，高23厘米，口径9厘米，器身肩部附两系，器腹前部有一鹅颈流，后部有长形执把，也是宋代佳品。

明清文物

明代铁剑：残存总长度42厘米，剑身和剑柄分别为35厘米和7厘米，剑身宽度为3

厘米，剑柄宽度为1.5厘米，剑身和柄之间的格尚存，附加的柄把已腐朽不存。

清代铁剑：较完整，剑总长59厘米，剑身长44厘米，剑柄2厘米，剑格3厘米，剑格呈如意头，上镂刻双蝠捧寿图案，相当精致。

清代铁炮、石弹丸：铁炮已送有关部门保存，石弹丸直径7—10厘米。

望亭镇地志博物馆

望亭镇地志博物馆位于望亭镇文体教育服务中心一楼，总建筑面积一千多平方米，展馆面积700平方米，目前收藏文物692件，包括国家二级文物5件、三级文物275件，一般及未定级文物412件。展出的两百余件文物中，主要包括新石器时代的石器，良渚时期的玉璧、玉斧、玉珠，春秋战国时期的陶器、青铜器，汉、宋、元、明、清时期的陶、瓷器以及清朝皇亭碑。

馆藏珍品（六大镇馆之宝）：

新石器时代的石犁。通长27.2厘米，通宽28.1厘米，厚度1.8厘米，圆孔直径1.8厘米，具体重量1.601千克，外观呈倒三角形，显然是为了安装固定在木犁床上之用。出土于望亭月城遗址。

良渚时期的石斧。通长18.2厘米，通宽14厘米，厚度3.4厘米，上有古人雕刻纹饰，现属国家二级文物。出土于望亭月城遗址。

良渚时期的玉璧、玉斧、玉珠。良渚文化是我国长江下游太湖流域重要的古文明，距今已有四五千年的历史，在1936年被发现，经半个多世纪的考古调查和发掘，初步查明遗址分布于太湖区域。良渚文化时期玉器非常发达，种类有珠、管、璧、璜、琮、蝉等。出土于望亭月城遗址。

战国时期的青铜削刀。青铜削刀的作用，一是用作文具，所谓“刀笔吏”，就是腰悬铜削，手持毛笔的文书小吏。铜削用于删削竹简上的错字，功用相当于现代的橡皮擦，是须臾不可离身的文房必备之具，故人以“刀笔吏”作其代称，可谓精当；再一功用是作修饰仪容，刮鬓角须眉之类的妆具。出土于望亭仕莫泾桥旁。

西汉井圈。位于皇亭碑旁。古代水井的井沿，常常安装以陶器或者石材做成保护井口的圈，叫井圈。井圈也被安装在井壁上，以防止泥土滑落井底。出土于望亭月城遗址。

清代的皇亭碑，亦称皇令碑。碑高2米，宽1米，厚30厘米，刻记江南水灾免粮告示，正体碑，有石座，高60厘米，立于大运河西岸望亭大桥旁。据传，乾隆皇帝第一次下江南，苏州府诸官员立于此碑前接驾，80岁以上老人穿黄马褂在此迎候。又传，1938年纪恩亭被龙卷风吹倒，皇亭碑断为三截，这是其中的一块。

馆设农耕文化展区，包括：渔猎工具、纺织工具、农耕工具、古代建筑材料——太阳砖、大砖、长盖瓦、汉瓦当、大盖瓦等。

（许志祥）

寺庙庵堂

诸葛庙：位于五都六图，现望亭太湖村东庙浜西，此庙传说是为纪念诸葛亮的贤惠夫人而建。中华人民共和国成立前，彭华乡五都村民每月初一、月半都要去庙里烧香祈祷，为亡者赎罪，同时求神保佑全家平平安安。每年正月二十日、十月初九分别为春、秋庙会日。古庙内有一尊神像，是白玉雕的女菩萨以及众多神像老爷。中华人民共和国成立后曾做过望西乡政府驻地，1958 年庙基拆除，建造了太湖小学校舍。现庙基上还有一座小屋，里面有几尊小佛像，逢年过节、初一月半，烧香人众多。

马谡庙：马谡是三国时代的蜀国名将。马谡庙又称“河村庙”，亦称为“马侠大王庙”。此庙位于六都七图，现华兴村。原有庙宇前排三间，内塑马谡夫妇像，中间开二扇朱红漆墙门，后排三间，中间两侧厢房，形成四合院子，各屋内都有大小佛像和香火住房。庙内曾有一青石碑，高三尺，宽二尺，刻有双龙抢珠图，碑面刻文注明庙史，此碑在 1966 年被毁，庙屋改为红星小学校舍。每年正月初五、八月十九分别为春、秋庙会。

岳王庙：俗称王渎庙，地处彭华乡五都四图牡丹港口，沿太湖。据考证，该庙为明代所建，清代重修，民国初期也重修过。当地名人潘尚书写匾额一方，题曰“中国惠民”。庙中有桂花树，还有两人合抱粗的榉树，庙门前两旁有两只石狮。该庙为纪念宋朝名将岳飞而建，庙碑上刻“精忠报国”四个大字。当时岳飞统率大军，曾驻扎在今太湖村 5 组下圩田一带。庙正中堂内是岳飞像，两边排列有牛皋、王贵、张宪、汤怀、岳云、王佐等像。每年正月初九、八月十五分别为春、秋庙会日。1959 年庙宇被拆除，如今又重建。

城隍庙：又称鹤溪郡庙，位于望亭镇下塘街北端。庙门面对大运河，庙门口有门枕石，呈圆盘形，前竖一碑，碑文注明“鹤溪郡庙”。庙内有参天松柏十棵左右。据传，此庙是明代开国皇帝朱元璋称帝之后，因纪念其母死于行乞途中，封母为城隍而建。此庙于 1956 年因建造望亭电厂吸水池而拆除。

华阳庙：又称捍村城隍庙，位于彭华乡五都九图，现华阳村 2 组。庙原址在离现庙址北约 80 米的道士坟上，后遭焚烧而向南迁至现址。庙前有座石桥，俗称庙前桥，实名为庙集桥。有一条东西向横街，属庙场，也称庙前街。中华人民共和国成立前市面热闹，香火旺盛，每逢春祭农历三月初五和秋祭十月初五两次庙会，格外兴旺。由于此庙闻名四乡八邻，形成了集镇，镇上有茶馆、杂货店、肉铺、酒店、理发店、布店等数十家。

都城庙：在古彭华乡四都八图，现孟河村17组。相传是古代红莲寺所在地，故现有“寺前”的说法。庙两边有东寺浜和西寺浜，中间地段都是砖瓦石地。这里有口井，传说从井内拔木造寺，井口石栏非一般机械能吊起。后因寺内和尚不守清规，私造地下室以藏良家妇女，故原寺院被侠义辈所破而烧毁，民间有“火烧红莲寺”之说。一说都城庙是为纪念张士诚所建，张士诚被百姓尊为都城老爷。1954年寺庙拆除，金山石雕塑的佛像在造桥时用来填了桥堍石脚。

猛将堂：坐落于彭华乡五都二图，现泥图湾村13组。传说猛将是一名善理农事、爱惜庄稼、为民造福之神将，后人为纪念他而建造猛将堂。

礼教堂：坐落于西六都望亭镇下塘街后面，主要是吸收商、农戒烟酒者入教，故群众称“在礼堂”。该堂建于民国初期，中华人民共和国成立后拆除。

庵堂：中华人民共和国成立前，望亭境域内庵堂有十多处：五都一图的青龙庵、武邱乡西六都问渡桥堍的兴福庵、坐落于月城里的青松庵、五都十图的青莲庵、溪桥乡的圆通庵、王家乡的吉祥庵、太湖村永福桥的永福庵、华兴村观德桥的观德庵、包兴镇的永宁庵、四都陈家桥南的崇福庵、长房村古市桥渡口的南庙庵、堰头村大有四场的旁社庵。太湖村朱家桥堍、巨庄村西沿泾旁、泥图湾北青石桥旁、华阳村颜家桥桥南、迎湖村（马路桥东）等多处庵堂，统称为观音堂，中华人民共和国成立后被毁，改为生产队仓库和农房。

古　迹

望亭月城：古文记载全称是“越干王城”，在望亭镇北，中心城为1平方千米的方城（被大运河分割成上塘月城和下塘月城）。四周筑有土垣，内有5纵、5横10条河道，外城约25平方千米。2000多年来，月城历经大小战争几十次，仅剩下土城和夏禹奠祀行宫古址以及反映干民族生活、生产、居住带干字的古地名和干民族独特的用语。大量精美的渔猎工具、纺织工具、农耕工具等由此出土，反映了古望亭拥有极为辉煌的良渚文化。

月城城门：月城又名越城，原是越干王城，在明朝中期防倭寇而重筑月城，利用原干王城的部分，开河筑城约2平方千米，并设置东、南、北三门。南门即响水桥前吊桥，跨月城河有木桥。清雍正时大运河修拓而撤，建一品桥，又名响水桥。北门跨月城河与蠡河合流处，称为北栅口，晋代始建。清雍正时运河直航后改称为卡子关口，故在运河西岸有关桥。东门跨古月城河，雍正期间拓宽运河，改道直航，把原月城一分为二，即成上塘月城、下塘月城，筑了三个坝，变成鱼池、菱塘，即现在热水河。东门废。

望亭堰：望亭堰又名洪水闸（谐音洪山闸），实际为石塘坝，始建于隋大业十年（604年）。望亭堰地处古郡界，为太湖、鹤溪（古运河）、蠡河（今望虞河）之汇合处，堰筑于乌角溪(即沙墩港泄水入运河的古鹤溪之旁)。《吴郡志》云:“设堰者,恐暴雨流入于域也。”

望亭驿:望亭驿原名御亭驿,《太平寰宇记》云:“御亭驿在州(常州)东南一百三十八里,与地御亭在吴县西六十里,隋开皇九年置为驿,十八年改为御亭驿,唐李袭誉改为望亭驿。”望亭驿地处古鹤溪之旁的古驿道上,明洪武《苏州府志》载:“元平江路境图二十,有望亭驿于运河西岸南面。”驿站历经战火焚毁,几次迁移,唐在通波桥南望亭界,后南迁响水桥,明初迁到问渡桥北100米处,响水桥南堍,驿站作仓房,房后土地为放牧的马场,地至马场浜,共有供养土地500亩,养马71匹。1913年裁撤,共历时1315年。

吴驿道:元《无锡县志》云:“出州南门迤延望东南行,过新安镇至望亭乌角溪口通吴桥与平江路长洲县驿道接,从此经平江城为洲之南驿道。”驿道经望亭通吴桥沿大运河西岸经响水桥、仕莫泾桥、双白桥、游龙木桥、北青石桥、南青石桥、花泾桥、善庵桥、陈帝桥、金鸡讯桥经浒墅关至苏州。明清时期,大运河西岸离河10—30米处建有宽5米以上的石子路,专供马跑,当时群众称为“兵路”,至民国全毁。另外,如遇水位涨高,驿道无法通行,则至浒关走阳山东边吴故陆道入苏州,路途有40多里。

夏禹奠:俗称下圩田,又名自杏(háng)冈,地处太湖村5组。清同治《苏州府志》云:“长洲县五都四图夏禹奠。”北为马安溪,南为马干港,东至庙浜,西临太湖,总面积450000平方米。据考证,为春秋战国时期越干王城祭天、祭神、祭川、祭山、祭远祖的地方,所有的墓、坛及四周土城(垣)尚存。又一说:大禹治水有功,后人为纪念大禹而设的祭奠场所。《越绝书外传·记地传》云:“昔者,越之先君无余,乃禹之世,别封于越,以守禹冢。”

杨柳墩:杨柳墩地处大运河望虞河交汇口,面朝太湖,原有30000平方米,地势险要,四面河围,历为军事要地,明将常遇春在此与罗木争夺半月之久。太平军筑炮坛防守,以镇太湖。杨柳墩出土文物以明清时期为主,也有几何印纹硬陶等。1992年,望虞河闸工程占用了杨柳墩大部分,其余在河中。

螺蛳墩:一作鸬鹚墩、蚁墩,地处一品桥南,古运河西岸,方圆近万平方米,四面水围,墩约2亩,高4米,误传谐音称“三国鲁肃墩”。出土文物为汉代陶罐,又有宋古墓。该墩处于古长洲苑内,又在古鹤溪旁,故疑为长洲苑游猎的一块组成部分,或是鸬鹚捕鱼的地方。

朱宅港:又名猪石缸,古称豨巷。地处古运河北岸古郡界之地,现何家角村,四面为河水,只留东100米未通。至中华人民共和国成立前还是浜地,荆棘丛生,是有名的玩鸟“黄雀”产地,闻名沪宁。1994年运河拓宽,出土文物有战国黑陶罐、唐瓦当、宋代及明朝汲水陶罐。在河东河渎桥旁猪婆墩出土文物有几何印纹陶罐碎片、石凿等及新石器时代文物2件。

朝夕池:地处吴王长洲苑,即古长洲乌角溪。据唐《吴地记》载:“长洲县……北三里有乌角溪,广八里,深四丈,西入太湖。”考之:朝夕池即现望亭古长洲苑旁的沙墩港,长

1700 米，阔 100 米，总面积 250 亩。该地西连太湖，东接古蠡湖（即望虞河）入长江，又泄入运河，因地处江水洲，受太湖风向变化，水位涨落明显，西南风转东北风时，涨落达 50—70 厘米。在古代因通大江，潮汐现象更为突出。宋以后兴修水利，废望亭堰，分水入运河，潮汐现象逐渐消退。

马岗：在今望亭镇西南 3 千米处，从孟河村汤家浜，向东延伸经项路村、巨庄村至华阳村。马岗高 3—4 米，宽 3—5 米，据记载为吴古陆道遗迹，是古代官方文书传递用的马道。又说是明代大富翁沈万三家驯马练骑跑马之岗，故称之为"马岗"。

苏州府社仓事宜碑：原立于望亭镇华阳庙内，碑宽 72 厘米，高 150 厘米，碑为青石质，上额部阴刻篆书：社仓事宜碑记，两侧阴刻曲线云纹图案。碑文内容分为两大部分，上部为明代隆庆年间户部郎中、苏州知府蔡国熙所撰《苏州府社仓事宜记》，下部为社仓事宜条款，包括：选举、社仓簿设立、所收物、收储日期、放兑日期、收储及放兑方法、社仓初建十年中的利息法及十年后的利息法、荒年时放赈方法等共计 21 条。此碑曾埋在华阳村部楼房墙脚上，现复存华阳庙内。《苏州府社仓事宜记》立于明隆庆二年（1568 年），此碑比较详细地记载了明代社仓管理的制度，是现代研究明清经济和社仓管理方法等有关制度的重要碑刻资料。

遗　址

肖家浜遗址：在望亭镇西北约 0.5 千米，位于姚家浜和肖家浜的交汇处，俗称河滩头，东傍京杭大运河，西距太湖约 1.5 千米。遗址分布在肖家浜以东的一片旱地上，周围河溪纵横，地势低平。据考证，遗址位置正处于春秋吴王阖闾营建的长洲苑废墟的西南隅。在遗址中采集到出土的陶鼎、陶豆和石斧、石锛等生活用具及农耕器具，均属崧泽时期的遗物。

鲇鱼口遗址：在望亭镇西北约 2 千米，位于沙墩港（亦称乌角溪）南岸，地属妙家里村。这处遗址出土器物不多，可能与地处河滩边缘有关，所见的有夹砂陶鼎、石锛、双孔石刀、斜柄厨式石刀、竖柄石钺等，都是太湖周围良渚文化的常见器物。

寺前村遗址：位于望亭镇西约 6 千米，濒临太湖，在前溪港北岸，地层已接近太湖水位，由于水位的涨落，采集到的器物不多，所见有夹砂赭褐刻划纹鼎足、不规则长方形石钺、竖柄式石钺等，为良渚文化时期遗物，距今 4000 余年。

旺家墩遗址：在望亭镇南（偏东）约 1 千米处，地处沪宁铁路和大运河两条平行线之间，采集到磨砂制不精的石凿和已残缺的有段石刀，段的下部成凹槽形，为以前所少见。石刀形制比较单纯，可能已属金、石并有的马桥类型文化。

前溪港遗址：离望亭镇西南约7千米，濒临前溪港北岸的太湖出口处，已采集到的器物有磨制不精的石凿等，所处时代和文人面貌有待进一步考证和发掘。

长洲苑遗址：长洲苑又名吴王苑、吴苑、茂苑，春秋时期吴王阖闾所建，为先秦时期国内第一胜景。长洲苑在今望亭镇境内，占地40平方千米左右，其中心在月城（古称越干王城）一带。长洲苑以江水洲为苑，有朝夕池及潮汐奇观，为吴王圈养禽兽、种植林木、游猎的场所。故有"修治上林，杂以离宫，积聚玩好，圈守禽兽，不如长洲之苑，游曲台，临上路，不如朝夕之池"之说。长洲苑于晋代为战争所毁，历代文人墨客多有题词和怀古诗篇。长洲苑古迹已废，至今尚存螺蛳墩、麋城桥、白鹤桥、干鸡桥、莲陂、朱宅港、仕莫泾、杨柳墩、花泾角、桑白桥、梅园里等几十处古地名。

（许志祥）

参阅资料

苏州市志 …………………………………………………… 江苏人民出版社(1995 年 1 月)

吴县志 ………………………………………………………… 上海古籍出版社(1994 年 2 月)

浒墅关志 ……………………………………………… 上海社会科学院出版社(2005 年 5 月)

吴县历史名人 …………… 中共吴县宣传部、吴县政协文史资料委员会(1990 年 3 月)

望亭镇志 …………………………………………………… 苏州大学出版社(2007 年 6 月)

东桥志 …………………………… 中共东桥镇委员会、东桥镇人民政府(1984 年 10 月)

相城口述非遗 ……………………………………………… 古吴轩出版社(2016 年 9 月)

苏州文化读本 ……………………………………………… 古吴轩出版社(2014 年 11 月)

苏州民间手工艺 …………………………………………… 古吴轩出版社(2006 年 1 月)

江苏省非物质文化遗产普查苏州市相城区资料汇编
…………………………………………………………… 相城区文化体育局(2009 年 8 月)

苏州歌谣谚语 ………………………………………… 中国民间文艺出版社(1989 年 7 月)

锦绣相城 …………………………………………………… 江苏教育出版社(2004 年 6 月)

吴中物萃 ………… 中共吴县县委宣传部、吴县政协文史资料委员会(1988 年 11 月)

相城文化体育志 …………………………………………… 相城区文化体育局(2009 年 12 月)

足迹下的苏州 ……………………………………………… 苏州大学出版社(2015 年 11 月)

相城文史 ……………………………… 相城区政协文史资料委员会(2014 年—2015 年)

太湖聊斋 …………………………………………………… 大众文艺出版社(2013 年 4 月)

苏州文史论丛：吴地风情 ………………………………… 古吴轩出版社(2013 年 10 月)

江苏人民革命斗争·吴县分卷 …………………………… 江苏人民出版社(1998 年 11 月)

吴县文物 …………………… 吴县县委宣传部、吴县文物管理委员会(1987 年 10 月)

苏州旅游经济大全 ………………………………………… 上海人民出版社(1992 年 1 月)

還舟望亭與諸友夜集　明　王寵

敘遊方歷歷，惜別更茫茫。湖海誰投分，雲霄幾斷行。不眠從秉燭，忍淚竟霑裳。易得窮途感，無嫌阮籍狂。

過望亭　明　王稺登

水鳥白紛紛，翻飛不作羣。土城三里盡，山縣一橋分。鶯近帆過柳，人稀路滿雲。金丹堪却老，一水問茅君。

望亭舟中感懷　明　吳兆

水國蠶桑早，春山筍蕨肥。誰憐行路客，著盡離家衣。村犬迎舟吠，田烏繞郡飛。悠然望遠岫，却羨暮雲歸。

早春過望亭驛喜晴追次李嘉祐韻　明　韓奕